Demokratie heute

Gemeinschaftskunde

Sekundarstufe I

Baden-Württemberg

1

Franziska Müller

Heinz-Ulrich Wolf

Schroedel

westermann

Demokratie heute Band 1
Gemeinschaftskunde
Sekundarstufe I
Baden-Württemberg

bearbeitet von
Franziska Müller und
Heinz-Ulrich Wolf

mit Beiträgen von
Annette Adam, Dieter Deiseroth, Jelko Peters, Cathrin Schreier

Zu diesem Schülerband sind lieferbar:
Lehrermaterialien mit Kopiervorlagen, ISBN-3-507-**11159**-2
Digitale Lehrermaterialien BiBox ...
– Einzellizenz online, ISBN WEB-507-**11161**
– Kollegiumslizenz online, ISBN WEB-507-**11165**
– CD-ROM, 978-3-507-**11163**-9

westermann GRUPPE

Druck A[2] / Jahr 2017
Alle Drucke der Serie A sind im Unterricht parallel verwendbar.

Redaktion: form & inhalt verlagsservice Martin Bredol / Gabi Gumbel
Layout: Janssen Kahlert Design & Kommunikation GmbH, Hannover und
Druckreif! Sandra Grünberg, Braunschweig
Umschlaggestaltung: Janssen Kahlert Design & Kommunikation GmbH
Grafiken: Langner & Partner, Hemmingen
Illustrationen: Dieter Tonn, Bovenden
Druck und Bindung: westermann druck GmbH, Braunschweig

ISBN 978-3-507-**11157**-8

Liebe Schülerinnen, liebe Schüler,

Demokratie heute ist euer Buch für den Unterricht im Fach Gemeinschaftskunde. Dieser Band enthält acht Kapitel, die sich in viele Teilkapitel (jeweils eine oder zwei Buchseiten) gliedern.
Ihr findet in ***Demokratie heute*** Teilkapitel mit drei verschiedenen Farben in der Titelzeile. Diese Farben stehen für drei unterschiedliche Niveaus, also Schwierigkeitsstufen. Die Teilkapitel mit einem blauen Kopfbalken haben eine mittlere Schwierigkeitsstufe. Sie richten sich an euch alle. Etwas einfachere Teilkapitel haben einen orangefarbenen Kopfbalken. Diese Seiten bieten euch einen anderen Zugang zu grundlegenden Themen. Daneben gibt es auch Teilkapitel mit grünen Kopfbalken. Hier werden Inhalte durch ergänzendes Material erweitert oder zusätzliche Themen behandelt, die etwas schwieriger sind.

Die drei Schwierigkeitsstufen finden sich auch bei den Aufgaben. Die Aufgabenziffern stehen in blauen, orangefarbenen oder grünen Kästchen.
Die vielfältigen, auf Kompetenzerwerb ausgerichteten Aufgabenstellungen regen zur Auseinandersetzung mit den unterschiedlichen Materialien (Autorentexte, Fremdtexte, Schaubilder/Grafiken, Statistiken, Fotos usw.) an. Bei einzelnen Aufgaben findet ihr ein -Zeichen. Dann findet ihr dazu in der Randspalte hilfreiche Hinweise.

Texte aus Büchern, Zeitungen und dem Internet sind an den beigefügten Quellenhinweisen zu erkennen. Alle nicht mit Quellennachweis gekennzeichneten Texte stammen von den Autoren dieses Schulbuchs.

Besonderes Gewicht legt ***Demokratie heute*** auf methodenorientiertes Lernen. Auf den gelb unterlegten Seiten wird euch eine Vielzahl an unterschiedlichen Methoden vorgestellt. Dazu gehören einerseits Fachmethoden des Gemeinschaftskundeunterrichts. Ihr lernt aber auch kooperative Lernformen kennen, die ihr in anderen Fächern ebenfalls anwenden könnt.

Die Seiten Zeige deine Kompetenzen! am Schluss jedes Kapitels bieten euch die Möglichkeit, den eigenen Wissensstand zu überprüfen und das Gelernte anzuwenden. Die Aufgaben dort beziehen sich auf die Kompetenzbereiche des Bildungsplans: Analysekompetenz, Urteilskompetenz, Handlungskompetenz, Methodenkompetenz. Es geht also darum, politische Probleme oder Sachverhalte zu analysieren, diese zu beurteilen, selber politisch aktiv zu werden sowie unterschiedliche Methoden zur Erschließung von politischen Sachverhalten einzusetzen.

Auf manchen Seiten findet ihr den Vermerk Webcode. Das ist ein Hinweis auf weitere Materialien zum Thema. Gebt dazu auf der Seite www.schroedel.de den jeweiligen Webcode ein.

Die Arbeitsaufträge in diesem Buch sind mithilfe von sogenannten Operatoren formuliert, wie z. B. „nenne“, „erkläre“ oder „beurteile“. Auf den Seiten 248 und 249 im Anhang könnt ihr nachlesen, was die Operatoren bedeuten und wie ihr die Aufgaben bearbeiten sollt.

Das Internet bietet für die Arbeit im Fach Gemeinschaftskunde viele brauchbare Informationen. Zur schnelleren Orientierung ist auf Buchseite 250 und 251 eine Auswahl an hilfreichen Adressen abgedruckt.

Ab Seite 252 findet ihr zum Nachschlagen ein Stichwortverzeichnis mit Seitenverweisen.

Dieses Symbol weist auf ein Arbeitsblatt in den Lehrermaterialien hin. Die Arbeitsblätter erleichtern die Durchführung des Unterrichts, sind aber für den Einsatz des Schülerbandes nicht zwingend notwendig.

Dieses Zeichen erinnert daran, dass auf keinen Fall in das Buch hineingeschrieben werden darf.

Inhaltsverzeichnis

Kapitel 03

Gesellschaft

Familie und Gesellschaft 64

Bildungsplan 2016: Standards für inhaltsbezogene Kompetenzen Klassen 7/8/9

Kapitel 04

Gesellschaft

Zuwanderung nach Deutschland 98

Bildungsplan 2016: Standards für inhaltsbezogene Kompetenzen Klassen 7/8/9

Kapitel 05

Recht

Bildungsplan 2016: Standards für inhaltsbezogene Kompetenzen Klassen 7/8/9

Kapitel 06

Recht

Bildungsplan 2016: Standards für inhaltsbezogene Kompetenzen Klassen 7/8/9

Kapitel 07

Recht

Bildungsplan 2016: Standards für inhaltsbezogene Kompetenzen Klassen 7/8/9

Kapitel 08

Politisches System

Bildungsplan 2016: Standards für inhaltsbezogene Kompetenzen Klassen 7/8/9

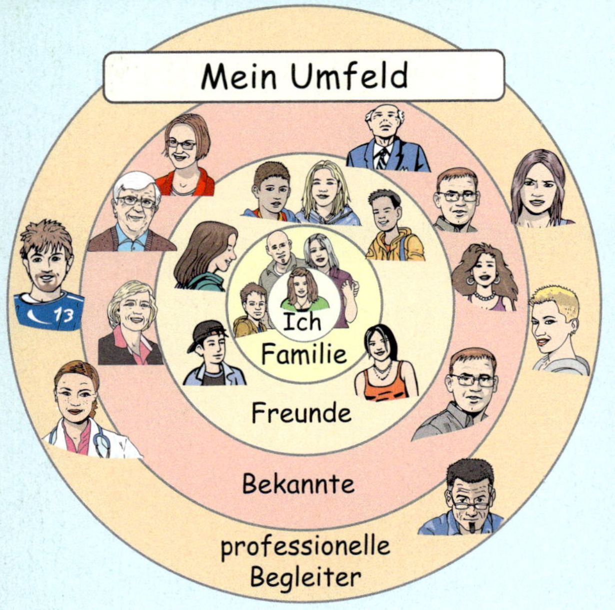

Zusammenleben in sozialen Gruppen

Familie, Geschwister, Freundinnen und Freunde, Mitschülerinnen und Mitschüler, Lehrkräfte: Diese Menschen umgeben dich in deinem Alltag, du begegnest ihnen beinahe täglich, du hast ein bestimmtes Bild von ihnen und sie alle haben ein konkretes Bild von dir. Die Bilder, die diese Menschen von dir haben, beeinflussen dein Verhalten und du beeinflusst umgekehrt auch ihr Verhalten. Zugleich treffen überall dort, wo Menschen miteinander leben, unterschiedliche Wünsche, Interessen und Vorstellungen aufeinander. Daraus können Konflikte entstehen.
In diesem Kapitel wirst du untersuchen, wie das Zusammenleben in Gruppen funktioniert. Du wirst dich mit Gruppenerwartungen beschäftigen und Möglichkeiten kennenlernen, wie man Konflikte in sozialen Gruppen löst.

- Betrachte die Bilder und Texte: Welche verschiedenen Teilbereiche zum Zusammenleben in sozialen Gruppen kannst du erkennen?
- Nenne vier Personen, mit denen du schon einen Konflikt hattest und gib den Grund für den Konflikt an.
- Beschreibe für einen Fall, wie der Konflikt gelöst wurde.

Definition „soziale Gruppe“
Als soziale Gruppe bezeichnet man eine Anzahl von Personen, zwischen denen dauerhafte wechselseitige Beziehungen (Interaktionen) bestehen. Kennzeichnend ist, dass die Mitglieder sozialer Gruppen ein Zusammengehörigkeitsgefühl („Wir-Bewusstsein“) aufweisen. Dies zeigt sich auch in der Verfolgung gemeinsamer Ziele. Weiterhin ist eine soziale Gruppe durch ein enges Beziehungsgefüge gekennzeichnet, in dem jedes Individuum eine Position einnimmt, an die wiederum gewisse Rollenerwartungen (soziale Rolle) geknüpft sind (...).
(Quelle: www.wirtschaftslexikon24.com/d/soziale-gruppe/soziale-gruppe.htm; Zugriff: 27. 10. 2015)

Definition „Konflikt“
Jeder von uns hat schon einmal mit Freunden oder in der Familie Streit gehabt. Meistens beginnt es so, dass man unterschiedliche Meinungen hat und sich nicht einigen kann. Der Begriff „Konflikt“ kommt vom lateinischen Wort „confligere“, das „zusammenschlagen“ oder „zusammenprallen“ bedeutet. Bei einem Konflikt gibt es zwischen Menschen, einzelnen Gruppen (...) ein Problem, das für alle Beteiligten wichtig ist und geklärt werden muss.
(Quelle: www.bpb.de/nachschlagen/lexika/das-junge-politik-lexikon/161323/konflikt; Zugriff: 27. 10. 2015)

Kapitel 01

Netzwerkanalyse „soziale Gruppen“

Gruppen	Personen
Familie	
Klassenverband	
Freundeskreis	
... (z. B. Verein)	
... (z. B. Jugendgruppe)	

Was weißt du?

Die Netzwerkanalyse zeigt dir, welchen sozialen Gruppen du angehörst und welche dabei für dich besonders wichtig sind.

1 Trage auf einem Din-A4-Blatt alle Personen und Gruppen zusammen, die deinen Alltag begleiten (z. B. Personen aus dem Sportverein, die Klasse, der Freundeskreis ...).

2 Nimm ein weiteres Din-A4-Blatt quer und schreibe deinen Namen in die Mitte. Ordne nun die Personen und Gruppen, die du im ersten Schritt notiert hast, auf dem Blatt an. Dabei kannst du diejenigen, die dir besonders wichtig sind, näher an deinen Namen notieren.

3 Markiere mit Pfeilen und Beschriftungen die Beziehungen, die du zu den Personen hast. Wie sieht dein soziales Netzwerk aus?

Ohne Ich kein Wir – Beispiel Lena

Lena

Ich denke, dass ich ein fröhlicher und ehrlicher Mensch bin. Meistens komme ich mit allen gut aus. Eigentlich gehe ich gern in die Schule, auch wenn ich Klassenarbeiten nicht so besonders mag. Jungen gegenüber bin ich eher schüchtern, oft weiß ich nicht, was ich sagen soll. Am wichtigsten sind mir meine Freundinnen, besonders Susi. Ihr kann ich alles erzählen. Mit meinen Eltern komme ich momentan nicht so gut aus. Wenn ich sage, was mich beschäftigt oder bedrückt, tun sie manchmal so, als seien das alles keine wirklichen Probleme, dabei nimmt mich das echt mit.

Lenas Mutter

Lena war früher viel ehrlicher zu uns. In letzter Zeit verheimlicht sie uns öfter etwas, so mein Eindruck. Irgendwie haben wir den Kontakt zu ihr verloren.

Lena ist lieb und lustig, aber wenn sie schlechte Laune hat, kann sie unerträglich werden. Wir können aber immer über alles reden.

Susi

Paul

Lena ist eigentlich sehr sympathisch, ich werde aber nicht schlau aus ihr. Mal ist sie kindisch und dann wieder sehr erwachsen. An einem Tag spricht sie mit mir und am nächsten benimmt sie sich sonderbar.

Webcode
SDL-11157-101
Arbeitsblatt:
Fremdbestimmung – Selbstbestimmung

Lena war mal mein Sonnenschein. Früher war sie stets fröhlich und hat viel gelacht. Heute ist so oft patzig und unhöflich. Ich weiß auch nicht, was in ihr vorgeht. Lena sollte außerdem mehr für die Schule tun. Ich denke, sie erkennt nicht, wie wichtig Lernen ist. Scheinbar geht sie auch nicht mehr gern in die Schule.

Lenas Vater

Wie sehe ich mich (Selbstwahrnehmung)? Wie sehen mich die anderen (Fremdwahrnehmung)?

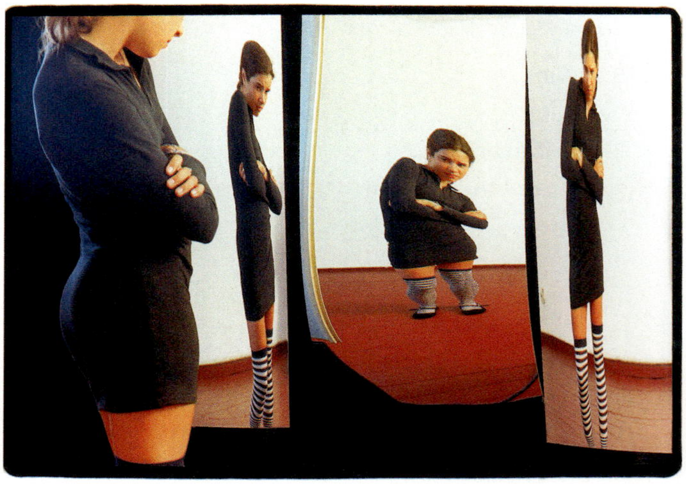

1. Beschreibe, wie Lena sich selbst sieht und wie sie die anderen sehen.
2. Lege dar, welche Gemeinsamkeiten und Unterschiede es in der Einschätzung gibt.
3. Überlege, wie es zu den Unterschieden in der Selbst- und Fremdwahrnehmung kommt.

Aus Lenas Tagebuch

Lena, 14 Jahre, besucht die 7. Klasse einer Gemeinschaftsschule. Jeden Tag schreibt sie in ihr Tagebuch, was sie bewegt. Im Folgenden ein Auszug der Einträge im im März:

Montag, 3. 3.

Toll! Mama hat mir verboten, mit den anderen ins Kino zu gehen. Sie sagte was von „schlechtem Umgang“ und so, dabei kennt sie die doch gar nicht richtig. Frau Bauer von nebenan hat Susi neulich im Park beim Rauchen gesehen und jetzt denkt Mama wahrscheinlich, dass ich auch rauche.

Dienstag, 4. 3.

Erst der verpatzte Tag gestern und dann heute eine Fünf in Mathe. Das kann ja nur mir passieren. Bloß nicht Mama sagen, dann flippt sie völlig aus und schreit rum. Morgen ist ja auch noch ein Tag.

Donnerstag, 6. 3.

Tja, das war's dann für heute. Mein Mathelehrer hat angerufen und gefragt, warum die Fünf nicht unterschrieben sei. Jetzt ist hier die Hölle los. Schule nervt total und das „wir wollen nur dein Bestes“ kann ich auch nicht mehr hören. Woher wollen alle wissen, was mein Bestes ist? Das Beste wäre kein Stress mehr!

Donnerstag, 13. 3.

Eine Woche Hausarrest ist vorbei. Prima! In der Woche scheint „draußen“ viel passiert zu sein. Martin, Susis Bruder, gehört jetzt zu den Coolen aus der 9b. Die kiffen und rauchen heimlich im Park. Da ist auch der süße Paul dabei.

Freitag, 14. 3.

Ich war heute mit Susi im Park. Da waren wirklich Martin und Paul. Der ist ja so niedlich! Als er mich gefragt hat, was für Musik ich höre, habe ich nur gestottert und ein peinliches „Tokio Hotel“ rausgebracht. Bestimmt hält Paul mich jetzt für kindisch.

Montag, 17. 3.

Nachdem ich mich am Freitag so blamiert habe, hat mich Paul heute nicht mal mehr im Hof angesehen. Alles vorbei! Ich bin total verzweifelt. Susi will jetzt, dass ich zu ihm gehe. Mache ich aber nicht. – Mama will auch dauernd irgendwas, dass ich für Mathe lerne und so. Und Papa will ohnehin, dass ich in der Schule besser werde. Dann soll ich auch noch höflicher und freundlicher sein. Besonders zu Frau Bauer, aber die kann ich nicht leiden. Nur was ich will, das fragt keiner. Ich fühle mich wie eine Marionette …

(Zeichnung Walter Kurowski)

4 Analysiere die Tagebucheinträge: Mit welchen Personen hat Lena welche Probleme?

5 Begründe, warum sich Lena wie eine Marionette fühlt.

6 Interpretiere die Karikatur.

6 Hilfe
Orientiere dich dabei an den auf Seite 33 notierten Tipps für die Auswertung einer Karikatur.

Freundschaft

„Ich habe viele Freundinnen, auf die ich mich verlassen kann. Wirkliche Freundinnen sind dann da, wenn man sie braucht. Sie helfen, wenn es einmal Probleme gibt. Mit Freunden kann man über alles reden. Richtige Freunde gehen mit einem durch dick und dünn. Freundschaft heißt, immer füreinander da zu sein, ohne Wenn und Aber."

„Die Voraussetzung für eine Freundschaft ist eine gemeinsame Interessenlage. Freundschaft gestalten heißt meiner Meinung nach, dass ich ohne Verpflichtung und ohne Zwang mit anderen zusammen sein kann. Freundschaft kann nicht bedeuten, dass man Sachen miteinander unternimmt, die man eigentlich gar nicht möchte."

schwarz werden
„Schwarz" steht hier für den Verfärbungszustand eines Toten. Mit „lieber schwarz werden, als ..." ist somit gemeint „lieber sterben, als ...".

Freundschaften

„Könntest du notfalls das letzte
Hemd vom Leib weggeben?
Dich eher in Stücke reißen lassen,
als ein Geheimnis verraten?
Lieber schwarz werden,
als jemanden im Stich lassen?
Pferde stehlen oder durchs Feuer gehen?"
„Ja."
„Auch für mich?"
„Ja."
„Dann bist du mein Freund."

„Und du? Könntest du notfalls
verzeihen?"
„Es kommt darauf an, was."
„Dass ich vielleicht einmal nicht
das letzte Hemd hergeben,
mich nicht in Stücke reißen lasse,
ausnahmsweise nicht schwarz
werden will, nicht in jedem Fall
Pferde stehle oder durchs Feuer gehe?"
„Ja."
„Dann bist du mein Freund."

(Quelle: Hans Manz: Kopfstehen macht stark. Weinheim/Basel: Beltz & Gelberg 1978)

Ohne eine gute Freundin wäre ...

1 Von einer Freundin / einem Freund erwarte ich, dass ...
2 Freundschaft bedeutet für mich, dass ...
3 Lieber keinen Freund / keine Freundin als ...
4 Echte Freunde und Freundinnen sind für mich ...
5 Zu meiner Freundin oder meinem Freund würde ich ...
6 Zusammen mit einem Freund oder einer Freundin macht es besonders Spaß, ...
7 Keine Freunde / Freundinnen sind für mich Menschen, die ...
8 Freundschaft kann nicht so weit gehen, dass ...

1 Hilfe
Stelle fest, worin die Unterschiede in der Beschreibung von Freundschaft bestehen.

1 Vergleiche die beiden Aussagen zur Freundschaft oben. Was fällt dabei auf?
2 Der Text „Freundschaften" zeigt zwei unterschiedliche Auffassungen. Welche ist deiner Meinung nach die bessere? Begründe deine Meinung.
3 Ergänze die acht Satzanfänge.

Thema: Welche Bedeutung haben Gruppen für eine einzelne Person?

In einer Klasse oder Gruppe wird man immer wieder versuchen, zu einer Frage oder zu einem Problem möglichst viele Ideen und Gedanken zusammenzutragen. Dafür eignet sich eine Gesprächsform, die man Brainstorming nennt. Übersetzt heißt das so viel wie „Gedankensturm“. Brainstorming ist also eine Methode, die jede und jeden in einer Gruppe dazu bringen soll, spontan ihre bzw. seine Gedanken zu äußern. So soll eine Ideensammlung entstehen, die dann gemeinsam diskutiert wird. Beim Brainstorming gelten drei Regeln:

1. Jede/-r in der Gruppe darf das sagen, was ihr/ihm zur Frage durch den Kopf geht, auch wenn der Gedanke ungewöhnlich ist.
2. Es ist verboten, eine Äußerung sofort zu kritisieren oder zu bewerten. Das würde den Gedankenfluss in der Gruppe hemmen. Erst wenn alle ihre Ideen eingebracht haben, wird darüber diskutiert.
3. Jede/-r darf Ideen von anderen aufgreifen, ergänzen oder weiterentwickeln.

Ein Brainstorming kann auf unterschiedliche Weise durchgeführt werden. Die einfachste Form ist die, jede Person in der Klasse der Reihe nach das sagen zu lassen, was ihr zur Frage einfällt. Das geht rasch, allerdings wissen später in der Auswertungsphase nicht mehr alle, was alles gesagt worden ist. Deswegen ist es oft sinnvoll, die Äußerungen schriftlich festzuhalten. Das kann so geschehen, dass zwei vorher bestimmte Schülerinnen oder Schüler abwechselnd die Äußerungen stichwortartig notieren, zum Beispiel an der Tafel oder auf einer Folie für den Tageslichtprojektor. Die Mitwirkenden können auch ihre Gedanken in Kurzform auf jeweils ein Blatt oder Kärtchen schreiben. Diese werden laut vorgelesen und dann an die Tafel oder Pinnwand geheftet.

1 Führt das Brainstorming „Welche Bedeutung haben Gruppen für eine einzelne Person?“ in der Klasse durch.

Gruppen und Gruppenerwartungen

Jeder Mensch gehört in seinem Leben verschiedenen Gruppen an. Eine Gruppe unterscheidet sich von einer zufälligen Anzahl von Menschen dadurch, dass ihre Mitglieder sich miteinander verbunden und zusammengehörig fühlen. Deshalb spricht man von einem „Wir-Gefühl" bei Gruppen. In einer Gruppe sind bestimmte Verhaltensweisen und Einstellungen erwünscht, andere unerwünscht. An das einzelne Gruppenmitglied richtet sich die Erwartung, dass es sich entsprechend verhält.

In einer Gruppe kann man fest eingebunden sein, weil man entweder in sie hineingeboren wurde (Familie) oder dazu verpflichtet ist (z. B. Schulklasse). Eine Gruppe kann sich aber auch nur aufgrund gemeinsamer Neigungen bilden. In diesem Fall gehört man der Gruppe freiwillig an, z. B. einem Verein. Für Jugendliche ist die Gruppe von Gleichaltrigen besonders wichtig. Eine solche Gruppe wird meist als Clique bezeichnet, manche verwenden dafür den Ausdruck Peergroup.

Karla besucht die Klasse 7a der Gemeinschaftsschule. Ihre Lieblingsfächer sind Englisch, Sport und seit letztem Jahr auch Mathematik. Mathe fand sie früher nicht so gut, aber seit sie eine andere Lehrerin haben, die gut erklären kann, ist sie begeistert. Seit Beginn des neuen Schuljahres sitzt sie mit Mona, ihrer besten Freundin, Mike und Christian in einer Tischgruppe zusammen. Die vier verstehen sich gut und unternehmen öfter auch außerhalb der Schule etwas gemeinsam.

Karlas Mutter arbeitet als Bauingenieurin in einem Konstruktionsbüro. Ihr Vater ist Küchenchef in der Kantine eines mittelständischen Betriebs. Karla hat einen elfjährigen Bruder, der wie sie die Gemeinschaftschule besucht und ein leidenschaftlicher Tischtennisspieler ist. Die Familie bewohnt ein geräumiges Reihenhaus am Stadtrand. Mit im Haus wohnt Karlas 69-jährige Großmutter Katharina, die Mutter ihres Vaters. Sie zog vor drei Jahren dort ein, als ihr Mann starb..

Der Treffpunkt für einige Mädchen und Jungen aus Karlas Schule ist der neue Kiosk am Stadtpark. Seit einiger Zeit gehört Karla zu dieser Freundesgruppe – oder wie sie sagt „zur Clique". Hin und wieder gehen alle gemeinsam ins Kino oder in die Eisdiele. Und manchmal fahren sie auch einfach nur so mit ihren Fahrrädern herum. Ein paar Leute aus der Clique spielen auch im Verein Basketball; die anderen besuchen die Spiele, sofern sie Zeit haben, um ihre Freunde anzufeuern.

Seit einigen Monaten macht Karla beim Jugendrotkreuz mit. Für das bevorstehende Sommerfest will das Jugendrotkreuz eine Spielstraße für Kinder organisieren. Zusammen mit Kai und Sabine hat Karla Spielideen zusammengestellt: Eierlauf, Becherslalom und Gummitwist gehören dazu. Beim nächsten Gruppennachmittag soll über die Vorschläge beraten werden. Dann wird entschieden, wer was vorbereitet und wer welche Spielgruppen auf dem Sommerfest betreut.

1. Benenne die Gruppen, denen Karla angehört.
2. Notiere für jede dieser Gruppen das gemeinsame Ziel sowie zwei, drei Erwartungen, die die jeweilige Gruppe vermutlich an Karla hat.
3. Aus den Erwartungen der Gruppe an eine Person können Konflikte entstehen. Finde ein Beispiel, das für Karla gelten könnte.

Die folgenden Antworten gaben Jugendliche im Alter zwischen 13 und 15 Jahren auf die Frage „Welche Gedanken kommen dir im Zusammenhang mit eurer Clique?“

1 *In unsere Clique kommen keine Fremden mehr rein. Wir wollen unter uns sein.*

2 *Ich bin mit Jenny befreundet, die ist auch in unserer Clique.*

3 *Ohne die Clique kann ich mir mein Leben gar nicht mehr so richtig vorstellen. Das Gemeinschaftsgefühl ist toll.*

4 *In der Clique ist man unter seinesgleichen. Hier wird man für voll genommen. Und wenn man mal auf dem Holzweg ist, dann weisen einen die anderen darauf hin.*

5 *Bei uns ist immer was los! Da kommt keine Langeweile auf.*

6 *Ich habe manchmal Angst, dass die Clique zerfällt.*

7 *Ich mag alle in der Clique. Da ist keiner dabei, mit dem ich nicht gern zusammen bin.*

8 *Mit allen kann ich jederzeit über meine Probleme reden. Die verstehen mich.*

9 *Was es zu regeln gibt, das machen wir unter uns aus.*

10 *Wir haben alle die gleichen Interessen und Ansichten.*

11 *Im letzten Sommer waren wir mit der gesamten Clique zum Kanufahren. Das war klasse!*

12 *Wir treffen uns stets am Samstag und oft auch noch ein- oder zweimal in der Woche – immer die gleichen Leute. Das ist einfach super, weil wir uns gut kennen.*

13 *Die Clique ist für mich so etwas wie meine Familie. Ich habe ja nur meine Mutter und die ist voll berufstätig.*

14 *Die Clique fängt mich auf, wenn ich mal einen Durchhänger habe. Ohne die Hilfe und den Zuspruch meiner Freunde käme ich in der Schule gar nicht mehr zurecht.*

15 *In der Clique kann nur mitmachen, wer sich den Regeln unterwirft. Dazu gehört auch, dass man nicht so wie von vorgestern angezogen rumläuft. Das passt nicht zu uns.*

Webcode
SDL-11157-102
Arbeitsblatt:
Verschiedene Formen von Gruppen

4 Erläutere, warum eine eine zu starke Bezugnahme auf die Clique auch Gefahren birgt.

5 „Für Jugendliche ist die Clique eine besonders wichtige Gruppe.“ Begründe diese Auffassung mit Aussagen aus den Sprechblasen.

Was ist ein Konflikt?

In die 7c gehen 27 Schülerinnen und Schüler. Einer der Schüler ist Kay, der sich bisher in der Klasse durchaus wohlfühlte. In der Vergangenheit zog er durch einige etwas freche Bemerkungen gegen Frau Stotz, die ältere Deutschlehrerin, das Lachen in der Klasse auf sich. Frau Stotz ist nicht gerade beliebt, weil sie sehr genau die Hausaufgaben kontrolliert und manchmal etwas mürrisch ist. Den meisten in der Klasse gefiel es, wenn es Kay gelang, Frau Stotz zu ärgern. Kay wiederum bemerkte genau, dass seine Beliebtheit in der Klasse zunahm.
Vor drei Wochen ist ein neuer Schüler in die Klasse gekommen: Jens. Er sieht gut aus, ist redegewandt und hat ein teures Smartphone. Vor allem die Mädchen interessieren sich für Jens und sein Smartphone, was Kay mit Verärgerung registriert. Er hat eigentlich nichts gegen Jens, aber es missfällt ihm, dass dieser nun immer häufiger in den Pausen im Mittelpunkt steht.
Am Donnerstag in der großen Pause passiert es. Kay steht mit einigen anderen zusammen, hinter ihm redet Jens mit Claudia und Ayse. Da wirft ihm Christopher einen Tennisball zu, den Jens beinahe nicht zu fassen bekommt. Jens muss, um den Ball zu fangen, etwas zurückspringen und mit dem rechten Arm weit ausholen. Bei dieser Bewegung trifft er Kay ungewollt am Hinterkopf, der aufschreit. Kay dreht sich daraufhin um und schubst Jens wutentbrannt von sich weg, Dabei fällt das Smartphone, das Jens in der linken Hand gehalten hat, auf den Boden. Jens brüllt Kay an: „Du Blödmann, warum macht du mein Smartphone kaputt?" Kay schreit zurück: „Selbst ein Blödmann, warum schlägst du mir ins Genick?"

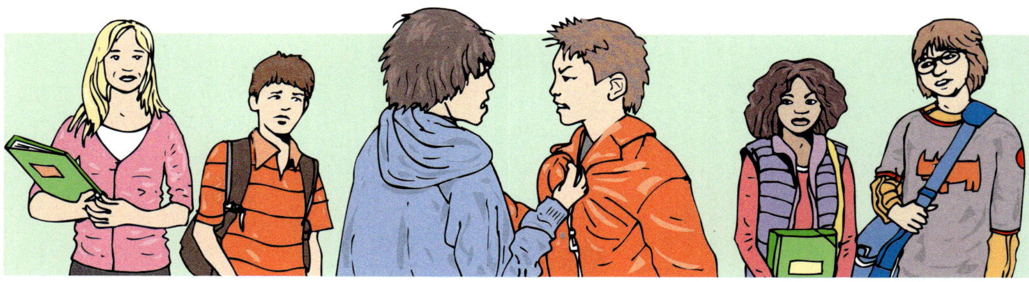

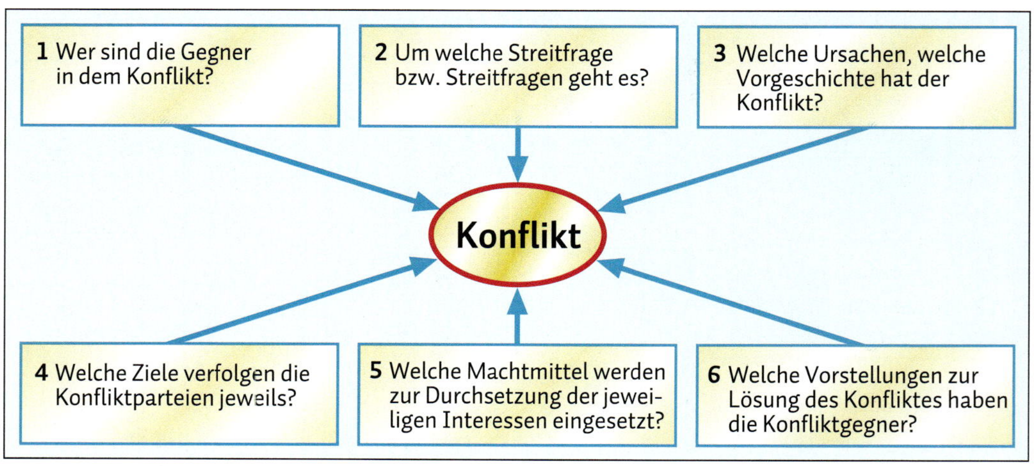

1 Untersuche den Fall und beantworte die Fragen 1 bis 4 aus der Übersicht.

2 Stelle Vermutungen zur Beantwortung der Fragen 5 und 6 an. Diskutiere darüber mit einer Mitschülerin oder einem Mitschüler.

3 Erläutere allgemein, was ein Konflikt ist.

Konflikt

In der Klasse 7a ist die Klassenarbeit in Mathe voll im Gang. Niklas, bekannt als guter Mathematiker, merkt, wie sein Nachbar Florian ständig zu ihm herüberschielt und bei ihm abschreibt.
Niklas mag das eigentlich nicht. Denn er meint: Abschreiben ist nicht ehrlich. Er sieht auch nicht ein, dass Abschreiber fast gleich gute Noten haben wie diejenigen, die es wirklich können und für die Klassenarbeit viel lernen.
Außerdem: Florian hat in Sport immer ein „sehr gut", Niklas selbst immer nur „ausreichend" oder „mangelhaft". Da kann Florian ihm auch nicht helfen. Aber dann möchte Niklas seinen Vorsprung in Mathematik behalten, auch um die schlechte Sportnote ausgleichen zu können.
Wenn Partnerarbeit angesagt ist, arbeiten sie schon gut zusammen. Aber Klassenarbeiten sind etwas anderes, auch wenn viele in der Klasse der Meinung sind, man soll abschreiben lassen.
Nach der Klassenarbeit will Niklas mit Florian darüber reden, dass Abschreiben bei der Klassenarbeit nicht in Ordnung ist.

Gespräch

1. Anfang

Niklas: Hallo, Florian. Ich habe vorhin bemerkt, dass du bei mir abgeschrieben hast.
Florian: Na und, das machen doch viele.
Niklas: Ich finde das nicht fair. Im Sport kann ich nämlich bei dir auch nicht abschreiben.
Florian: Im Sport geht's halt nicht.
Niklas: Ja, da stimmt schon. Aber deshalb muss ich in Mathe ausgleichen, sonst ist es ungerecht.
Florian: Ach, so siehst du das?
Niklas: …

2. Anfang

Niklas: Glaubst du, ich würde in Mathe so viel lernen, damit du dann bei mir abschreiben kannst?
Florian: Blödes Geschwätz. Man wird ja wohl noch abschreiben dürfen, wenn der Lehrer nichts merkt.
Niklas: Du bist ein richtiger Schmarotzer: Nichts lernen und dann abschreiben!
Florian: So kann nur ein Streber wie du reden.
Niklas: …

10 Regeln zur Vermeidung oder Lösung von Konflikten

1. Nimm den andern ernst und höre ihm wirklich zu!
2. Sage, was du empfindest und was du für eine Meinung hast! Tue nicht so, als ob nur du recht haben kannst!
3. Begründe deine Meinung, mache dabei nicht den anderen persönlich schlecht!
4. Stelle den andern nicht als den Dummen oder Bösen hin! Gehe davon aus oder hoffe, dass auch er den Konflikt vermeiden oder eine Lösung finden will!
5. Beschreibe auch das Verbindende, nicht nur das Trennende! So kannst du am besten überzeugen.
6. Wende dich gegen Unrecht! Nimm aber auch einmal einen „Gegenstoß" hin, ohne gleich gekränkt zu sein!
7. Scheue die Auseinandersetzung nicht, bleibe aber ruhig und sachlich!
8. Wenn der andere unfair wird, ist Humor oft die beste Entgegnung.
9. Wenn du einen eigenen Irrtum einsiehst, dann scheue dich nicht, ihn zuzugeben!
10. Unterlasse persönliche Angriffe gegen Dritte, die sich nicht wehren können. Mache sie nicht lächerlich! Setze sie nicht herab, um selbst als die / der Größte erscheinen zu können!

1 Beschreibe den Konflikt zwischen Niklas und Florian.
2 Erkläre: Bei welchem der beiden Gesprächsanfänge wurden die „10 Regeln zur Vermeidung oder Lösung von Konflikten" beachtet, bei welchem nicht?
3 Schreibe zu dem Gesprächsanfang, bei dem die Regeln beachtet wurden, die Fortsetzung.

Thema: **Konflikte**

Bei einem Rollenspiel übernimmt man eine Rolle und spielt das Verhalten einer anderen Person in einer vorgegebenen Situation. Eine Rollenspielerin oder ein Rollenspieler versetzt sich also in die Lage einer anderen Person und versucht, deren Interessen und Ansichten im Spiel zu verdeutlichen. Durch Rollenspiele können menschliche Verhaltensweisen dargestellt, beobachtet und besprochen werden.

Vorbereitung

Die Ausgangslage wird gemeinsam erörtert und dabei wird auch besprochen, welche Ansichten, Wünsche usw. zu den Rollen gehören. Dann werden die Rollen auf Gruppen verteilt. Jede Gruppe überlegt sich für ihre Rolle Argumente, Verhaltensweisen usw. und wählt dann eine Spielerin bzw. einen Spieler aus. Manchmal gibt es auch Rollenkarten mit näheren Hinweisen zur Rolle. Die nicht am Rollenspiel beteiligten Schüler und Schülerinnen erhalten Beobachtungsaufträge.

Durchführung

Die Szene wird möglichst ohne Unterbrechung gespielt. Die anderen beobachten das Spiel und machen sich Notizen.

Auswertung

Zunächst äußern Spieler und Spielerinnen sowie Beobachter und Beobachterinnen das zum Spielablauf, was ihnen besonders aufgefallen ist. Dann werden die Ergebnisse der Beobachtungen ausgetauscht. Aufgrund der Besprechung kann es sinnvoll sein, das Rollenspiel zu wiederholen, zum Beispiel auch mit anderen Spielenden.

Fall 1

Mustafa, Henrik und Sabine haben heute eine Stunde früher aus.
Jetzt stehen sie vor der Schule zusammen.

S: Ich habe noch keine Lust nach Hause zu gehen – da bin ich doch nur allein.
M: Meine Mutter kommt auch erst um 13 Uhr. Aber was könnten wir tun?
H: Wir könnten doch ins „Kauf-Center“ gehen.
M: Was soll ich denn im „Kauf-Center“? Ich habe kein Geld.
H: Na und? Du kommst auch ohne Geld an der Kasse vorbei.
S: Verstehe ich nicht.
H: Ach – tut doch nicht so blöd. Wir haben halt „aus Versehen“ etwas eingesteckt.
M: Moment – sollen wir vielleicht im „Kauf-Center“ klauen gehen?
H: Mann, reg’ dich ab! Tommy hat gesagt, das würde richtig Spaß machen. Und außerdem zahlt alles die Versicherung!
S: Und wenn sie uns erwischen?
H: Den Tommy haben sie noch nie erwischt.
S: So eine Sonnenbrille wie Petra hätte ich auch gern. Aber 33,95 € …
H: Na, dann lass sie eben mitgehen. Die schreiben ja immer: „Greifen Sie zu …“
M: Aber das ist doch Diebstahl!
H: Ach, du bist ja nur zu feige!
M: Diebstahl hat mit Mut überhaupt nichts zu tun. Und jetzt will ich dir mal etwas sagen …

Fall 2

Frau Schulte und ihre Töchter Caro, 15 Jahre, und Silke, 13 Jahre, bewohnen eine Dreizimmerwohnung. Die Mutter hat sich das kleinste Zimmer als Schlafzimmer genommen, im größten sind die beiden Mädchen untergebracht, das dritte Zimmer wird als Wohnzimmer genutzt. Im „Kinderzimmer“ gibt es dauernd Streit, denn Silke ist sehr ordentlich, Caro dagegen lässt alles herumliegen, auf dem Tisch, auf dem Boden … Der tägliche Streit soll nun ein Ende haben.

1 In den beiden Fällen geht es um Konflikte. Analysiere den jeweiligen Konflikt.
2 Führt in der Klasse zu einem der Fälle ein Rollenspiel durch.

Jeder ist Mitglied verschiedener Gruppen, hat also verschiedene Rollen. (...) Man muss also verschiedene Erwartungen erfüllen, verschiedene Rollen „spielen“. Die **Rollenerwartungen**, die man erfüllen soll, können zueinander in Widerspruch stehen.

Beispiel: Seine Mutter ängstigt sich, weil sich Rolf beim Fußballtraining verletzt hat. Sie erwartet, dass er vorsichtig trainiert. Der Trainer erwartet jedoch, dass Rolf sein Bestes gibt, ein wichtiges Spiel steht bevor. Rolf versucht, beide Rollen gut zu spielen. Befindet er sich in der Rolle des Spielers, kann er den Erwartungen des Trainers voll entsprechen. Ist er zu Hause, spielt er die Rolle des vorsichtigen Sohnes und erfüllt die Erwartungen der Mutter. Alle sind zufrieden. Das ändert sich aber, wenn die Mutter als Zuschauerin beim Fußballspiel auftaucht. Rolf weiß nicht mehr, in welcher Rolle er sich darstellen soll.

Geht jemand voll in seinen Rollen auf, sind seine Partner zufrieden mit ihm. Das ändert sich aber, wenn beide Rollen aufeinandertreffen, dann tritt ein Rollenkonflikt auf.

(Quelle: www.schule-bw.de/lehrkraefte/fortbildung/weiteres/fotostory/ab1.htm; Zugriff: 27. 10. 2015)

Verschiedene Rollen
Das kann beispielsweise die Rolle eines Schülers bzw. einer Schülerin, eines Freundes bzw. einer Freundin, einer Schwester oder eines Bruders sein.

Mehmet
„Alle aus meiner Clique rauchen heimlich, aber ich nicht. Mir ist das einfach zu ungesund und teuer. Wenn ich die angebotene Zigarette ablehne, werde ich gleich als uncool tituliert. Ich verstehe nicht, was denn am Rauchen cool sein soll.“

Florian
„Alle wollen immer meine neuen Computerspiele ausleihen. Wenn ich aber mit ins Schwimmbad will, heißt es, das sei nichts für einen Computerfreak wie mich. Kaum habe ich ein neues Spiel, sind alle wieder nett, weil sie es haben wollen.“

Malte
„Ich bin der Einzige in unserer Clique, der sich ein neues Smartphone nicht leisten kann. Die anderen lachen mich deswegen aus. Klar, ich hätte auch gern solch ein neues Superteil, aber dafür fehlt mir das Geld.“

Claudia
„In unsere Clique kommt kein Fremder rein. Wir sind eine eingeschworene Gemeinschaft. Das finde ich momentan doof, denn Jan würde gerne bei uns mit dabei sein, aber die anderen wollen ihn nicht.“

Linda
„Ich will einen guten Schulabschluss machen, deshalb lerne ich nachmittags lieber, als mich jeden Tag mit Freunden zu treffen. Um in allen Fächern vorn mit dabei zu sein, muss ich einfach eine Menge tun.“

Maria
„Ich habe einen tollen Nagellack gesehen, aber der kostet 16 €. So viel Geld habe ich dafür nicht. Tanja meint, dass wir ihn einfach klauen sollten. Aber ich traue mich nicht. Wobei – gefallen würde er mir schon ...“

1 Erkläre, was ein Rollenkonflikt ist.

2 Alle sechs Jugendlichen haben eine Rollenkonflikt. Nenne die Rollenerwartungen, die an die Jugendlichen jeweils gestellt werden und beschreibe dann den Rollenkonflikt.

Jugendgruppen – Freizeit mit anderen

„Über unsere Jugendgruppe soll ich etwas erzählen? Wir sind eine Jungenschaftsgruppe des CVJM. Das heißt „Christlicher Verein junger Menschen". Wir treffen uns einmal in der Woche im Gemeindehaus der Kirche. Bei unseren Gruppenabenden machen wir vor allem Spiele, basteln für den Weihnachtsbazar und so. Wir kochen auch gemeinsam, das letzte Mal gab es Spaghetti! Toll war, als wir einmal einen Heißluftballon gebaut haben. Der ist dann beim Start gleich in Flammen aufgegangen – das war ein Schauspiel!

Einmal im Jahr laden wir unsere Eltern zu einem „bunten Abend" ein, mit Essen und Trinken, Sketchen und Dias vom Zeltlager. Wir machen auch viele Sachen außerhalb: Schlittschuhlaufen auf der Eisbahn, Schwimmen im Hallenbad, Kinobesuche usw.

Am besten gefallen mir die Zeltlager im Sommer und die gemeinsamen Fahrradtouren. Ich erinnere mich noch gut an unser Indianerzeltlager. Damals war ich elf Jahre alt und in der fünften Klasse. In den Pfingstferien fand das gemeinsame Zeltlager der verschiedenen Jungenschaften des Bezirks statt. Jeder „Indianerstamm" hatte sein Tipi. Tagsüber wurden Geländespiele gemacht und am Abend am Lagerfeuer Stockbrot gebacken. Und beim Schießen mit Pfeil und Bogen bin ich auf Platz 3 gelandet – da war ich wirklich stolz!

In den Sommerferien hat der CVJM ein Zeltlager am Silbersee. Da war ich dreimal dabei. Im letzten Jahr lautete unser Thema „Ritterlager". Wir haben uns als Ritter verkleidet und z. B. gemeinsam Geräte aus der damaligen Zeit nachgebaut. Das Katapult aus Holz hat tatsächlich funktioniert. Am Nachmittag ging es dann zur Abkühlung in den See.

Das alles geht natürlich nur mit einer Gruppe, in der man sich versteht und sich aufeinander verlassen kann. Wir sind in unserer Gruppe so ungefähr 20, 14 davon sind – wie ich – von Anfang an dabei. Wir kommen aus ganz verschiedenen Schulen, einige aus der Realschule, einige aus dem Gymnasium. Andere waren in der Hauptschule und machen jetzt eine Lehre, trotzdem kommen sie noch. Wo jemand herkommt, ist bei uns egal, Hauptsache, die Freundschaft stimmt."

1 Erläutere am Beispiel des CVJM die Bedeutung von Jugendgruppen.

Sportverein

Kirchliche Jugendgruppe

Webcode
SDL-11157-103
Arbeitsblatt:
Vereine – Vielfalt der Möglichkeiten

Musikgruppe in der Schule

Pfadfinder

Ich würde nie in einen Verein gehen. Da muss man regelmäßig zu den Übungsstunden kommen, auch wenn man dazu keine Lust hat.

Ich bin lieber allein. Wenn ich Sport treiben will, kann ich meinen Waldlauf allein absolvieren oder auf dem Bolzplatz mit denen kicken, die gerade dort sind. Und wenn ich keine Lust mehr dazu habe, kann ich aufören, wann ich will.

Im Verein oder in der Jugendgruppe unternimmt man zusammen mit anderen etwas. Dieses Gemeinschaftsgefühl ist doch toll. Gerade Jugendliche können so wichtige Verhaltensweisen lernen: mit anderen zusammenarbeiten, gemeinsam etwas anstreben, eigene Wünsche einem gemeinsamen Ziel unterordnen.

Im Verein helfen einem die anderen, nicht so schnell aufzugeben. Ohne Verein fängt man etwas an und gibt nach zwei Wochen auf, wenn es anstrengend wird. In der Gruppe wird man motiviert durchzuhalten. Das ist doch eine wichtige Fähigkeit für das Leben.

Schwimmklub
Instrumentalkreis
Pfadfinder
Naturschutzjugend
Gewerkschaftsjugend
Tanzsportverein
Akkordeonorchester
Turnverein
Eissportverein
Chorgemeinschaft
Messdienerschaft St. Martin
Luftsportverein

2 Im Kasten links sind beispielhaft Vereine und Organisationen genannt, die Jugendliche ansprechen. Ermittle, welche davon es bei euch gibt. Welche anderen kennst du?

3 Diskutiert in der Klasse: Wer ist Mitglied in einem Verein oder einer Jugendgruppe? Was kann er oder sie darüber berichten?

4 Setze dich mit den Aussagen für und gegen eine Mitgliedschaft in einem Verein auseinander.

Thema: **Was dürfen Eltern, was dürfen sie nicht?**

Es gibt zwei Methoden, aus einem Text wichtige Informationen herauszuholen. Diese beiden unterscheiden sich danach, ob man in den Text hineinschreiben darf oder nicht. In ein kopiertes Arbeitsblatt oder in ein Buch, das einem gehört, darf man Vermerke eintragen. Das darf man jedoch keinesfalls bei Büchern oder Zeitschriften, die man entliehen hat.

1. Schritt: Ermitteln, wovon der Text insgesamt handelt

Für beide Methoden gilt, dass man zuerst den Text ganz liest. Nur so weiß man, worum es in dem Text geht und an welchen Stellen Informationen stehen, die man sich merken will.

Methode A

2. Schritt: Schlüsselwörter markieren oder unterstreichen

Wenn man in den Text Vermerke eintragen darf, ist das Markieren oder das Unterstreichen sinnvoll. Allerdings markieren oder unterstreichen anfangs die meisten viel zu viel. Wenn man später den Text erneut liest oder überfliegt, dann nützen viele Markierungen oder Unterstreichungen wenig. – Also: Nicht zu viel markieren, nicht zu viel unterstreichen!

Man sucht dafür die Wörter oder die Begriffe, die am besten und in Kürze sagen, worum es in dem Textabschnitt geht. Nur diese Wörter oder Begriffe hebt man hervor. Wenn man sie sieht, fällt einem beim erneuten Lesen oder beim Überfliegen das Wichtigste des ganzen Abschnittes wieder ein. Diese Wörter erschließen gewissermaßen den Abschnitt, sind also „Schlüsselwörter" zum Verstehen des Textes.

3. Schritt: Am Rand des Textes Zeichen für Unklares bzw. für Wichtiges setzen

Man kann auch Zeichen auf den Rand setzen: Ein Ausrufezeichen passt, wenn man etwas für besonders wichtig hält. Ein Fragezeichen setzt man, wenn man etwas nicht verstanden hat, weil ein Begriff noch im Lexikon nachgeschlagen werden muss.

Methode B

2. Schritt: Den gesamten Inhalt erfassen

Wenn du nicht in den Text schreiben darfst, musst du das Wichtigste beim Durchlesen herausschreiben, etwa so: Du legst ein leeres Blatt neben den Text und notierst beim Lesen, was du sonst markiert hättest – am besten Abschnitt für Abschnitt. Dazu gibt es zwei Möglichkeiten:

A: Du schreibst wichtige Informationen genau so ab, wie sie im Text stehen.

B: Du fasst das Wesentliche mit eigenen Worten zusammen und notierst es.

Natürlich musst du jeweils alle dir unbekannten Wörter und Begriffe mithilfe eines Wörterbuchs bzw. eines Lexikons klären. Und du musst von vorn bis hinten alle dir schwierig erscheinenden Textstellen „übersetzen", also in eine sprachlich verständliche und knappe Formulierung umwandeln. Das gelingt dir dann am besten, wenn du mit den sogenannten W-Fragen (wer? was? wann? wie? warum? wozu?) arbeitest.

3. Schritt: Zusammenfassung schreiben

Nachdem du den Text abschnittweise erfasst hast, schreibst du aus deinen Notizen zu den einzelnen Abschnitten eine kurze Zusammenfassung. So eignest du dir den Textinhalt an.

Welche Methode ist grundsätzlich besser geeignet?

Das Herausschreiben von Informationen erscheint mühsamer als das Unterstreichen oder Markieren. Der Vorteil liegt jedoch darin, dass man sich in der Regel eigenhändig Geschriebenes besser merken kann.

Ich habe recht, auch zu Hause

Zu Hause gibt es mal wieder Zoff. Am liebsten würdet ihr euren Eltern gehörig die Meinung sagen. Dürfen die überhaupt so mit euch umgehen? Schekkerautorin Marie hat sich erkundigt, was Eltern dürfen und was ihr dürft.

Freunde
„Spätestens seit der Schulzeit suche ich mir meine Freunde selbst. Jetzt wollen mir meine Eltern plötzlich Freunde verbieten. Das ist allein meine Sache."
So einfach ist das nicht. Das sogenannte Umgangsbestimmungsgesetz ermöglicht es Eltern, Kindern den Kontakt zu bestimmen Personen zu verbieten – das heißt dann Umgangsverbot. Eine Erklärung müssen die Eltern dafür nicht abgeben. Allerdings soll man ja später zu einem verantwortungsvollen und selbstbewussten Erwachsenen werden. Deshalb ist es sinnvoll, gemeinsam über das Verbot zu sprechen.
Und insbesondere in den Jahren vor der Volljährigkeit dürfen Eltern Jugendlichen den Kontakt zu anderen nur dann verbieten, wenn sie triftige Gründe dafür haben.

Hausarrest
Eine 5 in Mathe. Für meine Mutter bedeutete das noch Hausarrest. Heute ist der Arrest glücklicherweise aus der Mode gekommen. Das heißt jedoch nicht, dass er verboten ist. Eure Eltern können euch verbieten, rauszugehen. In die Erziehung greift der Staat nicht ein. Nur in extremen Fällen – zum Beispiel bei Gewalt in der Familie – dürfen Eltern gerügt werden. Pädagogen setzen heutzutage aber eher auf Gespräche als auf Stubenarrest. (...)

Haushalt
Abwaschen, Putzen und mit dem Hund rausgehen. Nervig. Irgendjemand muss es aber machen. Nur habt ihr eben gerade etwas ganz Wichtiges zu tun. Da kann doch mal jemand anders gehen. Falsch gedacht. Eure Eltern können von euch sehr wohl verlangen, dass ihr Aufgaben im Haus übernehmt. Natürlich müssen sie darauf achten, dass ihr die Aufgaben auch übernehmen könnt, also körperlich und geistig in der Lage dazu seid. (...)

Mein Eigentum
(...) Missfällt den Eltern ein Computerspiel unter den Geburtstagswünschen, schenken es die Großeltern. Mama findet das gar nicht lustig und nimmt das Computerspiel an sich.
Eigentlich gehört das Computerspiel euch, wenn ihr es geschenkt bekommt. Eltern dürfen es aber wegnehmen, wenn „das Kind nicht nur Vorteile daraus zieht". Ist das Computerspiel zum Beispiel für euer Alter nicht zugelassen, dann dürfen eure Eltern es euch wegnehmen. Schwieriger wird es, wenn der Inhalt euren Eltern nicht gefällt, ihr es aber von rechtlicher Seite spielen dürftet. In solchen Fällen hilft nur ein Gespräch.

Mitreden
„Bei meiner Erziehung rede ich mit!", das ist der Wunsch vieler Jugendlicher. Auch der Staat hält es für sinnvoll, wenn Kinder in ihre Erziehung einbezogen werden. Das heißt nicht, dass sie sich zusammen mit den Eltern erziehen. Vielmehr sollen Eltern nicht einfach über die Köpfe der Kinder entscheiden. Streitpunkte in der Familie sollen besprochen werden. Zur „partnerschaftlichen Erziehung" zählt zum Beispiel, dass Eltern ihren Kindern erklären, warum einige Dinge nicht so ablaufen, wie es das Kind gern möchte. Außerdem sollen Jugendliche die Möglichkeit haben, von ihren Eltern angehört und ernst genommen zu werden. (...)

Piercing und Tattoo
„Über meinen Körper bestimme ich!" Mona möchte ein Tattoo. Allerdings sind ihre Eltern dagegen. Mona darf sich nur mit der elterlichen Zustimmung ein Tattoo stechen lassen. Erst mit 18 Jahren kann sie selbst entscheiden. Solange muss sie entweder warten oder versuchen, ihre Eltern zu überzeugen. Ohne das Wissen der Eltern ein Piercing oder Tattoo machen zu lassen, ist nicht ratsam. Streit ist vorprogrammiert. Darüber hinaus macht sich auch das Tattoo- oder Piercingstudio strafbar.

Taschengeld
(...) Wer sagt eigentlich, wie viel Taschengeld Kinder bekommen sollen? Vorweg: Es gibt kein Gesetz, das vorschreibt, wie viel Taschengeld Kinder bekommen sollen. Um Geld von den Eltern zu bekommen, führt kein Weg an einem Gespräch vorbei. (...) Im Internet und in Jugendämtern [kann man] nach Vorschlägen für eine angemessene Höhe eures Taschengeld suchen oder nachfragen. Dabei muss aber auch beachtet werden, dass arbeitslose Eltern weniger Taschengeld bezahlen können als Berufstätige.

Weggehen
Je älter man wird, desto länger möchte man abends wegbleiben. Partys gehen um halb zwölf erst richtig los. Nur sollt ihr dann meistens schon zu Hause sein. (...) Das Jugendschutzgesetz legt fest, wer wie lange in Diskos etc. bleiben darf. An dieses Gesetz müssen sich eure Eltern halten. Deshalb dürft ihr, bis ihr 16 Jahre alt seid, nur bis 22 Uhr mittanzen. Wenn ihr zwischen 16 und 18 Jahre alt seid, könnt ihr bis 24 Uhr bleiben. Auch wenn eure Eltern das etwas lockerer sehen, nützt euch das wenig. Bei Kontrollen könnt ihr euch nicht auf die Erlaubnis eurer Eltern berufen.

(Quelle: www.schekker.de/content/ich-habe-recht-auch-zuhause; Zugriff: 27. 10. 2015)

1 Erschließe den Text wie in Methode B beschrieben.

Die Klassengemeinschaft

Susanne: Herr Baumann hat einfach gesagt, ich wäre ab jetzt die Verantwortliche für das Klassenbuch. Warum muss gerade ich mich darum kümmern? Die anderen tun gar nichts!

Timo: Eigentlich finde ich die Klasse okay. Mir gefällt aber nicht, dass ich neben Alan sitzen muss. Ich würde lieber neben Patrick sitzen. Mit dem verstehe ich mich viel besser als mit Alan.

Michael: Gruppenarbeit finde ich blöd. Immer, wenn wir als Gruppe etwas machen sollen, geht der Streit los. Franco tut gar nichts und Dominik spielt sich als der große King auf, der alles besser weiß.

Claudia: Melanie, Yvonne und Daniela – die drei denken wohl, sie sind die Tollsten. Ständig hängen sie in den Pausen auf dem Schulhof zusammen, tuscheln über die anderen und giften sie an.

Bian: In unserer Klasse gibt es oft Streit. Ich wäre lieber in der 8c, die haben schon einen Klassenausflug gemacht. Wir seien viel zu undiszipliniert für so etwas, sagt Frau Rath, unsere Lehrerin.

Mona: Ich bin froh, dass ich neben Claudia sitze, wir sind richtig gute Freundinnen. Einige Mädchen in der Klasse schneiden mich, die sind neidisch, dass ich bessere Noten als sie habe.

Gemeinsames Lernen

Mit dem folgenden Versuch könnt ihr erproben, welches Vorgehen zur Lösung von Aufgaben in eurer Klasse besser ist: Einzelarbeit oder Gruppenarbeit.
Stellt euch vor, ihr treibt mit einer Jacht auf hoher See. Ein Teil der Jacht ist durch ein Feuer zerstört worden. Jetzt droht sie, zu sinken. Eure Position ist unklar, weil die Instrumente zur Orts- und Kursbestimmung ausgefallen sind. Nach eurer Schätzung befindet ihr euch 1 500 Kilometer südwestlich der nächstgelegenen Insel. Unten findet ihr eine Liste mit 14 unbeschädigten Gegenständen. Zusätzlich zu diesen Sachen verfügt ihr über ein Schlauchboot mit Rudern. Es ist nicht sicher, ob es ausreicht, außer euch auch alle aufgeführten Gegenstände aufzunehmen. In euren Hosentaschen habt ihr mehrere Schachteln Streichhölzer und zehn Geldscheine. Die Aufgabe besteht darin, die 14 Gegenstände in eine Rangfolge nach ihrer Wichtigkeit für euer Überleben zu bringen. Der wichtigste Gegenstand bekommt die Ziffer 1, der zweitwichtigste die Ziffer 2 usw.
Regelt mithilfe von Spielkarten, wer die Aufgabe in Gruppenarbeit und wer sie in Einzelarbeit löst. Wer Asse, Könige, Damen, Buben zieht, arbeitet in Vierergruppen zusammen. Wer 7er, 8er, 9er, 10er zieht, löst die Aufgabe in Einzelarbeit.

Gegenstände:

- 20-Liter-Behälter mit Wasser
- großes Moskitonetz
- Rasierspiegel
- Kiste mit Essensrationen
- Seekarte eures Aufenthaltsgebiets
- Sitzkissen, als Schwimmhilfe geeignet
- 10-Liter-Behälter mit Benzingemisch
- Radio mit Batterien
- Abwehrmittel gegen Haie
- 9 m^2 undurchsichtige Plastikfolie
- 2 Liter 80-prozentiger Rum
- 6 m stabiles Nylonseil
- 2 Tafeln Schokolade
- Angelgerät

Dieser Aussage … Mädchen O Junge O		stimme ich nicht zu	stimme ich eher nicht zu	stimme ich eher zu	stimme ich zu
1	Die Klasse hat kaum einen Zusammenhalt				
2	An Diskussionen im Unterricht nehmen immer nur wenige Schülerinnen und Schüler teil.				
3	Wenn die Lehrerin oder der Lehrer nicht in der Klasse ist, geht es drunter und drüber.				
4	Es gibt mehrere Schülerinnen und Schüler bei uns, die immer die Antwort zuerst geben wollen.				
5	Hier in der Klasse kümmert sich keiner um den anderen.				
6	In dieser Klasse werden von den Schülerinnen und Schülern oft Vorschläge zur Verbesserung des Unterrichts gemacht.				
7	In dieser Klasse kann man viel lernen.				
8	In unserer Klasse herrscht ein guter Klassengeist, also ein Gefühl der Zusammengehörigkeit.				
9	Ein Teil der Klasse träumt im Unterricht meistens vor sich hin.				
10	In dieser Klasse dauert es lange, bis man Freundschaften schließt.				
11	Einige Schülerinnen und Schüler unserer Klasse sieht man in den Pausen oft allein.				
12	Im Unterricht arbeitet fast immer die gesamte Klasse mit.				
13	Noten spielen bei uns in der Klasse eine große Rolle.				
14	Viele Schülerinnen und Schüler der Klasse sind miteinander befreundet.				
15	In dieser Klasse sieht jede/-r in den anderen Gegner bzw. Gegnerinnen.				
16	In unserer Klasse wurde schon öfter etwas zusammen geplant und unternommen.				

Wie ist unsere Klasse?

Die Tabelle enthält Aussagen zum Verhalten von Schülerinnen und Schülern in der Klasse. Benutze das Arbeitsblatt oder übertrage die Tabelle auf ein Blatt Papier. Es reicht auch aus, von jeder Aussage nur die Nummer zu notieren. Beurteile dann diese Aussagen. Gib auf dem Blatt deinen Namen nicht an. So kann jede/-r ehrlich das ankreuzen, was für sie/ihn zutrifft. Ob die Bewertung von einem Jungen oder von einem Mädchen stammt, könnt ihr durch Ankreuzen auf dem Arbeitsblatt festhalten oder ihr vermerkt auf euren Notizen ein „J“ oder „M“.
Wenn ihr alle Bewertungen an der Tafel zusammenfasst, lässt sich erkennen, ob es in eurer Klasse Probleme gibt. Erstellt die Zusammenfassung an der Tafel in Form von Strichlisten. Unterscheidet dabei farblich zwischen den Angaben von Jungen und Mädchen. So erkennt ihr, ob die Jungen und Mädchen bestimmte Punkte unterschiedlich beurteilen.

1 In jeder Klasse kann es Probleme geben. Arbeite heraus, welche Probleme in den Äußerungen der Schülerinnen und Schüler auf Seite 24 deutlich werden.
2 Macht Vorschläge, wie man diese Probleme lösen könnte.
3 Bearbeitet die Aufgabe zum gemeinsamen Lernen und diskutiert über das Ergebnis.
4 Führt in eurer Klasse mithilfe des Beurteilungsbogens oben eine Umfrage durch.

4 Hilfe

Geht dabei vor, wie im Kasten oben beschrieben. Besprecht dann anhand der Ergebnisse, ob es in eurer Klasse Probleme gibt und wie sie möglicherweise abgebaut werden können.

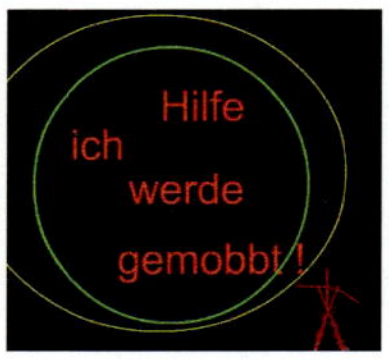

www.schueler-mobbing.de

http://mobbing-schluss-damit.de

Was ist Mobbing?

Das Wort „Mobbing" kommt aus dem Englischen und heißt übersetzt „anpöbeln" und „fertigmachen". Das kann auf unterschiedliche Arten geschehen. Zum Beispiel wenn alles, was ein Schüler sagt, scharf kritisiert oder einfach lächerlich gemacht wird. Oder der Schüler von allen geschnitten und völlig ignoriert wird. Auch erfundene Geschichten und Lästereien werden verbreitet, um Schüler bloßzustellen, und man verpasst ihnen boshafte, erniedrigende „Spitznamen". Mobbing kann sich im Extremen zu Straftaten wie Erpressung und körperlicher Gewalt steigern. (...) Mobbing geschieht immer gezielt über längere Zeit und geht über die normalen Schulkonflikte hinaus. (...)
Der Grund für das Mobbing ist niemals bei demjenigen zu suchen, der gemobbt wird, sondern immer beim Täter. Die Täter benutzen das Mobben von Mitschülern als Ventil für ihre Aggressionen. Um sich hervorzutun, besonders „cool" zu sein und als unerschrocken zu gelten, werden andere beleidigt und erniedrigt. Die Gründe für das Anpöbeln bleiben im Dunkeln, die Täter haben häufig gar nichts Konkretes hervorzubringen. (...) Beobachter schreiten häufig nicht ein, weil sie Angst haben, selbst zum Mobbingopfer zu werden. (...)

(Quelle: www.helles-koepfchen.de/mobbing-an-schulen.html; Zugriff: 27. 10. 2015)

Mobbing – was tun?

1 „Ich würde mich vor das Opfer stellen und den Mobbern sagen, dass sie damit aufhören sollen."
2 „Ich würde Verbündete unter meinen Mitschülern und Mitschülerinnen suchen, um gemeinsam gegen das Mobbing vorzugehen."
3 „Ich würde es einer Lehrkraft sagen und sie um Hilfe bitten."
4 „Ich würde es den Eltern sagen, damit sie etwas gegen das Mobbing tun."

Aus einem Mobbing-Forum

Ich wurde gemobbt. Zuerst wusste ich gar nicht, was das ist, aber heute weiß ich, dass es auch egal ist. Drei Jungen aus meiner Klasse haben mich mehr und mehr gedemütigt, blamiert, beleidigt, mir Prügel angedroht, in der Schule meine Sachen versteckt. Das haben meine Eltern anfangs als „ärgern" abgetan. Als mir dann aber wegen einer Kleinigkeit (…) Prügel angedroht wurde, bekam ich wirklich Angst. (…) Das Problem ist, dass ich nicht so groß und kräftig bin wie die drei anderen. Mir bleibt nur weglaufen. Aber das ist feige. Trotzdem hatte ich Angst, verprügelt zu werden. Und wollte nicht mehr zur Schule gehen. Ich hab sogar deswegen geweint. Dafür hab ich mich dann geschämt – ich bin doch kein Feigling. Nach der Schule, als ich zum Bus ging, standen die drei Mitschüler dort, wechselten zu mir auf die Seite und es waren sogar noch fremde Jungen dabei, größere und ältere. Sie gingen dicht an mir vorbei, schubsten und rempelten mich ein bisschen und sagten Beleidigungen zu mir. Ich hatte eine Riesenangst. Es passierten mal mehr, mal weniger Dinge. Es war auch mal ein Tag Ruhe. Ich war aber so fertig, dass ich dem Unterricht nicht mehr richtig folgen konnte, weil ich immer an die Pausen denken musste. Abends bekam ich irgendwann Bauchweh, Kopfweh oder Rückenschmerzen. Morgens zögerte ich mein Weggehen zur Schule immer so weit es ging hinaus. (…) Als mein bester Freund dann auch die Schule wechselte, war ich ganz allein und es wurde immer schlimmer. Keiner in der Klasse traute sich; mir zu helfen. Die Mädchen hielten sich sowieso raus und die anderen Jungs machten entweder mit oder wollten selber keinen Ärger mit den drei anderen. (…)

(Quelle: www.helles-koepchen.de/forum.asp?aktion=topic_lesen&topic_id=50, Beitrag vom 9. 5. 2012; Zugriff: 27. 10. 2015)

1 Der Junge berichtet, wie er von Mitschülern gemobbt wird. Notiere typische Situationen.

2 „Zwischen Schülern gibt es immer mal wieder Streit! Heute nennt man das Mobbing." Erkläre, warum diese Aussage nicht zutrifft.

3 Im Kasten „Mobbing – was tun?" werden vier Möglichkeiten genannt, auf Mobbing zu reagieren. Was hältst du von diesen Möglichkeiten? Notiere jeweils deine Position.

4 Erkunde die beiden angegebenen Internetseiten: Was ist dir neu? Was findest du hilfreich?

Thema: „Ich fühle mich in meiner Klasse wohl, wenn …"

Vorbereitung

Teilt die Klasse in 4er-Gruppen oder gegebenenfalls in 3er-Gruppen auf. Jede Gruppe erstellt auf einem großen Bogen Papier ein Placemat. Placemat (engl.) bedeutet so viel wie Platzdeckchen oder Tischunterlage. In die Mitte des Papierbogens zeichnet jede Gruppe ein Viereck, in dem später die Ideen eingetragen werden, auf die sich die Gruppe geeinigt hat. Der restliche Platz wird so aufgeteilt, dass jede/-r in der Gruppe ein eigenes Feld zum Aufschreiben von Einfällen oder Gedanken hat. Das Placemat bei einer 4er-Gruppe sollte also etwa so aussehen:

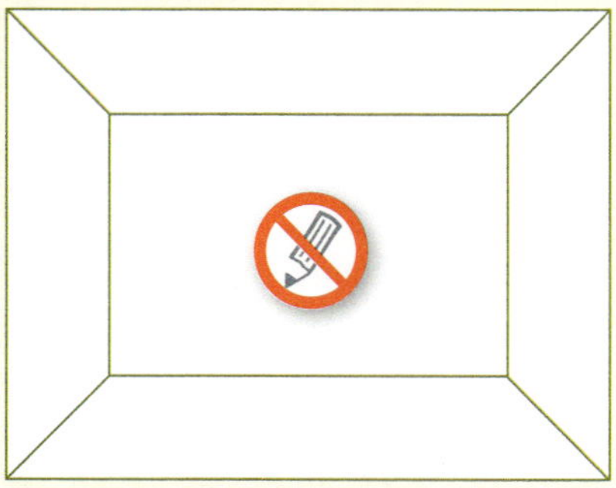

Durchführung/Ablauf

1. Jede Gruppe sitzt um ihr Placemat herum am Tisch.
2. Eure Lehrerin bzw. euer Lehrer gibt das Thema bekannt und stellt eine Aufgabe oder Frage, zum Beispiel: „Was fällt euch ein zu …?" Oder: „Was versteht ihr unter …?"
3. Jede Schülerin bzw. jeder Schüler aus der Gruppe schreibt ihre bzw. seine Einfälle zu der Aufgabe in das eigene Feld. Während dieser Einzelarbeit darf nicht gesprochen werden. Um die Antworten der einzelnen Gruppenmitglieder besser unterscheiden zu können, kann jedes Gruppenmitglied einen andersfarbigen Stift verwenden.
4. Danach werden die Einzelergebnisse in der Gruppe ausgetauscht, indem entweder jede/-r reihum ihren/seinen Text vorträgt und die anderen aufmerksam zuhören oder jede/-r aus der Gruppe durch Drehen des Placemat die Texte der anderen Gruppenmitglieder liest.
5. Die Gruppe diskutiert die Antworten der einzelnen Gruppenmitglieder und einigt sich darauf, welche Ideen am besten die Meinung der Gruppe wiedergegeben. Das gemeinsame Ergebnis wird in Form von Stichworten im mittleren Feld des Placemat aufgeschrieben. Je nach Aufgabenstellung, Frage oder Thema kann es sinnvoll sein, die Stichpunkte nach ihrer Wichtigkeit zu ordnen und in eine Rangfolge zu bringen.

Präsentation/Auswertung

Jede Gruppe stellt ihr Arbeitsergebnis der Klasse vor. Damit das Arbeitsergebnis möglichst gut von allen Mitschülerinnen und Mitschülern gesehen und gelesen werden kann, bietet es sich an, das mittlere Feld des Placemat auszuschneiden und an eine Pinnwand zu heften.
Falls es gewünscht wird, kann aus den Gruppenergebnissen auch ein Klassenergebnis herausgearbeitet werden.

1 Führt das Placemat zum Thema „Ich fühle mich in meiner Klasse wohl, wenn …" durch.

1 Überprüfe dein Vorwissen.

Zu Beginn dieser Unterrichtseinheit hast du eine Netzwerkanalyse durchgeführt um herauszufinden, in welchen sozialen Gruppen du Mitglied bist.

a) Überarbeite dein soziales Netzwerk. Kannst du neue Beziehungen hinzufügen und Fachbegriffe ergänzen? Wer gehört zu deiner Peergroup?

b) Erstelle eine Mindmap zum Thema „Konflikt und Konfliktlösung“.

2 Löse das Rätsel.

Benutze dazu das Arbeitsblatt oder notiere die gesuchten zwölf Wörter untereinander in dein Heft. Die Buchstaben in den grün unterlegten Kästchen ergeben das Lösungswort. Es bezeichnet, was ein Kleinkind außer Nahrung und Pflege noch braucht.

Ä = Ä

1. In einer ______ gibt es ein „Wir-Gefühl“.
2. Glück, Freude, Anerkennung und Geborgenheit können nur im ______ mit anderen erfahren werden.
3. Mit ______ ist gemeint, dass man tut, was andere wollen.
4. Bis zur ______ tragen die Eltern die Verantwortung für ihr Kind.
5. Ein ______ ist eine Gruppe, der man aufgrund gemeinsamer Neigungen freiwillig angehört.
6. Das ______ bestimmt, dass die Familie unter dem besonderen Schutz des Staates steht.
7. Gleichaltrige schließen sich in ______ zusammen.
8. Eine ______ ist ein enges, von Vertrauen geprägtes Verhältnis zu einer anderen Person.
9. Kinder übernehmen durch die ______ die Einstellungen und Verhaltensweisen ihrer Eltern.
10. Eine ______ ist eine Gruppe gleichaltriger Jugendlicher.
11. Die ______ ist eine feste Gruppe, in die man hineingeboren wurde.
12. Bei einem ______ prallen unterschiedliche Interessen und Meinungen aufeinander.

3 Gruppenarbeit: Wie würdet ihr den Konflikt lösen?

Der Fall zeigt eine typische Konfliktsituation in Familien. Erarbeitet einen Vorschlag, wie dieser Konflikt gelöst werden könnte. Vergleicht dann euren Lösungsvorschlag mit den Lösungsvorschlägen anderer Gruppen.

Die Lieblingsfernsehsendungen von Jens, 12 Jahre, und Hannah, 11 Jahre, kommen immer in der Zeit, in der die Familie beim Abendessen sitzt. Vater möchte, dass man sich in dieser Zeit ungestört unterhalten kann. Da redet man sich den Ärger vom Hals, plant Gemeinsamkeiten usw. Die Mutter möchte das Abendessen nicht um 45 Minuten verschieben, weil sie nicht so lange in der Küche stehen will. Die Familie hat kein Aufnahmegerät für Fernsehsendungen, weil sie das Geld zurzeit für andere Dinge braucht.

4 Interpretiere nebenstehende Karikatur.

(Zeichnung: Erich Rauschenbach)

5 Führt eine Umfrage durch

Befragt 12- bis 19-Jährige in eurem Ort zu ihren Freizeitaktivitäten. Vergleicht dann eure Befragungsergebnisse mit den Angaben in der nebenstehenden Grafik und schreibt darüber einen Bericht für eure Schülerzeitung.

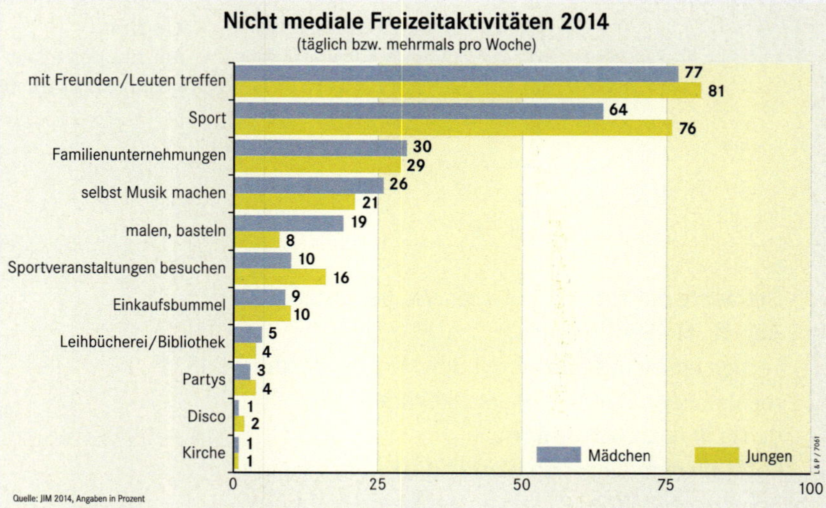

Leben in der Medienwelt

Viele in deiner Klasse haben ein Smartphone, surfen damit im Internet, kommunizieren mit ihren Freundinnen und Freunden über WhatsApp und Facebook. Etliche haben zu Hause eine Playstation oder eine X-Box sowie einen Fernseher. Und am Computer werden Chatrooms, Foren und Blogs besucht.
In diesem Kapitel wirst du lernen, wie du in deinem Alltag Medien sinnvoll nutzen kannst, welche Rechte und Pflichten du dabei hast und wo eventuell auch Gefahren der Nutzung liegen können.

Definition von „Medien“
Medien (das Wort kommt vom lateinischen „medium“ und bedeutet so viel wie „Vermittler“) sind (...) Mittel oder bestimmte Verfahren, mit denen Nachrichten und Informationen verbreitet werden, auch Bilder und Filme. Man kann sich durch Medien weiterbilden, sich informieren, Ideen austauschen oder sich einfach unterhalten. Und weil sehr viele Menschen das beim Fernsehen oder Zeitungslesen tun, nennt man solche Medien auch „Massenmedien“. Diejenigen, denen solche Medien gehören, etwa eine Fernsehstation oder ein Verlagshaus, erreichen sehr viele Menschen und haben also viele Möglichkeiten, die Meinung dieser Menschen zu beeinflussen. Deshalb ist es sinnvoll, sich in möglichst verschiedenen Medien zu informieren.
(Quelle: www.hanisauland.de/lexikon/m/medien.html, Zugriff: 10. 6. 2015)

Ein Zitat
Am zuverlässigsten unterscheiden sich die einzelnen Fernsehprogramme noch immer durch den Wetterbericht.
(Woody Allen, Filmregisseur und Schauspieler)

- Betrachte die Bilder und Texte: Was bedeutet der Begriff „Medien“ für dich?
- Fertige eine Mindmap an mit den Medien, die du regelmäßig nutzt. Notiere auch Gründe, weshalb du sie in Anspruch nimmst.
- Formuliere mit eigenen Worten die Kritik, die der Schauspieler Woody Allen an den Medien übt.

Kapitel 02

Begriffsanalyse „Medienwelt“

Oberbegriffe	Teilbegriffe
Medienwelt	
neue Medien	
soziale Netzwerke	
Computer	
Internet	

Was weißt du?

Die Begriffsanalyse hilft dir, das, was du bereits weißt, zu aktivieren und zu sortieren. Im Verlauf des Kapitels werden viele der von dir genannten Begriffe und Themen im Unterricht besprochen.

1 Übertrage die Tabelle in dein Heft oder nutze das Arbeitsblatt. Notiere zu jedem Oberbegriff mehrere Teilbegriffe, die dir spontan einfallen. Die Teilbegriffe können doppelt vorkommen.

2 Vergleiche deine Tabelle mit einem Partner oder einer Partnerin. Ergänzt Begriffe.

3 Ordne nun die von dir notierten Begriffe: Vernetze die Ober- und Teilbegriffe miteinander und fertige eine übersichtliche Mindmap zum Thema „Medienwelt“ an. Lasse Platz für Ergänzungen.

Das Internet und seine Nutzung

(Zeichnung: Karl Gerd Striepecke)

Jugendliche in einem Internetcafé

1 Ich erledige meine Bankgeschäfte online.

2 Im Internet chatte ich mit meinen Freundinnen.

3 Ich schaue mir häufig Filme im Internet an.

4 Ich kaufe Bücher im Internet. Onlineshopping ist bequem.

5 Ich mache bei Internetauktionen mit. Kürzlich habe ich eine Nähmaschine ersteigert.

6 Ich benötige das Internet beruflich.

7 Meinen Freunden schreibe ich oft E-Mails.

8 Mich interessieren am meisten die Computerspiele im Internet.

9 Wenn ich für ein Referat etwas wissen will, recherchiere ich im Internet.

10 Mit dem Smartphone pflegen wir den Kontakt zu unseren Verwandten in Kanada.

Unsere Internetnutzung

Wenn ihr wissen wollt, wie das Internet von euch hauptsächlich genutzt wird, könnt ihr so vorgehen:

1. Jede/-r von euch schreibt auf einem Blatt fünf Möglichkeiten auf, wie sie/er das Internet nutzt. Dahinter notiert sie/er die Zahlen 1 bis 5. 5 bedeutet, dass diese Nutzung die wichtigste oder häufigste ist, 4 steht für eine etwas weniger häufige Nutzung usw. Wer das Internet für sich nicht nutzt, notiert „keine Internetnutzung". Der Name wird nicht angegeben. Lediglich mit einem „J" oder einem „M" könnt ihr kennzeichnen, ob das Blatt von einem Mädchen oder Jungen stammt.

2. Die Auswertung der Blätter erfolgt an der Tafel. Jede Nutzungsmöglichkeit wird bei der ersten Erwähnung notiert. Dann werden alle dafür genannten Zahlen notiert. Zählt ihr sie am Ende zusammen, seht ihr, wie das Internet in eurer Klasse genutzt wird.

3. Ihr könnt die Auswertung getrennt nach Mädchen und Jungen vornehmen, z. B. die Zahlen in unterschiedlichen Farben notieren. So könnt ihr leicht im Vergleich sehen, ob es Unterschiede im Nutzungsverhalten zwischen Mädchen und Jungen gibt.

4 Hilfe
Erstellt dazu eine Liste mit Teilfragen.

1 Vermute, welche Aussagen zur Nutzung des Internets in den Sprechblasen von Jugendlichen und welche von Erwachsenen stammen.
2 Nenne weitere Möglichkeiten der Internetnutzung. Denke auch an Politik.
3 Analysiere die Karikatur. Begründe, ob sie nur witzig sein oder mehr aussagen will.
4 Führt in eurer Klasse eine Befragung „Unsere Internetnutzung" durch. Ordnet die Ergebnisse und erläutert sie.

Thema: **Internet**

Eine Karikatur ist ein zeichnerisch gestalteter Kommentar zu einem gesellschaftlichen, politischen, oder wirtschaftlichen Sachverhalt. Dabei versucht der Zeichner bzw. die Zeichnerin, durch übertreibende oder verzerrende Darstellung auf ein Problem hinzuweisen, Stellung zu beziehen bzw. Kritik zu üben und zum Nachdenken anzuregen. Meist enthält eine Karikatur eine Bildunterschrift oder einen kurzen Text, der oft im Widerspruch zur Zeichnung steht.

Tipps zur Analyse von Karikaturen

Um eine Karikatur zu verstehen, geht man am besten wie folgt vor:

1. **Genau hinsehen:** Was ist gezeichnet? Wer oder was wird angesprochen? Was fällt in der Darstellung besonders auf?

2. **Problem erkennen:** Um welchen Sachverhalt, welches Problem geht es? Welche Hinweise dazu gibt der Text?

3. **Ansicht deuten:** Welche Absicht verfolgt der Zeichner? Welche Position bringt er zum Ausdruck?

4. **Beurteilung:** Wie beurteile ich den in der Karikatur dargestellten Sachverhalt? Teile ich die Position, die der Karikaturist vertritt?

(Zeichnung: M. Ammann / Baaske Cartoons)

Zu 1.: Zu sehen ist ein Junge mit einem Ball in den Händen vor einer geöffneten Haustür. In der Tür steht eine Frau. Durch die offene Tür kann man in der Wohnung einen Jungen sehen, der an einem Computer sitzt. Er schaut konzentriert auf den Bildschirm. Der Junge mit dem Ball fragt, ob Karli da sei. Die Frau verneint dies mit der Formulierung „Eigentlich nicht. Er ist im Internet."

Zu 2.: Die Karikatur thematisiert die Frage, ob die Internetnutzung bei Jugendlichen zur freiwilligen Isolierung und zum Abbruch sozialer Kontakte, letztlich also zur Sucht führen kann.

Zu 3.: Der Zeichner baut einen Gegensatz zwischen realem Leben (Junge mit Fußball) und Internetnutzung (Junge am Computer) auf. Dies wird unterstrichen durch die Formulierung der Mutter, Karli sei „eigentlich" nicht da. Der Zeichner will damit zum Ausdruck bringen, dass Karli wegen des Internets sozusagen „in einer anderen Welt" ist, dass ihn die Realität, also der Umgang mit Freunden, nicht mehr interessiert.

1 Analysiere die Karikatur. Orientiere dich dabei an den Tipps.

Informationen aus dem Internet

Marktanteile
(Stand: Sept. 2015)

Google
www.google.de
(95,56 %)

bing
www.bing.com
(2,53 %)

YAHOO!
de.yahoo.com
(1,36 %)

Ask
de.ask.com
(0,15%)

T··Online···
www.t-online.de
(0,12 %)

Aol.
www.aol.de
(0,10 %)

Als Recherche- und Informationsmedium nutzen die Jugendlichen das Internet in erster Linie in Form einer Suchmaschine – 85 Prozent geben mindestens mehrmals pro Woche Suchbegriffe ein. Informationen zu Themen außerhalb der Schule suchen gut 40 Prozent regelmäßig im Internet, etwas weniger informieren sich beim nicht kommerziellen Onlinelexikon „Wikipedia“. Nachrichtenportale von Zeitungen oder Zeitschriften nutzen nur noch halb so viele Jugendliche regelmäßig, die Nachrichtenseiten der Fernsehsender werden von fünf Prozent regelmäßig aufgesucht. Nachrichtenseiten oder -portale anderer Anbieter sind für jeden sechsten eine Option. Newsgroups oder Weblogs sprechen nur eine geringe Klientel an, bei der Suche nach regionalen Veranstaltungen nutzen ebenfalls vergleichsweise wenige Jugendliche das Internet. Jeder Zehnte lässt sich über sogenannte Live-Ticker über Neues aus der Welt des Sports informieren. Video-Tutorials bzw. „How-to-do“-Videos, in denen Anleitungen gezeigt werden, schauen gut zehn Prozent regelmäßig an, (...). Informationsangebote in Form von Podcasts weisen kaum regelmäßige Nutzer auf. Geschlechtsspezifika treten bei den hier untersuchten Angebotsformen kaum auf. (...)

(Quelle: JIM-Studie 2014, Jugend, Information, [Multi-]Media, Hg.: Medienpädagogischer Forschungsverbund Südwest, Nov. 2014, S. 28 f.)

Metasuchmaschinen wie www.ixquick.com oder www.metager.de durchsuchen eine oder mehrere Suchmaschinen und bieten einen größeren Schutz der Privatsphäre.

Lara: Hallo Marie, ich soll ein Referat halten: Weißt du etwas über Jaguare?
Marie: Da schaust du am besten im Internet nach.
Lara: Das hab’ ich gemacht und bei Google *jaguar* eingegeben.
Marie: Aha, du hast Google als Suchmaschine genutzt.
Lara: Suchmaschine? Was ist denn das?
Marie: Das sind Internetseiten, auf denen man einen Begriff eingeben kann, und dann werden alle Internetseiten aufgelistet, die den eingegebenen Begriff enthalten.
Lara: Und wie wird da im Internet gesucht?
Marie: Das ist kompliziert. Stelle es dir so vor: In Sekundenschnelle werden alle öffentlich zugänglichen Webseiten nach dem Begriff durchsucht. Und die Seiten, in denen dein Begriff vorkommt, werden aufgelistet.
Lara: Bei *jaguar* waren das über 100 Millionen Ergebnisse! Aber ich habe mir nur die ersten Seiten angeschaut.
Marie: Das machen fast alle so. Man hat festgestellt, dass in der Regel nur die ersten zehn Suchergebnisse angeklickt werden.
Lara: Hab’ ich auch gemacht. Aber bei den ersten Treffern ging es nur um Autos.
Marie: Was genau hast du als Suchbegriff eingegeben?
Lara: Na, *jaguar* eben. Über den wollte ich doch etwas wissen.

1 Nenne anhand des Textes aus der JIM-Studie die wesentlichen Merkmale der Nutzung des Internets durch Jugendliche.
2 Beschreibe die Bedeutung von Suchmaschinen.

Marie: Es gibt das Tier Jaguar und das Sportauto Jaguar. Woher soll das Internet wissen, was dich interessiert? Es listet einfach alles auf. Du hättest den Suchbegriff eingrenzen müssen.
Lara: Wie denn?
Marie: Wenn dich nur das Tier Jaguar interessiert, musst du das bei der Eingabe auch deutlich machen. Schau mal, ich gebe jetzt *jaguar tier* ein. Siehst du: nur noch zwei Millionen Ergebnisse!
Lara: Das ist aber doch immer noch viel zu viel. Eigentlich wollte ich für mein Referat wissen, was Jaguare als Beute jagen.
Marie: Dann grenzen wir die Anfrage weiter ein, also *jaguar tier beute*. Siehst du – nur noch 32 000 Ergebnisse! Also: Je gezielter du deine Anfrage an die Suchmaschine stellst, desto genauer das Ergebnis.

Wenn man im Internet mithilfe einer Suchmaschine nach Informationen sucht, findet man am Anfang der Ergebnisliste meist den Hinweis auf einen Artikel von Wikipedia. Wikipedia ist eine Art Internetlexikon. Der Name setzt sich zusammen aus dem Wort „wiki", das in Hawaii „schnell" bedeutet, und „Encyclopedia", dem englischen Wort für Lexikon.
Das Besondere an Wikipedia ist, dass es nicht nur das meistgenutzte Nachschlagewerk ist, sondern dass alle Beiträge von ehrenamtlichen Autorinnen und Autoren unentgeltlich geschrieben und nach der Veröffentlichung gemeinschaftlich korrigiert, erweitert und aktualisiert wurden bzw. werden. Grundsätzlich kann jeder Internetnutzer als Autor bei Wikipedia mitwirken. Eine eigentliche Redaktion gibt es nicht, vielmehr kontrollieren und korrigieren sich die Autoren gegenseitig.
Wikipedia ist kostenlos und es wird keine Werbung eingeblendet. Das Projekt finanziert sich ausschließlich über Spenden. Wikipedia wurde 2001 gegründet und hat sich seitdem zu einer der wichtigsten Informationsquellen im Internet entwickelt. Wikipedia gehört zu den zehn Websites, die weltweit am meisten besucht werden. Die Anzahl der Artikel in der englischsprachigen Wikipedia liegt derzeit bei rund 4,5 Millionen. Die Anzahl der deutschsprachigen Beiträge liegt bei etwa 1,8 Millionen.
Manche fragen, ob man den Informationen von Wikipedia überhaupt vertrauen kann, denn jede Internetnutzerin und jeder Internetnutzer kann den Inhalt eines Beitrags verändern. Es wurden schon Fälle entdeckt, bei denen der Inhalt eines Beitrags durch Einfügungen oder Streichungen manipuliert wurde. Andere verweisen jedoch darauf, dass jede Änderung in einem Beitrag durch einen Klick auf „Versionsgeschichte" nachvollziehbar ist, dass viele Artikel überprüfbare Quellen zitieren und Diskussionen über strittige Punkte leicht zugänglich sind.

WIKIPEDIA
Die freie Enzyklopädie

3 Hilfe
Gib dazu einen Begriff in verschiedene Suchmaschinen ein und vergleiche dann die Ergebnisse.

3 Vergleiche Suchmaschinen.
4 Arbeite heraus, wie man bei der Informationssuche im Internet vorgehen sollte.
5 Erläutere, was Wikipedia ist.
6 Erörtere Vor- und Nachteile von Wikipedia.

Soziale Netzwerke in Deutschland – Top Five (Mai 2015)
(Mio. Visits ohne Mobile):
facebook.com 703,70
twitter.com 33,22
ok.ru 30,17
plus.google.com 29,07
tumblr.com 18,47

Soziale Netzwerke

(...) In sozialen Netzwerken wie Facebook, Twitter oder Instagram (etc.) kann man sich präsentieren, kommunizieren, Fotos veröffentlichen, verlinken und Kontakt aufnehmen. Sie sind für heutige Jugendliche so etwas wie die moderne und interaktive Form von Freundschaftsbüchern oder Poesiealben. In der Anfangszeit wurden soziale Netzwerke vor allem von der jüngeren Generation genutzt; inzwischen sind sie aber in der Breite der Gesellschaft angekommen.
Soziale Netzwerke werden insbesondere dazu genutzt, Freunde oder Gleichgesinnte zu treffen und den Kontakt mit ihnen zu halten. Sie funktionieren vor allem über die Selbstdarstellung ihrer Nutzer. Auf einer Plattform im Internet erstellen diese ein eigenes Profil mit möglichst vielen persönlichen Angaben wie Hobbys, Interessen, derzeitiger Lebens-, Familien- und Partnerschaftssituation etc. Sehr beliebt sind auch das Einstellen von Fotos sowie die Verlinkung von angesagten Videos, Songs oder anderen Webinhalten. Die Vernetzung der Mitglieder erfolgt über Freundeslisten; der Austausch untereinander findet mittels integrierter Chats, auf virtuellen Pinnwänden auf der Profilseite oder über persönliche Nachrichten statt. Die meisten Netzwerke haben ein Mindestalter von 13 Jahren. Nicht selten geben jüngere Kinder ein falsches Geburtsdatum an, um sich bei einem Netzwerk anzumelden. Immer häufiger haben Kinder heute auch Profile in mehreren Netzwerken. Dank immer günstigeren mobilen Internetflatrates greifen Jugendliche zunehmend auch von unterwegs über ihr Smartphone auf soziale Netzwerke zu. So können Fotos unmittelbar nach der Aufnahme und so gewünscht sogar automatisch im sozialen Netzwerk veröffentlicht werden.
Die Mitgliedschaft in sozialen Netzwerken ist in der Regel umsonst, aber nicht kostenlos. Die Nutzer zahlen mit den eingestellten persönlichen Daten und Informationen. Diese werden vom jeweiligen Anbieter ausgewertet und mit anderen Informationen verknüpft, um den Nutzern beispielsweise an den jeweiligen Interessen ausgerichtete Werbebanner zu zeigen. Man spricht hier von „personenbezogener Werbung". Zudem werden die Daten in vielen Fällen (nach Unternehmensangaben in anonymisierter Form) auch an andere Firmen weitergeleitet.

(Quelle: Internetkompetenz für Eltern – Kinder sicher im Netz begleiten. Leitfaden für Eltern, Hgg.: klicksafe, Internet-ABC und Landesanstalt für Medien Nordrhein-Westfalen (LfM), 2. Auflage Feb. 2014, S. 15)

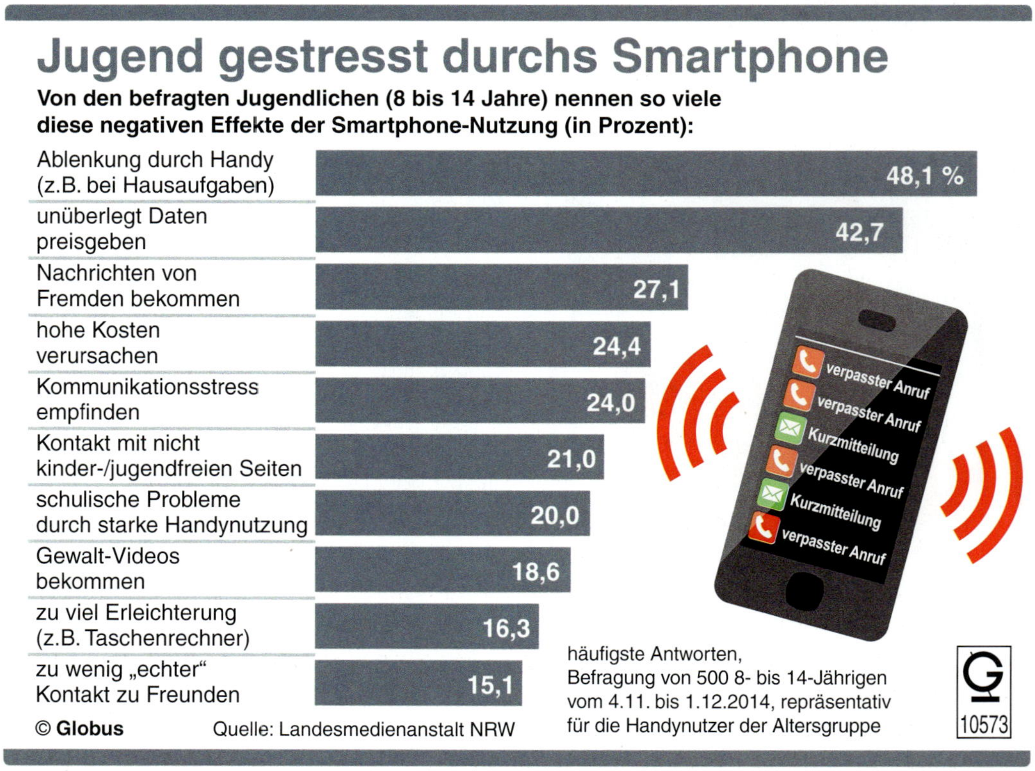

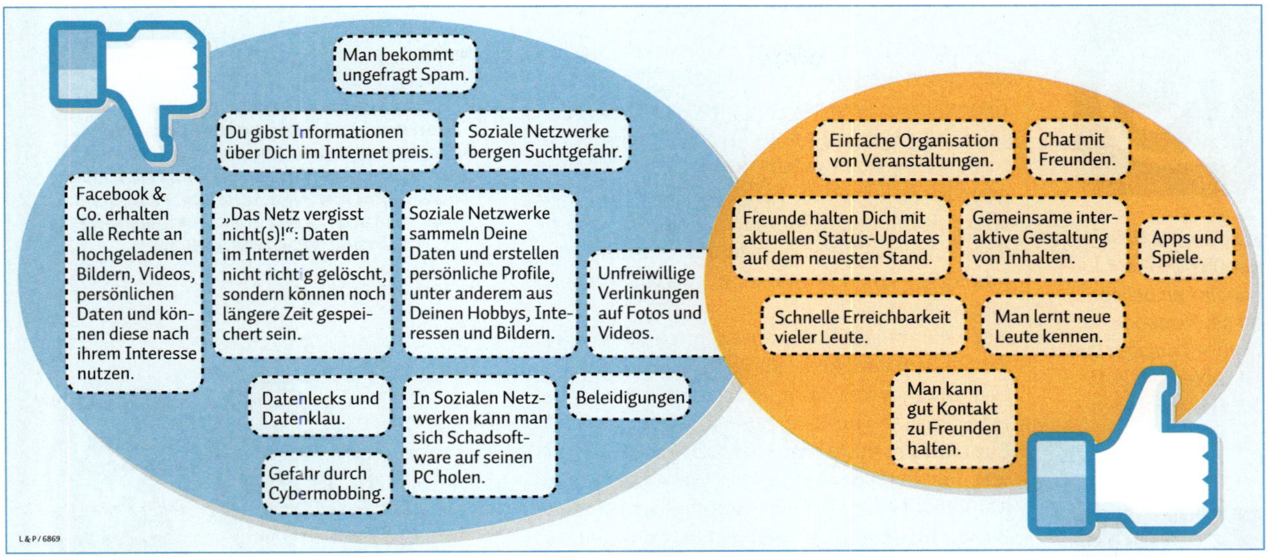

(nach: mach's klar! Ausgabe 1/2012, Soziale Netzwerke, Hg.: Landeszentrale für politische Bildung Baden-Württemberg)

(Zeichnung: Peter Butschkow)

(Zeichnung rechts: Gerhard Mester)

1 Erkläre den Begriff „soziales Netzwerk“ anhand von Facebook.
2 Erläutere, was für, was gegen eine Teilnahme an sozialen Netzwerken spricht.
3 „Gestresst durchs Smartphone“ – vergleiche deine eigenen Erfahrungen mit den Angaben in der Grafik.
4 Analysiere die beiden Karikaturen.
5 Stelle Tipps zusammen, was man beim Umgang mit sozialen Netzwerken beachten sollte.

Kommunikation im Internet: WhatsApp

Logo von WhatsApp. Der Dienst ist bei Jugendlichen beliebter als Facebook. Weltweit nutzten ihn im September 2015 900 Mio. Menschen.

Nachrichten per SMS zu verschicken ist fast schon out – heute verschickt man seine Nachrichten über Messenger-Apps wie „WhatsApp“. Mit WhatsApp kann man Kurznachrichten, Fotos, Audios oder Videos schnell, einfach und günstig austauschen. Es lassen sich Gruppenchats initiieren, Kontakte, Standorte sowie Sprachnachrichten versenden. Mittlerweile (Stand Mai 2015) kann man mit WhatsApp auch telefonieren.
Nach einem Jahr kostenloser Nutzung der Messenger-App wird eine Gebühr von 89 Cent fällig. Wer für mehrere Jahre im Voraus zahlt, muss eine Gebühr von 2,40 Euro für drei oder 3,34 Euro für fünf Jahre entrichten. Das scheint nicht viel, für den Anbieter ist die App ob der vielen Millionen Nutzer letztlich doch recht profitabel. Bundesjustizminister Heiko Maas kommentierte die Übernahme von WhatsApp durch Facebook im Februar 2014 mit den Worten: „Wer WhatsApp nutzt, zahlt mit Daten.“
Gründe für die Beliebtheit der Messenger-App gibt es einige. Es ist eine günstige und komfortable Alternative zu SMS und MMS, bei der Nachrichten beliebig lang sein können und Unterhaltungen in Gruppenchats möglich sind. Es ist bequem, dass die Einrichtung der Kontakte automatisch geschieht (was sich gleichzeitig als problematisch für Datenschutz und Sicherheit darstellt!). In den Gruppenchats ist man – anders als bei Facebook – eher unter sich. Der Zugang durch ungebetene Erwachsene, durch Eltern oder Lehrer, ist eingeschränkt.
Laut AGB ist WhatsApp ab 16 Jahren. In der Realität ist die App oft schon auf Smartphones jüngerer Nutzer zu finden. Kein Wunder, denn eine Alterskontrolle nimmt WhatsApp nicht vor, was aus Sicht des Jugendschutzes problematisch ist. WhatsApp kann Gruppendruck und sozialen Zwang erzeugen. Gerade Jugendliche möchten nichts verpassen, beliebt und „in“ sein. Da fällt es schwer, sich auszuklinken, das Handy abzuschalten oder sich die Blöße zu geben, nicht immer sofort auf Nachrichten zu reagieren. Man ist ständig verfügbar und hat das Gefühl, auf jede Nachricht sofort reagieren zu müssen.

(Zeichnung: Wschinski)

Gleich mit der Installation erteilt man WhatsApp automatisch datenschutzrelevante Berechtigungen: Übertragen des gesamten Telefonbuchs an den WhatsApp-Server sowie Überprüfung, wer auch WhatsApp installiert hat; Standortermittlung, Informationen über Identität, Telefonaktivität und andere genutzte Apps. WhatsApp hat Zugriff auf den Handyspeicher, Nachrichten und mehr. Nicht alle dieser eingeforderten Berechtigungen sind für die Funktionen der App notwendig. Dies sollte zu denken geben. Natürlich scheint es komfortabel, wenn WhatsApp automatisch den Abgleich und die Verwaltung der Kontakte übernimmt. Damit verliert der Nutzer aber ein Stück weit die Kontrolle. Selbst Telefonnummern Dritter, die gar kein WhatsApp auf ihrem Handy installiert haben, werden an den Server übertragen.

(Quelle: www.internet-abc.de/eltern/whatsapp-kinder-jugendliche-funktionen.php, Zugriff: 9. 10. 2015; sprachlich geringfügig modifiziert, Auslassungen nicht gekennzeichnet)

1 Fasse zusammen, warum WhatsApp bei Jugendlichen so beliebt ist.
2 Benenne Probleme beim Gebrauch von WhatsApp.
3 Interpretiere die Karikatur.

Thema: **Was gibst du von dir im Internet preis?**

Bei einer Umfrage geht es darum, von einer größeren Anzahl von Personen Informationen zu einem bestimmten Thema zu erhalten oder deren Meinung dazu zu erfragen.

Vorbereitung

Ihr müsst überlegen, welche Fragen ihr stellen wollt. Dabei gibt es zwei Möglichkeiten:

1 Tipp: Die Fragen so stellen, dass nur mit „ja" oder „nein" geantwortet werden kann. Beispiel: „Soll es in diesem Jahr ein Schulfest geben?"
Vorteil: Man kann nachher leicht auszählen, wie viele dafür und wie viele dagegen sind.
Nachteil: Jede/-r Befragte kann nur zu den vorgegebenen Meinungen Stellung nehmen. Vielleicht hätte sie/er jedoch etwas anderes zum Thema sagen wollen.

2 Man kann die Fragen so stellen, dass jede/-r Befragte eigene Antwort geben kann. Beispiel: „Wie soll das Schulfest gestaltet werden?"
Vorteil: Die Befragten können ihre eigene Meinung äußern.
Nachteil: Die Auswertung ist schwierig. Man kann nicht einfach auszählen, wie viele dafür oder dagegen sind.

Vor einer Umfrage müsst ihr außerdem überlegen, wie ihr diese organisiert: Sollen Einzelne fragen oder soll die Umfrage von Zweier- oder Dreierteams durchgeführt werden? Sollen die Antworten auf einem Fragebogen festgehalten oder auf einem Tonträger aufgezeichnet werden?

Durchführung

Führt die Umfrage anonym durch, also ohne nach dem Namen zu fragen. Wenn es eine Rolle spielt, sollten Alter und/oder Geschlecht der Befragten festgehalten werden.

Auswertung

Die Antworten werden durchgesehen. Dabei solltet ihr darauf achten, ob sich deutliche Häufungen bzw. Unterschiede in den Einschätzungen ergeben. Die Ergebnisse der Umfrage werden dann zusammengefasst. Wenn es für das Thema interessant ist, könnt ihr eine zusätzliche Auswertung nach Alter und/oder Geschlecht der Befragten vornehmen.
Ihr müsst auch überlegen, wie ihr die Ergebnisse eurer Umfrage präsentiert. Ihr könnt zum Beispiel eine Wandzeitung gestalten oder in der Schülerzeitung darüber berichten.

Über meine Daten bestimme ich selbst

- Name
- Spitzname
- Lieblingsschauspieler/-in
- Lehrkräfte
- Freunde und Freundinnen
- Handynummer
- Lieblingsfilme
- Hobbies
- Lieblingsband
- Vorname
- Schuhgröße
- Beruf der Eltern
- Adresse

1 Führt die Umfrage „Was gibst du von dir im Internet preis?" durch.
2 Begründe, welche persönlichen Angaben du bedenkenlos ins Internet stellen kannst und welche nicht.

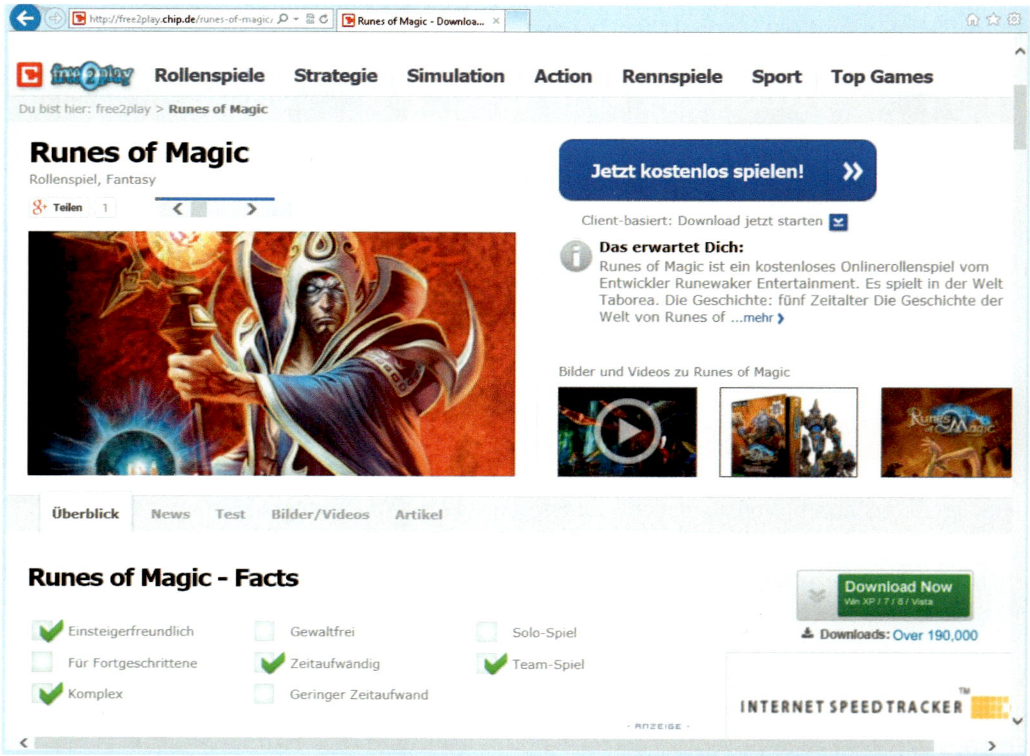

Onlinerollenspiel „Runes of Magic"

exzessiv
ausschweifend, das Maß überschreitend, außerordentlich

episch
sehr ausführlich, erzählerisch

Sie heißen Runes of Magic, World of Warcraft, Fragoria, Metin 2 oder Warhammer Online und fesseln Millionen Spieler in der ganzen Welt. Die Rede ist von Onlinerollenspielen, die sich nicht nur großer Beliebtheit erfreuen, sondern auch häufig in Zusammenhang mit dem Thema „exzessives Spielen" oder „Abhängigkeit" genannt werden.
Onlinerollenspiele (auch „Massively Multiplayer Online Role-Playing Games", kurz MMORPGs genannt) sind ähnlich wie herkömmliche Computerrollenspiele aufgebaut: Spieler gestalten eine eigene Spielfigur (Charakter) und entwickeln diese weiter, um mit ihr eine epische Geschichte zu erleben. Die Onlinevariante bietet, im Unterschied zu herkömmlichen Computerrollenspielen, eine virtuelle Welt für Tausende von Spielerinnen und Spielern.
Neben Onlinespielen, für deren Nutzung man monatlich eine bestimmte Gebühr bezahlen muss (Abo-Modell), werden immer mehr Onlinespiele kostenlos angeboten (free2play). Der Anbieter ermöglicht allerdings den Kauf besonderer oder zusätzlicher Spielgegenstände (stärkere Rüstungen, bessere Schwerter, ...), die schneller zum gewünschten Spielerfolg führen. Die Bezahlmöglichkeiten sind dabei auch auf die Möglichkeiten von Jugendlichen abgestimmt. Gerade junge Spieler können hier schnell den Überblick über die realen Kosten verlieren.
Darüber hinaus gibt es noch viele andere Möglichkeiten, um im Internet zu spielen. Vor allem Social Games und Browsergames sind bei Kindern und Jugendlichen überaus beliebt. Um ein Browsergame nutzen zu können, benötigt der Spieler nur einen Internetzugang sowie einen aktuellen Internetbrowser (z. B Internet Explorer, Opera oder Firefox). Das gesamte Spiel wird online über den Browser gespielt und gespeichert. Einige der Spiele finanzieren sich durch ein Abo-Modell, andere Browsergames blenden auf den Nutzer abgestimmte Werbung ein; oftmals kann der Spieler zusätzliche Handlungsmöglichkeiten „freikaufen" und hierdurch deutliche Spielvorteile erlangen.

(Quelle: Internetkompetenz für Eltern – Kinder sicher im Netz begleiten. Leitfaden für Eltern, Hgg.: klicksafe, Internet-ABC und Landesanstalt für Medien Nordrhein-Westfalen (LfM), 2. Auflage Feb. 2014, S. 33)

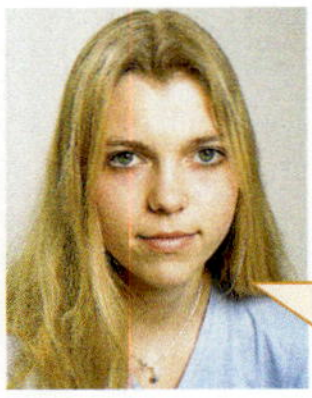

Nicole, 14 Jahre

„Manche denken, der typische Computerspieler sei ein einsamer Stubenhocker. Aber das Gegenteil ist der Fall! Ich habe immer meine Freundinnen mit dabei, und es macht großen Spaß, gemeinsam ein Spiel zu spielen und zu vergleichen, wer von uns die bessere oder geschicktere Spielerin ist."

Herr Kling, 60 Jahre

„Beim Spielen im Internet sitzen die stundenlang vor dem flimmernden Bildschirm, schütten womöglich noch zuckerhaltige Limonade in sich hinein und essen Berge von fettigen Chips. Das kann doch nicht gesund sein! Ich habe als Kind in der freien Natur Sport getrieben."

„Onlinespiele sind im Grunde langweilig! Wenn man sie einige Mal gespielt hat, weiß man doch genau, wie die Sache abläuft. Und neue Spiele sind ganz schön teuer."

Patrick, 14 Jahre

„Am Computer kann man spielen, wenn man gerade Lust und Zeit hat. Wenn das Wetter schön ist, sitze ich doch nicht zu Hause am Computer! Da fahre ich lieber mit meinen Kumpels mit dem Rad durch die Gegend. Aber wenn es regnet oder meine Freunde keine Zeit haben, dann ist ein Computerspiel ein guter Zeitvertreib."

Mike, 15 Jahre

Herr Schimanski, 63 Jahre

„Viele Ältere schauen misstrauisch auf die Computerspiele, nur weil es sie in unserer Jugend nicht gab. Dabei haben wir früher auch stundenlang in der Stube gesessen und gespielt: Karten, Halma, Dame, Mühle und so. Spielen ist für Kinder und Jugendliche etwas Spannendes – früher waren es Brettspiele, heute ist es halt der Computer."

Allegra, 17 Jahre

„Wenn man ab und zu am Computer spielt, kann das eigentlich nicht schaden. Aber es bleibt eben nicht bei „ab und zu"! Man spielt immer häufiger, das Spielen im Internet wird quasi zur Sucht und die gesamte Freizeit geht dafür drauf!"

„Onlinespiele mit Kampfszenen – und die sind in vielen Spielen drin – sind nicht so harmlos, wie viele denken. Auf die Dauer stumpft man ab, wenn man im Spiel Gewalt als selbstverständliches Mittel einsetzt, um zu gewinnen oder eine hohe Punktzahl zu erreichen."

Herr Tews, 42 Jahre

„Internetspiele sind ganz schön anspruchsvoll. Strategiespiele zum Beispiel fördern das logische Denken. Und bei Geschicklichkeitsspielen kann man sein Reaktionsvermögen testen."

Karla, 12 Jahre

1 Erstellt an der Tafel eine Übersicht, welche Onlinespiele in der Klasse bekannt sind. Wenn Spiele mehrfach genannt werden, wird dies durch Striche vermerkt.

2 Wertet die Klassenübersicht aus: Gibt es auffallende Ergebnisse?

3 Notiere stichwortartig, was der Text über die Nutzung von Onlinespielen aussagt.

4 Untersuche die Aussagen in den Sprechblasen. Notiere jeweils das Kernargument.

5 Stelle die positiven und die negativen Urteile zu Onlinespielen gegenüber.

6 Setze dich mit den Argumenten, die du nicht teilst, auseinander. Notiere, was du jeweils entgegenhalten kannst.

synonym
bedeutungsgleich, sinnverwandt

involvieren
einschließen, in etwas verwickeln

Cybermobbing – was ist das?

Unter Cybermobbing (hier wird der Begriff synonym zu Cyberbullying, E-Mobbing u. Ä. verwendet) versteht man das absichtliche Beleidigen, Bedrohen, Bloßstellen oder Belästigen anderer mithilfe moderner Kommunikationsmittel – meist über einen längeren Zeitraum.
Gemobbt wird im Cyberspace bspw. in Sozialen Netzwerken, durch Videos auf Portalen, via E-Mails, durch Instant-Messenger wie etwa WhatsApp oder über lästige Anrufe auf das Smartphone. Oft handelt der Täter – den man „Bully" nennt – anonym, sodass das Opfer nicht weiß, von wem die Angriffe stammen.
Gerade bei Cybermobbing unter Kindern und Jugendlichen kennen Opfer und TäterInnen einander meist auch in der „realen" Welt. Die Opfer haben fast immer einen Verdacht, wer hinter den Attacken stecken könnte. Cybermobbing geht in der Regel von Personen aus dem eigenen Umfeld aus – der Schule, dem Wohnviertel, dem Dorf oder der ethnischen Community. Fälle, in die gänzlich Fremde involviert sind, sind wenig verbreitet. (…)

In einem Internetforum kann man folgenden Eintrag von daisy15 lesen:

Hallo erst mal!

Ich bin mir nicht sicher, ob das, was ich hier schreibe, wirklich hier hineingehört, aber ich bin wirklich fertig, und deshalb schreibe ich einfach mal:
Es fing alles an vor einem Jahr, da bekam ich plötzlich fremde WhatsApp Messages und E-Mails, die saublöd waren. „Du blöde Kuh" stand da und „Pass ja auf – wir kriegen dich". Am Anfang war mir das egal, aber irgendwann nervte es doch ziemlich. Nach ein paar Wochen sagte eine Klassenkameradin, dass ich ja wohl nicht richtig ticke, solche Dinge in Internetforen zu schreiben, und ich wusste gar nicht, wovon sie redet. Dann hat sie es mir gezeigt: Irgendwelche Idioten haben in meinem Namen Einträge gemacht, mal finde ich Hitler gut, dann mal wieder hasse ich alle Lehrer, will mit allen Jungs schlafen, die sich melden und und und ... klaro, dass mein Name mit Adresse und Telefonnummer dort auftauchten. Bei Facebook gab es eine Hassgruppe mit meinem Namen. Ich habe mich kaum mehr in die Schule getraut und ich hatte dauernd Bauchschmerzen. Irgendwann kamen auch meine Eltern auf meine schlechte Laune und meine Probleme zu sprechen und wir haben alle Forenbetreiber angeschrieben, diese Einträge zu löschen. Es tauchten aber immer wieder neue auf. Und da ging es mir schon richtig schlecht und ich hatte schlaflose Nächte, bekam das Zittern und muss dauernd aus dem kleinsten Anlass heulen. Kaum jemand in der Schule wollte noch etwas mit mir zu tun haben.
Seit etwa acht Wochen kursieren in meiner Schule angebliche Nacktbilder von mir, die per E-Mail verbreitet werden. Die ganze Schule kennt sie und wenn ich irgendwo vorbeigehe, flüstern sie mir „Pornoqueen" hinterher. Aber ich bin sicher, dass es keine Nacktbilder von mir gibt, jedenfalls habe ich es nie gemerkt, dass ich fotografiert worden bin, nackt natürlich. Mir ist das voll megapeinlich, obwohl ich sicher bin, dass es nicht meine Fotos sein können. Aber wenn ich in die Schule komme, geht dieses Getuschel los. Es ist so weit, dass ich mich in den Pausen auf dem Klo verstecke, wenn ich überhaupt in die Schule gehe, denn ich habe regelrechte Panikattacken morgens. Am liebsten würde ich alles hinschmeißen, sogar an den endgültigen Weg habe ich schon gedacht. Warum machen diese Idioten so etwas? Ich weiß noch nicht mal genau, wer dahintersteckt, auch wenn ich einen Verdacht habe.
Meine Eltern haben mich zu einer Psychologin geschickt und ich nehme jetzt Medikamente gegen diese Angstzustände. Sie riet meinen Eltern zu einem Schulwechsel – aber so einfach weglaufen? Aber so kann es auch nicht weitergehen. Ich fühle mich so miserabel. Muss ich erwähnen, dass meine Leistungen in der Schule im Keller sind? Dabei will ich doch nur meine Ruhe!!!!!!!!!!!
!!

(Quelle: Was tun bei Cybermobbing?, Hg.: EU-Initiative „klicksafe" / www.klicksafe.de, 7. aktualisierte Auflage Mai 2016, S. 4 und S. 26)

Was tun gegen Cybermobbing?

Schütze deine Privatsphäre (...)
Sei vorsichtig mit privaten Informationen und überlege gut, was du von dir preisgibst. Das gilt auch für deine Kontaktdaten. Musst du deine Handynummer für alle sichtbar im Internet veröffentlichen? (...) Gib außerdem niemals Passwörter weiter, damit niemand in deinem Namen irgendwelchen Unsinn machen kann. (...)
Überprüfe, ob du deine Erreichbarkeit einschränken kannst (...). Mailadressen, Nicknames oder Telefonnummern kannst du zur Not auch ändern, wenn nichts anderes hilft.

Reagiere besonnen auf Attacken
Wenn dich jemand per direkter Nachricht belästigt, antworte nicht darauf. Dadurch steigert sich meist der Konflikt und der Täter fühlt sich zum Weitermachen angestachelt.

Wende dich an einen Erwachsenen (...)
Sprich mit deinen Eltern, einem Lehrer oder Schulsozialarbeiter über das Problem. Überlegt, wie ihr gemeinsam gegen das Mobbing vorgehen könnt. Lass nicht locker (...).

Sammle Beweise (...)
Bewahre Nachrichten auf, sichere Chatprotokolle und mach Kopien von Beleidigungen auf Webseiten (...). Der hat sich übrigens geschnitten, wenn er glaubt, dich anonym und ohne Konsequenzen mobben zu können. Sowohl Mobilfunkbetreiber als auch Internetprovider können die Identität des Täters feststellen. Allerdings dürfen sie das nur, wenn du vorher Anzeige bei der Polizei erstattet hast.

Hilf anderen (...)
Wenn du Mobbing beobachtest, schreite ein und hilf der Person, die betroffen ist. Am besten zusammen mit anderen. (...) Wenn der Mobber mitbekommt, dass sein Opfer nicht allein ist, hören die Belästigungen oft schnell auf.

(Quelle: Flyer „Cybermobbing“, www.jugendinfo.de; Zugriff: 9. 10. 2015)

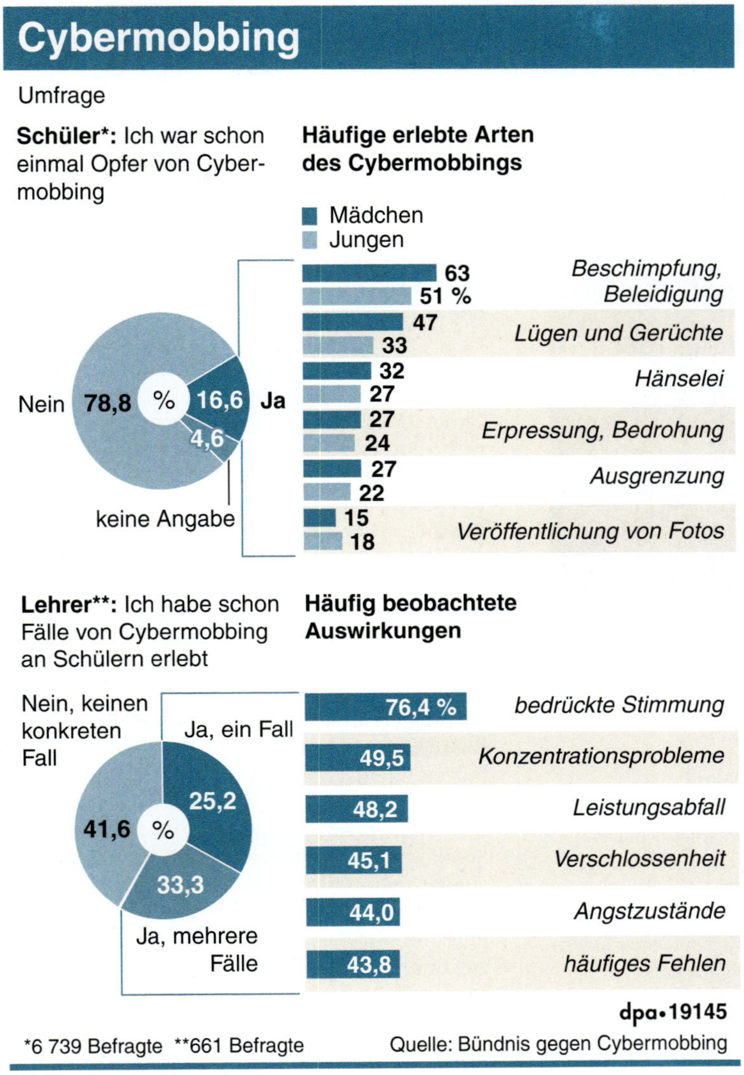

1 Erkläre, was man unter „Cybermobbing“ versteht.
2 Werte den Bericht von daisy15 auf Seite 43 aus.
3 Fasse die Angaben in der Grafik zu einem kurzen Text zusammen.
4 Setze dich mit der Aussage in der Sprechblase auseinander.
5 Gestalte einen Flyer, der jüngere Schüler/-innen über „Cybermobbing“ informiert.

2 Hilfe
Geh in zwei Schritten vor:
1. *Wie zeigte sich das Mobbing?*
2. *Welche Folgen hatte es?*

Dem Netz ins Netz gegangen

Mehr als eine halbe Million Menschen in Deutschland sind internetsüchtig. Aber ab wann wird aus einem Durchschnittssurfer ein Junkie? Und wie kann man von etwas loskommen, das aus dem Alltag nicht mehr wegzudenken ist? Prof. Christoph Möller hat uns diese Fragen beantwortet.

Jetzt.de: Studien zufolge sind eine halbe Million Menschen in Deutschland internetsüchtig. Ab wann gilt man als abhängig vom Internet und kann von einer echten Sucht sprechen?

Christoph Möller: Von einer Abhängigkeit kann man sprechen, wenn der Betroffene im Internet etwas findet, was er im realen Leben nicht hat, zum Beispiel Anerkennung und Bestätigung. In der Schule ist er schlecht, kriegt immer nur einen auf den Deckel, aber beim Onlinespiel ist er plötzlich erfolgreich. Das ist natürlich ein Riesenkick und so was braucht der Mensch. Wenn er im realen Leben keine Bekannten, aber online plötzlich viele Freunde hat und Zuspruch bekommt, im Leben aber eher Ausgrenzung als Anerkennung erfährt, dann ist die Gefährdung groß, dass die virtuelle Welt ihm wichtiger wird. Wenn jemand folglich nicht aufhören kann und weiter surft, obwohl er negative Folgen erleidet, dann kann man von einer Abhängigkeit sprechen. Das kann so weit gehen, dass Jugendliche monatelang nicht mehr zur Schule gehen, die ganze Nacht Computerspiele spielen, den halben Tag verschlafen und ihre Körperhygiene vernachlässigen. Zudem werden ihnen ihre Onlinekontakte immer wichtiger und die fragen dann auch schon mal „Wo biste denn? Wir wollen weiterspielen!" Das Dasein wird folglich aufs eigene Zimmer und den Computer reduziert. Und das ist leider keine Seltenheit. Aus Untersuchungen mit Schülergruppen von 15-Jährigen geht hervor, dass ungefähr drei Prozent abhängig und weitere fünf Prozent als gefährdet einzustufen sind. Überwiegend Jungs.

Handelt es sich beim Thema Internetsucht eigentlich um ein typisch junges Phänomen?

Internetsucht betrifft natürlich auch Erwachsene. Da gibt es viele, die ein ganz normales Leben führen. Sie sind nicht gefährdet, ihren Beruf gleich zu verlieren, spielen aber gerne und kaufen sich dann zum Teil hochgelevelte Spielfiguren von Berufsgamern aus Taiwan oder Südkorea. So kann man eben auch auf einem hohen Level spielen, ohne dass man die ganze Zeit vor dem PC sitzt. Dennoch gibt es auch Erwachsene, die ständig im Internet sind und ihre Sucht nicht im Griff haben. Es wurden bereits die ersten Todesfälle gemeldet. Zum einen Leute, die einfach tot vorm Computer umfallen, weil sie nichts mehr essen und trinken und ihr Kreislauf irgendwann zusammenbricht. Zum anderen gibt es aus Großbritannien die ersten Berichte, wonach Kleinstkinder verstorben sind, weil ihre Mütter sich nicht mehr um sie gekümmert haben, sondern nur mit ihrem Computer beschäftigt waren.

Welche Internetanwendungen sind es denn, die Betroffene so sehr fesseln und besonders abhängig machen?

Nicht alle, aber einige Onlinespiele haben ein hohes Suchtpotential. Zu Counter Strike gibt es Untersuchungen, die belegen, dass es während des Spiels zu einer Ausschüttung von Glückshormonen kommen kann, die vergleichbar mit einem Drogenrausch ist – zumindest, wenn man es sehr exzessiv und gut spielt.

Und wie sieht es mit sozialen Netzwerken aus?

Sagen wir mal so, wenn eine 17-Jährige in der Schule und auf dem Heimweg mit Freundinnen redet, anschließend via Facebook kommuniziert und abends trifft man sich wieder, dann ist das heute eben eine neue Form der Kommunikation. Wenn man aber die realen Kontakte oder andere alterstypische Aufgaben wie Schule und Hobbys zugunsten der sozialen Netzwerke vernachlässigt, dann wird's problematisch. Zusammengefasst würde ich sagen: Medienkompetenz beginnt mit Medienabstinenz. Kinder und Jugendliche brauchen Sinneserfahrungen, müssen sich auf ihr Körpergefühl konzentrieren und das soziale Miteinander erlernen, denn das lernt man nicht in sozialen Netzwerken. Aber wenn man das alles schon kann, dann sind die sozialen Netzwerke eine wunderbare Ergänzung, die eine Kommunikation ermöglichen, die wir so sonst nicht unbedingt führen können, weil wir einfach räumlich begrenzt sind. Es spricht nichts dagegen, 500 Freunde bei Facebook zu haben, solange man auch im wahren Leben gut kommunizieren und Kontakte aufrecht erhalten kann.

(Lisa Freudlsperger in: Südeutsche Zeitung vom 20. 9. 2013, http://jetzt.suedeutsche.de/texte/anzeigen/5777894/Dem-Netz-ins-Netz-gegangen)

Junkie
Drogenabhängiger, hier: Internetsüchtiger

Counter Strike
(engl.: Gegenschlag) Computerspiel für den PC aus dem Genre der Computer-Taktik-Shooter. In dem Spiel geht es um Gefechte zwischen Terroristen und einer Antiterroreinheit.

Abstinenz
Enthaltsamkeit

Phänomen
Erscheinung; etwas, das als Erscheinungsform auffällt, ungewöhnlich ist

Level
erreichtes Niveau, Leistungsstand, Rang, Stufe

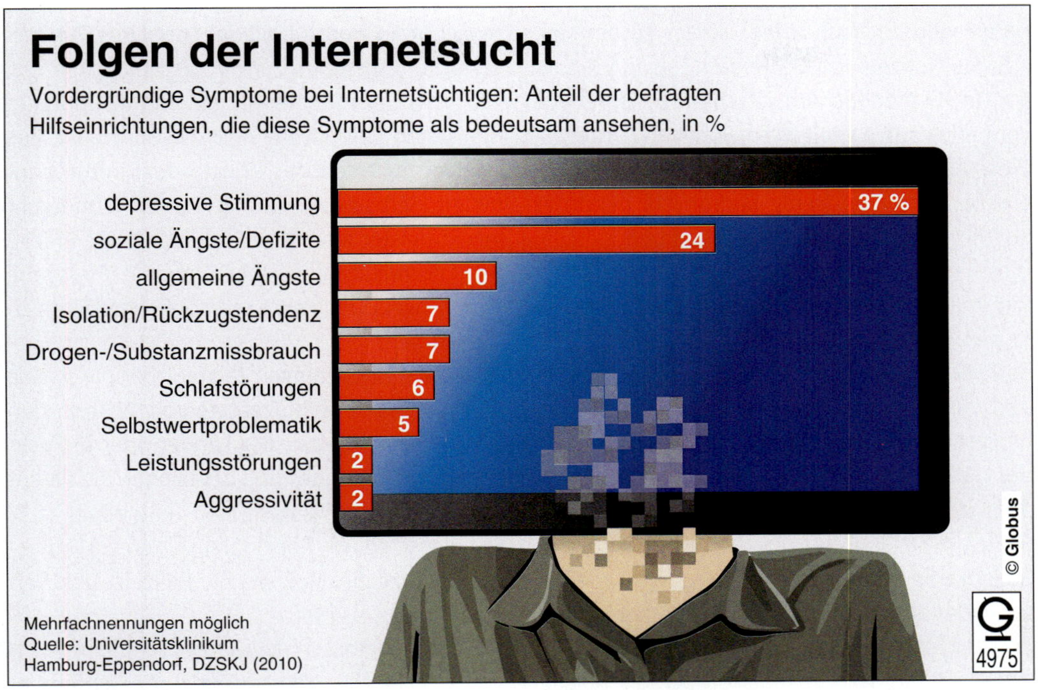

Name: Vanilla

Antwort: Ich denke, dass Computersucht eine ernsthafte Sucht ist. Ich habe es selber bei meinem Bruder gesehen. Es war wirklich schrecklich (…) Die Geschichte:
Mein Bruder hatte ein Onlinespiel entdeckt, welches er anfangs nur gelegentlich spielte. Doch nach ca. einem Monat wurde es immer schlimmer. Er traf sich nicht mehr mit seinen Freunden, ging kaum noch aus, saß nur noch vor dem PC, wurde richtig aggressiv, als man ihn darauf ansprach, aß immer vor dem PC und wollte nie zugeben, dass er süchtig war. Meine Eltern haben es ihm verboten, doch das alles nützte nichts. Er saß bis zu sechs Stunden pro Tag am Computer (…) Für ihn wurde es zu seiner Freizeitwelt, wo er hinflüchten konnte vor seinen Problemen (…) Doch das Problem hatte er nun mit dem Spiel. Er ging während der Schulzeit erst um zwei Uhr ins Bett (…) Seine Noten litten darunter, seine Freunde versuchten, ihn rauszulocken. Doch dann wurde er älter und interessierte sich für andere Dinge, und endlich verstand er auch (…), dass er süchtig war. Er löschte seinen Account bei dem Onlinespiel und wurde sozusagen von der Sucht „erlöst“. Heute findet er es selbst schrecklich, was er da getan hatte und hat nun (…) andere Ablenkung wie Sport, Partys und seine Freunde, die er endlich wieder gefunden hat. Daher denke ich, dass Computersucht sehr wohl eine Sucht ist, die ernst zu nehmen ist und bekämpft werden sollte.

(Quelle: www.internauten.de/368.0.html)

(Karikatur: Til Mette)

1 Nenne Ursachen der Internetsucht.
2 Beschreibe Erscheinungsformen einer Internetsucht.
3 Erläutere Folgen der Internetsucht.
4 Setze dich mit der Aussage in der Sprechblase auseinander.
5 Erläutere, was der Bericht von Vanilla deutlich macht.
6 Interpretiere die Karikatur.

Onlinespiele und Chatten in sozialen Netzwerken führen zur Internetsucht!

Volkszählungsgesetz
staatlich angeordnete Erhebung statistischer Daten über die gesamte Bevölkerung

Daten wurden auch früher schon gesammelt, z. B. als Notizen von Schreibern, als Eintragungen in Kirchenbüchern, als handgeschriebene Vermerke auf Karteikarten von Verwaltungen. Diese Art, personenbezogene Daten manuell zu erheben, erschien wenig bedrohlich, denn der Zugriff war umständlich und zeitraubend.

Dies hat sich durch die Entwicklung der neuen Informations- und Kommunikationstechniken in den letzten Jahrzehnten dramatisch verändert. Durch die Vernetzung von Datenbanken und den sekundenschnellen Austausch vorhandener Daten entstand das Schreckgespenst des „gläsernen Bürgers“, des Menschen also, dessen privater Bereich für jede interessierte Stelle mittels Datenverarbeitung offenliegt. Gleichzeitig mit den technischen Möglichkeiten stieg der Informationsbedarf staatlicher und privater Stellen. Dies alles führte zu Überlegungen, wie man den Umgang mit personenbezogenen Daten rechtlich steuern kann. Von großer Bedeutung für die Entwicklung des Datenschutzes wurde 1983 das Urteil des Bundesverfassungsgerichts zum Volkszählungsgesetz. Die Karlsruher Richter gingen vom Grundrecht der freien Entfaltung der Persönlichkeit aus und formulierten das Prinzip der „informationellen Selbstbestimmung“: „Das Grundrecht gewährleistet insoweit die Befugnis des Einzelnen, grundsätzlich selbst über die Preisgabe und Verwendung seiner persönlichen Daten zu bestimmen.“

Gesetzliche Regelungen folgten, beispielsweise im Bundesdatenschutzgesetz von 1990, in den Datenschutzgesetzen der Länder oder in Fachgesetzen des Bundes und der Länder, die datenschutzrechtliche Vorschriften enthalten (z. B. Sozialgesetzbuch, Personalausweisrecht, Personenstandsrecht, Melderecht, Polizeigesetz Verfassungsschutzgesetze).

Die Landesdatenschutzgesetze (für Baden-Württemberg in der Neufassung vom September 2000) regeln auch die Stellung der jeweiligen Landesbeauftragten für Datenschutz.

Datenschutz: Rechte des Betroffenen

Auskunft

Löschung

A … in das Dateienregister, in dem alle automatisierten Dateien von Behörden geführt werden.

B … der zu seiner Person gespeicherten Daten, wenn sie unrichtig sind.

C … gespeicherter Daten, wenn sich weder deren Richtigkeit noch Unrichtigkeit feststellen lässt.

Berichtigung

E … über die zu seiner Person gespeicherten Daten.

D … des Bundes- oder Landesbeauftragten für den Datenschutz und anderer Kontrollinstanzen.

Einsicht

Sperrung

F … durch jede nicht öffentliche Stelle, die Daten ohne seine Kenntnis verarbeitet.

Benachrichtigung

H … der zu seiner Person gespeicherten Daten, wenn die Speicherung unzulässig war.

Anrufung

G … bei unrichtiger oder unzulässiger Datenverarbeitung.

Schadenersatz

Webcodes
SDL-11157-201
Arbeitsblatt: Datensicherheit im Internet

SDL-11157-202
Arbeitsblatt: Gefahren aus dem Netz

SDL-11157-203
Video: Datenschutz im Netz

Datenschutz in sozialen Netzwerken – Meine Daten gehören mir

Facebook, XING, Twitter und Co. werden immer beliebter: In Deutschland nutzen Millionen von Nutzern soziale Netzwerke. Dabei sammeln die Anbieter jede Menge Daten. Was dürfen sie damit machen? Worauf sollten Nutzer von sozialen Netzwerken achten? Wie können sie ihre Daten am besten vor Missbrauch schützen?

(...) [Wenn man soziale Netzwerke nutzt,] entstehen Terabytes von Daten: Nachrichten, Kommentare, Linkempfehlungen, Bilder. Diese werden von den Anbietern gesammelt und auch verwertet. Denn auch wenn die Nutzung der Dienste in der Regel kostenlos ist, wollen die Firmen, die diese Dienste anbieten, natürlich Geld verdienen. Das geschieht entweder dadurch, dass für Premiumdienste bezahlt werden muss (zum Beispiel bei stayfriends.de); oder indem die Nutzer an ihre Interessen angepasste Werbung erhalten – entweder direkt oder über Anwendungen von Firmen, die bei den Diensten kleine Programme anbieten dürfen.

Wozu Datenschutz?
Wozu überhaupt Datenschutz? Ich hab doch nichts zu verbergen! So denken viele, aber es gibt ganz schnell Situationen, in denen man doch lieber Kontrolle darüber hätte, wer was mit den eigenen Daten machen darf. Wenn nämlich einmal etwas im Internet veröffentlicht wurde, ist es sehr schwer, es wieder aus dem Netz zu entfernen. Das gilt für die Partyfotos, die plötzlich auch der Chef sehen kann, oder die E-Mail-Adresse, die von unerwünschter Werbung überflutet wird, oder die Wohnadresse, die nun der Welt bekannt ist.
Privatsphäre in sozialen Netzwerken erscheint auf den ersten Blick als ein Widerspruch in sich: Um bei diesen Communities sinnvoll mitmachen zu können, muss man einiges von sich preisgeben. Das fängt mit dem Realnamen an und hört bei Wohnort, Beziehungsstatus und Lieblingsmusik noch lange nicht auf. Was helfen mir die besten Geschäftskontakte bei XING, wenn ich sie nicht ins reale Leben übertragen kann? Wozu melde ich mich bei Stayfriends.de an, wenn mich meine ehemaligen Schulkameraden nicht unter meinem Namen finden können?
Es gibt Risiken im Umgang mit privaten Daten bei solchen Onlinegemeinschaften, aber das heißt nicht, dass man gar keine Netzwerke nutzen soll. Allerdings sollte man sich vorher gut überlegen, welche und wie viel Informationen man über die eigene Person preisgibt. Man sollte sich kundig machen, wie die Nutzungsbedingungen des Lieblingsanbieters lauten, und das nicht nur bei der Anmeldung. Denn die Bedingungen können sich ändern – nicht unbedingt zum Vorteil der Nutzer.

Worauf muss man achten, damit die Privatsphäre geschützt bleibt?
Wenn man soziale Netzwerke nutzt, sollte man folgende Punkte im Hinterkopf behalten:

- Den Begriff Datensparsamkeit: Welche Infos sind wirklich notwendig, um den gewünschten Dienst zu benutzen?
- Könnten die Informationen, die ich ins Netz gestellt habe, mir später unangenehm werden, wenn sie zum Beispiel mein Arbeitgeber sieht oder andere offizielle Stellen? Könnten mir handfeste Nachteile dadurch erwachsen?
- Wer kann die Informationen sehen? Welche Zugangskontrollen gibt es?
- Wie werden meine Daten weiterverwendet? Welche Rechte nehmen sich die Anbieter heraus?

(Quelle: Valie Djordjevic, in: Spielregeln im Internet 1 – Durchblicken im Rechte-Dschungel, Hgg.: klicksafe und iRights.info e. V., 4. Auflage Feb. 2014, S. 6 f.)

Terabyte
Maßeinheit in der Digitaltechnik und Informatik, entspricht 1 000 000 000 000 oder 10^{12} Byte (zum Vergleich: Gigabyte = 10^9 und Megabyte = 10^6 Byte)

---

1 Beschreibe, warum Regelungen zum Datenschutz notwendig sind.
2 Ordne den Datenschutzrechten im Kasten die zugehörigen Beschreibungen zu.
3 Berichte anhand des Textes oben über den Datenschutz in sozialen Netzwerken und nimm Stellung zu den Risiken für die Nutzer.

2 Hilfe
***Einsicht** in das Dateienregister, in dem alle automatisierten Dateien von Behörden geführt werden.*
...

Aus einem Gespräch zwischen einer Schülerin und einem Rechtsexperten

(Roger Schmidt, Brunsbüttel)

S: Urheberrecht? Raubkopien? Das geht mich als Schülerin doch nichts an – oder?

R: Kopierst du aus Büchern? Lädst du Fotos aus dem Internet herunter? Tauschst du Musik oder Computerspiele? Wenn ja, dann hast auch du mit dem Urheberrecht zu tun.

S: Wer ist denn eigentlich ein „Urheber"?

R: Jeder, der kreativ etwas erschaffen hat, sei es in der Literatur, in der Kunst, in der Wissenschaft. Wer ein Computerprogramm erfindet, ist ebenso ein Urheber wie Fotografen oder Schriftsteller Urheber sind.

S: Dann sind also Texter von Musikhits und Comiczeichner auch Urheber?

R: Richtig!

S: Und welcher Grundgedanke steckt im Urheberrecht?

R: Ganz einfach: Wer etwas geschaffen hat, soll davor geschützt werden, dass andere ohne zu fragen oder ohne zu zahlen seine Leistung für sich verwenden.

S: Na ja, das leuchtet irgendwie ein. Aber dann dürfte man ja ohne Genehmigung nichts aus der Zeitung kopieren oder aus dem Internet holen.

R: Im Prinzip dürfte man keine Musik-CD für den Freund oder die Freundin brennen, keine Sicherungskopie vom gekauften Computerspiel anfertigen, keine Schriftstellerin zitieren, kein Arbeitsblatt kopieren – außer man hätte vorher die Nutzungsrecht erworben und im Zweifelsfall dafür bezahlt.

S: Na, das wäre aber sehr kompliziert!

R: Eben! Deswegen sieht das Urheberrecht Ausnahmen vor. In bestimmten Fällen darf man die Werke anderer nutzen, ohne zu fragen. Und in manchen Fällen, ohne dafür zu zahlen. So erlaubt es der Gesetzgeber zum Beispiel, für private Zwecke Kopien von urheberrechtlich geschützten Werken anzufertigen.

S: Dann darf ich also eine CD kopieren?

R: Ja, für dich, deinen Freundeskreis oder Familienangehörige. Aber nur, wenn die CD nicht kopiergeschützt ist. Den Kopierschutz zu umgehen, ist auch für Privatkopien verboten.

S: Und wie ist es mit dem Herunterladen von Musik aus dem Internet?

R: Das Gesetz sagt, dass das Herunterladen von Dateien nicht zulässig ist, wenn diese „offensichtlich rechtswidrig" online gestellt wurden.

S: Woher soll ich das denn wissen?

R: Das ist zugegebenermaßen nicht einfach. Wenn zum Beispiel ein Film, der gerade im Kino angelaufen ist, in einer Tauschbörse angeboten wird, dann liegt der Verdacht nahe, dass er illegal ins Netz gestellt wurde. Grundsätzlich kann ich nur raten, jeden Download von urheberrechtlich geschützten Musikstücken oder Filmen aus Tauschbörsen zu unterlassen, weil das rechtswidrig ist.

2 Hilfe

Gehe vom Urheber aus und denke an seine Arbeit.

1 Nenne Beispiele, wer „Urheber" sein kann.

2 Beschreibe den Grundgedanken des Urheberrechts.

3 Analysiere die Karikatur.

4 Beurteile die beiden Fälle: Petra will von einer Musik-CD eine Kopie für ihre Freundin machen. Timo will von einer Musik-CD zehn Kopien brennen, um sie zugunsten eines Hilfsprojekts seiner Schule zu verkaufen.

Das Recht am eigenen Bild – grundgesetzlich geschützt

Grundsätzlich Einwilligung erforderlich
Das Recht am eigenen Bild ist eine besondere Ausgestaltung des allgemeinen Persönlichkeitsrechtes. Im „Gesetz betreffend das Urheberrecht an Werken der bildenden Künste und der Photographie (Kunsturhebergesetz)" ist geregelt, dass eine Bildveröffentlichung grundsätzlich einer Einwilligung bedarf.
Nur bei Personen mit einem bestimmtem Bekanntheitsgrad kann die Erfordernis zur Einwilligung entfallen. Etwas anderes gilt zudem bei Landschaftsaufnahmen, wenn die einzelne Person nur als Beiwerk einer Landschaftsaufnahme aufgenommen wird. Zudem können bestimmte Menschenansammlungen wie etwa Demonstrationszüge fotografiert und dann auch veröffentlicht werden.

Verletzung des Rechts am eigenen Bild im Internet, z. B auf Facebook
Der Upload von Bildern in sozialen Netzwerken ist sehr beliebt. Gern wird die praktische Funktion genutzt, um z. B. Statusmeldungen mit einem Schnappschuss lebendiger wirken zu lassen.
Ebenfalls beliebt ist auch das Veröffentlichen von privaten Fotos in den Fotoalben von Profilen. Auch der Upload von Filmen wächst stetig. Grundsätzlich ist das erstmal kein Problem: Rechtlich relevant kann der Vorgang jedoch werden, wenn auf den Bildern noch weitere Personen zu sehen sind und die Abgebildeten nicht wissen, dass das Foto im Internet veröffentlicht wird oder gar überhaupt nicht wissen, dass sie fotografiert wurden.
Hier greift das sog. Recht am eigenen Bild. (...)
Dieses Recht gilt natürlich auch und insbesondere für die Verbreitung von Bildern im Internet! Während früher der Schaden eher begrenzt war, weil Bilder nur direkt zwischen Personen herumgezeigt werden konnten und Kopien der Bilder nur mit einem gewissen Aufwand erstellt wurden, können im Internet veröffentlichte Bilder potenziell von allen Internetnutzern weltweit angesehen und beliebig vervielfältigt werden. Besonders schlimm wird der Schaden, wenn es sich bei den Bildern um für die Abgebildeten peinliche Aufnahmen oder gar Nacktfotos handelt.

(Quelle: www.muenster-rechtsanwaelte.de/themen/das-recht-am-eigenen-bild.html, sprachlich geringfügig modifiziert; Zugriff: 19. 10. 2015)

Prinzessin Caroline unterliegt im Streit um Urlaubsfoto

Prinzessin Caroline von Monaco ist im Streit gegen die deutsche Justiz um die Veröffentlichung eines Urlaubsfotos vor dem Europäischen Menschenrechtsgerichtshof unterlegen. Der Abdruck des Fotos (...) verstoße nicht gegen die europäische Menschenrechtskonvention, urteilten die Straßburger Richter am Dienstag.
Prinzessin Caroline und ihr Mann hatten beklagt, dass die deutschen Gerichte die Veröffentlichung des Fotos nicht unterbunden hätten. Dadurch sei ihr Recht auf Privatleben, das in Artikel acht der Menschenrechtskonvention verankert ist, verletzt worden. Die Richter entschieden nun, es könne nicht behauptet werden, dass die Prinzessin und ihr Mann gewöhnliche Privatpersonen seien. Außerdem hätten die Beschwerdeführer keine Beweise dafür vorgelegt, dass das Foto „in einem Klima der allgemeinen Belästigung" zustande gekommen sei. (AFP)

(Quelle: www.tagesspiegel.de/medien/promis-und-pressefreiheit-prinzessin-caroline-unterliegt-im-streit-um-urlaubsfoto/6175774.html; Zugriff: 19. 10. 2015)

5 Fasse die Bestimmungen zum „Recht am eigenen Bild" zusammen.

6 „Mein Privatleben gegen die Medien nichts an!" Nimm Stellung zu dieser Aussage und gehe dabei auf die rechtlichen Bestimmungen und das Urteil im Fall von Prinzessin Caroline von Monaco ein.

Wie Nachrichten gemacht werden

(Zeichnung: Ulrich Kieser)

Webcode
SDL-11157-204
Arbeitsblatt:
Wie kommt die Nachricht in die Zeitung?

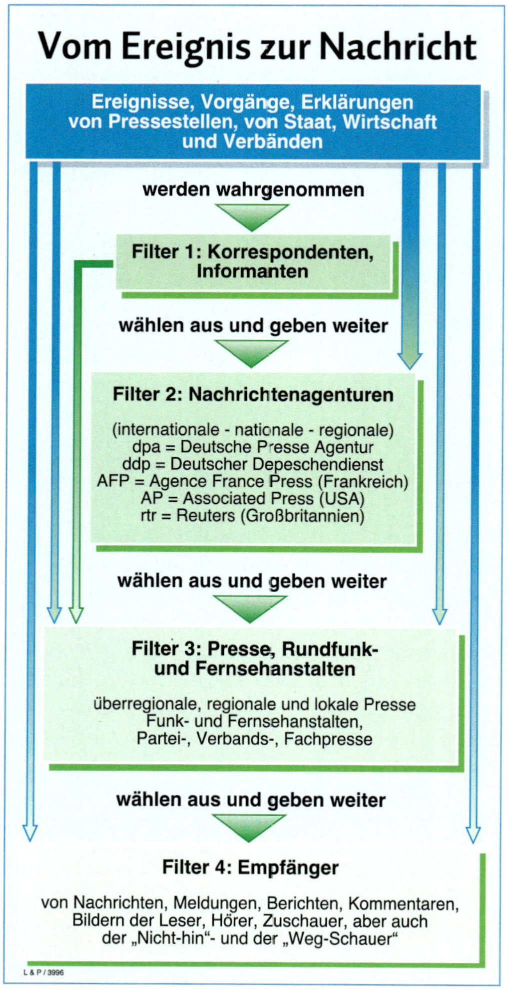

Eine Schulklasse hatte einen Journalisten zum Gespräch eingeladen. Die Schüler und Schülerinnen wollten mehr darüber wissen, wie Nachrichten gemacht werden und wie Medien die Meinungsbildung beeinflussen.

Selma: Jeden Tag passiert so viel auf der Erde. Wie wählen Medienleute aus, was sie davon als Nachricht bringen?

Journalist: Das Grundprinzip bei der Auswahl ist die Frage: Was interessiert Lesende, Zuhörende oder Zuschauende?

Leo: Aber die Antwort auf diese Frage bestimmen doch Sie, oder?

Journalist: Nicht ich allein, wir arbeiten ja in einer Redaktion zusammen. Aber das Grundproblem bleibt: Wir Nachrichtenmacher wollen zwar objektiv – also sachlich und neutral – sein, aber letztlich müssen wir nach unserer persönlichen Einschätzung auswählen.

Timo: Was spielt dabei eine Rolle?

Journalist: Da gilt zum Beispiel Aktualität und Überraschung – das Ereignis sollte also neu sein. Wichtig ist auch, ob die Personen, um die es dabei geht, bekannt sind – Prominente also. Spannung ist wichtig, das Ereignis sollte einen Konflikt enthalten. Gut ist auch, wenn das Ereignis vom Üblichen abweicht. „Hund beißt Mann" ist keine Nachricht, „Mann beißt Hund" ist eine. Dann spielt auch noch die Nähe zu uns eine Rolle.

Henry: Wie meinen Sie das?

Journalist: Ein Beispiel: Würden Schüsse an der Grenze zwischen Deutschland und Polen fallen, dann wäre das ganz sicher eine Nachricht in fast allen Medien. Wären die gleichen Schüsse im fernen Afrika an der Grenze zwischen Kenia und Tansania gefallen, würde das wohl kaum bei uns gemeldet. Bei Fernsehnachrichten spielt die Frage der Bilder eine große Rolle. Liegt kein Videomaterial zu einem Ereignis vor, sinken die Chancen stark, dass es zur Nachricht wird. Und dann wird auch auf die Konkurrenz geachtet.

2 Hilfe
Zu den Gefahren: Setze bei „werden wahrgenommen" und „wählen aus und geben weiter" an.

1 Analysiere die Karikatur auf dieser Seite.

2 Werte das Schaubild „Vom Ereignis zur Nachricht" aus und beschreibe mögliche Gefahren für eine Nachricht auf dem Weg zum Empfänger/zur Empfängerin.

Aische: Können Sie das genauer erklären?

Journalist: Nun: Für die Auswahl der abendlichen Fernsehnachrichten ist zum Beispiel sehr wichtig, was die „Bild"-Zeitung an diesem Tag berichtet hat. Die „Bild"-Zeitung wird täglich von so vielen Leuten gelesen, dass sie die Macht hat, Themen zu setzen.

Silke: Über manche Ereignisse wird tagelang berichtet.

Journalist: Ja. Neuigkeiten müssen immer aktuell sein, sie brauchen aber auch einen Wiedererkennungswert – also etwas, das unsere Zielgruppe schon kennt und in das sie die neue Information einordnen kann. Man nennt das auch „Themenkarriere". Ist ein Ereignis erst einmal zur Nachricht geworden, wird darüber gerne ständig weiterberichtet.

Henry: Ist das so, wenn zum Beispiel ein Politiker oder eine Politikerin etwas falsch gemacht hat oder eine Firma einen Skandal verursacht?

Journalist: Ja. Gerade politische Affären, also peinliche, unangenehme Vorfälle, wurden maßgeblich von den Medien aufgedeckt und weiterverfolgt. Natürlich ist es die Aufgabe der Medien, vermittelnd zwischen Politik und Öffentlichkeit zu wirken. Die Medien sind daneben aber auch die Kritik- und Kontrollinstanz der Mächtigen im Staat. So sind die großen politischen Skandale der letzten Jahrzehnte nicht von den Parlamenten, sondern von Journalisten und Journalistinnen aufgedeckt worden.

Simon: Wie ist denn das Verhältnis zwischen Massenmedien und Politik?

Journalist: Für viele Bürgerinnen und Bürger sind die Medien der einzige Zugang zu politischen Fragen. Was die Massenmedien thematisieren, bewegt die Öffentlichkeit. In einer Demokratie müssen Politiker und Politikerinnen die Öffentlichkeit von ihren Anliegen überzeugen, das heißt, sie brauchen die Massenmedien als Vermittler ihrer Vorstellungen. Die Massenmedien wiederum brauchen die Politiker und Politikerinnen , denn sie liefern ihnen interessante Schlagzeilen.

(Karikatur: Starke, Arnstadt)

Affären-Chronik (Auswahl)

1991	„Traumschiff-Affäre" führt zum Rücktritt von Ministerpräsident Lothar Späth (CDU) in Baden-Württemberg
1993	„Amigo-Affäre" führt zum Rücktritt des bayerischen Ministerpräsidenten Max Streibl (CSU)
1999	„CDU-Spendenaffäre des früheren Bundeskanzlers Helmut Kohl
2001	„Rabatt-Affäre" des damaligen sächsischen Ministerpräsidenten Kurt Biedenkopf (CDU)
2002	„Spendenskandal" der SPD in Köln
2008	Skandal wegen Steuerhinterziehung führt zum Rücktritt des Vorstandsvorsitzenden der Deutschen Post, Klaus Zumwinkel
2010	„Plagiat-Affäre" des damaligen Bundesverteidigungsministers Karl Theodor zu Guttenberg (CSU)
2011	„Kredit-Affäre" führt zum Rücktritt des damaligen Bundespräsidenten Christian Wulff (CDU)
2013	„NSA-Spionageaffäre" belastet die diplomatischen Beziehungen zwischen Deutschland und den USA

Skandal
Ärgernis; aufsehenerregendes, schockierendes Vorkommnis

Plagiat
wissenschaftliches oder künstlerisches Werk, das durch Nachahmen oder Übernahme fremder geistiger Leistungen (z. B. Ideen, Texte) entstanden ist

4 Hilfe

Die linke Person in der Karikatur ist der damalige Bundeskanzler Helmut Kohl. Beachte, was die Personen in den Händen halten.

3 Fasse zusammen, was der Journalist zur Nachrichtenauswahl sagt.

4 „Medien üben große Macht aus!" Nimm zu dieser Aussage Stellung und beziehe dabei die Aussagen des Journalisten, die Affären-Chronik und die Karikatur auf dieser Seite ein.

Agenda-Setting

In der heutigen Zeit haben die Medien einen großen Einfluss auf die öffentliche Meinung. Allerdings berichten sie nur über einen Teil dessen, was in der Realität geschieht. Bereits durch die Auswahl der Themenschwerpunkte beeinflussen sie die Öffentlichkeit. Das ist der zentrale Punkt dessen, was in der Kommunikationsforschung unter „Agenda-Setting" verstanden wird. Grundgedanke des Agenda-Setting-Ansatzes ist, dass die Medien zwar keinen großen Einfluss auf das haben, was die Menschen denken, sehr wohl aber auf das, worüber sie sich Gedanken machen. Indem die Medien bestimmte Themen auf ihre Tagesordnung – also ihre Agenda – setzen und diese durch die Häufigkeit der Berichterstattung, Aufmachung und Nachrichtenplatzierung gewichten, geben sie nicht nur vor, womit sich die Menschen auseinandersetzen, sie beeinflussen damit auch nachhaltig die gesellschaftliche Bedeutung bestimmter Themen.

Was ist Agenda-Setting?

Bei YouTube gibt es einen Film, in dem Dr. Andreas Schelske, Professor für Kommunikationswissenschaften an der Jade Hochschule Wilhelmshaven, auf diese Frage antwortet.

Schelske: Agenda-Setting ist eine Theorie, dass bestimmte Themen zu bestimmten Zeiten besonders relevant sind. Man kann beispielsweise schauen, wie über Atomkraft berichtet wird, wie über Autos berichtet wird, über Umweltschutz – und man sieht, dass unterschiedliche Redaktionen Themen anders aufbereiten.

Frage: Wie funktioniert das?

Schelske: Man guckt also beim Agenda-Setting, welche Themen werden wie gebracht, auf welcher Seite werden sie gebracht, mit welchen anderen Unterthemen werden sie gebracht und in welcher Weise werden diese Themen angesprochen – oder werden sie ignoriert.

Frage: Wer macht das?

Schelske: Agenda-Setting wird von Medienunternehmen betrieben, die eine Redaktion haben. Und diese Redaktionen wählen Themen aus und organisieren diese Themen nach spezifischen eigenen Interessen. Diese eigenen Interessen sind wie ein Schleusenwärter oder Torhüter, der überlegt: Welche Themen kommen auf die erste Seite, welche Themen kommen in die ersten Minuten.

Dr. Andreas Schelske auf YouTube

Frage. Was hat Google damit zu tun?

Schelske: Google betreibt in einer Weise Agenda-Setting, dass ein Algorithmus, also eine Automatisierung, dafür sorgt, welche Themen ganz oben stehen, wie die Themen dort angesprochen werden, mit welchen Headlines, mit welcher Auswahl und in welchem Kontext diese Themen sind – und auch, wie schnell sich diese Themen verändern. Interessant ist es bei Google, weil Google die Suchmaschine ist, die zu 95 Prozent aller Nutzer genutzt wird. Also hat Google eine sehr große Macht, Menschen bei einem Thema zu orientieren, also zu bestimmen, worüber Menschen nachdenken.

(Quelle: www.youtube.com/watch?v=CHEbAvlfeVl; Zugriff: 20. 10. 2015)

relevant wichtig

Kontext Zusammenhang

1 Erkläre, was mit Agenda-Setting gemeint ist.

2 „Die Medien können nicht über alles berichten. Eine Auswahl, also Agenda-Setting, ist unvermeidlich." – Setze dich mit dieser Meinung auseinander.

Thema: Wir spielen Redaktion

Simulieren heißt „so tun als ob“ oder „übungshalber nachahmen“. Bei dieser Simulation sollt ihr einmal das tun, was Redakteure und Redakteurinnen ständig machen: aus vielen Meldungen auswählen.

Vorbereitung

Ihr benötigt sechs Exemplare einer Tageszeitung. Wichtig ist, dass es die gleiche Zeitung vom gleichen Tag ist. Vereinbart, wer die Zeitungen mitbringt. Außerdem benötigt ihr Scheren, Klebstoff und einige größere Bogen Papier.

Durchführung

Bildet sechs Gruppen. Jede Gruppe bekommt ein Zeitungsexemplar und einen Papierbogen in der Größe einer Zeitungsseite. Von den sechs Gruppen wählen jeweils zwei einen dieser drei Bereiche: Politik, Wirtschaft, Lokales. Jede Gruppe hat dann die Aufgabe, zu ihrem Bereich aus den vielen Berichten, Fotos usw. der Zeitung eine eigene Seite zusammenzustellen. Die ausgeschnittenen Artikel werden auf den Papierbogen so aufgeklebt, dass er wie eine Zeitungsseite aussieht.

Auswertung

Zu jedem Bereich stellen die beiden Gruppen ihre Seite vor. Es wird gemeinsam verglichen, ob und wie unterschiedlich die Auswahl an Texten, Fotos usw. jeweils ausgefallen ist. Jede Gruppe begründet dann ihre Auswahl.

Was ist wichtig? – ein Kommentar

Es geschieht viel in der Welt. Nicht alles ist wichtig. Was wichtig ist und was nicht, entscheiden wir Journalisten. Nach welchen Kriterien?
Das verletzte Knie eines Bundesligafußballers ist zweifellos wichtig. Die Schwangerschaft der zeitweiligen Geliebten des Vaters einer Weltklassetennisspielerin war so wichtig, dass darüber monatelang berichtet wurde. Der Tod eines Obdachlosen bei Frost im Stadtwald ist unwichtig.
Dass einem jungen Deutschen in einem südostasiatischen Land wegen Heroinschmuggels die Todesstrafe droht, vermelden wir. Dass dort 20 oder 30 einheimische Drogenhändler hingerichtet werden, ist nicht so wichtig. (...) Kriege können wichtig oder unwichtig sein. Der Krieg in Angola ist unwichtig. Über ihn berichten wir nicht, obwohl er seit Jahren so viele Menschenleben kostet wie kaum ein anderer. (...) Verstöße gegen die Menschenrechte sind wichtig oder unwichtig, je nachdem, wem sie anzulasten sind. (...)
Politiker sind wichtig. Wir sind in der Lage, sie zu ungeheurer Wichtigkeit aufzublasen. Zu Dutzenden erscheinen wir bei bloßen Showveranstaltungen von Berufspolitikern. Wenn zwei Fernsehanstalten präsent sind, dürfen die anderen nicht fernbleiben. Je mehr Journalisten bei einem Ereignis anwesend sind, desto wichtiger muss es sein.

(Eckart Spoo, in: Spiegel Special Heft 1/1995, S. 121)

1 Beschreibe das Problem, auf das der Kommentar „Was ist wichtig?“ hinweist.
2 Der Kommentar „Was ist wichtig?“ stammt aus dem Jahr 1995. Diskutiert, ob die Aussagen heute immer noch aktuell sind.
3 Führt die Simulation wie beschrieben durch.

Einfluss der Wirtschaft auf die Medien

Am 24. Mai 2011 hielt der Journalist und Verleger Bodo Hombach an der Universität in Bonn eine Rede zu diesem Thema. Darin führte er unter anderem aus:

Meine Damen und Herren,
ich sage Ihnen gewiss nichts Neues: Die Wirtschaft hat ein elementares Interesse daran, sich in der Öffentlichkeit positiv zu präsentieren. Sie will für ihre Produkte werben und – wenn's denn sein muss – Konkurrenten in den Schatten stellen. (…) Medien berichten über die Wirtschaft. Sie selbst sind ebenfalls ein Wirtschaftsgut. Zeitungen sind Hüter der Demokratie und privilegiert durch unsere Verfassung. Aber anders als die gebührenfinanzierten Medien des öffentlich-rechtlichen Rundfunks sind sie auch Wirtschaftsunternehmen. Sie sind angewiesen auf Abonnenten und Inserenten. Ihre Leser sind Kunden.
(…) Es gibt (…) einen Katalog von Einflussmöglichkeiten der Wirtschaft auf die Presse. Dessen bedient sie sich durchaus.
Zu den robusten Methoden gehört das Drehverbot. (…) Eine andere Möglichkeit heißt Auskunftsverweigerung. (…) Man verweist auf „laufende Verfahren“, erklärt sich nicht für zuständig, ist rechtzeitig verreist. (…) Man verweigert das angefragte Interview oder Statement. Was man nicht sagt, kann nicht gegen einen verwendet werden.
Wirtschaftliche Interessenvertreter mit feinerem Stilgefühl setzen nicht auf frontale Attacke, sondern auf Umarmung. Journalisten werden zu Ausflugsfahrten und Besichtigungen eingeladen. Man gewährt ihnen Rabatte und mehr. Freie Mitarbeiter dürfen Beiträge für die Firmenzeitungen schreiben. Sie sind längst auch gewohnt und auch ökonomisch gezwungen, sich nach vielen Decken zu strecken. Da verschwimmen Grenzen. Man schaut nicht mehr so genau hin. (…)

elementar grundlegend, wesentlich

privilegieren jemandem eine Sonderstellung, ein Vorrecht einräumen; bevorzugen

(Quelle: www.bodo-hombach.de/service/reden, Zugriff: 20. 10. 2015)

Ohne Werbung keine Medien?

Aus einem Interview mit einem Werbefachmann (W.) und einem Journalisten (J.):

Brauchen Printmedien Werbung, um zu überleben?
W.: Auf jeden Fall!
J.: (...) Wir wissen, dass wir uns allein durch Abo und den Kioskverkauf nie finanzieren könnten. Eine Ausgabe müsste dann wohl mehr als zehn Euro kosten. Man kann nicht erwarten, dass es je einen Leser geben wird, der bereit ist, so viel auszugeben.

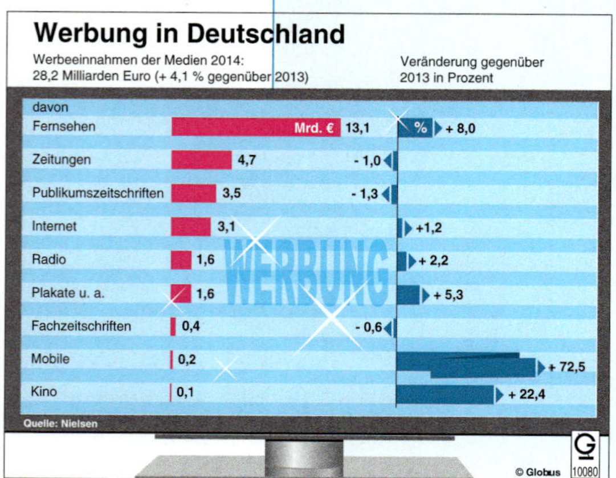

Wie stark ist die Abhängigkeit? Sind Sie auf Gedeih und Verderb einander ausgeliefert?
J.: Ich würde es nicht so negativ sehen, Abhängigkeit klingt so einseitig. Es ist immer etwas, von dem beide Seiten profitieren. Der, der Werbung schaltet, will möglichst viele Menschen erreichen, und wir als Medium bieten diese Möglichkeit. Anzeigen in Zeitungen wird es auch weiterhin geben. (...)

Wie sehen Sie den Trend, dass Zeitungen immer mehr PR machen, also im Prinzip redaktionell aufbereitete Werbung?
J.: Das ist ein Prozess, der mir nicht gefällt, eine Grauzone, bei der man sehr vorsichtig sein muss. Es gibt presserechtlich genaue Vorschriften: Für den Leser muss klar erkennbar sein, ob es sich um eine Anzeige oder einen redaktionellen Beitrag handelt. Unternehmen wissen aber, dass Leser redaktionellen Geschichten mehr Aufmerksamkeit schenken und versuchen daher immer wieder, Werbung zu schalten, die wie ein Artikel aussieht. (...)

(Quelle: www.schekker.de/content/ohne-werbung-keine-medien; Zugriff: 20. 10. 2015)

1 Beschreibe, wie Unternehmen Einfluss auf die Berichterstattung nehmen können.
2 Erkläre die Bedeutung der Werbung für die Medien.

Thema: Wir führen ein Medientagebuch

Jede und jeder von uns nutzt Medien und hat ihre bzw. seine eigenen Mediengewohnheiten. Um genauer zu erfahren, welche Medien ihr wie häufig nutzt, könnt ihr ein Medientagebuch erstellen.

Vorbereitung

Besprecht in eurer Klasse, welche Medien ihr nutzt. Ihr könnt euch dabei an dem unten abgedruckten Medientagebuch orientieren.

Durchführung

Jede Person legt ein Medientagebuch an, in dem er/sie alle Medien einträgt, die er/sie normalerweise nutzt. Notiert dort eine Woche lang für jeden Tag die Nutzungsdauer, die ihr mit dem betreffenden Medium verbringt.

Auswertung

Erstellt eine gemeinsame Tabelle mit allen Medien, die von den Schülerinnen und Schülern eurer Klasse genutzt werden. Notiert in dieser Tabelle, wie viele Schülerinnen und Schüler welches Medium überhaupt nutzen.
Errechnet anschließend die durchschnittliche Nutzungszeit für ein Medium. Addiert dazu die Zeiten aller Schülerinnen und Schüler eines Mediums und teilt diese durch die Gesamtschülerzahl. Formuliert eure Ergebnisse, zum Beispiel:
Die Schülerinnen und Schüler unserer Klasse schauen im Durchschnitt ... Minuten pro Tag Fernsehen.

Medientagebuch von ....

(Angaben in Minuten)	Montag	Dienstag	Mittwoch	...	
Fernsehen	90 min				
Musik hören	60 min				
Radio hören	–				
PC benutzen	120 min				
Smartphone benutzen	80 min				
Zeitung lesen (online)	15 min				
Zeitung lesen (print)	–				
Zeitschriften/Magazine lesen	15 min				
Bücher lesen	–				
Filme ansehen	–				
Comics lesen	20 min				
ins Kino gehen	–				
telefonieren	20 min				

Medium	Anzahl Schüler/-innen
Fernseher	卌 卌 卌 II
Zeitschriften	卌 卌 II
Smartphone	卌 卌 卌

Diebestour

Frauen stehlen auf der Königstraße

Die Polizei hat am Samstag auf der Königstraße fünf Frauen und ein Mädchen beim Diebstahl erwischt. Im ersten Fall hatte der 59-jährige Ladendetektiv einer Buchhandlung vier Frauen im Alter von 44, 22 und 21 sowie ein Mädchen von elf Jahren beobachtet, wie sie verschiedene Waren aus dem Regal nahmen und das Geschäft verließen, ohne zu bezahlen. Der Detektiv verständigte die Polizei und folgte den Frauen. Am Schlossplatz konnte die Polizei das Mädchen und die drei Frauen kontrollieren. Es stellte sich heraus, dass die vier weiteres mutmaßliches Diebesgut aus anderen Geschäften bei sich hatten. Sie wurden später wieder auf freien Fuß gesetzt.
Im zweiten Fall nahm die Polizei kurz vor 20 Uhr zwei 19 und 21 Jahre alte Frauen fest, die zuvor eine Kundin in einem Ladengeschäft an der Königstraße hatten bestehlen wollen. Eine der beiden Frauen hatte versucht, die Geldbörse aus der Handtasche der 52-Jährigen zu ziehen, (...).

Polizei schnappt vier Ladendiebinnen

Stuttgart – Die Polizei hat auf der Königstraße vier Ladendiebinnen aus der Slowakei gestellt. Die Jüngste war erst 11 Jahre alt! Ein Detektiv hat sie und drei Frauen (21, 22, 44) in einem Buchladen beim Klauen erwischt, die Beamten alarmiert. Am Schlossplatz griff die Polizei zu. Bei der Durchsuchung auf dem Revier entdeckten die Ermittler, dass die Frauen noch in mehr Läden geklaut hatten.

(Quellen: [links] Stuttgarter Zeitung vom 2. 3. 2015, S. 17, [rechts] Bild vom 2. 3. 2015, S. 11)

Zur sprachlichen Darstellung von Rumänen und Bulgaren in deutschen Medien

(...) Zunächst ist es wichtig, einige grundlegende Aspekte im Hinterkopf zu behalten: Massenmedien wie Zeitungen, Fernsehen und Internet kommunizieren hauptsächlich durch Sprache. (...) Die Massenmedien entscheiden darüber hinaus auch (...), welche Themen im gesellschaftlichen Diskurs überhaupt wahrgenommen werden. (...)
Wegen dieser Themenführerschaft der Massenmedien und des Perspektivierungspotenzials der Sprache macht es einen großen Unterschied, ob über „Arbeitnehmerfreizügigkeit“ (z. B. ZEIT.de 09.01.2014), die „drohende Armutszuwanderung aus Bulgarien und Rumänien“ (BILD.de 30.12.2013) oder „die wachsende Zahl von Armutsflüchtlingen aus Osteuropa“ (BILD.de 30.12.2013) gesprochen wird!
(...) Liest man mit diesem Wissen die Artikel einer der auflagenstärksten Zeitung Europas aufmerksam, fallen einem die vielen negativ konnotierten – d. h. wertenden – Wörter auf, die für den Sachverhalt der Arbeitnehmerfreizügigkeit und die Akteursgruppe der Rumänen und Bulgaren verwendet werden: Die aus Rumänien und Bulgarien stammenden Menschen werden so z. B. abwertend als „Armutsflüchtlinge“ (z. B. BILD.de 05.01.2014) oder „Sozialbetrüger“ (z. B. BILD.de 03.01.2014) bezeichnet, die „deutsche Sozialleistungen kassieren“ (BILD.de 03.01.2014). Mit dem auch in anderen BILD-Artikeln im Zusammenhang mit der Zuwanderung häufig gebrauchten umgangssprachlichen Verb kassieren werden dabei außerdem indirekt weitere negative Beurteilungen aufgerufen, die der Akteursgruppe zugeschrieben werden.
Der Unterschied in den Bezeichnungen für die Personengruppe der Rumänen und Bulgaren wird deutlich, wenn man Beispiele aus anderen überregionalen Zeitungen heranzieht: „Neue Nachbarn auf Augenhöhe“ (sueddeutsche.de 02.01.2014). Hier wird statt des Kontrastes „WIR Deutschen – SIE, die fremden Bulgaren und Rumänen“ das Konzept der Nähe und der Vertrautheit aufgerufen. Die Zuwanderer sind somit nicht mehr moralisch verwerfliche „Sozialbetrüger“ und „Armutsflüchtlinge“. Die idiomatische Wortverbindung „auf Augenhöhe“ ist im allgemeinen Sprachgebrauch positiv besetzt, weil sie mit Hochwertwörtern wie Würde assoziiert wird. Dadurch überträgt diese Wortverbindung in diesem Zusammenhang die positiven Wertungen auch auf die Rumänen und Bulgaren. Positiv besetzte Wörter und Wortverbindungen wie z. B. „dürfen“ und „ohne Hindernisse“ werden in der Süddeutschen auch in Bezug auf die Arbeitnehmerfreizügigkeit an sich verwendet: „Seit 1. Januar dürfen Bulgaren und Rumänen ohne Hindernisse in der EU einen Job annehmen.“ (sueddeutsche.de 02.01.2014). Darüber hinaus wird die Zuwanderung (...) als ein Sachverhalt mit positiven Auswirkungen auf Deutschland präsentiert: „Osteuropa verliert, Deutschland gewinnt“ (sueddeutsche.de 30.12.2013) und die „Bevölkerungszahl steigt dank Zuwanderung“ (ZEIT.de 08.01.2014).

(Quelle: www.sprachrealitaet.de/sprachliche-realitäten/sozialbetrüger/ Autorin: Dr. Clara Herdeanu; Zugriff: 1. 11. 2016)

idiomatische Wortverbindung
Fügung, die in einer bestimmten Region gebraucht wird und deren Gesamtbedeutung sich nicht aus den Einzelbedeutungen der Wörter ableiten lässt

assoziieren
in Zusammenhang, in Verbindung mit etwas bringen

1 Vergleiche die beiden Zeitungsmeldungen unter den Aspekten Umfang und Aufmachung.
2 Vergleiche sie unter den Aspekten Sachlichkeit und Wirkung auf die Leser/-innen.
3 Bewerte die Aussagen des Kommentars „Zur sprachlichen Darstellung ...“.

Thema: Darstellung eines Ereignisses in unterschiedlichen Medien

Man sollte vergleichen, welche Tatsachen die verschiedenen Medien über das Ereignis bringen.

Wenn Medien über ein Ereignis berichten, ist doch die Frage, woher die Journalisten ihr Wissen darüber haben.

Bei einem Medienvergleich ist allein schon der Umfang der Meldung interessant: Die einen bringen viel, die anderen nur eine Kurzmeldung und wieder andere gar nichts.

Mich interessiert bei einem Medienvergleich die Sprache, also, ob die Formulierungen sachlich sind, oder der Leser oder Zuschauer irgendwie beeinflusst werden soll.

Es ist interessant, zu vergleichen, wie ausführlich verschiedene Medien über ein bestimmtes Ereignis berichten.

Ich würde nachschauen, ob durch die Berichterstattung auch Gefühle angesprochen werden, z.B. durch Fotos oder Filmausschnitte im Fernsehen.

Über bestimmte Ereignisse wird oft in unterschiedlichen Medien berichtet, z.B. in Zeitungen und in den Fernsehnachrichten. Wenn man die unterschiedlichen Meldungen über das gleiche Ereignis vergleicht, kann man erfahren, wie Medien berichten. Einen solchen Vergleich kann man auch im Unterricht in Gruppenarbeit durchführen.

Vorbereitung

Erstellt gemeinsam eine Liste mit Gesichtspunkten für euren Medienvergleich. Die Aussagen oben können euch dabei helfen. Einigt euch dann in der Klasse auf ein bestimmtes Ereignis für euren Vergleich der Berichterstattung. Über das Ereignis, das ihr auswählt, sollte sowohl in überregionalen Zeitungen als auch im Fernsehen berichtet werden. Bildet dann Gruppen zur Durchführung des Vergleichs.

Durchführung

Jede Gruppe bekommt das gleiche Material, also Kopien der Berichte aus Printmedien, z.B. aus überregionalen Zeitungen. Die Berichterstattung über das Ereignis in der Tagesschau (20 Uhr) und in der Heute-Sendung (19 Uhr) könnt ihr im Internet unter www.tagesschau.de und www.heute.de abrufen, sodass der Vergleich der Berichterstattung in den gedruckten Medien und im Fernsehen zeitgleich im Unterricht durchgeführt werden kann.

Auswertung

Jede Gruppe berichtet anhand der vorher festgelegten Gesichtspunkte über ihre Ergebnisse beim Medienvergleich. Haltet Gemeinsamkeiten fest und diskutiert bei Abweichungen über die unterschiedlichen Begründungen.

---

1 Erstelle eine Liste mit Gesichtspunkten für einen Vergleich der Berichterstattung in unterschiedlichen Medien. Werte dazu die Aussagen aus.

2 Führt den Medienvergleich in Gruppenarbeit durch.

Berichterstattung in den Medien: Fallbeispiel NSU-Prozess

Großer Andrang der Medien zu Prozessbeginn

Im Mai 2013 begann vor dem Münchner Oberlandesgericht der Prozess gegen die mutmaßliche NSU-Terroristin Beate Zschäpe. Sie muss sich als einzige Überlebende der Terrorzelle „Nationalsozialistischer Untergrund“ vor Gericht verantworten. Ihr wird die Mittäterschaft an neun rassistisch motivierten Morden und weiteren Anschlägen sowie dem Mord an einer deutschen Polizistin vorgeworfen. Der Andrang der Medien zu diesem Prozess war so gewaltig, dass das Gericht die Plätze für die Presse in einem Losverfahren zuteilen musste. 324 Medien und Medienvertreter hatten an dieser Verlosung teilgenommen, 129 davon erhielten Plätze zur Prozessbeobachtung.

Berichterstattung zum NSU-Prozess: „Sie ist tatsächlich durch und durch rosa“

Vor etwa neun Monaten war der Ansturm auf Presseplätze beim NSU-Prozess nicht zu bremsen. Seitdem wurde zu kaum einem anderen Thema so viel Prätentiöses, Überflüssiges und Dummes geschrieben wie zu diesem. Eine Medienkritik von *Constantin Baron van Lijden.*

Etwa neun Monate liegt der Streit um die Vergabe der Presseplätze beim NSU-Prozess inzwischen zurück, und bis heute sind die Schlagzeilen jener Tage beinahe die einzig lesenswerten, die das Verfahren produziert hat. (…)

Und heute? Bleiben viele der glücklichen Gewinner der Verhandlung fern oder vergeben ihre Plätze an andere Medien, die bei der Losziehung leer ausgegangen sind. Noch deutlicher ist das Bild in den Zuschauerreihen der Öffentlichkeit: An vielen Verhandlungstagen erscheint hier so gut wie niemand, ein Teil der Plätze wird dann von nicht akkreditierten Journalisten eingenommen, ein anderer bleibt schlicht leer.

Das alles ist keineswegs verwunderlich, denn der Brei, der zu Anfang des Verfahrens so heiß gekocht wurde, ist bei täglicher Verabreichung ziemlich unbekömmlich. Fast will man in der Zeit zurückgehen und den damals so Empörten zurufen: Ruhig Blut, dieses Verfahren wird furchtbar langweilig! 188 Prozesstage bis Ende 2014 – seid froh, wenn euch das erspart bleibt!

Highlights der Berichterstattung beinhalten etwa Beobachtungen zum Geruch von Beate Zschäpes Socken („Das hat sehr unangenehm gerochen, das kann man nicht darstellen auf den Bildern. Ich hab' das assoziiert, als ob man das länger trägt“.) (…)

Kein Detail ist zu bedeutungslos, um gedruckt zu werden. Jemand soll aussagen? Das ist eine Nachricht wert. Jemand sagt doch nicht aus? Eine Nachricht. Beate Zschäpe reagiert auf die Aussage eines Zeugen? Auch das ist eine Nachricht. Sie reagiert nicht? Das erst recht! Mit großer Sorgfalt wird das Land über ihre Kleidung, ihre Frisur, jede ihrer Regungen auf dem Laufenden gehalten, als täte das etwas zur Sache.

Und weil es eben nichts zur Sache tut, wird versucht, diesen Nichtigkeiten per freier Interpretation Bedeutung und Tragweite einzuhauchen. Zschäpes Brillenetui ist nicht einfach nur rosa, es ist so rosa, dass dagegen „die Unschuld einer Wolke im Morgenrot bereits grob anmuten würde“. Mehr noch: Rosa ist die ureigene Tönung der Täterin, die wohl in einem Farbtopf statt im Mutterleib heranwuchs („Sie ist tatsächlich durch und durch rosa!), was ihr heute aber nur noch äußerlich anhaftet, denn: „Ihr Inneres hat gar keine Farbe. (…) Reine Kälte, gemacht aus Gleichgültigkeit und Kitsch.“ (…)

(Quelle: Constantin Baron van Lijnden am 11. 2. 2014 auf: www.lto.de/recht/feuilleton/f/nsu-prozess-zschaepe-presseplaetze-medien-kritik, Zugriff: 16. 11. 2015)

Prätentiöses durch die Art der Darstellung den Anschein von Wichtigkeit geben

assoziieren sich zusammenschließen, sich vereinigen, auch: Vorstellungen mit etwas verknüpfen

akkreditieren beglaubigen, anerkennen, bevollmächtigen, zulassen

3 Hilfe
Gehe dabei auf die Berichterstattung über den NSU-Prozess ein.

1 Beschreibe das Interesse der Medien zu Beginn des Prozesses und dann später.
2 Arbeite heraus, was der Kommentator an der Prozessberichterstattung kritisiert.
3 „Medien sind verpflichtet zu informieren, unterliegen dabei aber der Gefahr, zu skandalisieren!“ Setze dich mit dieser Aussage auseinander.

Meinungsfreiheit und Manipulation

Die Vielfalt der Medien hat auch ihre Nachteile. Es tobt ein harter Kampf um Einschaltquoten und Auflagen. Sensationell aufgemachte Nachrichten mit aufregendem Bildmaterial kommen gut an und verkaufen sich. Immer wieder können Manipulationen vorkommen. Sehr schwer sind versteckte Manipulationen zu erkennen, zum Beispiel einseitige Nachrichtenauswahl, verfälschende Kameraeinstellungen, beeinflussende Schlagzeilen oder Bildunterschriften.

Webcode
SDL-11157-205
Arbeitsblatt: Jugendliche und Mediennutzung

Zeitungsschlagzeilen

A

Steuern auf Rekordhöhe – doch die Abzocke geht weiter

Weiter deutliches Steuerplus für die Staatskassen

B

Große Demonstration in der Innenstadt gegen Wohnungsnot

Verkehrschaos in der Innenstadt wegen linker Demonstranten

C

Neue Umgehungsstraße: Gefahr für Innenstadt, wenn die Käufer ausbleiben

Umgehungstraße wird gebaut: Endlich ungestörte Nachtruhe!

Zeitungsmeldungen

1 Mit Beginn des neuen Schuljahres werden mehr Schüler/-innen eingeschult als bisher. Statt wie bisher 20 pro Klasse werden jetzt 28 Schüler/-innen gemeinsam lernen. Es müssen keine neuen Lehrer/-innen eingestellt werden. Einige äußern aber auch Bedenken, dass die Klassenräume zu klein sein könnten.

2 Der Flug nach New York ist gebucht, das Ticket bezahlt – aber an Bord der Maschine darf man trotzdem nicht. Die Fluggesellschaften verkaufen seit Jahren mehr Tickets, als sie Plätze an Bord haben, um sicherzugehen, dass ihr Flieger auch wirklich voll wird. Betroffene Passagiere erhalten jetzt in diesen Fällen eine Entschädigung.

Beispiel 1

Beispiel 1: Das farbige Originalbild in der Mitte zeigt einen irakischen Soldaten umgeben von zwei US-Soldaten während des Irakkrieges 2003. In der Presse wurden sowohl der linke als auch der rechte Bildausschnitt veröffentlicht. Der Vergleich zeigt eindrucksvoll die unterschiedlichen Wirkungen, die durch das Beschneiden eines Fotos erzielt werden können.

Beispiel 2

Beispiel 2: Um zu verbergen, dass bei einem Waffentest im Juli 2008 eine Rakete aufgrund einer Fehlzündung am Boden blieb, ließ die iranische Regierung das Foto des Starts bearbeiten. Über die am Boden gebliebene Rakete wurde ein Bildausschnitt mit einer gestarteten Rakete kopiert: ein klassischer Fall von Bildmanipulation.

1 Die Beispiele A bis C zeigen jeweils unterschiedliche Schlagzeilen zum gleichen Sachverhalt. Beschreibe den Eindruck, der jeweils erweckt wird.

2 Erprobe selbst, wie die Wortwahl einer Schlagzeile den Eindruck der Meldung bestimmen kann. Formuliere für jede der zwei Zeitungsmeldungen unterschiedliche Überschriften.

3 Formuliere zu jedem der drei Bildausschnitte von Beispiel 1 eine Bildunterschrift.

4 Erläutere, warum in Beispiel 2 das Foto manipuliert wurde.

5 „Bilder können nicht lügen!“ Beurteile diese Aussage.

Wer wäre nicht gern so attraktiv und umworben wie ein Film- oder Popstar? Für Filmheldinnen und -helden gibt es keine unlösbaren Probleme – und meist endet der Film sogar mit einem Happy End.

Viele Jugendliche orientieren sich an ihren Stars, oft ohne es zu merken. Sie kleiden sich wie populäre Popstars und lassen sich Frisuren machen, wie diese sie tragen. So versuchen sie, ein wenig von der Attraktivität und vom Glanz der Stars abzubekommen. Anderen Jugendlichen bereitet es Probleme, die Wirklichkeit, in der sie leben und das, was sie in Filmen zu sehen bekommen, voneinander zu trennen. Bei manchen wird durch den Konsum von Horrorfilmen und das Spielen brutaler Computerspiele die Gewaltbereitschaft gefördert. Oft werden in der Gruppe auch gewalttätige Filme als eine Art „Mutprobe" angeschaut. Wer verlässt als Erster den Raum? Wer hält es am längsten aus, die grausamen Szenen anzuschauen?

Lady Gaga

Schlank und rank: Müssen wir alle so sein?

(...) Zwar war das Aussehen immer schon wichtig, und Schönheitsideale hat es zu allen Zeiten gegeben. Doch die heutige Situation nimmt Ausmaße an, die aus sozialer, moralischer und medizinischer Sicht bedenklich sind. Einen großen Einfluss haben dabei die Medien. Besonders die zunehmende Verbreitung der Massenmedien, wie z. B. das sich ständig ausweitende Angebot an Publikumszeitschriften und Fernsehkanälen, dürfte dazu beigetragen haben, das Schlankheitsideal im Sinne einer gesellschaftlichen Normvorgabe fest in unseren Köpfen zu verankern. Ein Blick in diverse Zeitschriften zeigt dies deutlich: Die Mode wird präsentiert von superschlanken Models, für jeden Typ werden Diätkuren und Tipps für gezieltes Körpertraining angepriesen sowie Versprechungen gemacht, wie das Wunschgewicht schnell und dauerhaft zu erzielen ist. Auch die Werbung bietet alle möglichen Mittel für das Erreichen der Idealfigur an. Alles zielt darauf ab, den Lesern/-innen und Zuschauern/-innen permanent vor Augen zu führen, dass schön, schlank, durchtrainiert und gepflegt zu sein, erstrebenswerte Ideale sind.
Diese durch Medien gesetzten Maßstäbe werden von vielen Firmen und Institutionen unterstützt: Kaloriendefinierte Drinks und Menüs sowie Appetitzügler oder Abführmittel sind im Handel in einem breiten Angebot erhältlich, zahlreiche Kliniken bieten das Fettabsaugen oder das Modellieren der Figur an, aber auch die Krankenkassen fördern diesen Trend, indem sie ihre Versicherten über Kurse oder Mitgliederzeitschriften zu einer „guten Figur" und „Schlanksein" motivieren. Diese breite Front, die das Thema Schlankheit darbietet, übt großen Druck auf die Selbstwahrnehmung eines jeden einzelnen in unserer Gesellschaft aus. Frauen, Männer sowie Kinder und Jugendliche werden mit den überall präsenten Bildern attraktiver Personen konfrontiert. Oft macht ein Vergleich mit der eigenen Figur unzufrieden, was dazu führt, dass die Selbsteinschätzung und das Selbstwertgefühl deutlich geringer werden. (...)

Norm
Richtschnur, Regel

permanent
dauernd, ständig, ununterbrochen

(Quelle: Sabine Reichelt, www.ugb.de/gesund-abnehmen-ohne-diaet/schlank-rank-muessen-wir-alle-so-sein; Zugriff: 20. 10. 2015)

1 Ermittle, welche Stars derzeit angesagt sind und welche modischen Trends sie setzen.
2 Erläutere mögliche Zusammenhänge zwischen Medien und Schönheitsidealen.

Im April 2002 richtete ein Schüler in einem Gymnasium in Erfurt ein Blutbad an, bei welchem 17 Menschen ums Leben kamen. Brutale Videospiele waren die Lieblingsbeschäftigung des Jugendlichen gewesen.

Ein ähnlicher Fall ereignete sich im März 2009 in Winnenden. Ein Realschüler erschoss in seiner Schule und auf der anschließenden Flucht insgesamt 15 Menschen und tötete sich dann selbst.

Morde in Erfurt: Eine Wirkung der Medien?

Hamburg (dpa) – Der Amoklauf in Erfurt hat die alte Debatte über Gewalt in den Medien und vor allem im Fernsehen neu entfacht. Anders als an vielen Stammtischen geht die Medienforschung jedoch nicht so weit, einen kausalen Zusammenhang zwischen Medienkosum – also bestimmten Computerspielen oder Sendungen – und gewalttätigem Handeln herzustellen. Sprich: Nicht jeder, der gewaltverherrlichende Videospiele liebt, wird die dort erlebte Gewalt im Alltag ausleben. „An der verstärkenden Wirkung der Medien ist jedoch nicht zu zweifeln. Wenn zum Beispiel Menschen persönliche Probleme mit Gewalt haben, können Medien diese noch stärker machen", sagt Helga Theunert, wissenschaftliche Direktorin am „JFF – Institut für Medienpädagogik in Forschung und Praxis" in München. Unstrittig ist, dass bei der Jagd nach hohen Einschaltquoten im Fernsehen immer mehr Gewalt gezeigt wird. (...)

Der Action- und Krimiboom auf allen Kanälen hat für Maya Götz vom Internationalen Zentralinstitut für das Jugend- und Bildungsfernsehen (IZ) in München gesellschaftliche Folgen: „Das Fernsehen hat immer auch Symbolwert. Die Frage ist also, wie viel Brutalität wir zulassen." Die Medienforscherin wirft den Sendergewaltigen vor, andere Formate gar nicht mehr anzutesten. „Es funktioniert nach Art einer sich selbst erfüllenden Prophezeiung: Die Verantwortlichen sagen, dass Action gern gesehen wird, also probieren sie auch nichts anderes." Der Erfolg von Quizsendungen im vergangenen Jahr habe aber gezeigt, dass es Alternativen gebe.

Gerade im Fernsehen ist nach Ansicht Theunerts wichtig, wie Gewalt dargestellt wird und ob es eine Distanzierung von der Gewalt gibt. „Problematisch ist, wenn Gewalt als Erfolg versprechendes legitimes Mittel gezeigt wird." Dies kann nicht nur in Actionfilmen oder Krimis der Fall sein, sondern auch in Zeichentrickfilmen oder Talkshows. Friederich Krotz von der Universität Münster sieht gerade bei bestimmten Daily-Talk-Formaten, in denen Menschen „vorgeführt" oder mit ihren ärgsten Feinden konfrontiert werden, eine Art von „struktureller Gewalt".

Eine vor wenigen Wochen in den USA veröffentlichte Langzeitstudie der Columbia University in New York geht noch weiter. Die Forscher kamen nach der Beobachtung von 707 Familien über einen Zeitraum von 17 Jahren zum Ergebnis, dass täglich mehrstündiges Fernsehen bei Jugendlichen und jungen Erwachsenen auf Dauer einen Hang zu gewalttätigem Verhalten fördere. Dieser Zusammenhang sei unabhängig von anderen Faktoren (...) nachweisbar.

In Deutschland betonen die Experten, dass nicht alle Medien über einen Kamm geschoren werden dürfen. „Das Fernsehen ist nicht mit Computerspielen vergleichbar", sagt Theunert. „Bei Ego-Shooter-Spielen wird der Konsument selbst zum Täter." Ihr Kollege Krotz pflichtet ihr bei: „Wenn ich beim Computerspiel Menschen töte, ist es eine Art Sport. Wenn ich einen Hollywood-Film anschaue, dann sehe ich die Leute leiden oder sterben." (...)

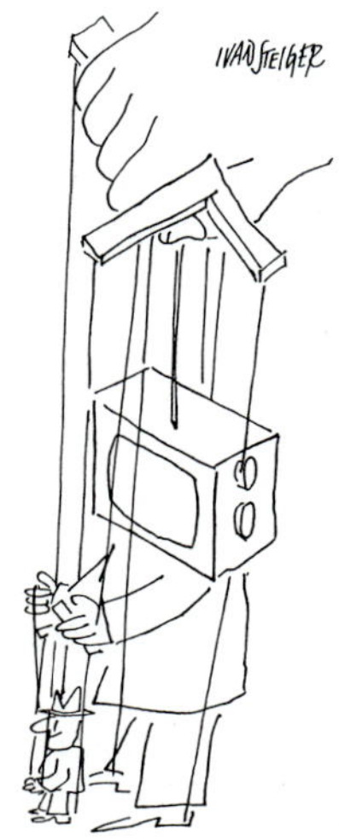

(Karikatur: Ivan Steiger)

(Quelle: www.ksta.de/archiv/die-medien-und-gewalt--computerspiele-als-ausloeser-,16592382,14256974.html#plx1642032333; Zugriff: 20. 10. 2015)

3 Gewalt und Medien: Notiere die Kerngedanken des Artikels stichwortartig.

4 Verfasse einen kurzen Text zum Thema „Einfluss medialer Inhalte auf Jugendliche".

1 Überprüfe dein Vorwissen.

Zu Beginn dieser Unterrichtseinheit hast du eine Begriffsanalyse durchgeführt, um herauszufinden, was du zum Thema Medien schon alles weißt.

a) Nimm deine Mindmap, die du auf Grundlage der Analyse angefertigt hast und überarbeite sie, indem du Ober- und Unterbegriffe ergänzt und Verbindungen zwischen den einzelnen Begriffen markierst.

b) Formuliere mithilfe deines neu erworbenen Wissens eine „Gebrauchsanleitung für den Umgang mit Medien“ für Grundschulkinder.

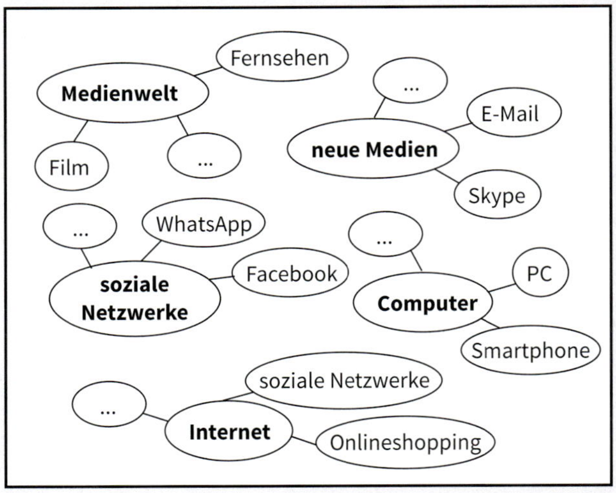

2 Verfasse einen Leserbrief.

Der nebenstehende Textauszug stammt aus einem aus einem Leserbrief in der Zeitung. Nimm Stellung dazu, indem du selbst mit einem eigenen Leserbrief antwortest.

3 Führt eine Umfrage durch.

Befragt Gleichaltrige zu ihrem Medienkonsum. Verfasst dann über die Ergebnisse eurer Umfrage einen Text für die Zeitung eurer Schule.

Eine Umfrage zum Thema „Medienkonsum“

(...) Man muss heute doch von einer regelrechten Medienverseuchung sprechen, wenn man den Alltag unserer Jugend betrachtet. Für viele ist Freizeit gleichzusetzen mit Computerspiel. Persönliche Kontakte zu Gleichaltrigen werden vernachlässigt, Sport und Spiel draußen kennen manche nur noch vom Hörensagen. Die virtuelle Welt ist ihnen wichtiger als die reale.
Hinzu kommt der Handywahn. Ständig tippen die Kinder und Jugendlichen auf den Dingern herum und schicken sich belanglose Nachrichten oder Fotos zu. Und jene, die gerade nicht Nachrichten, Fotos oder Filme über WhatsApp verschicken, telefonieren mit Freunden, die nur 500 m entfernt um die Ecke wohnen. 80-mal aktiviert der durchschnittliche User sein Smartphone täglich – geht man davon aus, dass er acht Stunden schläft, dann kommt man auf fünfmal die Stunde!
Das dritte Übel ist der maßlose Fernsehkonsum. Das Abendessen nehmen viele Kids vor der Glotze und nicht, was wünschenswert wäre, gemeinsam mit der Familie ein. Völlig ausgeschlossen, dass auch nur auf eine einzige Folge der geliebten Fernsehserie verzichtet wird!
Alles in allem kommen so schnell acht oder zehn Stunden Medienkonsum zusammen. Die Eltern sind dagegen machtlos. Deshalb muss der Staat eingreifen und gesetzlich klare Regeln vorgeben. Man sollte zum Beispiel verbieten, dass Jugendliche nach 22 Uhr noch vor dem PC sitzen und Kinder unter 14 Jahren ein Handy besitzen dürfen. Und die auf Jugendliche zugeschnittenen Vorabendserien sollten schnellstens aus den Programmen der Fernsehsender herausgenommen werden. (...)

4 Gruppenarbeit: Wählt eine Karikatur aus und begründet eure Wahl.

Im Jugendhaus soll eine Veranstaltungsreihe zum Thema „Jugend – Internet – soziale Netzwerke" stattfinden. Die Leiterin des Jugendhauses will mit einem Flyer auf diese Veranstaltungen aufmerksam machen. Als Blickfang auf der Vorderseite des Flyers soll nicht wie üblich das Foto eines Jugendlichen am Computer zu sehen sein, sondern eine Karikatur, die, weil unerwartet, Aufmerksamkeit erregen und so Interesse an den Informationen des Flyers wecken soll.

Die Jugendhausleiterin hat die folgenden fünf Karikaturen ausgesucht, ist sich aber unsicher, welche sie nehmen soll. Erarbeitet in der Gruppe einen Vorschlag und begründet ihn.

(Zeichnung linke Spalte:
Jan Tomaschoff [oben]
Kostas Koufogiorgos [Mitte]
Thomas Plaßmann [unten])

(Zeichnungen rechte Spalte:
Klaus Stuttmann [oben]
Jan Tomaschoff [unten])

Familie und Gesellschaft

Familie – was das ist, weiß jede/-r. Und doch sind die Vorstellungen, wie das Leben in einer Familie aussehen soll, sehr verschieden. Regelmäßig streiten die Abgeordneten im Bundestag, unserem Parlament, z. B. darüber, wie Familien unterstützt werden sollen oder wer überhaupt als „Familie“ gilt. Oberster Grundsatz ist dabei der Artikel 6 des Grundgesetzes, Absatz 1: „Ehe und Familie stehen unter dem besonderen Schutze der staatlichen Ordnung.“ Dieser Artikel selbst sorgt für Diskussionen, da die „Ehe“ als Form des Zusammenlebens in den letzten Jahren rückläufig ist.

In diesem Kapitel beschäftigst du dich damit, wie Familien heute aussehen, wie man in Familien zusammenlebt und warum sie für die Gesellschaft so wichtig sind.

- Betrachte die Bilder und Zitate: Was bedeutet der Begriff „Familie“ für dich?
- Bespreche mit deinem Partner bzw. deiner Partnerin: Wie sieht ein typischer Tag in eurer Familie jeweils aus? Tauscht euch auch in der Klasse darüber aus.
- Verfasse eine neue Definition von „Familie“, die im Duden stehen könnte.

Definition von „Familie“

a. aus einem Elternpaar oder einem Elternteil und mindestens einem Kind bestehende [Lebens]Gemeinschaft;
b. Gruppe aller miteinander [bluts]verwandter Personen; Sippe.

(www.duden.de/rechtschreibung/Familie, Definition unter Ziffer 1; Zugriff: 10. 11. 2015)

Ein Zitat

Familie – die kleinste demokratische Zelle.

(Günter Strack, Schauspieler)

Kapitel 03

Begriffsanalyse „Familie und Gesellschaft“

Oberbegriffe	Unterbegriffe
traditionelle Familie	Vater, Mutter, Kinder
...	Gott, Bibel, christlich, ...
...	...
...	...
...	...

Was weißt du?

Die Begriffsanalyse hilft dir, das, was du bereits weißt, zu aktivieren und zu sortieren. Im Verlauf des Kapitels werden viele von dir genannten Begriffe und Themen im Unterricht besprochen.

1 Suche aus der Wortwolke drei bis fünf Begriffe heraus, die dir im Zusammenhang mit dem Thema Familie wichtig sind und notiere jeweils wiederum drei bis fünf Fragen zu den Begriffen.

2 Betrachte dann die Wortwolke genauer und versuche, so viele Begriffe wie möglich zu entziffern.

3 Ordne nun die von dir notierten Begriffe: Suche dafür Oberbegriffe, die dir beim Sortieren helfen.

Was ist eine Familie?

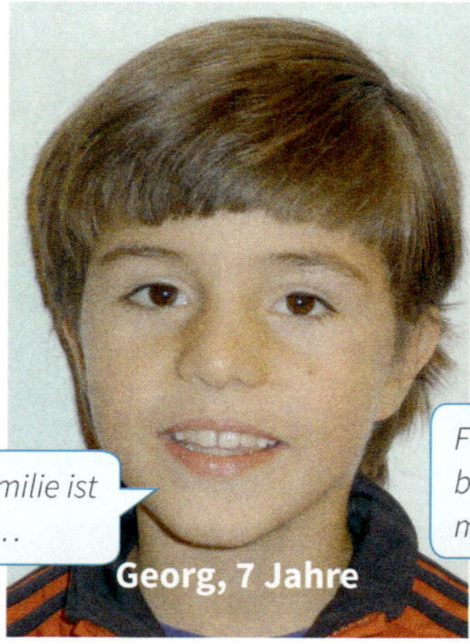

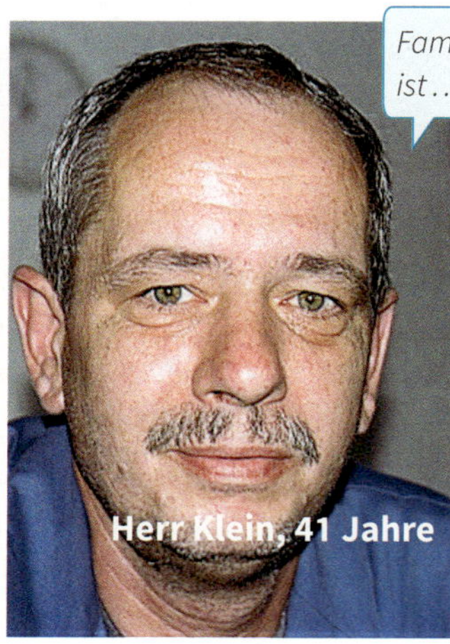

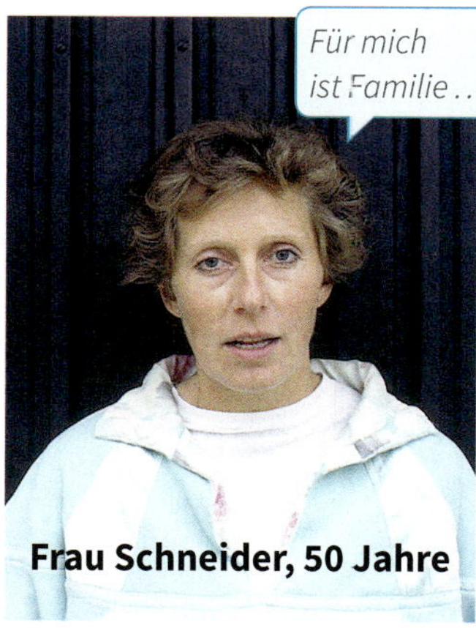

1 Hilfe
Bedenke, dass die Einstellung zur Familie auch vom Alter und den Lebensumständen abhängt.

1 Ergänze die Sprechblasen aus Sicht der abgebildeten Personen zum Thema Familie.
2 Vergleicht eure Sätze untereinander.
3 Beschreibe, was Familie für dich bedeutet.
4 In Umfragen wird die Familie immer wieder als Voraussetzung für ein glückliches Leben genannt. Suche nach Erklärungen hierfür und berichte.

Methode: Erstellen einer Mindmap

Thema: **Familie**

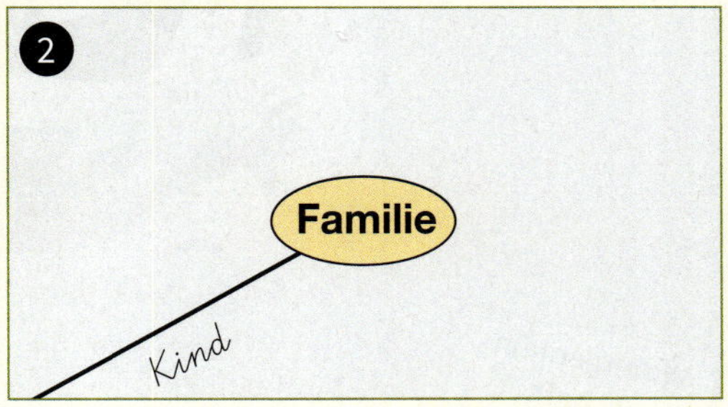

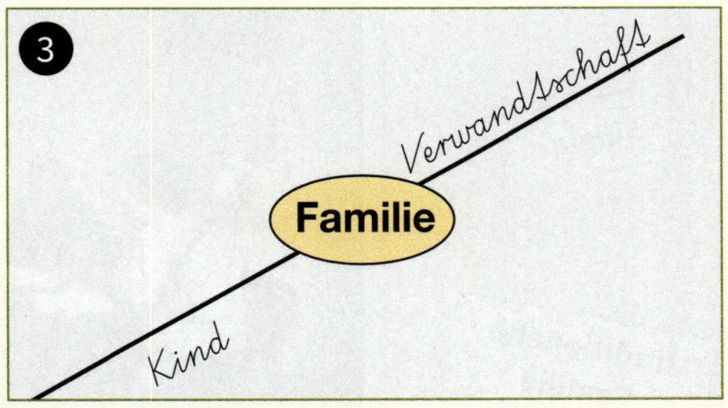

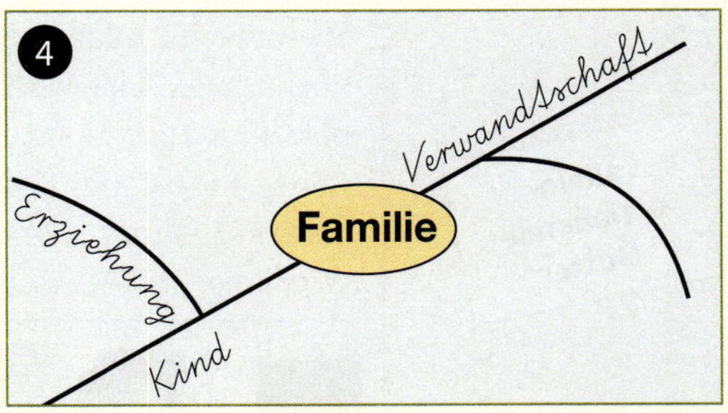

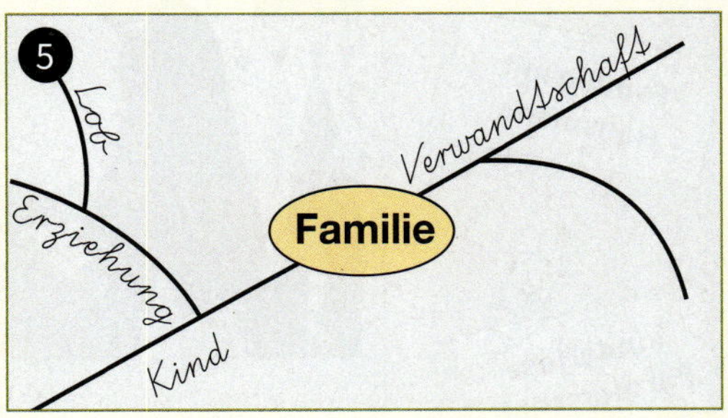

❶ Auf einem großen Bogen Papier wird in der Mitte in einen Kreis oder in ein Oval stichwortartig das Thema geschrieben (in unserem Beispiel das Thema „Familie"), um das es geht. Dieser Kreis ist der zentrale Platz der „Ideenlandkarte".

❷ Ein Gedanke, der sich mit dem Thema verbindet, wird als „Hauptstraße" eingezeichnet, die vom zentralen Platz wegführt. Dazu wird ein entsprechendes Stichwort notiert (in unserem Beispiel das Stichwort „Kind).

❸ Jeder neue Gedanke wird als neue „Hauptstraße" eingezeichnet und ebenfalls beschriftet (in unserem Beispiel ist noch das Stichwort „Verwandtschaft" aufgenommen worden).

❹ Fällt euch etwas ein, was zu einer bereits eingezeichneten „Hauptstraße" gehört, so wird dieser Gedanke als abzweigende „Nebenstraße" eingezeichnet (in unserem Beispiel das Stichwort „Erziehung", das von „Kind" abzweigt).

❺ Mit einer „Nebenstraße" kann sich ein neuer Gedanke verbinden. Er wird als weitere Abzweigung in die „Ideenlandkarte" eingezeichnet (in unserem Beispiel das Stichwort „Lob", das von „Erziehung abzweigt).

Eure Mindmap entwickelt sich während des Überlegens ständig weiter. Die bereits notierten Stichwörter und Gedankenverbindungen können zu immer neuen Ideen führen.

1 Erstelle eine Mindmap zum Thema „Familie". Übernimm dazu die Vorlage auf ein Blatt Papier (DIN-A4, besser DIN-A3) und arbeite sie weiter aus.

2 Vergleicht eure Mindmaps: Wo sind sie ähnlich, wo unterscheiden sie sich?

Formen des Zusammenlebens

Waldstr. 14

- Wohngemeinschaft
- Single
- traditionelle Familie
- alleinerziehende Mutter
- Familie mit Hausmann
- kinderlose Partnerschaft

Frau Singer ist 30 Jahre alt. Sie lebt allein und arbeitet ganztags als Bibliothekarin in der Stadtbücherei.

Herr und Frau Schneider sind seit 15 Jahren verheiratet. Sie haben zwei Kinder: die 12-jährige Julia und den 15 Jahre alten Sebastian.

Sven Klein, 21 Jahre, studiert an einer Fachhochschule. Anja Meisner, 20 Jahre, beendet bald ihre Ausbildung zur Krankenschwester. Guiseppa Falcone, 23 Jahre alt, arbeitet in einem Restaurant. Die drei teilen sich diese Wohnung, um Mietkosten zu sparen.

Tina Jung ist 25 Jahre alt und von Beruf Bankkauffrau. Ihr Freund Can Bulut ist 27 Jahre alt und arbeitet als Schauwerbegestalter. Vor zwei Jahren haben die beiden beschlossen, zusammen in diese Wohnung zu ziehen.

Frau Ringel war acht Jahre verheiratet. Seit drei Jahren ist sie geschieden. Da sie sich um ihren sechs Jahre alten Sohn Kevin kümmern muss, ist Frau Ringel nur halbtags berufstätig.

Herr und Frau Grosser sind verheiratet und haben eine sechs Monate alte Tochter. Sie wird von Herrn Grosser betreut, Frau Grosser ist weiterhin ganztags berufstätig.

Die Familie bildet die Grundlage der menschlichen Gesellschaft. Nach vorherrschendem Verständnis umfasst eine Familie verheiratete Eltern und ein Kind bzw. mehrere Kinder. Dafür wird oft der Begriff „traditionelle Familie" verwendet. Zur Familie im weiteren Sinn gehören auch die Verwandten.

Seit der Industrialisierung haben sich die Formen, wie Menschen zusammenleben, stark verändert. Früher gab es vor allem die Großfamilie: Eltern, zahlreiche Kinder, Großeltern und unverheiratete Verwandte lebten und arbeiteten gemeinsam in einem Haushalt. Im 20. Jahhundert setzte sich allmählich die Kleinfamilie, auch Kernfamilie genannt, als übliche Familienform durch. Eine Kleinfamilie besteht aus zwei Generationen: Eltern und Kinder.

Zudem haben sich Vorstellungen, was unter einer (Klein-)Familie zu verstehen ist, in den letzten Jahrzehnten mehr und mehr gewandelt: Heute zählen dazu zum Beispiel auch Alleinerziehende, gleichgeschlechtliche Paare mit Kindern oder unverheiratete Paare mit Kindern.

Webcodes

SDL-11157-301
Arbeitsblatt: Vielfalt der Lebensformen

SDL-11157-302
Arbeitsblatt: Aussagen über die Familie: richtig oder falsch?

Was sich bei der Familie z. B. verändert hat:

- In unserer Gesellschaft wachsen immer weniger Kinder auf.
- Immer mehr Ehen bleiben kinderlos. Nur in etwa jedem vierten Haushalt leben heute Kinder.
- Die Zahl der Alleinstehenden ist stark angestiegen, vor allem, weil immer mehr Menschen freiwillig allein leben möchten.
- Familien mit mehr als drei Kindern sind heute selten.
- Immer mehr Familien gehen auseinander. Heute wird im Schnitt fast jede zweite Ehe geschieden.
- Der Anteil der Alleinerziehenden, also der Mütter und Väter, die sich ohne einen Partner bzw. eine Partnerin um ein Kind kümmmern, hat zugenommen. Neun von zehn Alleinerziehenden sind Frauen.
- Immer mehr Paare leben zusammen, ohne zu heiraten.
- Die Zahl unehelicher Geburten nimmt zu.

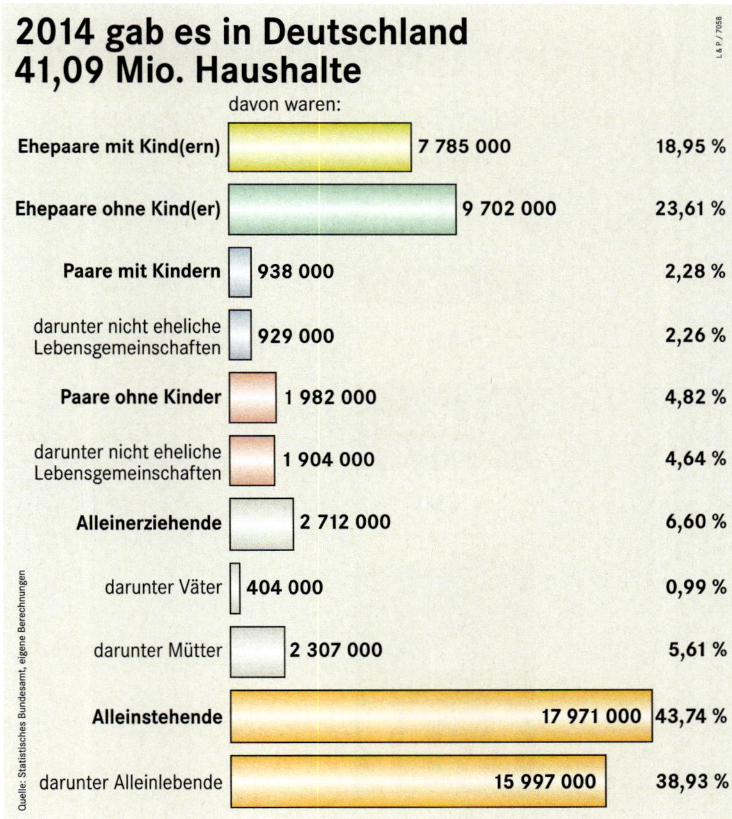

1 Ordne jedem der sechs Haushalte in der Waldstraße eine der Bezeichnungen in der Randspalte zu.

2 Werte die Zahlenangaben zu den Haushalten aus und erarbeite eine Gesamtaussage.

3 Beschreibe wesentliche Veränderungen im Familienbild.

4 Wähle von den Veränderungen im Familienbild drei aus und entwickle Vermutungen, warum es zu der jeweiligen Veränderung gekommen ist.

Thema: Familie

Gesellschaftliche Sachverhalte lassen sich auch in Zahlen und Statistiken ausdrücken; Zahlenmaterial wiederum kann man durch grafische Darstellungen veranschaulichen. Um eine Grafik zu verstehen, muss man vor allem wissen, was die Zahlen bedeuten. Dazu müssen die Zahlen und erklärenden Texte im Zusammenhang betrachtet werden. Grafiken zeigen nämlich Zusammenhänge. Diese können durch Vergleich der Zahlen erkannt werden. Zusammenhänge können etwas Bemerkenswertes zum Thema der Grafik aufzeigen und Erkenntnisse ermöglichen. In Grafiken gibt es oft Zahlen, die sich beim gleichen Sachverhalt auf unterschiedliche Zeiträume beziehen. Es ist daher wichtig, die Zahlen genau zu betrachten.
Nachdem man die Bedeutung einzelner Zahlen herausgearbeitet hat, gilt es, die Grafik auch in allen anderen Punkten auszuwerten. Dazu sind weitere Arbeitsschritte notwendig.

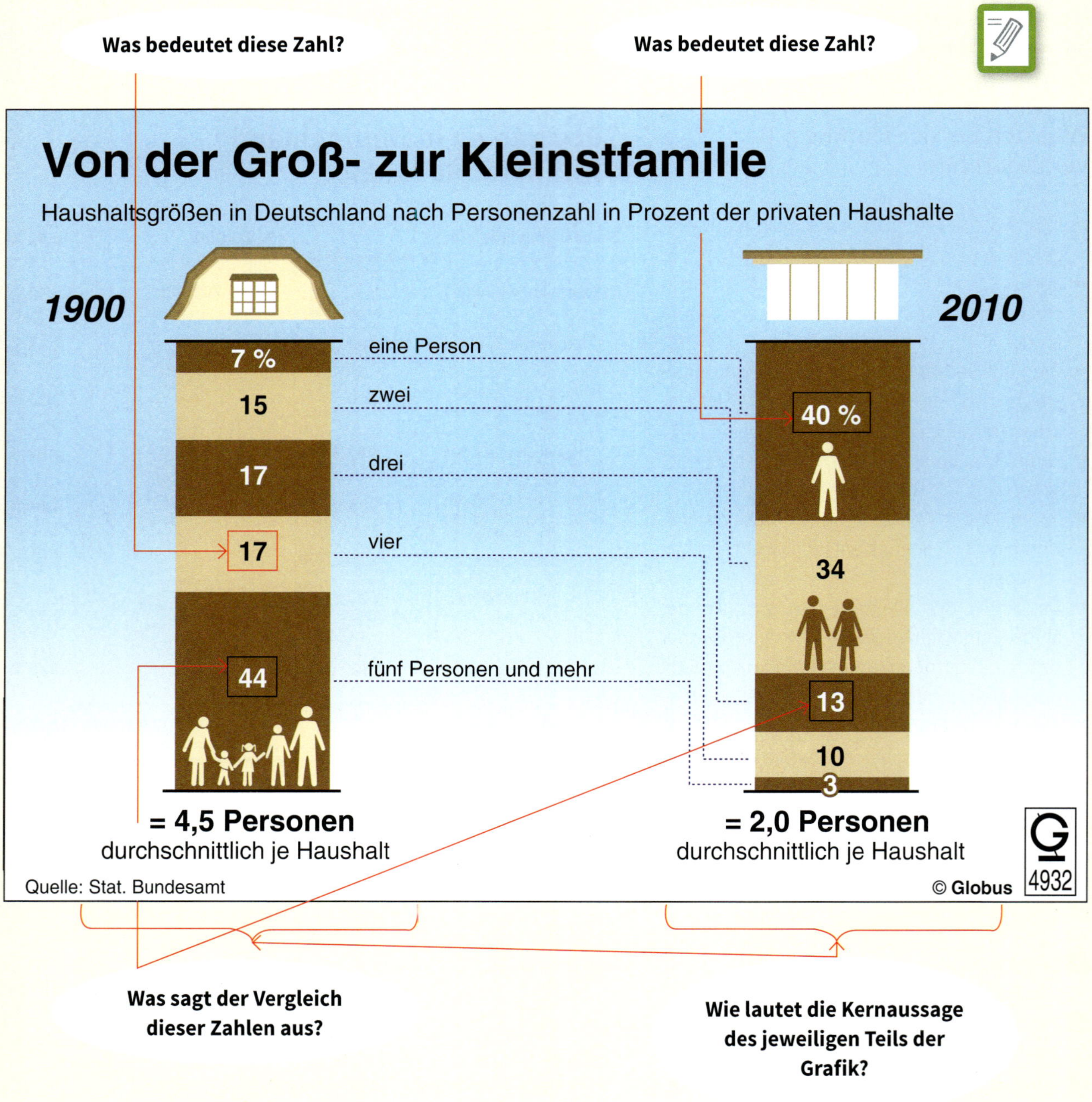

Die folgenden sieben Hilfsfragen können bei der Auswertung einer Grafik hilfreich sein:

1 Welches Thema steht im Mittelpunkt der Grafik?

2 Ist die Quelle glaubwürdig?

3 Reichen die Zahlenwerte in der Grafik bis in die Gegenwart?

4 Welche Bezugsgrößen werden verwendet?

5 In welchem Verhältnis stehen die Zahlen zueinander?

6 Gibt es starke Abweichungen, sind Tendenzen zu erkennen?

7 Welche Schlussfolgerungen lassen sich aus den einzelnen Erkenntnissen ableiten?

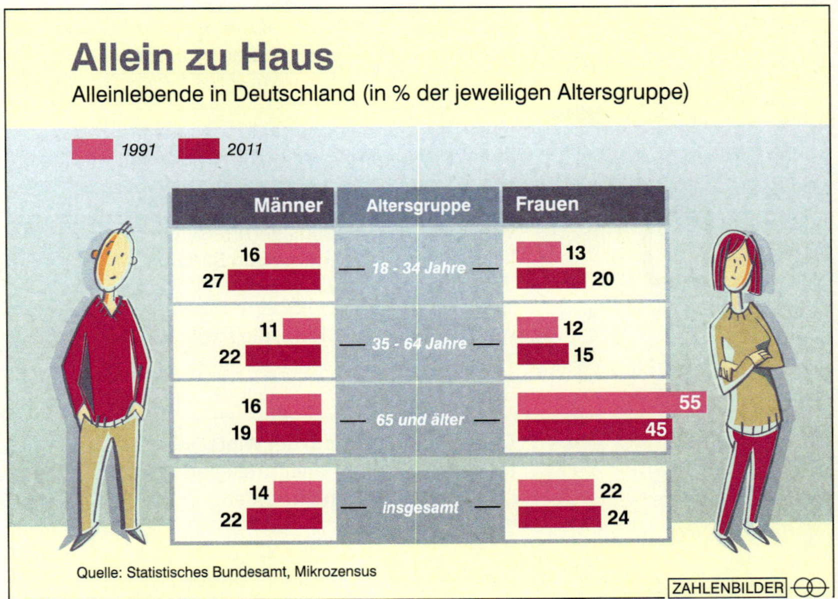

© Bergmoser + Höller Verlag AG
42 552

1 Erkläre die Aussage der Grafik auf Seite 70 und beantworte dazu die dort stehenden vier Fragen.
2 Werte die Grafik „So leben Kinder in Deutschland“ aus. Benutze dazu die sieben Hilfsfragen.
3 Werte die Grafik „Allein zu Haus“ aus. Formuliere einen zusammenfassenden Text.

Großfamilie früher

Kleinfamilie heute

Familie Wagner 1840 – Familie Wagner heute

1 Frau Wagner ist gelernte Bürokauffrau, arbeitet allerdings nur vormittags.

2 Wagners haben fünf Kinder – zwei Mädchen und drei Jungen.

3 Der Großvater und die Großmutter leben in einer einzigen Stube des Bauernhauses.

4 Sport ist das Lieblingsfach der Tochter, aber auch Englisch macht ihr viel Spaß.

5 Wagners sehen abends gern fern, vor allem mögen sie Spielfilme und Serien.

6 Wagners haben ein Kind, die zwölfjährige Tochter Yvonne.

7 Schule ist meist nur in der Winterzeit. Unterrichtet wird vor allem Religionslehre, Lesen, Schreiben und Rechnen.

8 Der unverheiratete Bruder Gottlieb arbeitet und wohnt auf dem Hof.

9 Die Bäuerin Karoline Elisabeth Wagner hat täglich viel zu tun, z. B. Vieh füttern, Hausarbeiten erledigen, Wolle spinnen.

10 Herr Wagner hat eine ältere Schwester, die weit entfernt in Hamburg lebt.

11 Gemeinsam planen Wagners ihren Urlaub. Dieses Jahr soll es nach Italien gehen.

12 Der kurze gemeinsame Feierabend wird für handwerkliche Arbeiten genutzt, z. B. Besen binden, Werkzeuge reparieren.

13 Sonntags besuchen Wagners oft die Großmutter, die in einem Seniorenheim wohnt.

14 Die Tochter weiß nicht genau, was ihr Vater arbeitet – nur dass er bei einer Bank ist.

15 Der lungenkranke Großvater Jeremias wird oft wochenlang von seiner Frau und der Bäuerin im Krankenbett gepflegt.

16 Die Jungen helfen dem Vater bei der Feldarbeit und lernen so die Arbeit des Bauern.

17 In Haus und Hof gilt Herrn Wagners Wort. Er trifft alle wichtigen Entscheidungen.

18 Herr Wagner hat sich beim Wintersport den Fuß gebrochen und liegt im Krankenhaus.

1 Hilfe
Neun Aussagen gehören zu früher, neun zu heute.

1 Ordne zu: Welche Aussagen gehören zur Familie Wagner des Jahres 1840, welche Aussagen zur Familie Wagner heute?

2 Zu jeder Aussage von früher passt eine von heute, weil es dabei um das gleiche „Thema" geht. Welche beiden Aussagen gehören jeweils zusammen?

Eingetragene Lebenspartnerschaft

Am 30. August 2001 wurde in Hessen erstmals eine gleichgeschlechtliche Lebenspartnerschaft eingetragen. Das Ja-Wort gaben sich die beiden Frauen im Trausaal des Frankfurter Römer.

Der CDU-Bundestagsabgeordnete Stefan Kaufmann (r) und sein Lebensgefährte Rolf Pfandler am 2. Mai 2015 in Stuttgart vor einer kirchlichen Feier zur Segnung ihrer Lebenspartnerschaft.

Gleichgeschlechtliche Beziehungen waren in Deutschland lange Zeit gesellschaftlich geächtet und zum Teil sogar unter Strafe gestellt (bis 1994). 2001 beschloss der Gesetzgeber die rechtliche Anerkennung homosexueller Partnerschaften. Seit dem 1. August 2001 können gleichgeschlechtliche Paare in Deutschland ähnlich wie Ehepaare einen Bund für das Leben schließen und zwar in Form der „eingetragenen Lebenspartnerschaft“. Zuständig für deren Registrierung sind je nach Bundesland Standesämter, Gemeinde- und Kreisverwaltungen oder Notare. Zur Begründung der Lebenspartnerschaft müssen die beiden Partner oder Partnerinnen persönlich erklären, dass sie miteinander eine Partnerschaft auf Lebenszeit führen wollen.

A „Ich kümmere mich um den Haushalt und bin nicht erwerbstätig. Daher ist es gut, dass ich bei meinem Partner versichert bin.“

B „Wenn meine Partnerin später nicht mehr arbeiten kann, werde ich für sie sorgen.“

C „Wenn es mit unserer Beziehung nicht mehr klappen sollte, können wir uns auch wieder trennen.“

D „Wir beide sind nun eine Familie.“

E „Man muss ja an die Zukunft denken. Da beruhigt es mich, dass unser Haus nach meinem Tod meinem Partner gehören wird.“

F „Meine Partnerin hat aus einer früheren Beziehung ein Kind. Ich darf für den achtjährigen Julian in Angelegenheiten des täglichen Lebens mitentscheiden.“

G „Es freut mich, dass wir nun auch den gleichen Namen haben.“

H „Wir haben in einem Vertrag festgelegt, dass meine Eigentumswohnung ab jetzt auch meinem Partner gehört.“

 130 267

1 Erkläre, was eine „eingetragene Lebenspartnerschaft“ ist.

2 Ordne den Aussagen A bis H jeweils eine der in der Grafik genannten Rechtsfolgen zu.

3 „Die eingetragene Lebenspartnerschaft ist ein gesellschaftlicher Fortschritt.“ – Nimm zu dieser Aussage Stellung.

Die Beckers: eine Patchworkfamilie. Mutter Sandras erste Ehe wurde vor fünf Jahren geschieden, ihre Tochter Maike (15 Jahre) stammt aus dieser Ehe. Vater Boris ist auch geschieden, sein Sohn Mike lebt bei seiner Exfrau. Sandra und Boris haben vor vier Jahren geheiratet, Anna (3 Jahre) und Lara (4 Jahre) sind gemeinsame Kinder.

Patchworkfamilien

50 Prozent aller in Deutschland geschlossenen Ehen werden innerhalb der ersten sieben Jahre wieder geschieden.Mehr als die Hälfte aller geschiedenen Mütter und Väter haben nach einem Jahr wieder einen Partner: Eine Stieffamilie entsteht, in der mindestens ein Elternteil nicht der leibliche Elternteil eines Kindes ist. Patchworkfamilie heißt das bunte Familienleben neudeutsch, weil die Herkunft der einzelnen Teile ebenso unterschiedlich ist wie bei dem namensgebenden Flickenteppich.

Bei Patchworkfamilien gibt es viele Variationsmöglichkeiten: Stiefvaterfamilien, Stiefmutterfamilien, Familien mit gemeinsamen Kindern und Stiefkindern, solche, bei denen die Kinder dauerhaft leben und solche, bei denen die Kinder nur zeitweise zu Besuch sind. 74 verschiedene Zusammensetzungsmöglichkeiten unterscheiden Familienforscher. Gemeinsam ist ihnen allen, dass zu dem leiblichen Elternteil ein neues hinzutritt – und mit ihm oft zahlreiche Konflikte.

Bis ins 20. Jahrhundert hinein war der Grund für eine Wiederheirat meist der Tod eines Elternteils. Das drückt auch die Vorsilbe „Stief" aus. Sie kommt aus dem Germanischen und bedeutet „beraubt". Eine schnelle Wiederheirat nach einer „Beraubung" der Kinder durch den frühen Tod eines Elternteils war lange selbstverständlich und notwendig, um die Familie sozial und finanziell abzusichern.

Durch den medizinischen Fortschritt ist der Tod eines Elternteils in jungen Jahren heute weit seltener geworden. Die hohen Trennungs- und Scheidungsraten führen jedoch dazu, dass dennoch immer mehr Stieffamilien entstehen. Dabei ist das Bedürfnis nach sozialer und finanzieller Absicherung heute eher selten ausschlaggebend. Die Akzeptanz von alleinerziehenden Eltern ist deutlich gewachsen und bedürftigen Teilfamilien greift nötigenfalls der Staat unter die Arme. Das Bedürfnis nach einer „heilen" Familie und nach einer glücklichen Partnerschaft ist jedoch auch bei vielen geschiedenen Eltern ausgeprägt.

Frisch verliebte Eltern sind oft überschwänglich, wenn sie einen neuen festen Partner gefunden haben. Oft sind sie fest davon überzeugt, dass ihre Kinder das neue Familienmitglied mit offenen Armen empfangen werden. Aber für Kinder ist es oft schwer, einen neuen Partner der Eltern zu akzeptieren. Dies gilt vor allem dann, wenn das neue Elternteil als „Ersatz" für das nicht länger im gleichen Haushalt lebende Elternteil präsentiert wird. Die Sehnsucht, wieder eine „richtige" Familie zu sein, ist auch bei Kindern ausgeprägt, allerdings hoffen diese oft noch auf eine Wiederherstellung des ursprünglichen Zustandes. Der Einzug eines neuen Partners macht ihnen schmerzhaft bewusst, dass die erste Familie unwiederbringlich aufgelöst ist.
Vater oder Mutter wird man durch Geburt. Stiefvater oder -mutter zu werden, ist jedoch kein so

„Dank Trennungen, Scheidungen und erneuter Heirat habe ich 20 Großeltern."

klarer Prozess. Anders als leibliche Eltern haben Stiefeltern mitunter nicht lange Zeit, um sich auf Kinder einzustellen. Durch ihre neue Rolle verändert sich auch ihr Leben auf einen Schlag. So wird ein langjähriger Junggeselle vielleicht plötzlich zum Vater zweier Kinder im Schulalter oder die Mutter eines Einzelkindes zum Teil einer Großfamilie mit vier Kindern.

Stiefeltern treffen im neuen Haushalt auf eine mehr oder weniger eingespielte Teilfamilie, in der sie das jüngste Glied sind. Viele fühlen sich zunächst hilflos: Die Erwartungen an ein Stiefelternteil sind gesellschaftlich kaum festgelegt. Das schafft Gestaltungsfreiraum, führt aber auch zu Verunsicherungen. Viele Stiefeltern leiden zunächst unter Versagensängsten, insbesondere dann, wenn sie bisher keine Erfahrung in Kindererziehung oder Haushaltsführung hatten. Hinzu kommt, dass viele Stiefeltern sich in der ersten Zeit im neuen Haushalt als Außenseiter fühlen und dies oft auch sind.

Die Patchworkfamilie gilt vielen Familienforschern als das Familienmodell der Zukunft: Es steht zu erwarten, dass immer mehr Jugendliche nicht nur in einer, sondern in mehreren Familien aufwachsen werden. Wie viele Stieffamilien es heute in Deutschland gibt, lässt sich kaum sagen, da bei Eheschließungen nur gemeinsame Kinder erfasst werden Das Bundesministerium für Familie, Senioren, Frauen und Jugend geht jedoch davon aus, dass in zwischen 7 bis 13 Prozent aller Haushalte in Deutschland Kinder in Stieffamilien leben.

Alternative Familienformen wie Stieffamilien, aber auch Einelternfamilien oder gleichgeschlechtliche Elternpaare stellen große Herausforderungen an alle Mitglieder der Familie: Sie brauchen Mut, Geduld und viel Toleranz. Gleichzeitig bieten sie jedoch auch eine große Chance: Familienforscher haben festgestellt, dass Kinder, die in alternativen Familienformen aufwachsen, oft eher in der Lage sind, Verantwortung zu übernehmen, sensibler auf gesellschaftliche Diskriminierungen reagieren und über flexiblere Rollenauffassungen von Mann und Frau verfügen als Kinder aus traditionellen Familien.

(Quelle: Artikel von Christine Buth auf: www.planet-wissen.de/gesellschaft/familie/patchwork_familien/pwwb-patchworkfamilien100.html; Zugriff: 28. 11. 2015)

1 Beschreibe, was unter einer Patchworkfamilie zu verstehen ist.
2 Erkläre, warum die Zahl der Patchworkfamilien in Deutschland zunimmt.
3 Erläutere Vor- und Nachteile von Patchworkfamilien.
4 Analysiere die Karikatur.
5 „Patchwork – ein neues Familienmodell". Setze dich mit dieser Aussage auseinander.

Reproduktion
Vervielfältigung, Weitergabe, Fortpflanzung

Transferleistung
vom Staat gewährte Geld- oder Sachleistung

- Erwerbseinkommen
- Bedürfnisse
- Generationenvertrages
- sozialen
- Kernaufgabe
- ökonomische
- Arbeitsteilung
- Kindererziehung
- Gesundheit
- Bezugspersonen
- vertrauten
- materielle
- Zuwendung
- Persönlichkeitsentwicklung

Die Aufgaben der Familie in der modernen Gesellschaft

(...) Heute soll die Familie dem Wohlbefinden ihrer Mitglieder dienen und ... (1) ... befriedigen, die kein anderer Teil der Gesellschaft befriedigen kann. Zudem erbringt die Familie wesentliche Leistungen für die Erhaltung und den ... (2) ... Zusammenhalt der Gesellschaft und sie ist eine Reproduktionsgemeinschaft. Die Familie hat auch ... (3) ... Aufgaben, denn sie sorgt für ihre Mitglieder, um sie unabhängig von staatlichen Transferleistungen zu machen.

Zunächst ist die Familie die Stütze der Gesellschaft, indem sie Nachkommen produziert. Das ist die ... (4) ... der Familie. Die Elternschaft ist der eigentliche Beginn der Familie als einer engen sozialen Beziehung – einer Verbindung, die lebenslang halten soll.

Die Familie ist der zentrale Ort für die gewaltfreie ... (5) ... . Dort können Kinder aufwachsen und die Eltern unterstützen sie bei ihrer Entwicklung. Die Eltern sind meist die verlässlichsten ... (6) ... für die Kinder, pflegen den Neugeborenen, bringen dem Baby grundlegende Dinge bei, geben den Kindern Halt und führen sie an Bildung heran. Die Eltern haben einen großen Anteil an der ... (7) ... der Kinder. Familien geben ihren Kindern nicht materielle, aber auch ... (8) ... Werte mit.

Das Familiensystem besteht aus Zusammenhalt und die Mitglieder, insbesondere die Kinder, sollen emotionale ... (9) ... erfahren. In der Familie soll idealerweise immer über alles in einem ... (10) ... Rahmen gesprochen werden können (...). In einer funktionierenden Familie bekommen alle über sämtliche Generationen hinweg emotionalen Beistand. Stabile Familienbande sind gut für die psychische und auch für die physische ... (11) ... . Eine intakte Familie im Hintergrund erhöht die Chance, dass die Individuen in der Gesellschaft positiv agieren, wohingegen Menschen aus zerrütteten Familien eher gesellschaftlich scheitern.

Nicht nur emotionale Hilfe ist wichtig, sondern auch tatkräftige Unterstützung im Sinne einer fairen ... (12) ... . Jedes Familienmitglied soll eigene Aufgaben übernehmen, denn wer nach dem Motto „einer für alle, alle für einen" lebt, fühlt sich entlasteter. Im Rahmen des ... (13) ... kommen zunächst vermehrt die Eltern für die Kinder auf und später dreht sich der Spieß um. Ist die Familie eine Hilfe im Alltag, hat auch die Gesellschaft einen Nutzen davon, denn regenerierte Menschen sind produktiver. Jedoch müssen inzwischen einige dieser Aufgaben wie Betreuung der Kinder und pflegebedürftiger Senioren „ausgelagert" werden, da die Familie auf doppeltes ... (14) ... angewiesen ist. (...)

(Quelle: Artikel von Dr. Sonja Deml auf: www.match-patch.de/ratgeber/familie/die-aufgaben-der-familie; Zugriff: 29. 11. 2015)

Von den Eltern lernt ein Kind nicht nur die Sprache. Es übernimmt im Lauf seiner Entwicklung auch ihre Einstellungen und Verhaltensweisen. Sie werden durch das Vorbild sowie Lob und Tadel weitergegeben. Ein kleines Kind, das seine Umwelt erkundet, begreift zum Beispiel nicht, warum es Bücher nicht zerreißen darf. Es befolgt aber das Verbot der Eltern, weil es deren Liebe nicht verlieren will. Wenn es ein erwünschtes Verhalten zeigt, wird ein Kind von seinen Eltern gelobt. Das Kind erfährt so durch Zuwendung (Zärtlichkeit, Lob, Anerkennung) oder durch Tadel (ernste Ermahnung, strenger Blick), welche Verhaltensweisen und Einstellungen von den Eltern gewünscht werden. Gerade Lob ist in der Erziehung eine wichtige Hilfe, wenn Kinder versuchen, Schwierigkeiten zu überwinden. Durch die Anerkennung der Eltern wird ein Kind ermutigt und entwickelt Selbstvertrauen. Ein Kind kann aber entmutigt werden, wenn die Eltern ihm nichts zutrauen oder ihm alle Hindernisse aus dem Weg räumen. So hat es keine Möglichkeit, seine Fähigkeiten zu entwickeln und zu erproben. Entmutigt wird ein Kind auch, wenn von ihm Dinge verlangt werden, die es in seinem Alter noch nicht leisten kann.

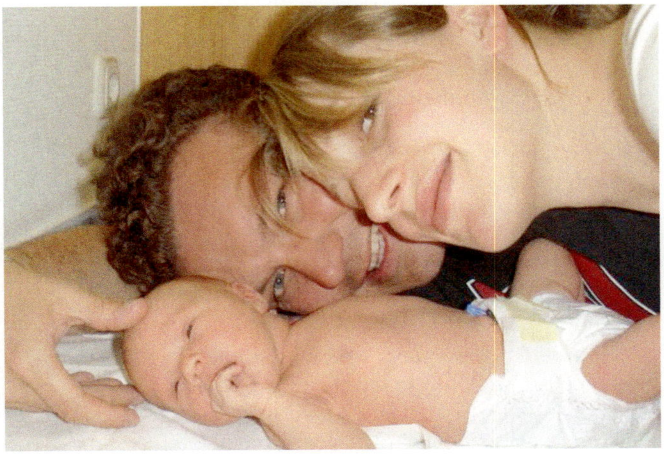

Liebe und Zuwendung – für die Entwicklung eines Kindes sehr wichtig

(Zeichnung: © Marie Marcks, Heidelberg)

Webcode
SDL-11157-303
Arbeitsblatt: Umgang mit Säuglingen – ein Vergleich

1 Analysiere den Text auf Seite 76. Verwende dazu das Arbeitsblatt und ergänze die Lücken mit den Begriffen in der Randspalte.

2 Beschreibe die Aufgaben der Familie, indem du zu den Textabschnitten 2 bis 5 des Textes auf Seite 76 jeweils eine Überschrift formulierst.

3 Erläutere, wie Eltern kleine Kinder erziehen.

4 Arbeite heraus, auf welches Problem die Bildergeschichte hinweist.

5 Begründe, was deiner Meinung nach bei der Erziehung wichtig ist.

3 Hilfe

Verwende dabei die Begriffe Vorbild, Lob und Tadel.

Erziehungsziele – Erziehungsmittel

Erziehungsziele

- Höflichkeit
- Kreativität
- Selbstständigkeit
- Toleranz
- Fleiß
- Ehrlichkeit
- Konfliktfähigkeit
- Sparsamkeit
- Sauberkeit
- Anpassungsfähigkeit
- Offenheit
- Ausdauer
- Pünktlichkeit
- Hilfsbereitschaft
- Unterordnung
- Zuverlässigkeit
- gutes Benehmen
- Verantwortungsbewusstsein

Kreativität
Ideen-, Einfallsreichtum

Toleranz
bedeutet, neben seiner eigenen Meinung auch andere Meinungen gelten zu lassen und Verständnis dafür aufzubringen

Die 13-jährige Julia lebt mit ihrer Mutter in einer kleinen Wohnung. Da die Mutter seit Kurzem eine Vollzeitarbeitsstelle annehmen musste, vereinbarte sie mit Julia, dass diese bestimmte kleinere Aufgaben im Haushalt übernimmt. Das funktionierte bisher oft nicht, weil Julia die Aufträge vergaß, keine Lust dazu hatte oder so lange mit Freunden zusammen war, dass keine Zeit blieb, die Arbeit zu erledigen.

Die Mutter kritisiert auch, dass Julia so unordentlich ist. Nicht nur in Julias Zimmer bricht regelmäßig „das Chaos" aus, sondern sie lässt auch im Wohnzimmer, das der Mutter als Schlafzimmer dienen muss, alles liegen. Die Mutter ist sehr „sauer", wenn sie nach der Arbeit erst einmal eine halbe Stunde oder mehr aufräumen muss. Früher machte ihr das nichts aus, aber jetzt …! Als die Mutter ihrer Freundin ihr Leid klagt, hört sie von dieser: „Das ist Erziehungssache!" „Ich möchte aber, dass sich im Zusammenleben mit Julia eine Art Partnerschaft entwickelt", erwidert die Mutter. (…)

Erziehungsmittel

- ☐ Liebesentzug
- ☐ loben
- ☐ Vorbild sein
- ☐ tadeln
- ☐ drohen
- ☐ überzeugen
- ☐ strafen
- ☐ fördern
- ☐ unterstützen
- ☐ schlagen
- ☐ helfen
- ☐ befehlen

(aus: Kinder erziehen – aber wie? In: ZEITLUPE 30/ Familie, Hg.: Bundeszentrale für politische Bildung, Bonn 1994, S. 9.)

Rollenbilder

„Tanja, räume bitte den Geschirrspüler aus! Ich muss noch einkaufen gehen."
„Warum denn immer ich? Das kann doch auch mal Frank machen!"
„Aber Tanja, Küchenarbeit ist doch nichts für Jungen. Frank hat gestern Vater geholfen, das Kaminholz in den Schuppen zu tragen. Das ist Männerarbeit!"
„Muss ich deswegen immer helfen, die gebügelte Wäsche zusammenzulegen, weil das Frauenarbeit ist?"
„Warum regst du dich denn so auf? Es ist doch gut, wenn du etwas Hausarbeit lernst. Das brauchst du doch später."
„Soll Frank doch bügeln lernen – das wird ihm später auch nützlich sein! Aber er guckt abends mit Vater lieber Sportschau!"

Dieses Gespräch hat mit Rollenvorstellungen zu tun. Rollen ergeben sich aus den Erwartungen an das Verhalten. Früher erwartete man von Mädchen, dass sie zum Beispiel ruhig, fürsorglich und rücksichtsvoll sind. Jungen dagegen sollten stark, ohne Angst und bestimmend sein. Solche Rollenerwartungen – man spricht auch von „Rollenbildern" – werden in der Erziehung meist unbewusst weitergegeben.

Junge oder Mädchen?

- Gefühle zeigen
- sich für Technik interessieren
- keine Schmerzen zeigen
- mit Puppen spielen
- cool bleiben
- folgsam sein
- bei Filmen weinen
- mit Autos spielen
- stark sein
- Schmuck tragen

2 Hilfe
Überlege, welche Erziehungsmittel sie einsetzen sollte.

1. Welche Erziehungsziele hältst du für sehr wichtig, welche für wichtig, welche für nicht so wichtig? Notiere in einer Tabelle mit drei Spalten.
2. Wie sollte Julias Mutter in der Erziehung vorgehen? Lege deine Position dar.
3. Junge oder Mädchen? Sprecht anhand der Stichworte über Rollenbilder in der Erziehung.

Eltern lassen sich bei der Erziehung von ihren Erziehungszielen leiten. Um diese zu erreichen, setzen sie bestimmte Erziehungsmittel ein. Erziehungsziele und Erziehungsmittel sind eingebettet in die Art und Weise, wie das Kind auf Dauer erzogen wird.

Die Gesamtheit der Vorstellungen und Verhaltensweisen, von denen sich Eltern bei der Erziehung ihres Kindes leiten lassen, nennt man Erziehungsstil. Forscher haben festgestellt, dass bestimmte Erziehungsstile weit verbreitet sind. Dazu gehören die folgenden vier.

Autoritärer Erziehungsstil

Bei diesem Erziehungsstil verlangen die Eltern vor allem Gehorsam von dem Kind. Die Regeln, die die Eltern gegenüber dem Kind aufstellen, werden mit diesem kaum besprochen und schon gar nicht verhandelt. Die Eltern verlangen vielmehr, dass das Kind ohne Widerrede ihre Regeln akzeptiert. Sie ermutigen ihr Kind nicht zu einem selbstbestimmten Handeln, sondern bemühen sich um eine Eingrenzung solcher Bestrebungen. Eltern, die ihr Kind autoritär erziehen, arbeiten meist mit einem Belohnungs- und Bestrafungssystem. Die Gefühle des Kindes und seine Meinung und Bedürfnisse sind denen der Eltern untergeordnet.

Zurückhaltender Erziehungsstil

Bei diesem Erziehungsstil halten sich die Eltern in der Erziehung ihres Kindes sehr zurück. Die Eltern geben zwar ihrem Kind viel Unterstützung und liebevolle Zuwendung, stellen aber kaum Regeln auf und setzen dem Kind nur sehr wenige Grenzen. Die Eltern fordern ihr Kind kaum und geben ihm ein hohes Maß an Freiheit, eigenständig zu handeln. Sie halten Kontrolle für eine Einschränkung, die der Entwicklung des Kindes schaden könnte. Die Eltern bringen ein hohes Maß an Toleranz auf und überlassen ihr Kind in seiner Entwicklung weitgehend sich selbst.

Gleichgültiger Erziehungsstil

Bei diesem Erziehungsstil scheint den Eltern die Entwicklung ihres Kindes weitgehend egal zu sein. Das Kind ist auf sich allein gestellt und da eine Erziehung durch die Eltern nicht stattfindet, wird es lediglich durch die Umwelt, z. B. den Kindergarten oder die Schule, erzogen. Die Eltern wissen oft nicht sehr viel über das, was ihre Kinder tun. Sie zeigen auch kein großes Interesse für die schulischen Leistungen des Kindes. Diskussionen über Normen, Werte oder Konflikte sind selten und bei Familienentscheidungen wird nach der Meinung des Kindes nicht gefragt.

Fürsorglicher Erziehungsstil

Bei diesem Erziehungsstil verbinden die Eltern klare Regeln und Grenzen gegenüber ihrem Kind mit umfangreicher Unterstützung und liebevoller Zuwendung. Die Erwartungen an das Verhalten des Kindes sind hoch, jedoch den Bedürfnissen und Fähigkeiten des Kindes angepasst. Die Eltern legen großen Wert auf die Entwicklung von Autonomie und Selbstbestimmung. Dieser Erziehungsstil bietet dem Kind einerseits Sicherheit durch einen klar definierten Handlungsspielraum und andererseits ein hohes Maß an Liebe und Zuwendung, was zu einer partnerschaftlichen Bindung zwischen Kind und Eltern führt.

Webcode
SDL-11157-304
Arbeitsblatt: Erziehung in historischer Perspektive

So wirken sich die unterschiedlichen Erziehungsstile auf Kinder aus:

- sind verantwortungsbewusst und selbstsicher
- sind weniger wissbegierig
- sind sehr abhängig und passiv
- sind weniger reif und verantwortungsbewusst
- sind impulsiver und später häufiger straffällig
- sind weniger erfolgreich in Schule und Beruf
- entwickeln ein hohes Selbstvertrauen
- haben größeren Erfolg in der Schule

1 Beschreibe, was unter einem Erziehungsstil zu verstehen ist.
2 Vergleiche die vier Erziehungsstile und ordne die dargestellten Auswirkungen zu.

Haushalt: Wer macht was?

A

B

C

D

1 „Es ist doch klar, dass Kinder und Jugendliche ihren Eltern im Haushalt helfen müssen."
2 „Schüler und Schülerinnen sollen ihr Zimmer aufräumen, mehr brauchen sie aber nicht zu tun."
3 „Beim Kochen und Spülen sollen nur die Mädchen helfen, die können das am besten."
4 „Kinder und Jugendliche sollen zu Hause nicht mithelfen, sonst haben sie ja keine Freizeit."
5 „Autowaschen, Rasenmähen und die Einfahrt sauber halten – das würde ich erledigen. Aber nur, wenn es dafür ein Extra-Taschengeld gibt."

1 Analysiere die Fotos: Mann oder Frau? Wer wird die dargestellte Tätigkeit in der Regel erledigen?
2 Begründe deine Einschätzungen.
3 Nimm Stellung zu den fünf Meinungsäußerungen. Diskutiert dann in der Gruppe darüber.

Mithilfe zu Hause

Im Zusammenhang mit dem Thema des Kapitels kann es interessant sein, Kinder und Jugendliche zu befragen, wie sie es mit der Mithilfe zu Hause halten. Wie man eine solche Umfrage durchführt, ist auf Seite 39 genau beschrieben. Ein Fragebogen hierfür könnte z. B. so aussehen:

Junge O Mädchen O	Alter:		
Welche Arbeiten zu Hause erledigst du?	oft	gelegentlich	nie
Mein Zimmer aufräumen			
Wohnung/Haus aufräumen			
Staubsaugen			
Abfalleimer leeren			
Bad/Dusche putzen			
Toilette reinigen			
Blumen gießen			
Gehweg fegen			
Einkäufe erledigen			
Frühstück zubereiten			
Beim Kochen helfen			
Geschirrspüler ein-/ausräumen			
Reparaturarbeiten ausführen			
Gartenarbeiten erledigen			
Geschwister beaufsichtigen			

Ergebnisse einer Studie des Bundesfamilienministeriums

Jugendliche übernehmen die traditionelle Arbeitsteilung ihrer Eltern. Töchter unterstützen die Eltern im Haushalt täglich rund 1 ½ Stunden und damit um 20 Minuten länger als Söhne. An erster Stelle bei den mithelfenden Töchtern steht das Essenkochen und Putzen. Die Söhne sind im Bereich der handwerklichen Tätigkeiten der aktivere Teil. Wie bei den Vätern ist auch bei den Söhnen die Wäschepflege verpönt. Nahezu das gleiche Engagement bei der Arbeit im Haushalt zeigen Jugendliche in Haushalten von erwerbstätigen Alleinerziehenden. Das betrifft sowohl den Umfang als auch die Arbeitsaufteilung zwischen Töchtern und Söhnen.

Bürgerliches Gesetzbuch (BGB): § 1619

Das Kind ist, solange es dem elterlichen Hausstand angehört und von den Eltern erzogen oder unterhalten wird, verpflichtet, in einer seinen Kräften und seiner Lebensstellung entsprechenden Weise den Eltern in ihrem Hauswesen Geschäfte und Dienste zu leisten.

Im Haushalt helfen? Ich bin doch keine Putzfrau! Für die Hausarbeit ist meine Mutter zuständig, das hat sie sich schließlich so ausgesucht.

1 Vergleiche die Aussage in der Sprechblase mit der Bestimmung im BGB.

2 Welche Fragen ergeben sich aus der Studie für eine Befragung Gleichaltriger zum Thema „Mithilfe zu Hause“?

3 Führt eine Umfrage zum Thema „Mithilfe zu Hause“ durch. Ihr könnt euch an dem Fragebogen oben orientieren.

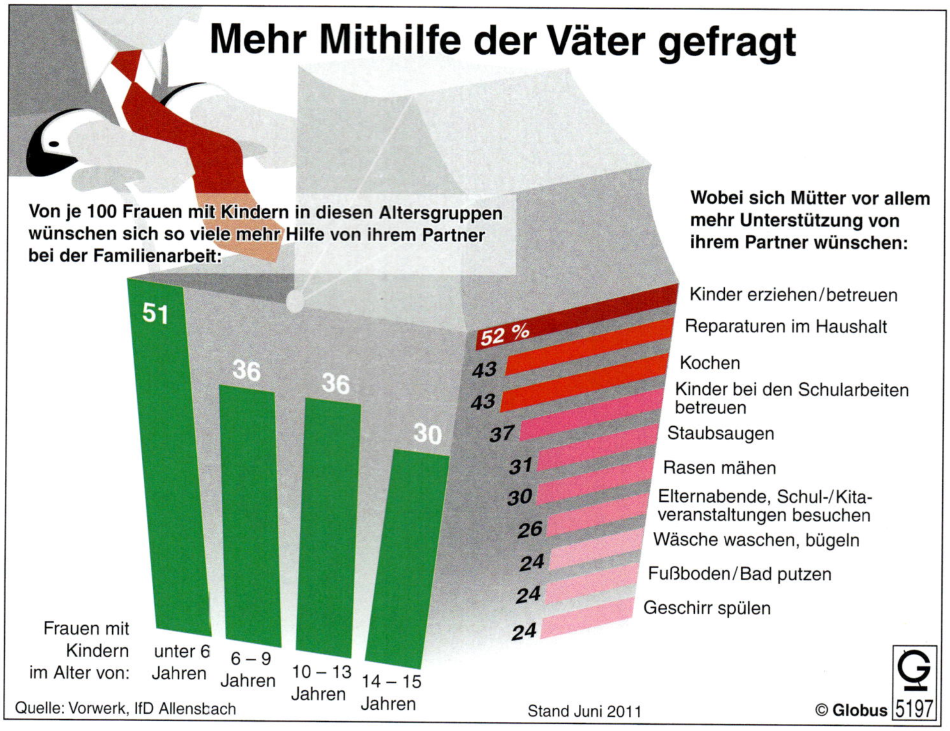

Drei von vier Müttern von Kindern unter 25 Jahren in Deutschland sind berufstätig. Sie sind durch die Inanspruchnahme von Haushalt und Beruf doppelt belastet. Auch wenn Umfragen zu beweisen scheinen, dass Männer wie Frauen gleichermaßen für die Gleichberechtigung sind, so sieht in den Familien die Realität oft anders aus.
Teilen sich Paare ohne Kinder die Hausarbeit zumeist noch partnerschaftlich, so ändert sich das häufig, sobald Kinder da sind. Schon deshalb, weil viele Frauen, aber nur wenige Männer nach der Geburt des Kindes zu Hause bleiben. In dieser Situation fallen Paare oftmals in überwunden geglaubte Verhaltensweisen zurück: Der Mann geht zur Arbeit und die Frau betreut Haushalt und Kinder. Hat sich diese traditionelle Arbeitsteilung erst einmal wieder eingebürgert, wird an ihr häufig auch dann festgehalten, wenn die Frau wieder berufstätig ist. Einige wenige Paare wählen ein ganz anderes Modell. Bei ihnen übernimmt der Mann für eine längere Zeit die Hauptlast der Erziehungs- und Hausarbeit. Diese „Hausmänner" werden bisher allerdings nicht von allen voll akzeptiert. Zudem fürchten viele Männer, dass sich ihre Karrierechancen verschlechtern, wenn sie längere Zeit nicht berufstätig sind.

Heute werden die Aufgaben in der Familie partnerschaftlich geteilt.

Hausmann und Vater – Rollentausch ohne Vorurteile

Peter Difflipp hat sich auf Dauer von seinem Job verabschiedet, weil er sich ganz um seine Kinder kümmern wollte. Er ist seit 12 Jahren Hausmann und Vater.

väterzeit.de sprach mit dem 47-jährigen Maschinenschlosser, der seine Töchter Lea (13) und Marie (10) fast von Anfang an betreut hat und die Rolle des Hausmanns komplett übernahm.

väterzeit.de: Wie kam es, dass Sie Hausmann wurden?

Peter: Als meine Frau schwanger wurde, stellte sich schnell heraus: Sie würde ihren Beruf als Redakteurin nur ungern aufgeben, ich hingegen war inklusive Lehre schon seit fast zwei Jahrzehnten berufstätig und konnte mir sehr gut vorstellen, nun mal eine ganz andere Aufgabe zu übernehmen und zu Hause zu bleiben. Meine Frau nahm nach der Geburt neun Monate Erziehungszeit, danach ging sie wieder arbeiten. Von da an war ich Hausmann.

väterzeit.de: Wie sieht Ihr Tagesablauf aus?

Peter: Ich stehe morgens um 6.30 Uhr auf, wecke die Kinder, mache Frühstück, schmiere Pausenbrote. Danach mache ich alles, was ansteht: Einkaufen, Wäsche waschen, putzen. Nur das Bügeln erledigt meine Frau, weil ich das hasse. Ich koche jeden Mittag warm für die ganze Familie, mittags helfe ich den Kindern bei den Hausaufgaben, ich fahre sie zum Klavierunterricht, zum Reiten und bin da für Gespräche. Früher, als sie klein waren, habe ich mit ihnen viel gebastelt, gespielt und getobt – im Haus, im Garten und auf dem Spielplatz.

väterzeit.de: Füllt Sie das aus?

Peter: Das alles ist mehr Arbeit und Zeitaufwand, als man denkt. Das begreift man erst, wenn man es selbst macht. Hinzu kam bei mir, dass ich von Anfang an jede freie Minute in die Renovierung unseres Hauses stecken konnte und wollte. Ich kam gut voran – ganz anders, als wenn ich berufstätig gewesen wäre. Jetzt habe ich zusätzlich einen 400-Euro-Job als Hausmeister übernommen. In einer Einrichtung für behinderte Kinder, an zwei Vormittagen in der Woche.

väterzeit.de: Wie haben Freunde, Bekannte, Kollegen reagiert?

Peter: Am Anfang sehr skeptisch, es gab Unverständnis dafür, dass ich mich meiner Frau finanziell so ausliefere. Immer wieder tauchte die Frage auf: Und was machst du jetzt den ganzen Tag? Im Kindergarten und in der Nachbarschaft entstand anfangs der Verdacht, ich sei arbeitslos und das Ganze eine Übergangslösung, also nicht freiwillig so gewählt. In vielen Gesprächen haben wir erklärt, warum wir uns so entschieden haben. Inzwischen werde ich darum beneidet. Jeder sieht, es funktioniert.

väterzeit.de: Und worin sehen Sie das größte Problem bzw. was waren im Vorfeld Ihre größten Bedenken?

Peter: Ich war unsicher, ob die Kinder unseren Rollentausch so akzeptieren oder ob sie sagen würden: Wir wollen es auch so haben, wie es in anderen Familien ist. Das war aber nie der Fall. Im Gegenteil. Sie haben das als ganz normal empfunden, weil sie es von Anfang an nur so kannten. Manchmal schwingt sogar Stolz mit, wenn sie erzählen: Bei uns ist es anders, da arbeitet die Mutter, und unser Papa ist bei uns zu Hause.

(Quelle: http://www.vaeter-zeit.de/elternzeit-01/hausmann-vater.php; Zugriff: 29. 11. 2015)

Webcode
SDL-11157-305
Arbeitsblatt: Arbeitsteilung in der Familie

1 Beschreibe mithilfe des Textes auf Seite 82 die traditionelle Arbeitsteilung im Haushalt.
2 Werte die Grafik aus und formuliere zwei Hauptaussagen.
3 Stelle Möglichkeiten der Aufgabenverteilung in Familien dar und benenne jeweils Vor- und Nachteile.
4 „Heute werden die Aufgaben in der Familie partnerschaftlich geteilt." Setze dich mit dieser Aussage auseinander.

In einer Familie läuft nicht immer alles harmonisch und friedlich ab. Es gibt viele Anlässe, die zu Streitigkeiten oder Konflikten innerhalb der Familie führen können. Das ist ganz natürlich, schließlich gehören Auseinandersetzungen zum Leben dazu. Viele alltägliche Probleme können nach einer Diskussion gelöst werden. Wenn es um Fragen der Erziehung geht, wird es schwierig, denn hier reagieren die Betroffenen sehr empfindlich. Insbesondere in der Pubertät, in der die Jugendlichen sich von den Eltern lösen und nicht selten über die Stränge schlagen, bieten sich jede Mende Anlässe für Auseinandersetzungen.

(Zeichnung: Erich Rauschenbach)

„Mit den Eltern hat man es schwer!“

Für Kinder sind streitende Eltern ein Albtraum. Ein 14-Jähriger: „Bei uns geht es hauptsächlich um mich und meine Brüder. Wenn wir etwas falsch machen, werfen sich unsere Eltern gegenseitig die Erbanlagen vor. Da gibt es dann heftige Wortgefechte!“ Auch die Eltern eines Elfjährigen streiten sich wegen der Erziehung: „Sie werfen sich gegenseitig eine falsche Erziehung vor. Aber wenn Eltern keine Fehler machen würden – das wäre auch nicht gut.“

Auch das Geld kann Streitthema sein, wie eine Zwölfjährige berichtet: „Meine Mutter gibt gerne Geld aus, mein Vater ist sparsam. Wenn mein Bruder und ich mehr Taschengeld wollen, dann gibt es große Debatten. Mit den Eltern hat man es schwer!“

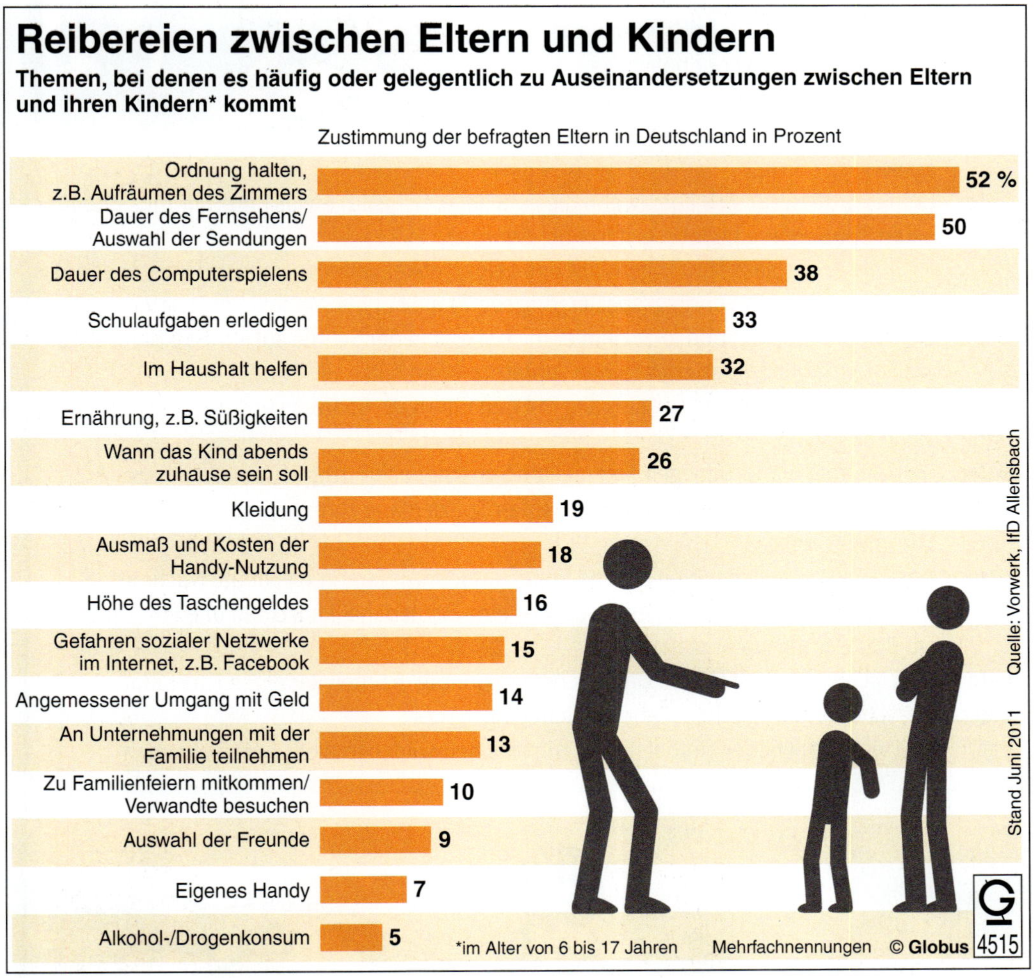

1. Beschreibe, warum Konflikte in Familien entstehen. Analysiere dazu auch die Karikatur auf Seite 84 und den Text auf Seite 85.
2. Untersuche die Grafik. Nenne drei Beispiele für Auseinandersetzungen, die du erlebt hast.
3. In der Pubertät kommt es öfter zu Konflikten zwischen Jugendlichen und ihren Eltern. Beschreibe typische Beispiele.
4. An Sonn- und Feiertagen treten in Familien häufiger Konflikte auf als sonst. Erkläre, woran das liegt.
5. Erläutere das Entstehen von Konflikten in Familien.

Beispiel 1

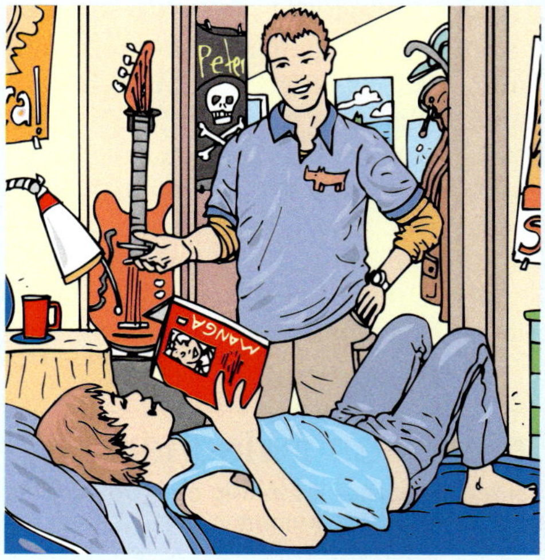

Vater: Peter, mache dich bitte fertig. Wir gehen gleich spazieren.

Peter: Was? Muss ich da mit?

Vater: Hast du keine Lust zu einem Sonntagsspaziergang?

Peter: Überhaupt nicht! Ich finde Sonntagsspaziergänge schrecklich!

Vater: Spaziergänge gefallen dir nicht?

Peter: Na ja, ich gehe schon gern raus – aber es ist doch stinklangweilig, wenn wir jeden Sonntag am Friedhof vorbei hinauf zum Buchenwäldchen gehen, um von dort die Aussicht ins Tal zu genießen.

Vater: Deine Mutter freut sich aber, wenn die Familie gemeinsam etwas unternimmt – und für einen Spaziergang bleibt meist nur der Sonntag.

Peter: Ich sehe ja ein, dass Mutter gern mit uns beiden etwas unternehmen möchte, aber muss es denn immer ein Sonntagsspaziergang sein? Lars hat mich zufällig die letzten beiden Male dabei gesehen und jetzt zieht er mich damit in der Schule auf – ob ich denn schon mein „Verdauungsspaziergängchen“ unternommen hätte …

Vater: Dir kommt ein Sonntagsspaziergang mit den Eltern altmodisch vor?

Peter: Ja, ganz genau!

Vater: Du hast aber nichts dagegen, mit uns am Sonntagnachmittag etwas gemeinsam zu unternehmen, nur eben nicht gerade einen Spaziergang zum Buchenwäldchen?

Peter: Stimmt, so ist es.

Vater: Na, da wird sich sicher eine Lösung finden lassen. Wir könnten ja heute Nachmittag vielleicht in den Stadtpark gehen, dort ist eine Boulebahn. Mutter, du und ich könnten ein Bouleturnier veranstalten.

Peter: Hört sich nicht schlecht an. Und nächsten Sonntag machen wir einen Fahrradausflug.

Vater. Okay, hoffentlich ist mein Fahrrad nicht eingerostet.

Peter: Und wenn ihr wieder einmal hinauf zum Buchenwäldchen wollt – meinetwegen.

1 Hilfe

Untersuche die Gespräche und die Methoden unter folgenden Fragen: Wer ist Sieger? Wer ist Verlierer?

1 Erkläre, welches Gespräch und welche Methode zusammengehören.

Beispiel 2

Vater: Peter, mache dich bitte fertig. Wir gehen gleich spazieren.
Peter: Was? Muss ich da mit?
Vater: Na, hör' mal, laufen ist doch schön.
Peter: Ich habe aber keine Lust dazu!
Vater: An die frische Luft zu gehen, ist gut für die Gesundheit.
Peter: Ich bin doch gesund, warum soll ich dann noch raus?
Vater: Deine Mutter würde sich aber freuen, wenn die Familie wenigstens am Sonntag einmal gemeinsam etwas unternimmt.
Peter: Diese langweiligen Sonntagsspaziergänge: am Friedhof vorbei hinauf zum Buchenwäldchen, um von dort hinab ins Tal zu glotzen – ohne mich!
Vater: (ärgerlich) Ach, ich geb's auf – dann bleibst du eben zu Hause. Ich habe keine Lust, mich am Sonntag mit dir wegen eines Spaziergangs rumzustreiten. Dann gehen deine Mutter und ich allein.

Beispiel 3

Vater: Peter, mache dich bitte fertig. Wir gehen gleich spazieren.
Peter: Was? Muss ich da mit?
Vater: Na, hör' mal, was heißt denn hier „müssen"? Als ich in deinem Alter war, galt es als selbstverständlich, mit der Familie am Sonntagnachmittag spazieren zu gehen.
Peter: Spazieren gehen ist doch doof.
Vater: Doof? Du hast überhaupt keinen Familiensinn!
Peter: Wir gehen immer den gleichen Weg – das ist doch langweilig.
Vater: Du willst ja nur ewig vor deinem Computer sitzen und Spiele machen.
Peter: Will ich gar nicht ...
Vater: Keine Debatte, ich will nichts mehr hören! Du gehst beim Spaziergang mit und damit basta!
Peter: (wütend) Schon gut, dann gehe ich halt bei diesem blöden Spaziergang mit.

Drei Methoden zur Konfliktbewältigung

Methode 1

Kommt es zu einem Konflikt zwischen Eltern und Kind, entscheiden die Eltern, wie die Lösung auszusehen hat. Sie gehen davon aus, dass das Kind ihre Lösung schon hinnehmen wird. Widersetzt sich das Kind, setzen die Eltern ihre Macht und Autorität ein, um das Kind zum Gehorsam zu zwingen.

Methode 2

Kommt es zu einem Konflikt zwischen Eltern und Kind, machen die Eltern einen Versuch, das Kind zu überreden, die Lösung der Eltern anzunehmen. Widersetzt sich das Kind, geben die Eltern nach und erlauben dem Kind, nach seinem Willen zu verfahren.

Methode 3

Kommt es zu einem Konflikt zwischen Eltern und Kind, fordern die Eltern das Kind auf, mit ihnen gemeinsam nach einer Lösung zu suchen, die für beide akzeptabel ist. Beide können Lösungen vorschlagen, die dann im Gespräch beurteilt werden. Schließlich entscheidet man, welches die beste Lösung ist. Dann überlegen sie, wie sie umgesetzt werden kann.

(aus: Thomas Gordon: Familienkonferenz in der Praxis. Wie Konflikte mit Kindern gelöst werden.,Reinbek 1981, S. 164 f.)

Webcode
SDL-11157-306
Arbeitsblatt:
Rollenspiel: Ein Konflikt in der Familie

Autorität
Einfluss von Personen aufgrund von Ansehen, Stellung, Würde

2 Erläutere, was das Entscheidende bei der Methode 3 ist.
3 Bewerte die drei Lösungsmöglichkeiten.
4 Gestalte zu dieser Konfliktsituation einen weitere Lösungsweg .

Staatlicher Schutz für Familien

Grundgesetz

Artikel 6

[Ehe – Familie – Kinder]

(1) Ehe und Familie stehen unter dem besonderen Schutze der staatlichen Ordnung.

(2) Pflege und Erziehung der Kinder sind das natürliche Recht der Eltern und die zuvörderst ihnen obliegende Pflicht. Über ihre Betätigung wacht die staatliche Gemeinschaft.

(3) Gegen den Willen der Erziehungsberechtigten dürfen Kinder nur aufgrund eines Gesetzes von der Familie getrennt werden, wenn die Erziehungsberechtigten versagen oder wenn die Kinder aus anderen Gründen zu verwahrlosen drohen.

(4) Jede Mutter hat Anspruch auf den Schutz und die Fürsorge der Gemeinschaft.

(5) Den unehelichen Kindern sind durch die Gesetzgebung die gleichen Bedingungen für ihre leibliche und seelische Entwicklung und ihre Stellung in der Gesellschaft zu schaffen wie den ehelichen Kindern.

Kindergeld

Elterngeld

Elternzeit

Steuererleichterungen

Mutterschutz

Ausbildungsförderung

Das … ① … wird grundsätzlich bis zur Vollendung des 18. Lebensjahres gezahlt, in bestimmten Fällen, z. B. bei Studium oder Berufsausbildung, auch länger.

Beim … ② … ist gesetzlich geregelt, dass jede erwerbstätige Frau sechs Wochen vor der Geburt ihres Kindes und acht Wochen danach nicht beschäftigt werden darf. Von Beginn der Schwangerschaft bis vier Monate nach der Geburt darf ihr grundsätzlich nicht gekündigt werden.

Väter oder Mütter, die ihr neugeborenes Kind selbst betreuen, erhalten … ③ … .

Ziel des Berufsausbildungsförderungsgesetzes (BAföG) ist es, jungen Menschen, die es sich sonst finanziell nicht leisten könnten, eine ihrer Neigung, Eignung und Leistung entsprechende Ausbildung zu ermöglichen. Die Höhe dieser … ④ … richtet sich nach der Art der Ausbildungsstätte, der Unterbringung und dem Einkommen der Eltern.

Der Staat will Ehe und Familie durch … ⑤ … fördern. Verheiratete, von denen nur einer verdient, zahlen weniger Steuern als Alleinstehende.

Durch die … ⑥ … haben Erwerbstätige die Möglichkeit, sich eine längere Zeit ohne Sorgen um den Arbeitsplatz nur ihrem Baby widmen zu können. Es besteht für drei Jahre Kündigungsschutz, d. h., der Arbeitsplatz bleibt garantiert.

1 Hilfe

„Das Grundgesetz schützt die Familien auf verschiedene Weisen …“

1 Erläutere, inwiefern die Familie durch das Grundgesetz ausdrücklich geschützt wird.

2 Die Begriffe in der Randspalte nennen Beispiele, wie der Staat Familien durch Gesetze schützt und finanziell unterstützt. Ordne jeder Erklärung einen Begriff zu. Ergänze den Lückentext auf deinem Arbeitsblatt oder notiere von 1 bis 6 in deinem Heft.

Wie der Staat Familien hilft

Anja Borg (11 Jahre): Mutti, im Fernsehen kam dauernd etwas über Familienpolitik. Kannst du mir erklären, was damit gemeint ist?
Frau Borg: Familienpolitik ist alles, was eine Regierung tut, damit Familien in einem Land einigermaßen gut leben können. Der Staat unterstützt Familien z. B. mit Kindergeld und mit Elterngeld, außerdem stellt er Betreuungsplätze für Kleinkinder bereit.

Anja: Warum ist Familienpolitik so wichtig?
Frau Borg: Bei uns werden immer weniger Kinder geboren. Das hat schwerwiegende Folgen für unsere Gesellschaft. Deshalb wird versucht, durch eine familienfreundliche Politik wieder mehr Frauen und Männer dazu zu bewegen, sich für Kinder zu entscheiden.

Anja: Woran liegt es denn, dass so wenig Paare Kinder kriegen?
Frau Borg: Ein Grund ist, dass Kinder großzuziehen ganz schön viel kostet. Babys brauchen Nahrung, Windeln und Kleidung. Wenn die Kinder größer werden, müssen Spielzeug, Schulsachen, der Beitrag für den Sportverein usw. bezahlt werden. Schau nur dich selbst an: Du möchtest ein eigenes Handy haben, wünscht dir neue Möbel für dein Zimmer, willst zum Reiten gehen … Zudem benötigt eine Familie mit Kindern eine größere und somit teurere Wohnung und ein größeres Auto. Sie verbraucht mehr Heizöl, Strom und Wasser.

Anja: Und deshalb unterstützt der Staat die Familien mit Kindergeld usw.?
Frau Borg: Ja, das könnte man so sagen. Mit dem Kindergeld bekommt jede Familie mit Kindern monatlich eine finanzielle Unterstützung vom Staat.

Anja: Wie viel Kindergeld gibt es denn?
Frau Borg: Für das erste und das zweite Kind werden seit 1. Januar 2016 jeweils 190 Euro im Monat gezahlt, für das dritte Kind 196 Euro und ab dem vierten Kind 221 Euro. Das hört sich zunächst ganz ordentlich an, aber Kinder kosten auch viel.
Das Kindergeld wird unabhängig vom Einkommen gezahlt. Alle, die in Deutschland wohnen und Kinder haben, bekommen Kindergeld, mithin auch Ausländer, die sich rechtmäßig in Deutschland aufhalten. Kindergeld wird für alle Kinder bis zum 18. Lebensjahr gezahlt.

Anja: Und wenn man nach dem 18. Lebensjahr noch in der Ausbildung ist? Als Lehrling oder Student? Da kommen auf die Eltern ja oft noch Kosten zu.
Frau Borg: Daher wird für Kinder in der Ausbildung das Kindergeld bis zum 25. Lebensjahr gezahlt. Ach ja – noch etwas: Eltern mit einem geringen Einkommen haben zusätzlich noch Anspruch auf einen Kinderzuschlag von derzeit bis zu 140 Euro monatlich für jedes Kind unter 18 Jahren; ab 1. Juli 2016 sind es bis zu 160 Euro monatlich.

Anja: Und was gibt es sonst noch für Leistungen des Staates für Familien mit Kindern?
Frau Borg: Da muss man zunächst an die Kinderbetreuung in den Kindergärten denken, was oft übersehen wird. Die Eltern müssen für den Besuch des Kindergartens zwar eine Gebühr zahlen, aber die Träger solcher Einrichtungen, zum Beispiel die Kommunen, müssen dafür viel mehr bezahlen, als sie durch die Gebühren der Eltern einnehmen. Seit dem Jahr 2013 haben ja alle Eltern einen Rechtsanspruch auf einen Betreuungsplatz für ihr Kind ab dem zweiten Lebensjahr. Außerdem muss man bei staatlichen Leistungen für Familien vor allem noch an das Elterngeld, die Elternzeit und das Betreuungsgeld denken!

Seit 2013 ein Recht für alle Eltern: Kinderbetreuung ab dem zweiten Lebensjahr

Kinder kosten Geld. Eltern, die sich für Kinder entscheiden, müssen verzichten, haben weniger Geld zur freien Verfügung und können sich weniger leisten als Paare ohne Kinder. Also ist das staatliche Kindergeld auch eine Maßnahme zum Abbau von Ungleichheiten in der Gesellschaft!

1 Nenne die wesentlichen Fakten zum Kindergeld.
2 Erkläre, warum der Staat Familien finanziell unterstützt.
3 Nimm Stellung zu der Aussage in der Sprechblase. Stimmst du der Aussage zu oder nicht? Begründe deine Position.

3 Hilfe
Überlege zunächst, was „Ungleichheit“ in diesem Fall bedeutet.

Elternzeit

Rund 700 000 Kinder werden jährlich in Deutschland geboren. Fast jede Mutter nimmt danach Elternzeit und mittlerweile auch etwa jeder dritte Vater (die überwiegende Mehrheit der Väter allerdings nur zwei Monate). Die Elternzeit ist ein Rechtsanspruch auf eine unbezahlte Freistellung vom Job mit Kündigungsschutz bis zum dritten Geburtstag des Kindes. Das Gehalt oder der Lohn wird in dieser Zeit nicht weiterbezahlt; Teilzeitarbeit ist erlaubt. Wer von den Eltern wann Elternzeit nimmt, bleibt diesen überlassen. Beide Elternteile können auch gleichzeitig bis zu drei Jahre Elternzeit in Anspruch nehmen. Grundsätzlich ist eine Übertragung von bis zu 24 Monaten Elternzeit auf die Zeit zwischen dem dritten und achten Geburtstag des Kindes möglich, zum Beispiel auf die Zeit während des ersten Schuljahres.

Elterngeld

Das Elterngeld soll Eltern helfen, sich eine Zeit lang intensiver um ihr Kind zu kümmern. Das Basiselterngeld gibt es seit 1. Januar 2007, das ElterngeldPlus seit 1. Juli 2015. Das Basiselterngeld wird für maximal 14 Monate gezahlt, wenn beide eine berufliche Auszeit nehmen; pausiert nur ein Elternteil, wird es für maximal zwölf Monate gezahlt. Alleinerziehende bekommen das Elterngeld auf jeden Fall für 14 Monate. Seine Höhe hängt davon ab, wie viel die Eltern vorher verdient haben: Es liegt zwischen 300 und 1800 Euro im Monat.

Das ElterngeldPlus sorgt dafür, dass Eltern, die bereits während des Elterngeldbezugs wieder in Teilzeit arbeiten wollen, ihr Elterngeldbudget besser ausschöpfen können. Es gewährt diesen Müttern und Vätern im Grundsatz doppelt so lange Elterngeld bei maximal halber Höhe.

Fall 1

Frank und Katrin, beide berufstätig, haben seit Kurzem ein Kind, die kleine Susanne. Katrin will die nächsten drei Jahre Elternzeit nehmen und ganz zu Hause bleiben. Frank plant später, wenn Susanne in die Schule kommt, für ein Jahr beruflich auszusetzen. Das Elterngeld will Katrin jetzt acht Monate lang und Frank danach sechs Monate lang in Anspruch nehmen.

Fall 2

Julia war bis zur Geburt ihres Sohnes Sascha teilzeitbeschäftigt. Da sie und ihr Partner sich während der Schwangerschaft erst zerstritten und dann getrennt haben, ist Julia alleinerziehend. Sie will jetzt zwei Jahre lang in Elternzeit gehen und in dieser Zeit Elterngeld in Anspruch nehmen.

Fall 3

Jan und Claudia haben eine vier Jahre alte Tochter. Vor kurzem wurde ihr Sohn Maximilian geboren. Elternzeit und Elterngeld können sie jetzt nicht mehr beantragen, weil sie diese Leistungen bereits bei nach der Geburt ihrer Tochter in Anspruch genommen haben.

Fall 4

Laura und Jonathan sind beide berufstätig; sie arbeiten im mittleren Management einer Versicherung. Nun haben sie Nachwuchs bekommen. Beide wollen sich in nächster Zeit ganz ihrem Sohn widmen. Sie haben deshalb beide für ein Jahr Elternzeit beantragt und wollen beide sieben Monate lang das Elterngeld in Anspruch nehmen.

Betreuungsgeld

2012 war auf Drängen der CSU das Betreuungsgeld beschlossen worden. Damit sollte ab August 2013 die Arbeit von Eltern anerkannt und unterstützt werden, deren Kind keine staatlich bezuschusste Kinderkrippe, Kita oder Tagesmutter besucht, sondern im privaten Umfeld erzogen und betreut wird. Gewährt wurde das Betreuungsgeld (ab 1. August 2014 in Höhe von 150 Euro) ab dem 13. oder 15. Lebensmonat (je nachdem, wie lange Elterngeld bezogen wurde) für maximal 22 Monate und unabhängig von der Berufstätigkeit der Eltern. Bei Eltern, die Arbeitslosengeld II beziehen, musste es auf das Einkommen angerechnet werden.

Kaum ein staatlicher Zuschuss war so umstritten wie das Betreuungsgeld. Im Februar 2013 reichte der Hamburger Senat beim Bundesverfassungsgericht einen Normenkontrollantrag ein, das heißt, er ließ die Rechtmäßigkeit des Gesetzes prüfen. Mit Urteil vom 21. Juli 2015 entschied das Bundesverfassungsgericht, dass dem Bund für dieses Gesetz die Gesetzgebungskompetenz fehle und das Gesetz damit gegen das Grundgesetz verstoße. Deshalb sei es mit der Urteilsverkündung nichtig.

Nach dem Urteil erklärte Bundesfamilienministerin Manuela Schwesig (SPD), dass diejenigen Eltern, die bereits Betreuungsgeld beziehen oder deren Antrag bereits positiv beschieden sei, es auch weiterhin erhalten.

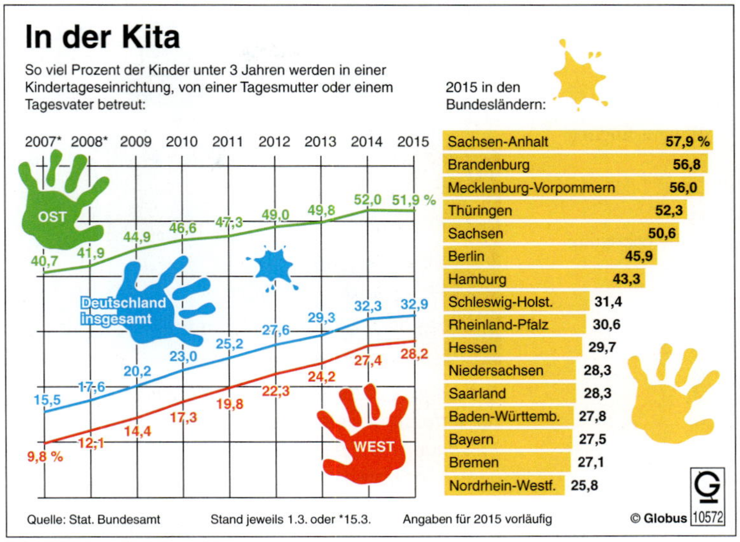

Betreuungsgeld: Reaktionen auf das Urteil des Bundesverfassungsgerichts

Die CSU will an dem Betreuungsgeld auch nach der Entscheidung des Bundesverfassungsgerichts festhalten. Die Koalition müsse gemeinsam nach Lösungen suchen, wie es weiterhin gezahlt werden könne, um Eltern Wahlfreiheit zu ermöglichen, sagte Bundestagslandesgruppenchefin Gerda Hasselfeldt (...).

Die SPD hingegen reagierte erfreut auf das Urteil. Bundesfamilienministerin Manuela Schwesig erklärte: „Das Betreuungsgeld ist der falsche Weg und hat keine Zukunft." Die frei werdenden Mittel sollten weiter Kindern und Familien zugutekommen (...). Sie plädierte dafür, das Geld für eine verbesserte Kinderbetreuung auszugeben. (...)

Die Grünen sprachen sich für einen verstärkten Kita-Ausbau aus: „Die Betreuungsgeldmilliarde sollte nun endlich für das ausgegeben werden, was Eltern wirklich wollen und händeringend suchen: gut ausgestattete Kitas mit gut ausgebildeten und gut bezahlten Erzieherinnen und Erziehern", sagte Katrin Göring-Eckardt, die Fraktionschefin der Grünen im Bundestag. (...)

(Quelle: http://www.tagesschau.de/inland/betreuungsgeld-157.html; Zugriff: 16. 11. 2015)

Webcode
SDL-11157-307
Arbeitsblatt:
Hausmann – Hausfrau

1. Erläutere den Unterschied zwischen Elternzeit und Elterngeld.
2. Liste die wesentlichen Fakten zu Elternzeit, zum Elterngeld und zum Betreuungsgeld auf.
3. Beurteile die vier Fälle.
4. Lege die Positionen von CSU, SPD und Grünen zum Urteil des Bundesverfassungsgerichts dar und nimm Stellung.
5. Analysiere die Grafik „in der Kita".
6. Recherchiere, ob es Bundesländer gibt, die ein Betreuungsgeld als Landesleistung weiter anbieten.

Webcodes
SDL-11157-308
Arbeitsblatt:
Der Weg zur Gleichberechtigung

SDL-11157-309
Video:
Gleichberechtigung

Andrang vor den Wahllokalen anlässlich der Wahl zur verfassungsgebenden Nationalversammlung am 19. Januar 1919, bei der die Frauen erstmals stimmberechtigt waren

Die vier „Mütter des Grundgesetzes" im Jahr 1949: Elisabeth Selbert (SPD), Friederike Nadig (SPD), Helene Weber (CDU) und Helene Wessel (Zentrum)

Zum ersten Mal wurde die formale Gleichberechtigung von Mann und Frau in der Verfassung der Weimarer Republik von 1919 betont. In diesem Jahr erhielten die Frauen das aktive und passive Wahlrecht. An der Wahl zur Nationalversammlung beteiligten sich 82,3 Prozent der weiblichen und 82,4 Prozent der männlichen Wahlberechtigten. In der Nationalversammlung betrug die Frauenquote 9,6 Prozent der 423 Abgeordneten.

Das Gleichberechtigungsgebot entstand 1949 und spiegelte zunächst den Geist der Zeit, nämlich das Engagement der Frauen im gesellschaftlichen Leben wider. Viele Männer waren im Krieg gefallen und so übernahmen die Frauen zahlreiche Aufgaben, für die früher die Männer zuständig waren. Viele Frauen waren alleinstehend und sorgten ohne männliche Hilfe für ihre Kinder und sich selbst.

Der Parlamentarische Rat (verfassunggebende Versammlung), bestand aus 61 Männern und vier Frauen (siehe Foto). Er sprach sich zunächst gegen eine Aufnahme des Gleichberechtigungsgebots in das Grundgesetz aus. Letzten Endes wurde der Gleichberechtigungsgrundsatz aber doch im Grundgesetz, der Verfassung der Bundesrepublik Deutschland, verankert. Das vom Parlamentarischen Rat erarbeitete Grundgesetz trat am 23. Mai 1949 in Kraft. Der Artikel 3 erhielt am 27. Oktober 1994 seine heute gültige Fassung. In Absatz 2 kam der Passus hinzu, der den Staat verpflichtet, auf die tatsächliche Durchsetzung der Gleichberechtigung von Frauen und Männern hinzuwirken.

- Geschlechts
- Menschen
- benachteiligt
- Beseitigung
- Frauen
- Durchsetzung

Grundgesetz: Artikel 3 (Gleichheit, Gleichberechtigung von Mann und Frau)

(1) Alle … ① … sind vor dem Gesetz gleich.
(2) Männer und … ② … sind gleichberechtigt. Der Staat fördert die tatsächliche … ③ … der Gleichberechtigung von Frauen und Männern und wirkt auf die … ④ … bestehender Nachteile hin.
(3) Niemand darf wegen seines … ⑤ …, seiner Abstammung, seiner Rasse, seiner Sprache, seiner Heimat und Herkunft, seines Glaubens, seiner religiösen oder politischen Anschauungen … ⑥ … oder bevorzugt werden. Niemand darf wegen seiner Behinderung benachteiligt werden.

1 Notiere wichtige Daten zur Geschichte der Gleichberechtigung in Deutschland.
2 Ergänze in Artikel 3 des Grundgesetzes die fehlenden Begriffe. Verwende dazu das Arbeitsblatt oder übertrage den Text vollständig in dein Heft.

Frauen erhalten 22 Prozent weniger Lohn als Männer

▸▸ Frauen verdienen deutlich weniger als Männer. Im Jahr 2014 waren es durchschnittlich 22 Prozent, wie das Statistische Bundesamt mitteilt.

▸▸ Im Westen bekommen Frauen 23 Prozent weniger, im Osten hat die Ungleichheit seit 2009 sogar zugenommen, auf nun neun Prozent.

▸▸ Die Lücke rührt von der unterschiedlichen Branchen- und Berufswahl der Geschlechter. Bei ähnlicher Qualifikation und ähnlichem Job sinkt der Verdienstunterschied pro Stunde auf sieben Prozent. (...)

Woher die Lohnunterschiede kommen

Die erheblichen Lohnunterschiede führen die Statistiker auf die unterschiedliche Branchen- und Berufswahl zurück sowie auf die Tatsache, dass Frauen seltener Führungspositionen bekleiden. Frauen arbeiten zudem häufiger Teilzeit und sind weniger lang in ihren Berufen beschäftigt – vor allem wegen Auszeiten nach der Geburt von Kindern.

Vergleiche man Männer und Frauen mit ähnlicher Qualifikation und ähnlichem Job, sinke der Verdienstunterschied pro Stunde auf sieben Prozent, erklärten die Statistiker (...)

(Quelle: www.sueddeutsche.de/wirtschaft/statistisches-bundesamt-frauen-erhalten-prozent-weniger-lohn-als-maenner-1.2395331, Zugriff: 9. 11.2015)

2014 hatten 1,8 Prozent aller Männer und 17,1 Prozent aller Frauen eine Teilzeitstelle mit über 20 Wochenstunden. In Teilzeit mit unter 20 Wochenstunden arbeiteten 3,7 Prozent aller Männer und 24,8 Prozent aller Frauen.

Auch Kinder können die Ursache für die unterschiedliche Lohnentwicklung sein. Die Entscheidung für ein Kind bedeutet für die meisten Frauen, dass sie zunächst eine Auszeit nehmen und später Teilzeit arbeiten. Bestimmte Aufgaben können sie dann nicht mehr übernehmen, da dafür der volle Einsatz erwartet wird.

Zeichnung: Peter Leger

Für die Lohnunterschiede von Männern und Frauen gibt es mehrere Gründe. Ein wichtiger davon ist die Branchen- und Berufswahl. Mädchen ergreifen immer noch öfter als Männer einen sozialen Beruf oder schlecht bezahlte Dienstleistungsberufe. Junge Frauen wählen nach wie vor häufiger ein geisteswissenschaftliches Studium; auch für Medizin entscheiden sich immer mehr Frauen. Für Mathe, Informatik oder Naturwissenschaften entscheidet sich nur jede fünfte Studienanfängerin.
Außerdem verhandeln Frauen im Allgemeinen ihre Gehälter schlechter als Männer; manche legen auch Wert auf flexible Arbeitszeiten, was ebenfalls zu Lohneinbußen führt.

1 Werte den Zeitungsbericht aus und notiere die wesentlichen Fakten stichwortartig.

2 Die drei Aussagen weisen auf Gründe für den geringeren Verdienst von Frauen hin. Notiere diese Gründe.

3 Analysiere die Karikatur und bewerte ihre Aussage.

Herr Schulz (S): Frau Walser, wie sehen sie die beruflichen Erfolgschancen für Frauen in Deutschland, vor allem in Führungspositionen?
Frau Walser (W): Nun, Herr Schulz, die Zahl der weiblichen Führungskräfte ist in Deutschland immer noch gering. Das Statistische Bundesamt nennt für die Chefetagen einen Frauenanteil von 30 Prozent – allerdings mit Unterschieden.
S: Welche Unterschiede meinen Sie?
W: Für das Jahr 2012 hat eine Studie festgestellt, dass der durchschnittliche Anteil von weiblichen Führungskräften in den Dienstleistungsunternehmen fast doppelt so hoch war wie in der Industrie.
S: Aha. Wenn es um Technik geht, dann sind Frauen im Berufsleben nicht so gut vertreten.
W: Das kann man so sehen. Daher sind Initiativen wie der Girls' Day wichtig, um eine eingeschränkte Berufswahl durch traditionelle Rollenmuster bei den Mädchen aufzubrechen. Übrigens: Unternehmen mit ausschließlich weiblicher Geschäftsführung haben mehr als viermal so viele Frauen in Führungspositionen wie Unternehmen mit ausschließlich männlichem Management.

S: Frauen stellen doch mittlerweile mehr als die Hälfte der Hochschulabsolventen. Warum werden sie dennoch im Verlauf des Erwerbslebens von Männern überholt?
W: Nun, dass Frauen – und Mütter! – im Berufsleben schwerer vorankommen, liegt unter anderem an fehlenden Kita-Plätzen, an fehlenden flexiblen Arbeitszeitmodellen, an fehlender vorausschauender Personalpolitik und grundsätzlich am fehlenden Bewusstsein in unserer Gesellschaft.
S: Wird deshalb seit Jahren über die Einführung einer Quote debattiert, die einen verbindlichen Anteil von Frauen in den Chefetagen großer Unternehmen vorschreiben würde?
W: Ja. Allerdings gehen die Ansichten über die Ausgestaltung einer solchen Quote auseinander. Die einen fordern eine gesetzliche Regelung, wobei es unterschiedliche Vorstellungen über die Quotenhöhe gibt: 30 Prozent, 40 Prozent, manche wollen auch 50 Prozent! Andere wiederum wollen eine freiwillige Selbstverpflichtung der Unternehmen, selbst eine Quote für den Frauenanteil in ihren Führungspositionen festzulegen. Man spricht hier von einer Flexi-Quote.
S: Wie ist ihre Position?
W: Ich bin für eine gesetzlich vorgeschriebene Frauenquote, egal mit welchem Prozentsatz. Das wäre der richtige Schritt, die verkrusteten Strukturen in den Chefetagen aufzubrechen. Dann sind Personalchefs nämlich gezwungen, frühzeitig nach jungen, talentierten Frauen Ausschau zu halten und sie gezielt zu fördern. Und damit ihnen künftige Spitzenfrauen nicht wieder abspringen, müssen sich die Unternehmen auch Gedanken über flexible Arbeitszeiten und eine gut organisierte Kinderbetreuung machen.

Voll mitbestimmungspflichte Unternehmen sind Unternehmen, in deren Aufsichtsrat Anteilseigner und Arbeitnehmer gleichberechtigt (paritätisch) vertreten sind. Besteht hingegen ein Übergewicht der Anteilseignerseite, dann liegt einfache Mitbestimmung vor, die Unternehmen sind mitbestimmungspflichtig.

Gesetzliche Frauenquote beschlossen

(...) Börsennotierte und voll mitbestimmungspflichtige Unternehmen müssen für alle Aufsichtsratsposten, die ab 2016 zu besetzen sind, eine Quote von 30 Prozent einhalten. Bei Nichterreichen bleiben die für das unterrepräsentierte Geschlecht vorgesehenen Stühle leer. 108 Unternehmen werden von dieser Regelung erfasst. Unternehmen, die börsennotiert oder mitbestimmungspflichtig sind, müssen sich (flexible) Frauenquoten für Vorstand, Aufsichtsrat, oberes und mittleres Management selbst verordnen und über die Fortschritte berichten. Diese Regelung betrifft rund 3500 Unternehmen.
(...)

(aus: www.bundesregierung.de/Content/DE/Artikel/2015/03/2015-03-06-frauenquote.html, Zugriff: 9. 11. 2015)

1 Erkläre den Begriff „Frauenquote“.
2 Erläutere die Gründe für die Forderung nach einer Frauenquote.
3 Beschreibe die verabschiedete gesetzliche Regelung.
4 Diskutiert über Vor- und Nachteile der Frauenquote.

Girls'Day – ein Zukunftstag für Mädchen

Potenziale nutzen
Junge Frauen in Deutschland verfügen über eine besonders gute Schulbildung. Trotzdem wählt mehr als die Hälfte der Mädchen aus nur zehn verschiedenen Ausbildungsberufen im dualen System – kein einziger naturwissenschaftlich-technischer ist darunter. Damit schöpfen sie ihre Berufsmöglichkeiten nicht voll aus und den Betrieben fehlt gerade in technischen und techniknahen Bereichen qualifizierter Nachwuchs. Der Girls'Day bietet deshalb allen Chancen für die Zukunft!

Ein spannender Tag mit positiven Auswirkungen
Am Girls'Day erleben die Teilnehmerinnen in Laboren, Büros und Werkstätten, wie spannend die Arbeit dort ist. In Workshops und bei Aktionen gewinnen die Mädchen Einblicke in den Alltag der Betriebe und erproben ihre Fähigkeiten praktisch. Sie erhalten direkte Antworten auf ihre Fragen und können erste Kontakte knüpfen.

Außerdem werden Öffentlichkeit und Wirtschaft auf die Stärken der Mädchen aufmerksam – sie sollen dieser gut ausgebildeten Generation junger Frauen neue Zukunftsperspektiven eröffnen. Viele junge Frauen haben durch den Girls'Day eine Ausbildung oder einen Studiengang in ihrem Traumberuf gefunden. Und: Evaluationsergebnisse bestätigen, dass der Girls'Day positiven Einfluss auf das Image von technischen Berufen bei den Teilnehmerinnen hat.
(...)

Unter www.girls-day.de könnt ihr euch über den Girls'Day und aktuelle Aktionen im Zusammenhang damit informieren.

(Quelle: www.girls-day.de/Ueber_den_Girls_Day/Das_ist_der_Girls_Day/Ein_Zukunftstag_fuer_Maedchen, Zugriff: 9. 11. 2015)

Boys'Day – Warum ein Zukunftstag für Jungen

Jungen haben vielfältige Interessen und Stärken. Geht es um die Berufswahl, entscheiden sie sich jedoch oft für Berufe wie Kfz-Mechatroniker oder Industriemechaniker, die traditionell meist von Männern gewählt werden. Natürlich sind das interessante Berufe, aber es gibt noch viele andere Berufsfelder, in denen männliche Fachkräfte und Bezugspersonen gesucht werden und sehr erwünscht sind.
Zum Beispiel im sozialen, erzieherischen oder pflegerischen Bereich – hier werden viele Nachwuchskräfte gebraucht und Männer sind hier in der Regel sehr willkommen.
Um Jungen eine Gelegenheit zu geben, auch diese Berufe auszuprobieren, gibt es den Boys'Day.
Neben der Berufserkundung können die Schüler am Boys'Day auch an pädagogischen Work-

shops teilnehmen. Hier geht es beispielsweise um männliche Rollenbilder, die Vielfalt der Lebensentwürfe und um die Frage, ob das Modell des männlichen Alleinverdieners nicht längst überholt ist. In den Workshops können die Jungs auch ihre sozialen Kompetenzen wie Team- und Konfliktfähigkeit stärken.

Unter www.boys-day.de könnt ihr euch über das Projekt informieren und die Teilnahmebedingungen erfahren.

(Quelle: http://www.boys-day.de/Ueber_den_Boys_Day/Was_ist_der_Boys_Day2/Ein_Zukunftstag_fuer_Jungen, Zugriff: 9. 11. 2015)

1. Beschreibe die Ziele, die die Projekte „Girls'Day“ und „Boys'Day“ verfolgen.
2. Informiert euch im Internet über Aktionen dieser Projekte in eurer Region.
3. Setze dich mit der Frage auseinander, ob solche Projekte einen Beitrag zur Überwindung geschlechtsspezifischer Benachteiligungen leisten können.

1 Überprüfe dein Vorwissen.

a) Zu Beginn dieser Unterrichtseinheit hast du eine Begriffsanalyse durchgeführt, um herauszufinden, was du zum Thema Familie schon alles weißt. Nimm deine Aufstellung, die du auf Grundlage der Analyse angefertigt hast, und überarbeite sie, indem du Ober- und Unterbegriffe ergänzt und Verbindungen zwischen den einzelnen Begriffen markierst.

b) Erkläre anhand deines neu erworbenen Wissens, wie Günter Strack seine Aussage gemeint haben könnte.

2 Gruppenarbeit: Lebensformen heute

Gestaltet ein Wandplakat zum Thema „Lebensformen heute“. Verwendet dazu auch die Fotos unten (vergrößerte Kopien anfertigen) oder sucht ähnliche Bilder in Zeitschriften. Erarbeitet kurze Texte zu den Fotos und überlegt euch eine pfiffige, die Blicke anziehende Gestaltung. Gebt eurem Plakat auch einen Titel.

3 Konfliktgespräch: Wie hätte die Mutter im folgenden Konfliktgespräch vorgehen können, um eine zufriedenstellende Lösung zu erreichen?

Mutter: Leon, kannst du mir bitte in der Küche helfen?
Leon: Warum? Ich höre gerade Musik.
Mutter: Ich muss noch die Küche aufräumen und einen Kuchen für heute Nachmittag backen. Du weißt ja, dass Özens zu Besuch kommen.
Leon: Ich habe aber keine Lust dazu!
Mutter: Glaubst du vielleicht, ich habe immer Lust auf Hausarbeit.
Leon: Ich habe die Özens doch nicht eingeladen ...
Mutter: Auf das Mittagessen vorhin hättest du aber nicht verzichten wollen und vom Kuchen isst du später bestimmt auch ein Stück.
Leon: Du kannst ja Mia fragen, die gibt es ja auch noch.
Mutter: Mia bereitet sich auf ihre Physikprüfung nächste Woche vor.
Leon: Mia hilft kaum mehr im Haushalt.
Mutter: Das ist ihre letzte Klausur.
Leon: Mia hat Sonderrechte, seitdem sie in der Oberstufe ist.
Mutter: (verärgert) Dann lass es halt; wenn ich mich noch länger mit dir streite, dann schaffe ich das gar nicht mehr.

4 Analysiere die Karikaturen.

„Und welcher Elternteil soll es unterzeichnen? Mein leiblicher Vater, mein Stiefvater, der dritte Mann meiner Mutter, meine wirkliche Mutter oder die vierte Frau meines leiblichen Vaters, die bei uns wohnt?“

„UNGERECHT? WIR SIND BEIDE AUF DER SELBEN LEITER!“

5 Gruppenarbeit:
Was meinen die Parteien?

CDU
www.cdu.de

CSU
www.csu.de

SPD
www.spd.de

BÜNDNIS 90 DIE GRÜNEN
www.gruene.de

DIE LINKE.
www.die-linke.de

Über die Ziele und Maßnahmen der Familienpolitik wird in der Öffentlichkeit und auch in der Politik immer wieder diskutiert. Informiert euch darüber, wie sich die im Bundestag vertretenen Parteien eine gute Familienpolitik vorstellen.

Erarbeitet zuerst gemeinsam ein Schreiben, in dem ihr euer Anliegen erklärt und Fragen stellt. Bittet um für Jugendliche verständliche Antworten und weist auch darauf hin, dass das Schreiben an alle im Bundestag vertretenen Parteien geht.

Teilt euch in fünf Gruppen auf, für jede Partei eine Gruppe. Jede Gruppe informiert sich im Internet über eine geeignete Postanschrift, z. B. die Bundesgeschäftsstelle der Partei, schreibt den Brief und wertet die Antwort der Partei aus. Falls Punkte näher erklärt werden sollten, schreibt die Gruppe einen weiteren Brief.

Zu einem vereinbarten Zeitpunkt stellt jede Gruppe den Standpunkt der von ihr befragten Partei über eine gute Familienpolitik den Mitschülerinnen und Mitschülern vor.

Zuwanderung nach Deutschland

Vielleicht bist du selbst oder es sind Freundinnen bzw. Freunde von dir aus einem anderen Land nach Deutschland gekommen. Möglicherweise sind aber auch deine eigenen Eltern oder Großeltern schon nach Deutschland eingewandert. Unter Umständen hast du sogar zwei verschiedene Pässe.
In diesem Kapitel wirst du die Hintergründe und Ursachen von Zuwanderung untersuchen. Du wirst dich mit den Fragen beschäftigen, was das für Deutschland bedeutet, warum Zuwanderung wichtig ist und wie sie rechtlich geregelt wird.

Definition von „Zuwanderung“
Zuzug aus einer anderen territorialen Einheit (Gemeinde, Kreis, Bundesland) oder aus dem Ausland, um am Zuzugsort einen festen oder vorübergehenden Wohnsitz zu nehmen. Letztgenannter Vorgang wird auch Einwanderung oder Immigration genannt.
(Quelle: http://wirtschaftslexikon.gabler.de/Definition/zuwanderung.html; Zugriff: 15. 11. 2015)

Zuwanderung im 21. Jahrhundert
Einwanderung tut diesem Land sehr gut – nicht nur, weil sie unsere Gesellschaft davor bewahrt, noch schneller noch älter zu werden; nicht nur, weil sie hilft, unseren Lebensstandard und unsere Zukunft zu wahren; sondern auch, weil sie uns kulturelle Vielfalt beschert – und die ist, trotz der Schwierigkeiten, die sie manchmal mit sich bringt, eine Bereicherung.
(Bundespräsident Joachim Gauck in einem Interview mit der FAZ am 24. 1. 2014; www.bundespraesident.de/SharedDocs/Reden/DE/Joachim-Gauck/Interviews/2014/140124-faz-Interview.html; Zugriff: 11. 11. 2015)

- Diskutiert in der Klasse: Wo seid ihr mit „Zuwanderung“ schon einmal in Kontakt gekommen? Sprecht darüber in eurer Klasse mit den Mitschülerinnen und Mitschülern, die einen Migrationshintergrund, also Wurzeln in einem anderen Land, haben.
- Nehmt eine Weltkarte und markiert die Länder, aus denen ihr selbst gekommen seid oder eure Vorfahren gekommen sind.
- Erkläre, warum Zuwanderung für Deutschland wichtig ist.

Kapitel 04

Schätzfragen „Zuwanderung“

Aussage/Frage	Mögliche Antworten
1. Die Zahl der ausländischen Staatsangehörigen in Deutschland ist	a) weiterhin rückläufig b) stetig steigend
2. Von den im Jahr 2013 in Deutschland lebenden 80,6 Millionen Personen waren	a) 4,6 Mio. Ausländer (5,7 %) b) 6,8 Mio. Ausländer (8,4 %) c) 10,2 Mio. Ausländer (12,7 %)
3. Von den 80,6 Millionen Personen, die im Jahr 2013 in Deutschland lebten, hatten einen Migrationshintergrund	a) 6,4 Mio. (7,9 %) b) 11,8 Mio. (14,6 %) c) 16,5 Mio. (20,5 %)
4. Die größte nationale Gruppe der Ausländer in Deutschland bilden Zuwanderer aus	a) Italien b) Polen c) der Türkei d) Rumänien

Was weißt du?

Die Schätzfragen sollen dir zeigen, was du schon weißt und über welche Themen du dich im Lauf der nächsten Unterrichtswochen noch informieren kannst.

1 Geht gemeinsam die Schätzfragen durch und notiert die Antworten innerhalb eurer Klasse.
2 Vergleicht eure Antworten mit den tatsächlichen Lösungen mithilfe des Internets.
3 Überlegt gemeinsam: Bei welchen Fragen habt ihr richtig geschätzt, bei welchen nicht? Woran könnte das liegen?

Gaetano di Croce kam vor 52 Jahren als Gastarbeiter aus Sizilien nach Deutschland und arbeitete hier als Maurer. Heute ist er Rentner und wohnt bei seiner Tochter in Aalen. Seinen Urlaub verbringt er immer noch gern in Monforte San Giorgio, wo er aufgewachsen ist.

Dr. Krishna Shetty hatte in Madras in Indien als Arzt gearbeitet. Vor zwei Jahren holte ihn eine Klinik nach Süddeutschland, weil sie dringend Mediziner braucht.

Frau Ha Le Thu wurde in Hanoi in Vietnam geboren. Sie kam mit 21 Jahren als Arbeitskraft in die damalige DDR. Nach dem Zusammenbruch des kommunistischen Staates blieb sie in Berlin. Heute arbeitet sie in einer Wäscherei. Seit 1997 hat sie ein dauerhaftes Bleiberecht in Deutschland.

Swetlana Hofer ist in Karaganda in der damaligen Sowjetunion geboren. Ihre Familie ist deutscher Herkunft und konnte daher in die Bundesrepublik ausreisen. 1997 kam die damals Zehnjährige mit ihrer Familie als Spätaussiedlerin nach Deutschland.

Aleeke Ibory ist 25 Jahre alt und in Sierra Leone in Westafrika geboren. Er fand keine Arbeit und sah dort keine Zukunft für sich. Von Freunden hörte er, dass das Leben in Europa viel besser sei. Es gelang ihm, auf einem Schiff nach Hamburg zu kommen. Dort stellte er sich den Behörden und beantragte Asyl.

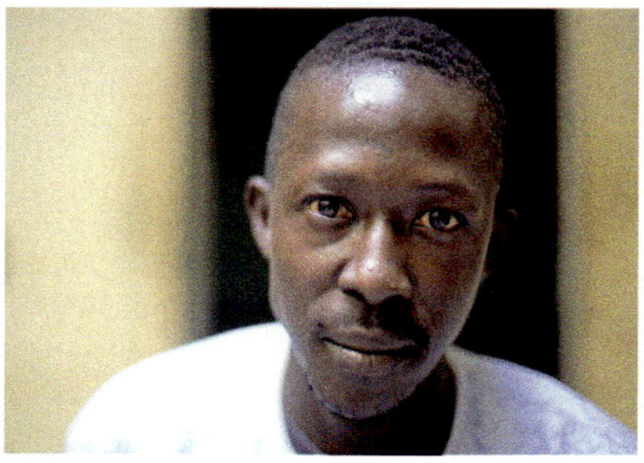

Omar und Manal Sheikh Debs sind mit ihren Kindern vor dem Bürgerkrieg in Syrien geflohen. Bereits 2011 haben sie Aleppo wegen der Bombardements verlassen. Sie lebten lange in einem Flüchtlingslager im Libanon. Weil Deutschland syrische Flüchtlinge aufnahm, konnten sie Ende 2013 nach Leipzig kommen.

Ariana Aguilera ist Spanierin. Sie hat in Sevilla eine Ausbildung zur Krankenpflegerin absolviert. Da sie in Spanien keine Arbeit fand, kam sie nach Deutschland und arbeitet jetzt als Intensivkrankenschwester im Universitätsklinikum Erlangen.

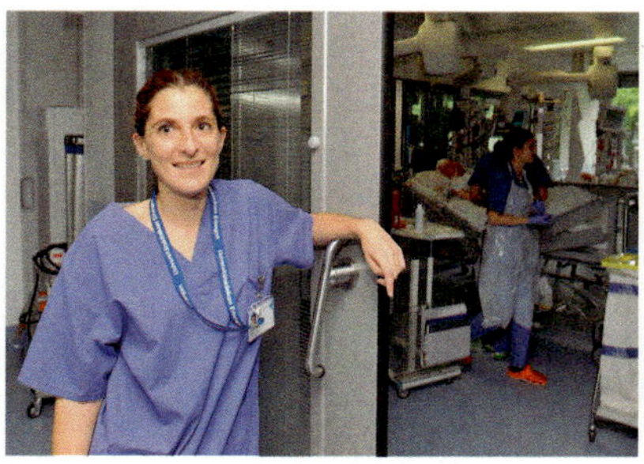

Die Mitglieder der Familie Sujami sind Angehörige der Roma und lebten in Rumänien. Dort wurden sie benachteiligt, weswegen sie nach Deutschland gekommen sind. Frau Sujami sitzt meist in der Fußgängerzone und bettelt.

Aysche ist 14 Jahre alt und besucht in Mannheim die Schule. Ihr Großvater war 1975 als Gastarbeiter aus der Türkei nach Deutschland gekommen. Aysches Vater ist 1980 als Zehnjähriger mit seiner Mutter nach Deutschland nachgezogen.

Alle in einem Staat lebenden Personen können in zwei Gruppen unterteilt werden. Da gibt es zum einen die, deren Vorfahren schon seit Langem in diesem Staat leben. Diese Menschen haben die Nationalität des betreffenden Staates, sind also Staatsangehörige, und besitzen einen entsprechenden Pass. In jedem Staat gibt es zum anderen neben den Einheimischen noch die Gruppe von Personen, die eingewandert sind, also Menschen, die aus einem anderen Staat in dieses Land gekommen sind. Man nennt diese Menschen Zuwanderer oder mit einem aus dem Lateinischen stammenden Wort Migranten. Zuwanderung und Migration bedeuten das Gleiche: Es geht darum, dass Menschen aus einem Land in ein anderes Land gekommen sind. Aus der Sicht ihres Herkunftslandes sind Migranten Auswanderer, aus der Sicht des Aufnahmelandes Einwanderer.

Während bei den Einheimischen die Staatsbürgerschaft klar ist, kann dies bei Zugewanderten sehr unterschiedlich sein. Es kann sein, dass ein aus dem Land A in das Land B zugewanderte Person dort lebt und arbeitet, aber weiterhin die Staatsbürgerschaft des Landes A behält. Heiratet die zugewanderte Person im neuen Land B und bekommt Kinder, kann es sein, dass diese automatisch die Staatsangehörigkeit des Landes B bekommen. Es ist aber auch möglich, dass die Kinder zwei Staatsangehörigkeiten haben – z. B. die des Landes A, aus dem der Vater kommt, und die des Landes B, in dem sie geboren wurden. Es kann auch sein, dass Zugewanderte die Staatsangehörigkeit ihres Herkunftslandes aufgeben und die des neuen Landes annehmen, sich also einbürgern lassen.

Die Umschreibung „Menschen mit Migrationshintergrund" fasst alle, die zugewandert sind, und ihre Nachkommen unabhängig von der tatsächlichen Staatsbürgerschaft zusammen. Das Statistischen Bundesamt erklärt den Begriff so: „Zu den Personen mit Migrationshintergrund gehört die ausländische Bevölkerung – unabhängig davon, ob sie im Inland oder im Ausland geboren wurde – sowie alle Zugewanderten unabhängig von ihrer Nationalität. Daneben zählen zu den Personen mit Migrationshintergrund auch die in Deutschland geborenen eingebürgerten Ausländer sowie eine Reihe von in Deutschland Geborenen mit deutscher Staatsangehörigkeit, bei denen sich der Migrationshintergrund aus dem Migrationsstatus der Eltern ableitet."

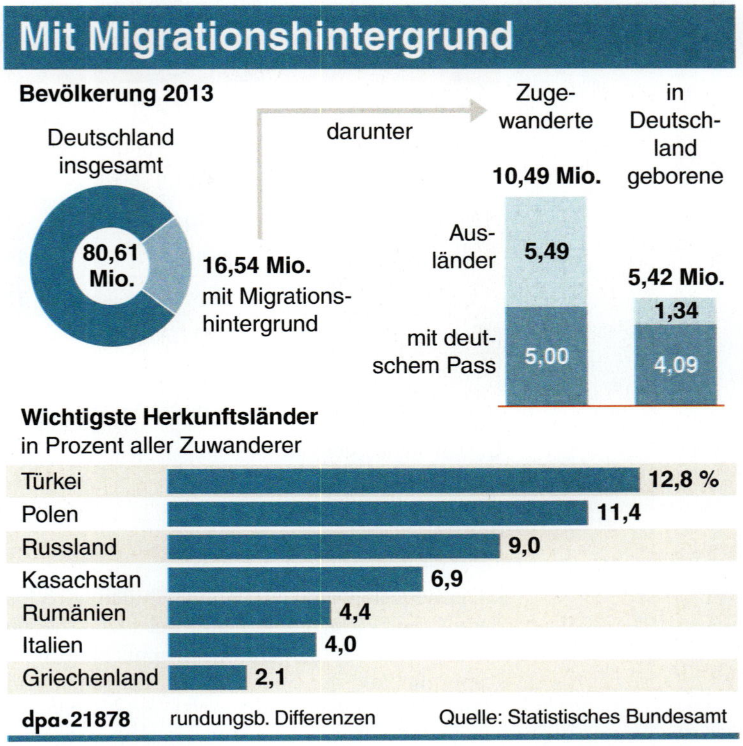

1 Erkläre die Begriffe „Migration" und „Migrationshintergrund".

2 Analysiere die neun Beispiele für Zuwanderung. Notiere den Namen, das Herkunftsland und – soweit möglich – den Grund der Zuwanderung.

3 Werte die neun Beispiele unter dem Aspekt „Migrationshintergrund" aus.

4 Analysiere die Grafik und benenne wesentliche Aussagen.

5 „Fast jeder Fünfte in Deutschland hat fremde Wurzeln." Setze dich mit dieser Aussage auseinander.

Bevölkerung nach Geschlecht und Staatsangehörigkeit (in 1 000)				
	31. 3. 2014	31. 6. 2014	31. 9. 2014	31. 12. 2014
Bev. insgesamt	80 822,2	80 925,0	81 083,6	81 197,5
männlich	39 600,7	39 668,9	39 766,5	39 835,5
weiblich	41 221,5	41 225,7	41 317,1	41 362,1
Deutsche	73 704,5	73 862,5	73 678,6	73 657,8
männlich	35 963,4	35 957,6	35 960,8	35 955,2
weiblich	37 741,2	37 724,9	37 717,8	37 702,5
Nichtdeutsche	7 117,7	7 242,5	7 474,9	7 539,8
männlich	3 637,4	3 710,4	3 805,7	3 880,2
weiblich	3 480,3	3 532,1	3 599,2	3 659,6

Quelle: Statistisches Bundesamt

Bevölkerung Deutschlands bis 2060

Die Geburtenzahl wird voraussichtlich noch bis zum Jahr 2020 relativ stabil bei etwa 700 000 Neugeborenen bleiben. (…) Anschließend wird aber die Zahl der Geborenen zurückgehen und im Jahr 2060 zwischen 500 000 und 550 000 betragen. Tendenziell führt eine niedrige Geburtenrate, auch wenn sie stabil bleibt, dazu, dass die Anzahl potenzieller Mütter immer kleiner wird. Die jetzt geborenen Mädchenjahrgänge sind bereits zahlenmäßig kleiner als die ihrer Mütter. Sind diese Mädchen einmal erwachsen und haben ebenfalls durchschnittlich weniger als 2,1 Kinder (…), wird die künftige Kinderzahl weiter sinken, weil dann auch weniger potenzielle Mütter leben.

tendenziell einer allgemeinen Entwicklung entsprechend, sich auf sie beziehend

Die Zahl der Sterbefälle wird – trotz steigender Lebenserwartung – zunehmen, da die stark besetzten Jahrgänge ins hohe Alter hineinwachsen. (…)

Die Zahl der Gestorbenen übersteigt die Zahl der Geborenen immer mehr. Das dadurch wachsende Geburtendefizit kann auf lange Sicht nicht von der Nettozuwanderung kompensiert werden. (…) Bei der Fortsetzung der langfristigen demografischen Trends wird die Einwohnerzahl von 80,8 Millionen am 31. Dezember 2013 auf 67,6 (kontinuierliche Entwicklung bei schwächerer Zuwanderung) beziehungsweise 73,1 Millionen (kontinuierliche Entwicklung bei stärkerer Zuwanderung) im Jahr 2060 abnehmen.

kompensieren ausgleichen, durch Gegenwirkung aufheben

Das Altern der heute stark besetzten mittleren Jahrgänge führt zu gravierenden Verschiebungen in der Altersstruktur. Im Ausgangsjahr 2013 bestand die Bevölkerung zu 18 % aus Kindern und jungen Menschen unter 20 Jahren, zu 61 % aus 20- bis unter 65-Jährigen und zu 21 % aus 65-Jährigen und Älteren. Im Jahr 2060 wird der Anteil der unter 20-Jährigen auf 16 % und der Anteil der 20- bis 65-Jährigen auf 51 bis 52 % sinken. (…)

Die Alterung schlägt sich insbesondere in den Zahlen der Hochbetagten nieder. Im Jahr 2013 lebten 4,4 Millionen 80-Jährige und Ältere in Deutschland, dies entsprach 5,4 % der Bevölkerung. Ihre Zahl wird kontinuierlich steigen und mit fast 10 Millionen im Jahr 2050 den bis dahin höchsten Wert erreichen. Zwischen 2050 und 2060 sinkt dann die Zahl der Hochbetagten auf rund 9 Millionen. (…)

Die Bevölkerung im Erwerbsalter wird von Schrumpfung und Alterung stark betroffen sein. Als Erwerbsalter wird hier die Spanne von 20 bis 64 Jahren betrachtet. Im Jahr 2013 gehörten 49,2 Millionen Menschen dieser Altersgruppe an. Ihre Zahl wird nach 2020 deutlich zurückgehen (…). 2060 werden dann etwa 38 Millionen Menschen im Erwerbsalter sein (– 23 %), falls der Wanderungssaldo von rund 500 000 im Jahr 2014 stufenweise bis 2021 auf 200 000 sinkt und danach konstant bleibt (Variante 2 „Kontinuität bei stärkerer Zuwanderung“). Geht die Zuwanderung bis 2021 auf 100 000 Personen zurück und bleibt anschließend konstant (Variante 1 „Kontinuität bei schwächerer Zuwanderung“), gibt es 2060 ein noch kleineres Erwerbspersonenpotenzial: 34 Millionen oder – 30 % gegenüber 2013.

(Quelle: Bevölkerung Deutschlands bis 2060. 13. koordinierte Bevölkerungsvorausberechnung, hrsg. vom Statistischen Bundesamt, Wiesbaden 2015, S. 5 f.)

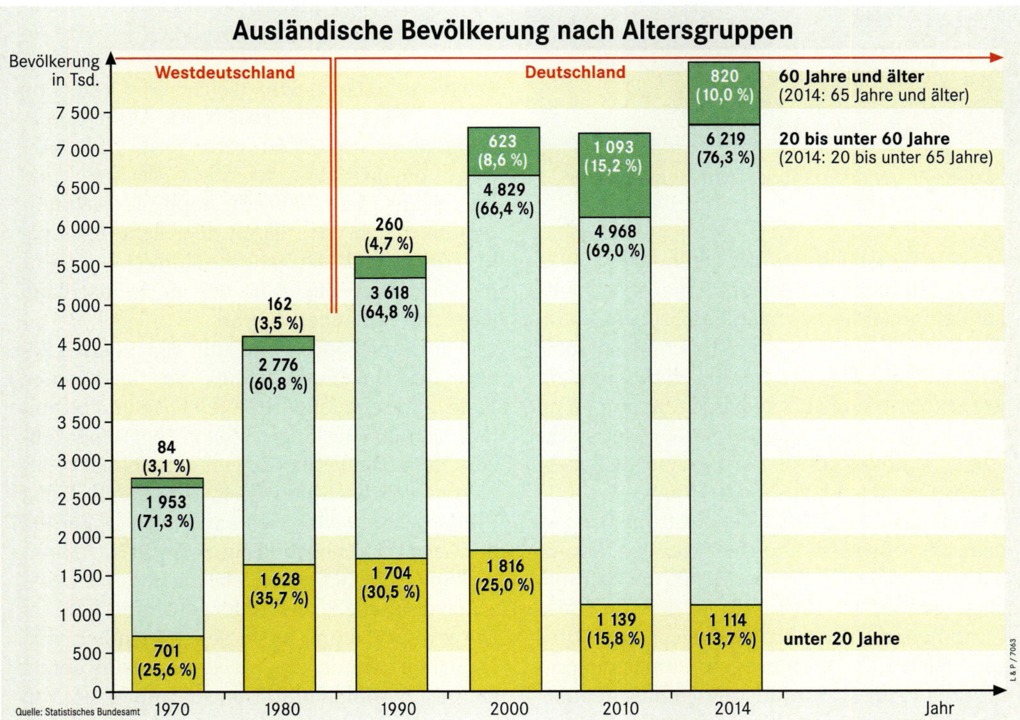

1 Stelle die Bevölkerungszahlen von Ende 2014 zeichnerisch dar.

2 Analysiere den Text zur Bevölkerungsentwicklung. Formuliere zu jedem der sechs Abschnitte die Kernaussage.

3 Interpretiere die Karikatur.

4 Entwerfe zur Grafik „Ausländische Bevölkerung nach Altersgruppen“ einen zusammenfassenden Text.

Geschichte der Gastarbeiter

Die Geschichte der „Gastarbeiter“ in der Bundesrepublik ist fast so alt wie der Staat selbst. Bereits in den 1950er-Jahren führte der Arbeitskräftemangel zur Anwerbung ausländischer Arbeitnehmer und Arbeitnehmerinnen. Die meisten der Arbeiter wollen eigentlich nur ein paar Jahre bleiben und dann in ihre Heimat zurückkehren. (...)

10. September 1964: Der Portugiese Armando Rodrigues wird als millionster Gastarbeiter am Bahnhof Köln-Deutz begrüßt.

Mentalität
Art des Denkens und Fühlens

Rezession
Rückgang der wirtschaftlichen Entwicklung

Mit dem Wirtschaftswunder der Bundesrepublik wurden immer mehr Arbeitnehmer gesucht, die auf dem inländischen Markt nicht mehr zu finden waren. Und so schloss die Bundesrepublik am 20. Dezember 1955 mit Italien das erste Anwerbeabkommen ab. Es folgten Abkommen mit Griechenland und Spanien (1960), der Türkei (1961), Marokko (1963), Portugal (1964), Tunesien (1965) und (...) Jugoslawien (1968).
Als mit dem Mauerbau der Zustrom von ostdeutschen Arbeitskräften endete, war die Anwerbung außerhalb Deutschlands noch dringlicher geworden. 1964 wurde der millionste Gastarbeiter – Armando Rodrigues aus Portugal – feierlich vom damaligen Bundesinnenminister begrüßt. Sowohl die Bundesrepublik Deutschland als auch die „Gastarbeiter“ gingen dabei von einem befristeten Aufenthalt aus. Die meisten machten sich mit wenig Informationen über das Land im Norden auf den Weg nach Deutschland. Von den Behörden den Unternehmen zugewiesen, erlebten die Gastarbeiter einen ersten Schock: Einfache Holzbaracken in der Nähe ihrer Arbeitsstellen waren von den Unternehmen für die fast durchweg männlichen Arbeiter bereitgestellt worden. Sprachprobleme, die fremde Umgebung, die zum Teil ungewohnte Arbeit sowie die aufeinandertreffenden unterschiedlichen Mentalitäten galt es zu meistern. Mit Lehrfilmen versuchte man, den Gastarbeitern die deutschen Lebensgewohnheiten nahezubringen – gut gemeinte, aber unbeholfene Versuche. Das Heimweh blieb. Der Gang zum Bahnhof – die Verbindung zur Heimat – war für viele von ihnen wie der Gang zur Kirche.
Die Lebens- und Arbeitsbedingungen der Zuwanderer blieben lange sehr bescheiden. Die meisten kamen zunächst allein und ohne Familienangehörige, lebten in Wohnheimen und Baracken ohne Komfort. Ihr Ziel war es, einen großen Teil des Einkommens nach Hause zu schicken oder zu sparen, um im Heimatland später eine bessere Existenz aufbauen zu können. Daher akzeptierten sie eher als die Deutschen „schmutzige“ und körperlich schwere Arbeiten.
Doch schon die ersten Anzeichen der Rezession 1966/67 lösten Debatten aus, die Ausländerbeschäftigung wieder zu verringern. Und 1973 führte die sich abzeichnende Wirtschafts- und Energiekrise zum Anwerbestopp. Das „Gastarbeiterproblem“ war damit aber keinesfalls gelöst: Zwar sank die Zahl ausländischer Arbeitnehmer, aber die Zahl der in Deutschland lebenden Ausländer stieg an.
Der Anwerbestopp wurde zum eigentlichen Beginn des Daueraufenthaltes der Gastarbeiter. Viele holten jetzt ihre Familien nach und begannen, sich auf eine längere Zeit in der Fremde einzurichten. Die Verbindungen zur Heimat reduzierten sich nach und nach, vor allem bei den Kindern, der zweiten Generation. Ein großer Teil der Gastarbeiter ist mit Familien und Nachkommen in Deutschland geblieben. Viele sind inzwischen deutsche Staatsbürger geworden. (...)
Die größte Gruppe unter den Ausländern machen hierzulande die Türken aus, von denen knapp 1,6 Millionen in Deutschland leben. Von der ehemals größten Gruppe, den Italienern, lebten Ende 2012 noch gut 530 000 in Deutschland. Von den 14 Millionen Gastarbeitern, die bis zum Anwerbestopp 1973 nach Deutschland kamen, gingen elf Millionen zurück in ihre Heimatländer. (...)

(Quelle: Beitrag von Gabriele Trost/Malte Linde auf: www.planet-wissen.de/alltag_gesundheit/gastarbeiter_und_migration/geschichte_der_gastarbeiter/index.jsp; Zugriff: 29. 11. 2015)

Güllü Özmen erzählt

Güllü Özmen ist 1982 in Laupheim geboren und machte im Jahr 2002 das Abitur am Pestalozzi-Gymnasium in Biberach:
Mein Großvater gehört der ersten Generation der Gastarbeiter an. Bevor er nach Deutschland kam, lebte er mit seiner vielköpfigen Familie in einem kleinen Dorf am Schwarzen Meer. Er hatte Schwierigkeiten damit, seine Familie versorgen zu können und verschuldete sich. Also entschied er sich, im Ausland zu arbeiten. Damals hieß es. „In Deutschland gibt es Arbeit und man kann dort gut Geld verdienen!" Also ab nach Deutschland. (...)
Hier wurde er freundlich aufgenommen und fand schnell eine Arbeitsstelle als Bauarbeiter, später in einer Holzfabrik. Seine eigentliche Absicht war es, so wie die aller Gastarbeiter, eine Zeit lang in Deutschland zu arbeiten, dann aber wieder in sein Heimatland zurückzukehren. Nach und nach holte er seine Söhne hierher, darunter meinen Vater, der erst 15 Jahre alt war. Gemeinsam wollten sie Geld für das geplante Haus in der Türkei sparen, worin sie nach ihrer Rückkehr wohnen sollten. Aus dieser Absicht, Geld zu sparen, wurden mehrere Jahre, sogar Jahrzehnte. Seine Söhne wurden in der Türkei verheiratet und Enkelkinder kamen auf die Welt. Seine Schwiegertöchter halfen ihrer Schwiegermutter auf dem Feld in der Türkei, während die Söhne mit ihrem Vater in einer Firma in Deutschland arbeiteten. Jedes Jahr fuhren sie ein- bis zweimal in ihr Heimatland, um Familie und Freunde wiederzusehen. Der sonstige Kontakt zur Familie bestand aus Briefen, da telefonische Verbindungen in ein kleines Dorf in der Türkei noch nicht möglich waren.
Mit der Zeit hielt mein Vater die Sehnsucht nach meiner Mutter und seinem neugeborenen Sohn nicht mehr aus und er holte sie beide zu sich. Mit einem Teil des gesparten Geldes kauften sie sich ein kleines Haus und begannen gemeinsam ein neues, nicht allzu leichtes Leben in einem fremden Land. Zwar gelang es meinen Vater durch die Hilfe seiner deutschen Arbeitskollegen, sich zu verständigen, meine Mutter tat sich damit jedoch sehr schwer. (...)
Heute kommt die Familie besser klar. Meine Mutter machte trotz Schreib- und Leseschwierigkeiten ihren Führerschein. Einige der Kinder haben bereits ihre Ausbildung hinter sich und sind zum Teil sogar selbstständig. Natürlich gibt es noch Probleme innerhalb der Familie. Kinder ausländischer Herkunft haben große Probleme damit, sich auf irgendeine Weise zu identifizieren. Sie leben zwischen zwei verschiedenen Kulturen und Religionen und besitzen zudem zwei gegensätzliche Lebenseinstellungen. Ein Spagat zwischen zwei Welten sozusagen. Für Eltern war es selbstverständlich, dass ihre Kinder die eigene Kultur und vor allem die Religion übernehmen. Dabei konnten sich viele nicht mit den traditionellen Werten identifizieren. Das führte zu Meinungsverschiedenheiten. Viele ausländische Jugendliche wollen genauso leben wie ihre deutschen Altersgenossen, das heißt abends ausgehen und sich mit Freunden amüsieren. Das blieb vor allem türkischen Mädchen untersagt. In dieser Hinsicht hatten es die ersten Kinder der Familie am schwersten. Es gibt jedoch immer mehr Eltern, die lernen, ihren Kindern mehr Freiheiten zu lassen, so auch meine Eltern.

(Zeichnung: Gerhard Mester)

(Quelle: Politik & Unterricht, 3-2007, S. 23)

Webcode
SDL-11157-401
Arbeitsblatt:
Aussagen zum Thema „Gastarbeiter": richtig oder falsch?

1 Erkläre den Begriff „Gastarbeiter".
2 Nenne Gründe, warum viele Gastarbeiter in Deutschland geblieben sind.
3 Erkläre, inwiefern das Leben von Güllü Özmens Großvater typisch für Gastarbeiter ist.
4 Erläutere Probleme, vor denen Gastarbeiter und ihre Familien standen.
5 Interpretiere die Karikatur.

Muslime
Mit ca. vier Millionen Angehörigen sind Muslime die drittgrößte Glaubensgemeinschaft in Deutschland. Der weitaus größte Teil davon sind Türken. Ihre Familien kamen vor Jahrzehnten als Gastarbeiter nach Deutschland.

Meine türkische Erfolgsgeschichte

Die Journalistin Hatice Akyün wurde vor 41 Jahren als Tochter anatolischer Analphabeten geboren. Ihre Mutter trägt Kopftuch, sie selbst nicht. Sie hat studiert und eine erfolgreiche Karriere gemacht – und sie ist froh über ihre türkischen Wurzeln.

(…) Ich erinnere mich noch gut daran, wie wir in der Zechensiedlung lebten. Wir waren die Akyüns, die mit den vielen Kindern, dem Grill, der zu jeder Jahreszeit qualmte und der kopftuchtragenden Mutter, die es zum Ärger der deutschen Nachbarn nicht sein lassen konnte, auch am Sonntag Wäsche aufzuhängen. Was hätte die gute Frau auch tun sollen mit sechs Kindern?

Wenn meine Geschwister und ich keine Lust hatten, raus zu gehen, sagte mein Vater streng: „Los, geht raus, geht auf den Spielplatz, spielt mit deutschen Kindern, lernt die Sprache." Mein Vater hatte früh begriffen, dass sein Aufenthalt in Deutschland für seine Kinder von Vorteil ist. Er selbst hat nie eine Schule besucht, weil es in dem anatolischen Dorf, in dem er aufgewachsen ist, keine Schule gab. Aber er wusste, dass wir diese Chance nun hatten. (…)

Mein unbezahlbares Glück war es, in dieser Zechensielung in Marxloh aufzuwachsen. Unsere Nachbarn hießen Gerti und Jupp, ihre Kinder Sven und Sabine. Als wir einmal gemeinsam in unserem Garten saßen – mein Vater hatte wieder den Grill angeworfen – legte Jupp die Hand auf die Schulter meines Vaters und sagte: „Weisse Rafet, jetz bisse eina von uns." Es war die schönste Willkommenserklärung, die man sich als türkische Familie vorstellen konnte. Wir waren eine Arbeiterfamilie und ich eine Bergmannstochter. Das verband uns. Erst später wurde aus mir die Türkentochter, dann die Kümmeltürkin und heute bin ich politisch korrekt eine Deutsche mit Migrationshintergrund. Ich möchte aber nicht politisch korrekt sein. Denn am Ende des Tages bin ich ein Mensch, mit all den Eigenschaften, die sich aus meiner deutschen und türkischen Welt entwickelt haben.

Für meinen Vater war es nicht immer leicht, seinen vier Töchtern den Freiraum zu geben, den auch meine deutschen Freundinnen hatten. Er hatte Angst, dass wir zu „deutsch" werden könnten. Was immer er sich darunter vorgestellt haben mag. Meine Mutter konnte „zu deutsch" viel besser eingrenzen: „In meinem Haus wird nur türkisch gesprochen", befahl sie uns. (…)

Als Kind habe ich mich oft seltsam gefühlt. Ich dachte, wir sind sonderbar. Meine Mutter trägt Kopftuch, wir essen anders, wir sprechen anders. Ich habe das als schlimm empfunden. Erst als ich älter wurde, habe ich gemerkt, mit wie viel Reichtum ich gesegnet war, weil ich die Chance hatte, mit zwei Sprachen und zwei Kulturen aufzuwachsen, und dass ich eine Menge vermissen würde, wenn ich mich für eine meiner Welten entscheiden müsste. (…)

Meine Familie hat es geschafft. Auch, weil wir „zufällig" Menschen um uns herum hatten, die bei der Integration geholfen haben. Aber mein Vater musste einen langen Weg gehen, viel länger und steiniger als meiner. Nicht selten tuschelten andere Türken in der Moschee hinter vorgehaltener Hand über meinen Vater: darüber, dass er seinen Töchtern erlaubte, ins Schullandheim zu fahren oder am Nachmittag Tanzkurse in der Schule zu besuchen. Wenn mein Vater dies mitbekam, ging er zu den anderen Vätern und sagte: „Zeig' mir die Stelle im Koran, in der steht, dass Töchter dies nicht dürfen?"

Ich war unglaublich stolz darauf, wie mein Vater zu dem stand, was er tat. Und es hatte auch einen positiven Effekt. Plötzlich waren meine Geschwister und ich eine Art Vorbilder für andere türkische Familien. Sie sahen, wie ich das Abitur schaffte, eine Ausbildung begann, sogar allein in einer eigenen Wohnung lebte, aber trotzdem nicht „auf der Straße" landete. Ich hatte das Gefühl, dass diese Väter durch meine Familie begriffen haben, dass Freiheit nicht Freizügigkeit bedeutet.

Es gibt ein türkisches Sprichwort, das besagt: Nicht, wo du geboren bist, sondern, wo du satt wirst, ist deine Heimat. Ich werde in meinem Heimatland nicht nur satt, sondern bin auch sehr glücklich hier.

(Hatice Akyün, in: Rheinische Post, 04. 9. 2010, S. A 3)

Hatice Akyün

Geboren 15. Juni 1969 in Akpinat Köyü, Türkei

Deutschland 1972 zog ihre Familie nach Duisburg. Nun wohnt Hatice Akyün in Berlin.

Beruf Freie Journalistin und Schriftstellerin

1 Werte den Bericht von Hatice Akyün über ihr Aufwachsen in Deutschland aus: Welche Schwierigkeiten nennt sie? Wer bzw. was hat ihr geholfen?

2 Suche eine Partnerin oder einen Partner. Arbeitet gemeinsam heraus, was der Bericht insgesamt deutlich macht.

2 Hilfe
Was wird über das Zusammenleben von Migranten und Deutschen ausgesagt? Was fördert, was behindert das Einleben in eine neue Umgebung?

Thema: Menschen mit Migrationshintergrund in unserer Gemeinde

Durch eine Erkundung lernt ihr etwas, das im Unterricht eine Rolle spielt, genauer kennen. Dabei werdet ihr außerhalb der Schule Beobachtungen machen und Gespräche führen.

Vorbereitung

Zunächst legt ihr fest, was ihr erkunden wollt. Dann nehmt ihr Kontakt mit den zu erkundenden Stellen auf und klärt, ob und wann man Zeit für euch hat. Danach bestimmt ihr die Erkundungsteams. Jedes Team erhält einen Auftrag. Die Teams überlegen sich, was sie im Einzelnen erfahren wollen, erarbeiten entsprechende Fragen und notieren diese in Fragebögen. Zudem legt jedes Team fest, wer welche Fragen stellt und wer die Antworten festhält. Ihr könnt auch ein Team „Foto/Video“ bilden, das die Erkundung oder Teile davon in Fotos oder als Film festhält.

Durchführung

Mithilfe von Fragebogen und Beobachtungsbogen führt ihr die Erkundung vor Ort durch. Vorher vereinbart ihr, wann ihr euch wieder trefft.

Auswertung

Die Teams berichten über ihre Ergebnisse und Eindrücke. Oft ist es sinnvoll, die Ergebnisse einer Erkundung zu strukturieren und zu präsentieren. Dies kann mittels einer Ausstellung, Wandzeitung oder Erkundungsmappe geschehen. Das Foto-/Video-Team kann seine Beiträge getrennt vorstellen oder in die Ergebnisse der anderen Erkundungsgruppen einarbeiten.

Laut Statistik leben immer mehr Menschen aus anderen Ländern bei uns in Deutschland. Ich würde gern einmal wissen, warum die Menschen hierherkommen.

Sind denn eigentlich alle Migranten Ausländer?

Unsere Nachbarn kommen aus Kasachstan, das liegt da irgendwo bei Russland. Das sind Deutsche, glaube ich.

Ist denn nicht nächsten Monat Ramadan?

Ramadan – was ist denn das?

Das ist der Fastenmonat der Muslime. Ich weiß das von Celik, der ist bei uns in der Fußballmannschaft.

Wie viele Migrantinnen und Migranten leben eigentlich insgesamt in unserer Stadt, hast du da eine Ahnung?

Das weiß ich auch nicht. Wir sollten eine Erkundung machen und diesen Fragen auf den Grund gehen.

Schulen | Jugendhaus | Einwohner | Kirchen | Verwaltung | ? | Vereine | Geschäfte | Betriebe

1 Stellt Erkundungsmöglichkeiten zusammen. Bezieht euch auf die Stichworte im Kasten. Welche weiteren Erkundungsmöglichkeiten findet ihr noch?

2 Führt die Erkundung durch. Wie stellt sich in eurer Gemeinde oder eurem Stadtteil die Situation der ausländischen Mitbürgerinnen und Mitbürger dar? Beachtet die Hinweise zur Methode Erkundung.

Deutsche siedeln in Osteuropa und in Russland

Im 18. Jahrhundert wanderten viele Deutsche in osteuropäische Länder aus, vor allem nach Russland. Zahlreiche deutsche Familien siedelten sich dort südlich von Saratov im Gebiet der Wolga, aber auch weiter westlich in der Ukraine und in Moldawien an. Im Jahr 1897 wurden in ganz Russland 1,3 Millionen Deutsche gezählt.
Ihre Lage änderte sich im Zweiten Weltkrieg dramatisch. Nach dem Angriff Deutschands auf die Sowjetunion (22. Juni 1941) wurden die meisten Deutschstämmigen gezwungen, ihre Dörfer und Städte zu verlassen. Sie wurden in mittelasiatische Republiken, zum Beispiel Kasachstan, oder nach Sibirien umgesiedelt. Deutsch als Amts- und Unterrichtssprache wurde völlig verboten. Die Deutschstämmigen hatten zwar die russische Staatsangehörigkeit, in ihrem Pass war aber unter Nationalität „deutsch“ vermerkt.

Sowjetunion
sozialistischer Staat, der von 1922 bis 1991 existierte und dessen Territorium von Ostauropa über Zentral- und Nordasien reichte; Rechtsnachfolgerin ist die Russische Föderation.

Aus Russlanddeutschen werden Spätaussiedler

Nach russischen Angaben lebten 1989 ungefähr zwei Millionen Personen deutscher Herkunft in der Sowjetunion. Als Angehörige der deutschen Volksgruppe sind die Russlanddeutschen nach dem Grundgesetz Deutsche und haben das Recht auf Aufnahme in die Bundesrepublik. Weil sich das Leben in Russland aber stark von dem in Deutschland unterscheidet, hatten viele Russlanddeutsche zunächst Probleme, sich zu integrieren. Das größte Problem waren mangelnde deutsche Sprachkenntnisse.
Seit ihrer Gründung im Jahr 1949 hat die Bundesrepublik Deutschland mehr als vier Millionen deutschstämmige Aussiedler aus den verschiedenen Ländern Osteuropas aufgenommen. Die Russlanddeutschen konnten erst ab 1990 in größerer Zahl ausreisen. Ab 1. Januar 1993 Zugezogene werden Spätaussiedler genannt.

Zur Lage der Aussiedler: „Diese Integration ist erstaunlich gut gelaufen“

tagesschau.de: Die Islam- und Integrationsdebatte war in letzter Zeit sehr präsent – niemand scheint aber über die Integration von Aussiedlern zu sprechen. Wie ist deren Eingliederung gelaufen?
Reiner Klingholz: Dass nichts über Aussiedler in der Zeitung steht, ist ein gutes Zeichen. Die Normalität interessiert ja oft keinen. Wenn es schiefläuft, wird es zum Thema. Tatsächlich ist die Integration der Aussiedler erstaunlich gut gelaufen – und besser, als es die meisten Menschen wohl erwartet haben. Es gibt sehr viele Aussiedler, fast vier Millionen. Das sind deutlich mehr als zum Beispiel die türkischstämmigen Zuwanderer.
tagesschau.de: Woher kommt dieser Erfolg?
Klingholz: Es gibt vor allem zwei Gründe. Anders als die Gastarbeitermigranten sind sie über das ganze Land verteilt worden. Sie wurden zugewiesen – oft in ländliche Regionen, was für Migranten ungewöhnlich ist. Hinzu kommt, dass sie nicht deutlich anders aussehen als die „Einheimischen“. Sie gehen also insgesamt stärker in der Gesellschaft auf.
Außerdem hatte Bildung in den Herkunftsländern der Aussiedler einen hohen Stellenwert. Viele von ihnen haben einen Abschluss mitgebracht – der wurde zwar leider oft nicht anerkannt. Von ihren Kindern haben sie aber in punkto Bildung mehr erwartet, als es die ungelernten Gastarbeitereinwanderer aus ärmlichen Regionen in Anatolien oder Jugoslawien jemals konnten. Deswegen hat die zweite Generation der hier Geborenen bereits einen besseren Bildungsstand als der deutsche Durchschnitt.
tagesschau.de: Hohe Bildungsabschlüsse haben ihnen auf dem Arbeitsmarkt nicht unbedingt geholfen.
Klingholz: Für die erste Generation stimmt das. Wer in Kasachstan Lehrerin war, darf das nicht 1:1 auch hier sein. Das Problem wurde in Deutschland lange Zeit vernachlässigt. Man hätte die Leute viel früher mit Nachqualifikationen auf den Stand bringen müssen. Da hat man Potenzial verschleudert. Deswegen fahren viele

Eine deutschstämmige Familie aus der Sowjetunion teilt sich ein Zimmer im Grenzdurchgangslager Friedland (Foto: 1999).

Lehrer und Ärzte aus diesen Ländern hier Taxi. Das gefällt ihnen nicht unbedingt, aber sie tun es.
Die Erwerbsquote ist aber sehr hoch. Unter den türkischstämmigen Einwanderern sind die Frauen oft zu Hause, weil das teilweise kulturell erwünscht ist. Sie stehen dem Arbeitsmarkt nicht zur Verfügung. Die Aussiedler kennen es aus den osteuropäischen Ländern hingegen so, dass Frauen arbeiten. Und ein Arbeitsplatz hilft natürlich wiederum bei der Integration.
(…)
tagesschau.de: Sie sehen die Aussiedlereinwanderung also als Gewinn?
Klingholz: Ich würde sagen: ja. Sie hat uns einerseits vor dem noch stärkeren Schrumpfen der Bevölkerung bewahrt. Mit dem Fall des Eisernen Vorhangs kamen noch mal fast drei Millionen. Wir waren ja schon vor der Wende eigentlich auf Schrumpfkurs. Das sind wir erst seit 2003 wieder, auch wegen der Aussiedler. Und wenn man sieht, was die zweite Generation an Bildungserfolgen hinlegt, ist das andererseits nicht nur ein quantitativer, sondern ein qualitativer Gewinn.
tagesschau.de: Und werden wir in zehn Jahren noch über Aussiedler reden?
Klingholz: Ich schätze, das ist dann kein Thema mehr. Ähnlich wie die vielen Polnischstämmigen im Ruhrgebiet, die Tilkowskis und Schimanskis, heute nicht mehr als Migranten gesehen werden. Das sind ganz normale Deutsche geworden. (…)

Reiner Klingholz ist seit 2003 Direktor des Berlin-Instituts für Bevölkerung und Entwicklung, das 2009 die Studie „Ungenutzte Potenziale. Zur Lage der Integration in Deutschland“ veröffentlichte.

(Quelle: www.tagesschau.de/inland/aussiedlerinterview100.html; Zugriff: 16. 11. 2015)

1. Beschreibe das Schicksal der Deutschen in Russland bzw. der Sowjetunion mithilfe der Karte.
2. Fasse die Informationen aus dem Interview zur Lage der Aussiedler zusammen.
3. Ladet Spätaussiedler zum Gespräch in den Unterricht ein. Bereitet das Gespräch gut vor, indem ihr gemeinsam einen Fragenkatalog erarbeitet.

Push- und Pull-Faktoren

Arbeitssuchende Wanderarbeiter in Mexiko

Chinesische Wanderarbeiter in ihrer Unterkunft

(…) Wesentlich (bei Migration) ist, dass derjenige, der sich zum Wandern entschließt, seinen Lebensmittelpunkt räumlich verlagern will. Dies kann vorübergehend für einige Monate geschehen oder aber mit der Absicht, auf Dauer der alten Heimat fernzubleiben und eine neue Heimat zu finden. Somit ist nicht jede räumliche Veränderung auch eine Migration: Der Urlauber aus Norddeutschland z. B., der für einige Wochen in Italien wohnt oder auch ein paar Monate, ist kein Migrant, denn er kehrt nach der Zeit freiwillig zu seinem gewohnten Lebensmittelpunkt zurück.

(…)

Man kann die Ursachen und Gründe je nach dem Migrationswunsch der Einzelnen nach Push-Faktoren und nach Pull-Faktoren unterscheiden. **Push-Faktoren** sind all jene Umstände, die Menschen aufgrund der unerträglichen Bedingungen in ihrer Heimat zur Migration drängen oder schubsen, also puschen.

Pull-Faktoren oder Zieh-Faktoren werden hingegen all jene Gründe genannt, die meist jüngere und mutige Menschen zur Auswanderung bewegen, weil das gewünschte Auswanderungsland verlockende Lebens- und Arbeitsbedingungen verspricht. Migranten aus armen Ländern Afrikas und Asiens müssen das deutsche System der Sozialhilfe als unglaublich großzügig empfinden: Ohne zu arbeiten, bekommt man eine staatliche Unterstützung, die das Leben sichert. Für einen Menschen mit wenig Zukunftschancen und ohne jegliche staatliche Unterstützung in Afrika muss das sehr verlockend erscheinen.

(Globale Herausforderungen 2, Themen und Materialien, Bundeszentrale für politische Bildung, November 2011, S. 32 u. 34)

UNO: 232 Millionen Migranten weltweit

(...) 232 Millionen Menschen, das sind 3,2 Prozent der Weltbevölkerung, (leben nach Angaben der Vereinten Nationen) nicht in ihrem Heimatland, sondern im Ausland.

Die USA bleiben weiterhin das Hauptzielland: Dort haben rund 46 Millionen Menschen keinen US-amerikanischen Pass. Dahinter kommt Russland mit elf Millionen. Deutschland nimmt mit zehn Millionen Migranten den dritten Platz ein. (…)

Im Jahr 2000 waren es weltweit 175 Millionen, 1990 154 Millionen. Vor 20 Jahren gab es weltweit noch rund 80 Millionen weniger Migranten als heute.

(Quelle: Bericht vom 12. 9. 2013 auf: www.deutschlandradio.de/232-millionen-migranten-weltweit.331.de.html?dram:article_id=261380; Zugriff: 16. 11. 2015)

gute Verdiensmöglichkeiten

Beschränkung der Meinungsfreiheit

Frieden

Dürren

Sicherheit

Arbeitskräftemangel

politische / religiöse Verfolgung

Überschwemmungen

Armut

Möglichkeiten des Familiennachzugs

Rechtssicherheit

allgemeine Unterdrückung

Überbevölkerung

Arbeitslosigkeit / kaum Einkommen

viele Jobangebote

systematische Verfolgung

funktionierendes Gesundheitssystem

günstige Einwanderungsgesetze

hohe Toleranz

Krieg / politische Unruhen

Webcode
SDL-11157-402
Video:
Flucht/Migration

1 Erkläre, was mit Push-Faktoren und was mit Pull-Faktoren gemeint ist.
2 Ordne die Stichworte oben nach Push-Faktoren und nach Pull-Faktoren.
3 Begründe für je drei Faktoren deine Zuordnung genauer.
4 Diskutiert in der Gruppe über die beiden Aussagen.

Roma in Deutschland

Deutsch können die jungen Frauen mit den bunten Kopftüchern nicht sprechen. Sie werden aber auch nicht gesprächiger, als eine Dolmetscherin auf Rumänisch fragt. Babys weinen. Eine Mutter wickelt ihr Kind in eine Decke und wiegt es im Arm. Wie die anderen Frauen wartet sie im Untergeschoss des Dortmunder Gesundheitsamts auf eine kostenlose Untersuchung beim Kinderarzt. Sie will nicht erzählen, woher sie kommt, wie sie nach Dortmund gelangt ist oder wovon sie lebt. Dann, nach langem Schweigen, immerhin ein Satz: „Hier ist es besser."

Romasiedlung Stolipinowo

Maricel C., ein kräftiger Mann, sitzt ebenfalls vor den Behandlungszimmern. Er lebt schon seit 1988 hier und spricht einigermaßen Deutsch. „In Rumänien gibt es keine Welt. Viele gehen weg. Ich will nicht, dass meine Kinder das erleben, was ich erlebt habe", sagt der 37-Jährige. Es ist ihm gleichgültig, ob man ihn Roma oder Rumäne nennt: „Ich bin Zigeuner. Wir haben kein Land." In Dortmund will er bleiben, „weil es besser ist als in Rumänien".

Aus „keiner Welt" kommen sie, beispielsweise aus dem Stadtteil Stolipinowo im bulgarischen Plowdiw, wo Müll auf unbefestigten Straßen liegt und Menschen in Ruinen ohne Wasser, Strom und Toiletten hausen. Seit Rumänien und Bulgarien 2007 Mitglied der Europäischen Union wurden und sich die Grenzen öffneten, drängt es immer mehr weg aus dieser Not.

(Quelle: www.welt.de/politik/deutschland/article113789762/Roma-in-Deutschland-ausgebeutet-illegal-kriminell.html; Zugriff: 17. 11. 2015)

Ein Fallbeispiel aus Mannheim

Als Schauspieler Limeik Topchi Ende 2011 aus Bulgarien nach Deutschland zog, ahnte er nicht, was für schlimme Zeiten auf ihn zukommen würden. Der 30-Jährige träumte von einem besseren Leben – und landete stattdessen in miserabel bezahlter Arbeit und einer heruntergekommenen, völlig überbelegten Wohnung in Mannheim – der Stadt mit dem zweitgrößten Anteil an bulgarischen Zuwanderern in Deutschland. (...)

Topchi tappte in die Falle, in die viele Bulgaren tappen (...): Weil sie kaum Deutsch sprechen, geraten sie in die Fänge von Geschäftemachern und werden gnadenlos abgezockt. Viele Bulgaren gingen nicht auf kostenlose Hilfen ein, weil sie wegen schlechter Erfahrungen in ihrer Heimat den Behörden misstrauten, sagt der Mannheimer Migrationsbeauftragte Claus Preißler. Stattdessen würden sie zum Opfer von Kriminellen, die Formulare gegen Geld ausfüllten und ihnen unnütze Versicherungen unterjubelten. Oft schufteten sie schwarz auf Großbaustellen und glaubten, das sei legal, nur weil sie einen Gewerbeschein hätten.

Die Neuankömmlinge in Mannheim stammten meist aus armen Verhältnissen und hätten im Extremfall nicht einmal einen Schulabschluss, sagt Gabriel Höfle, Quartiersmanager der Neckarstadt-West, dem Stadtteil mit dem höchsten Bulgaren-Anteil. Auf dem Arbeitsmarkt hätten diese Menschen keine Chance. Das treibe sie in den Niedrigstlohnsektor. Topchi brachte zwar Abschlüsse mit, doch sie waren nicht anerkannt. Der diplomierte Dramaturg arbeitete für wenig Geld als Kellner und Verkäufer – 13, 14 Stunden am Tag, ohne Pause, ohne Essen.

Eine Wohnung zu finden sei schwierig gewesen, erzählt er. Er habe immer wieder zu hören bekommen: „Bulgaren wollen wir hier nicht, das sind sehr schlechte Menschen." Bulgarien ist seit 2007 EU-Mitgliedstaat. Schmarotzer, Diebe, Bettler – in Deutschland gibt es viele Vorurteile gegenüber Bulgaren. Die schlügen auch auf den Wohnungsmarkt durch, sagt Preißler: „Selbst bulgarische Akademiker finden oft keine Wohnung." Bulgaren ohne gesichertes Einkommen hätten erst recht schlechte Karten, sagt Höfle. Sie müssten zu Wucherpreisen Wohnungen in „Schrottimmobilien" mieten. (...)

Eigentlich müssten die Neuankömmlinge erst einmal einen Deutschkurs besuchen, um überhaupt eine Chance zu haben, sagt Preißler. Topchi ist diesen Weg gegangen. Seit Januar hilft er als Integrationslotse beim Quartiersmanagement Bulgaren, die nach Mannheim auswandern.(...)

Höfle berichtet von einer Bulgarin, die eine Stromrechnung von 4000 Euro bekam – der Vermieter hatte das ganze Haus auf sie angemeldet. Die Lotsen begleiten die Betroffenen zur Polizei und helfen ihnen bei Gerichtsprozessen. Dass immer mehr Bulgaren nach Deutschland kommen und trotz widriger Umstände bleiben, hat laut Höfle mit der schwierigen wirtschaftlichen und auch politischen Situation in ihrer Heimat zu tun. Vor allem Minderheiten wie Roma lebten dort oft im Elend. Überhaupt arbeiten zu können, sei für viele Migranten schon ein Fortschritt. (...)

Limeik Topchi hat geschafft, wovon viele Bulgaren in Mannheim nur träumen können: Er hat sich in Deutschland ein neues Leben aufgebaut. Derzeit spielt er die Hauptrolle in William Shakespeares „Der Sturm“, das Regisseur Hansgünther Heyme in der Neckarstadt-West mit Deutschen und Bulgaren auf die Bühne bringt.

(Quelle: Artikel vom 9. Juli 2015 – n-tv.de , Sandra Cartolano, dpa auf: www.n-tv.de/panorama/Limeik-Topchi-hat-es-geschafft-article15476511.html; Zugriff am 1. 11. 2016)

Debatte um „Armutsmigration“: Rumänen besser integriert als Bulgaren

Die Zuwanderung aus Rumänien und Bulgaren steigt seit Jahren, mit ihr die Angst vor „Armutsmigration“. Doch wie viele leben inzwischen in Deutschland? Und wie viele von ihnen sind erwerbstätig?

Der Europäische Gerichtshof (EuGH) hat entschieden, dass Deutschland einer Rumänin und ihrem Sohn keine Hartz-IV-Leistungen bezahlen muss, weil die Frau nicht auf Arbeitssuche eingereist war. Der Rechtsstreit hat erneut die These einer angeblichen „Armutsmigration“ vor allem aus Rumänien und Bulgarien in den Blickpunkt gerückt. Nach einer Studie des Instituts für Arbeitsmarkt- und Berufsforschung (IAB) der Nürnberger Bundesagentur für Arbeit sind vor allem Rumänen gut in den Arbeitsmarkt integriert. (...)

Den offiziellen Statistiken zufolge lebten im September rund 512 000 Menschen aus den beiden osteuropäischen EU-Mitgliedstaaten in Deutschland. Wie das IAB in seinem vor knapp zwei Wochen erschienenen „Zuwanderungsmonitor“ berichtet, waren das rund 98 000 oder knapp ein Viertel mehr als Anfang des Jahres, als die EU-weit übliche volle Arbeitnehmerfreizügigkeit auch für die Bevölkerung dieser Länder eingeführt wurde. Generell steigt der Anteil der Menschen aus Rumänen und Bulgaren in Deutschland seit Jahren rapide an.

Wie das Bundesamt für Migration und Flüchtlinge (BAMF) in einem kürzlich veröffentlichten Bericht schrieb, erhöhte sich deren Zahl von 2004 bis 2014 um nahezu das Vierfache. Grund sind demnach veränderte Wanderungsströme: Wegen der Wirtschaftskrise in Spanien und Italien sind die traditionell wichtigsten Auslandsarbeitsmärkte für Menschen aus diesen Ländern eingebrochen. Auf der Suche nach Jobs zieht es sie jetzt zunehmend nach Deutschland. (...)

Das IAB schätzt die Erwerbsquote einschließlich der Selbstständigen und nicht abgabepflichtigen Saisonkräfte auf 72 bis 77 Prozent. Genau angeben lässt sich die Zahl der abhängig Beschäftigten: Das waren im August 253 000 oder 57 Prozent in dieser Bevölkerungsgruppe im erwerbsfähigen Alter. Die Arbeitslosenquote lag bei 9,2 Prozent und ist seit Beginn der Freizügigkeit um 2,2 Prozentpunkte gesunken.

Allerdings gibt es demnach große Unterschiede zwischen Rumänen und Bulgaren: Rumänen gehören mit einer Arbeitslosenquote von 6,5 Prozent eindeutig zu den am besten in den Jobmarkt integrierten Ausländergruppen. Der Wert entspricht in etwa der Arbeitslosenquote in der Gesamtbevölkerung. Die Arbeitslosenquote unter den Bulgaren ist mit 15,3 Prozent derweil deutlich höher.

Den neuesten verfügbaren Zahlen des IAB zufolge bezogen im Juli 66 500 Rumänen und Bulgaren Hartz IV, was einem Anteil von 13,6 Prozent entsprach. Auch hier zeigten sich klare Unterschiede zwischen Rumänen und Bulgaren: Von ersteren bezogen 9,2 Prozent Hartz IV, von letzteren 21,9 Prozent. Im Durchschnitt der ausländischen Bevölkerung lag die Quote bei 16,2 Prozent. (...)

(Quelle: www.n24.de/n24/Nachrichten/Politik/d/5694064/rumaenen-besser-integriert-als-bulgaren.html; Zugriff: 17. 11. 2015)

Aus Rumänien und Bulgarien kommen nur Zigeuner zu uns, die unser Sozialsystem ausnutzen wollen.

Die meisten Menschen aus Bulgarien und Rumänien suchen hier Arbeit. Und es ist ihr gutes Recht, in der EU herrscht Freizügigkeit.

1 Erkläre, was mit „Armutsmigration“ gemeint ist. Was sind dabei Push-, was Pull-Faktoren?
2 Analysiere das Fallbeispiel aus Mannheim.
3 Werte den Bericht oben unter den Aspekten Arbeitsaufnahme und Sozialleistungen aus.
4 Setze dich mit den beiden Aussagen in den Sprechblasen auseinander.

Ein Flüchtling berichtet

Ich bin aus Syrien nach Deutschland gekommen. Das war vor zwei Jahren. In Syrien herrscht schon lange Krieg. Alles ist zerstört, Häuser, Straßen, Autos. Und viele Menschen sind gestorben. Für meine Familie war es besonders gefährlich: Wir sind Kurden und sprechen eine andere Sprache als die meisten Syrer. Viele Menschen auf den Straßen in Damaskus, der syrischen Hauptstadt, sagen, dass Kurden schlechte Menschen sind. Es ist verboten, Kurdisch zu sprechen oder kurdische Musik zu hören. Wir konnten nicht frei leben. Darum haben wir Syrien verlassen.
Meine Mutter und ich sind zuerst in die Türkei bis nach Istanbul gefahren und von dort weiter mit dem Flugzeug nach Deutschland geflogen. Meine Schwestern, einige Cousins und viele meiner Freunde sind auch weggegangen, alle in verschiedene Länder. Mein Vater ist schon seit elf Jahren in Deutschland. Davor kam jeden Tag jemand vom Militär in unser Haus und hat gefragt, wo er ist. Meine Mutter hat behauptet, sie wüsste es nicht. Ich konnte mich kaum an meinen Vater erinnern. Als wir in Deutschland ankamen, konnten wir nicht gleich zu ihm. Wir mussten erst in ein Heim mit anderen Flüchtlingen. Wenn man zu spät in die Küche kam, gab es nichts mehr zu essen. In der Ausländerbehörde waren die Leute unfreundlich zu uns, wenn wir sie nicht verstanden haben. Sie wollten, dass meine Mutter Deutsch lernt, aber sie kann nicht einmal lesen und schreiben.
Trotzdem ist in Deutschland alles besser als in Damaskus. Meine Lehrer sind nett, ich gehe gern zur Schule. Nachmittags besuche ich Freunde, spiele Fußball, mache Hausaufgaben und gucke Fernsehen. Es ist komisch, auf einmal einen Vater zu haben. Manchmal kann ich nicht glauben, dass wir alle wieder zusammen sind, meine Mutter wieder lacht und wir spazieren gehen.
Ich möchte mir später einen Laden kaufen oder Busfahrer werden. In Deutschland zu leben, ist für mich die größte Freiheit.
Egid, 14 Jahre

(Quelle: www.zeit.de/2014/44/fluechtlinge-krieg-arm-kinder-indien-syrien/seite-2; Zugriff: 17. 11. 2015)

Flüchtlinge landen auf der griechischen Insel Lesbos

Krieg, Bürgerkrieg, Verfolgung, Naturkatastrophen oder Hunger sind Gründe, die Menschen zur Flucht treiben. Weltweit gab es Ende 2014 nach Angaben der Vereinten Nationen knapp 60 Millionen Flüchtlinge. Davon waren fast 20 Millionen ins Ausland geflüchtet, die anderen irren heimatlos im eigenen Land umher. Über die Hälfte von ihnen waren Kinder und Jugendliche. Viele Flüchtlinge aus Afrika und dem Nahen Osten wollen nach Europa. Da fast keiner gültige Einreisepapiere hat, versuchen die meisten, illegal nach Europa zu gelangen. Das machen sich Kriminelle zunutze, die den Flüchtlingen versprechen, sie gegen Bezahlung heimlich über die Grenze zu bringen, sie zum Beispiel in überfüllten Booten über das Mittelmeer nach Spanien, Italien oder Malta einzuschleusen.
Werden die Flüchtlinge dann von der Polizei aufgegriffen, kommen sie meist in Lager oder Sammelunterkünfte. Fast alle Flüchtlinge stellen einen Antrag auf Asyl, bitten also um Schutz. Die Behörden müssen dann entscheiden, wie es mit den Flüchtlingen weitergeht, z. B. wie über ihren Asylantrag entschieden wird. Deutschland gehört zu den 147 Staaten (Stand 2015), die die Genfer Flüchtlingskonvention von 1951 bzw. deren Erweiterung von 1967 unterschrieben haben. Das ist ein internationaler Vertrag, in dem unter anderem bestimmt wird: „Kein Flüchtling darf in Gebiete zurückgewiesen werden, in denen sein Leben oder seine Freiheit bedroht ist." Bürgerkriegsflüchtlinge erhalten daher vorübergehend Schutz in Deutschland. Sie müssen jedoch in ihr Heimatland zurückkehren, wenn sich dort die Lage wieder beruhigt hat.

Flüchtlingskrise stellt Europa auf die Probe

(…) Hunderttausende (Flüchtlinge) machen sich auch auf den Weg nach Europa. Deutschland und Schweden sind dabei die beliebtesten Ziele der Flüchtlinge – wohlhabende Länder mit einer florierenden Wirtschaft und gut funktionierenden Sozialsystemen. Im Laufe des Jahres 2015 könnten eine Million Flüchtlinge in Deutschland eintreffen. (…)
Der Flüchtlingsstrom hat Deutschland unvorbereitet getroffen. Waren es 2013 noch 127 000 Asylanträge, so stiegen diese 2014 auf 202 000. 2015 werden eine Million Flüchtlinge erwartet. Mit diesem Anstieg hatte niemand gerechnet. In den Bundesländern, Städten und Gemeinden, die für die Unterbringung verantwortlich sind, fehlen vielerorts geeignete Unterkünfte. Flüchtlinge müssen inzwischen in Schulturnhallen, Zelten und Containern untergebracht werden. Beim Bundesamt für Migration und Flüchtlinge (BAMF), das für die Asylverfahren zuständig ist, häufen sich unterdessen Hunderttausende von Anträgen.
In Deutschland zeichnet sich dabei die Tendenz ab, immer stärker zwischen Bürgerkriegsflüchtlingen (vor allem aus Syrien, dem Irak und Afghanistan) auf der einen Seite und Armutsflüchtlingen (vor allem aus den Staaten des Westbalkans, also Serbien, Montenegro, Bosnien-Herzegowina, dem Kosovo, Albanien und Mazedonien) auf der anderen Seite zu unterscheiden. Während Bürgerkriegsflüchtlinge zurzeit mit einer Anerkennung in Deutschland rechnen können, sollen Armutsflüchtlinge möglichst schnell wieder zur Ausreise veranlasst werden. Befürworter argumentieren, dass Deutschland seine Kapazitäten für die Aufnahme wirklich schutzbedürftiger Menschen brauche. Kritiker halten dagegen, dass bestimmte Gruppen auf dem Balkan, beispielsweise Roma und Sinti, diskriminiert würden und deshalb ebenfalls auf Schutz angewiesen seien.
Viele halten es für dringend erforderlich, die europäische Asylpolitik angesichts der Flüchtlingskrise zu überdenken. Seit der Einführung des Dublin-Verfahrens ist das EU-Mitgliedsland für das Asylverfahren zuständig, dessen Boden ein Flüchtling zuerst betreten hat. Diese Regelung belastet Länder an den Außengrenzen Europas besonders stark. So hatte auch Deutschland lange geglaubt, es könne die Migration den Ländern an den Schengengrenzen überlassen. Währenddessen will kaum einer der Flüchtlinge tatsächlich in Italien, Griechenland, Bulgarien oder Ungarn bleiben, in Ländern, die sie erklärtermaßen nicht wollen.
Seit Monaten wird in der Europäischen Union darüber diskutiert, die Flüchtlinge mithilfe eines Quotensystems auf die Mitgliedsstaaten zu verteilen. Dieser soll sich an der Bevölkerungszahl, der Wirtschaftskraft und der Arbeitslosenquote orientieren. Bislang kam es zu keinen Ergebnissen, bis auf wenige Länder wie Deutschland, Österreich und Schweden verhält sich Europa unsolidarisch.

(Zeichnung: Thomas Plaßmann)

(Quelle: www.lpb-bw.de/fluechtlingsproblematik.html#c24605; Zugriff: 18. 11. 2015)

1 Beschreibe, was der Bericht von Egid deutlich macht.
2 Erkläre, warum Flüchtlinge versuchen, illegal nach Europa zu gelangen.
3 Erläutere, wozu Deutschland durch den Beitritt zur Genfer Flüchtlingskonvention verpflichtet ist.
4 Werte den Text oben aus und notiere wesentliche Aspekte.
5 Analysiere die Karikatur und diskutiere in der Gruppe über ihre Aussage.

In vielen Ländern der Erde werden Menschen politisch verfolgt. Sie gehören z. B. einer verbotenen Partei an oder einem Volk, das gern unabhängig werden möchte. Andere haben gegen Ungerechtigkeiten der Regierenden demonstriert oder sind für die Menschenrechte eingetreten. Dafür werden sie von der Polizei verfolgt und im Gefängnis gefoltert. Solche Menschen erhalten bei uns Schutz. So lautet Artikel 16a, Abs. 1 des Grundgesetzes: „Politisch Verfolgte genießen Asylrecht." Politisch Verfolgte, die zu uns flüchten, sind Asylsuchende. Bevor ein Flüchtling Asyl erhält, prüfen die Behörden, ob er wirklich politisch verfolgt wurde. Wer nur nach Deutschland kommt, um hier Geld zu verdienen, bekommt kein Asyl. Während der Antrag geprüft wird, werden die Asylsuchenden im Allgemeinen in Sammelunterkünften untergebracht. Sie erhalten Essen und ein geringes Taschengeld, da sie nicht arbeiten dürfen. Seit 1. Januar 2015 besteht in den ersten drei Monaten Residenzpflicht, das heißt, die Asylsuchenden dürfen ohne Sondergenehmigung ein bestimmtes Gebiet (zum Beispiel Bundesland, Regierungsbezirk oder Stadt) nicht verlassen; danach gilt die Beschränkung noch für Asylsuchende (und Geduldete), deren Lebensunterhalt nicht gesichert ist (Stand: November 2015).

sichere Drittstaaten
Staaten, die selbst Schutz vor politischer Verfolgung bieten (EU-Mitgliedstaaten, Norwegen, Schweiz)

sichere Herkunftsländer
Staaten, in denen gewährleistet scheint, dass keine politische Verfolgung stattfindet

Asylrecht: Sichere Herkunftsstaaten

Auf das deutsche Asylrecht kann sich nicht berufen, wer aus einem Mitgliedstaat der **Europäischen Union** kommt. Als weitere **„sichere Herkunftsstaaten"** können durch Gesetz Staaten bestimmt werden, in denen es weder politische Verfolgung noch unmenschliche Behandlung gibt. Asylbewerber aus solchen Ländern können schneller abgeschoben werden.

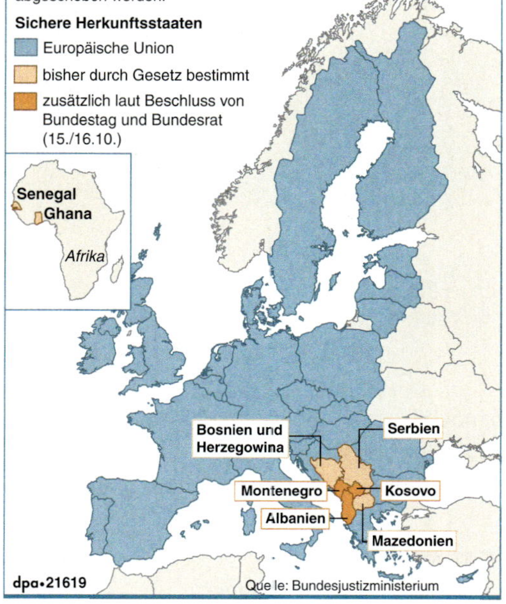

Wer nach Prüfung seines Antrags Asyl in Deutschland erhält, bekommt eine zunächst auf drei Jahre befristete Arbeits- und Aufenthaltsgenehmigung. Der Wohnsitz kann frei gewählt werden. Kinder bis 16 Jahre können nachkommen. Wird der Asylantrag abgelehnt, wird der Antragsteller abgeschoben, d. h., er wird in sein Heimatland zurückgeschickt. Nur wenn dort Folter oder Lebensgefahr droht, wird die Abschiebung ausgesetzt, d. h. der abgelehnte Asylbewerber wird in Deutschland „geduldet".

Lange Zeit wurde das Grundrecht auf Asyl nur von einigen Tausend Menschen jährlich in Anspruch genommen. Anfang der 1990er-Jahre änderte sich dies. Durch die Öffnung des „Eisernen Vorhangs" nach Osteuropa, durch den Bürgerkrieg in Jugoslawien und einem verstärkten Zustrom von Armutsflüchtlingen stieg die Zahl der Asylbewerber in Deutschland sprunghaft an. Im Jahr 1992 stellten fast 440 000 Menschen einen Asylantrag in Deutschland. 1993 wurde das Asylrecht neu geregelt. Das individuelle Recht auf Schutz vor politischer Verfolgung blieb bestehen (Art. 16a, Abs. 1 GG). Allerdings wurde ergänzend bestimmt, dass niemand, der aus einem „sicheren Drittstaat", in dem er hätte Schutz finden können, einreist, in Deutschland einen Asylantrag stellen kann (Art. 16a, Abs. 2 GG). Außerdem können nun „sichere Herkunftsländer" bestimmt werden, in denen keine politische Verfolgung droht. Wer von dort kommt, kann in Deutschland nur dann einen Asylantrag stellen, wenn er eindeutige Beweise für eine Verfolgung vorlegt (Art. 16a, Abs. 3 GG).

Durch diese Änderungen im Grundgesetz ging die Anzahl der Asylsuchenden stark zurück. Im Jahr 2007 waren es nur noch etwa 19 000. Seitdem steigt sie wieder. Im Jahr 2013 stellten rund 127 000 Flüchtlinge einen Antrag auf Asyl in Deutschland, 2014 waren es knapp 203 000 Menschen und von Januar bis Oktober 2015 mehr als 362 000.

Zehn Nationalitäten in Containern

Benningen – (...) Konzentriert liest der junge Syrer vor: „Das ist meine Haus." Heike Schmitt nickt und korrigiert lächelnd: „Mein Haus." Dann ist der nächste Asylbewerber an der Reihe. 16 Männer sitzen heute mit den Ehrenamtlichen des Benninger Arbeitskreises Asyl an den Tischen. Einmal pro Woche lernen sie Deutsch auf verschiedenen Niveaus. Die Asylbewerber aus Syrien, Indien, Pakistan und Gambia lernen Wörter wie „Haus", „Dach", „Garten" oder „Wolke".

Doch in ihrem Leben haben die Männer aus zehn Nationen (...) oft mit ganz anderen Wörtern zu tun. „Sie müssen alle leistungsrelevanten Tatsachen (insbesondere Zufluss von Einkommen) angeben", steht etwa auf dem Blatt Papier, das kurze Zeit später vor dem 30-jährigen Khaled al-Sardini liegt. Der Textiltechniker hat kürzlich eine auf drei Jahre befristete Aufenthaltsgenehmigung bekommen – einen Job nicht. Jetzt hilft Heike Schmitt dem Syrer, Arbeitslosengeld zu beantragen. Gemeinsam füllen die beiden aus: geboren 1984, Geburtsort Aleppo. In der nordsyrischen Stadt tobt der Bürgerkrieg (...). Al-Sardini ist von Ägypten über das Mittelmeer, über Italien und Frankreich nach Deutschland gelangt.

Nachdem der dicke Stapel Papier durchgearbeitet ist, radelt der Syrer durch den Regen zurück zur Flüchtlingsunterkunft. Die 18 knallbunten Container stehen seit Anfang des Jahres knapp einen Kilometer westlich von Benningen – 48 Männer wohnen hier. Sie kommen aus zehn Nationen und gehören zu gut 1300 Asylbewerbern, die aktuell im Landkreis Ludwigsburg Unterkunft finden. „In Benningen sind wir ausgelastet", sagt Heike Schmitt. Doch in den Landkreis kommen monatlich 200 neue Asylbewerber

Hinter jeder dieser abstrakten Zahlen steckt ein menschliches Schicksal. Etwa das von Musa Blendar. Der 24-Jährige kommt aus Gambia und möchte seinen echten Namen lieber nicht in der Zeitung lesen. Vor rund einem Jahr ist er über das Mittelmeer gekommen. Blendars Mutter und seine Geschwister sind in Gambia geblieben. Er spricht selten mit ihnen, vielleicht zweimal im Monat. Auch das Gratisprogramm Skype sei keine echte Option, erklärt Blendar: „Der Präsident von Gambia lässt die Verbindungen oft stören", sagt er. (...)

Seit Anfang November dürfen Asylbewerber schon nach drei Monaten in Deutschland arbeiten. Früher betrug die Frist neun Monate. Doch Heike Schmitt erklärt, die neue Regelung bringe höchstens Fachkräften etwas: „Ein Asylbewerber bekommt eine Stelle nur, wenn nicht schon ein Deutscher oder ein EU-Bürger auf der Warteliste stehen." Das sei bei Hilfsjobs fast immer der Fall. „Wir haben unter den Asylbewerbern auch Fachkräfte. Nur fehlen denen im dritten Monat in der Regel noch die nötigen Deutschkenntnisse", sagt Schmitt.

(...) Doch die Chancen der Asylbewerber, (...) anerkannt zu werden, sind gering. Das Bundesamt für Migration und Flüchtlinge hat im Jahr 2014 über zwei Drittel der Anträge negativ entschieden. Von den Männern aus (...) Benningen können sich laut Heike Schmitt vor allem Iraker und Iraner Hoffnung auf eine Zukunft in Deutschland machen.

(Quelle: Stuttgarter Zeitung vom 21. 11. 2014, S. IX)

1 Erkläre, warum das Asylrecht das einzige Grundrecht ist, auf das sich jeder Mensch berufen kann.

2 Werte den Bericht über Asylbewerber in Benningen aus und notiere, was dir auffällt.

3 Lege dar, wie das Grundrecht auf Asyl 1993 geändert wurde.

4 Erkläre den Unterschied zwischen „sicheren Drittländern" und „sicheren Herkunftsländern".

5 Nimm zur Änderung des Asylrechts von 1993 Stellung. Äußere auch Vermutungen, warum es geändert wurde.

Im Unterschied zu Flüchtlingen, die bald in ihre Heimat zurückkehren wollen, wollen Einwanderer auf Dauer bleiben. Wer in ein anderes Land einwandert, steht vor einer Reihe von Problemen. Man muss die fremde Sprache lernen und wenn man seine neue Umgebung verstehen will, muss man wissen, welches Verhalten, welche Sitten und Gebräuche in dem neuen Land üblich sind. Dieses Sicheinfügen in eine neue Gesellschaft nennt man Integration. Sie gelingt nur, wenn zwei Voraussetzungen gegeben sind:

- Der Zuwanderer muss seine Einbeziehung wollen. Er muss die andere Sprache lernen, die Gesetze und Gebräuche seiner neuen Heimat respektieren.
- Die Gesellschaft muss Zuwanderer aufnehmen wollen. Sie darf Fremde nicht als unerwünscht ablehnen, sondern muss ihnen bei ihrer Integration helfen.

Oft wird gesagt, die Ausländer würden den Deutschen die Arbeit wegnehmen. Stimmt das? Viele Ausländer erledigen Arbeiten, die nur wenige Deutsche machen wollen, weil sie schmutzig oder körperlich anstrengend sind. Andere haben studiert und arbeiten als Ärzte oder Rechtsanwälte.

Zurzeit sind mehr als zweieinhalb Millionen Ausländer in Deutschland sozialversicherungspflichtig beschäftigt. Sie bezahlen Steuern und Rentenbeiträge, genau wie deutsche Arbeitnehmer. Mit diesen Steuern werden z. B. Schulen unterhalten, Straßen gebaut und Schwimmbäder finanziert. Die Rentenbeiträge helfen, zukünftige Rentenzahlungen zu sichern.

Gericht entscheidet: Türkin muss nach 30 Jahren zum Integrationskurs

Karlsruhe – Auch eine seit 30 Jahren in Deutschland lebende Türkin kann zu einem Integrationskurs verpflichtet werden, wenn sie keinerlei Deutsch spricht. Diese Entscheidung hat das Verwaltungsgericht Karlsruhe am Montag veröffentlicht. Die inzwischen 61 Jahre alte Mutter von sechs Kindern ist nicht in der Lage, sich in deutscher Sprache zu verständigen. Das Verwaltungsgericht bestätigte damit die Entscheidung der Ausländerbehörde, die der Frau die Teilnahme an einem Integrationskurs verordnet hatte. Die Ehefrau eines Ladenbesitzers hatte geklagt und darauf verwiesen, dass ihre Kinder gut ausgebildet seien, Steuern bezahlten und die deutsche Staatsbürgerschaft angenommen haben. Ihre schlechten Sprachkenntnisse lägen daran, dass sie Analphabetin sei. Das Verwaltungsgericht wies die Klage der Frau jedoch ab. Zur Begründung heißt es, es bestehe ein hohes staatliches und gesellschaftliches Interesse daran, „dass sich alle auf Dauer in Deutschland lebenden Ausländer zumindest auf einfache Art sprachlich verständigen können". (...)

(Quelle: Artikel vom 26. 11. 2012 auf: www.spiegel.de/politik/deutschland/gericht-tuerkin-muss-nach-30-jahren-zum-integrationskurs-a-869415.html; Zugriff: 20. 11. 2015)

Imam
Vorbeter beim Gebet in der Moschee

Aus einem Gespräch zwischen den Schülerinnen Aylin und Emel:

Aylin: Unser Imam meint, dass Frauen ihr Haar nicht offen tragen sollten, das passe nicht zu unserem Glauben. Meine Mutter findet das auch. Sie sagt, dass wir uns durch das Kopftuch offen zu unserem Glauben bekennen würden. Wir sind stolz darauf, Türken zu sein, auch wenn wir in Deutschland leben. Ich will kein „Almanci" sein. Das heißt „Deutschländer", so werden die Türken genannt, die wie die Deutschen sein wollen.

Emel: Aylin, du weißt aber, dass das Kopftuch in Deutschland auch zu Schwierigkeiten führen kann. Du hast mir doch selbst erzählt, dass deine ältere Schwester keine Lehrstelle bei der Bank bekommen hat, weil sie ihr Kopftuch auf keinen Fall abnehmen wollte. Ich will später aber mal die Ausbildung machen, die mir am meisten zusagt.

Aylin: Ja, meine Schwester war über die Absage von der Bank sehr enttäuscht und traurig. Sie hat jetzt aber eine Ausbildungsstelle zur Arzthelferin bei einem türkischen Arzt bekommen, dort darf sie das Kopftuch auch während der Arbeit aufbehalten. Niemand stört sich daran.

Emel: Ich weiß, der Arzt behandelt aber ausschließlich Türken und alle sprechen in der Arztpraxis Türkisch. Ich möchte hier in Deutschland lieber Deutsch sprechen und nicht nur mit Türken zusammen sein. In dem Stadtviertel, in dem der Arzt seine Praxis hat, leben fast nur Türken. Wenn ich dort nach dem Weg frage, muss ich das auf Türkisch tun, weil meine Frage auf Deutsch gar nicht verstanden wird. Das ist mitten in Deutschland doch komisch.

Der frühere Bundespräsident Johannes Rau über Integration:

Wir müssen darauf vorbereitet sein, dass Menschen kommen, von denen wir etwas erwarten und die von uns etwas erwarten. Vorbereitet sein müssen wir in vielen Bereichen. Am wichtigsten sind Kindergärten, Schulen und Hochschulen. Das sind die Orte, an denen sich entscheidet, ob Integration in unserem Land gelingt. (...) Wer auf Dauer in Deutschland lebt, muss deutsch sprechen können. Darum ist „Deutsch für Ausländer" ein zentrales Bildungsprojekt für die Zukunft unserer Gesellschaft. (...) Es ist in unserem gemeinsamen Interesse, dass alle Ausländer oder neu Eingebürgerte möglichst gute Bildungschancen haben. Bildung fördert die Integration, Bildung eröffnet Chancen auf gute Arbeitsplätze, Bildung macht gesprächsfähig.

(Quelle: Frankfurter Allgemeine Zeitung vom 13. 5. 2000)

Deutschpflicht auf dem Schulhof:

Fast 90 Prozent der Schülerinnen und Schüler an der Herbert-Hoover-Oberschule im Berliner Stadtbezirk Wedding haben einen Migrationshintergrund. Diese Schülerinnen und Schüler sprechen Türkisch, Arabisch und noch mindestens zehn weitere Sprachen, doch auf dem Schulgelände ist nur eine Sprache zu hören: Deutsch. Vor einigen Jahren hatten Schulleitung und Lehrerkollegium überlegt, wie die überwiegend schlechten Deutschkenntnisse der Schüler und Schülerinnen verbessert werden könnten und so die Integration gefördert werden kann. Heraus kam der Beschluss der Schulkonferenz, in der neben Lehrkräften auch Eltern und Schüler bzw. Schülerinnen vertreten sind, dass bei sämtlichen schulischen Veranstaltungen, also auch auf dem Schulhof, bei Wandertagen und Klassenfahrten, nur noch Deutsch gesprochen werden darf. Alle Schüler und Schülerinnen, die in die Schule aufgenommen werden, müssen eine Bildungsvereinbarung unterschreiben, in der sie sich unter anderem verpflichten, in der Schule nur Deutsch zu sprechen. Fünf Jahre später zog die Schulleitung eine positive Bilanz der anfangs umstrittenen Maßnahme. Die Konflikte zwischen Schülern hätten seitdem abgenommen, mehr Schüler und Schülerinnen würden den Realschulabschluss schaffen, mehr eine Lehrstelle finden und mehr auf das Gymnasium gehen.

Ausländer tragen zum Wohlstand in Deutschland bei – und zwar nicht nur, indem sie hier arbeiten, sondern auch dadurch, dass sie Betriebe führen und Arbeitsplätze schaffen.

Es gibt aber auch Schattenseiten. Die Arbeitslosenquote ist bei Ausländern schon seit Jahrzehnten viel höher als bei Deutschen. 2014 betrug die Arbeitslosenquote bei Ausländern 14,3 Prozent, während sie sich bei Deutschen auf 6,0 Prozent belief. Dafür gibt es mehrere Gründe: Wer die deutsche Sprache nicht beherrscht, kann keinen Beruf erlernen. Menschen ohne Berufsausbildung werden häufiger arbeitslos. Einige ausländische Jugendliche wollen nach der Schule „erstmal Geld verdienen". Sie arbeiten als Ungelernte und machen keine Berufsausbildung.

Doch Ungelernte werden am ehesten arbeitslos.

Vural Öger ist ein türkischstämmiger deutscher Unternehmer. Er gründete 1969 in Hamburg das Reisebüro Istanbul, das als erstes Direktflüge von Hamburg in die Türkei anbot. Daraus ging 1972 die Öger Tours GmbH hervor.

1. Analysiere das Gespräch. Welche Befürchungen äußert Aylin, welche hat Emel?
2. Erkläre, worin der frühere Bundespräsident Johannes Rau den Schlüssel zur Integration gesehen hat.
3. Nimm Stellung zum Vorschlag einer Deutschpflicht auf dem Schulhof.
4. Diskutiert die Behauptung „Ausländer nehmen Deutschen die Arbeitsplätze weg".
5. Erläutere zusammenfassend die Probleme der Integration.

Bilkay Öney war von 2011 bis 2016 Landesministerin für Integration in Baden-Württemberg.

Bilkay Öney: „Es ist ein Tanz auf Messsers Schneide“

Bilkay Öney, frühere SPD-Abgeordnete in Berlin und jetzige Integrationsministerin aus Baden-Württemberg, spricht im Interview mit dem Tagesspiegel über Migranten und die deutsche Integrationsdebatte.

Frau Öney, helfen Sie uns!
Wobei? Haben Sie Integrationsprobleme?

Nein, aber ein Verständnisproblem. Sie sind die erste Landesministerin, die ausschließlich für Integration zuständig ist. Und nun lesen wir, Sie würden Ihr Ministerium für überflüssig halten.
Wir haben bereits wichtige rechtliche Änderungen vorgenommen, die es ohne das Ministerium nicht gegeben hätte. Glauben Sie mir: Es ist gut und richtig, dass es dieses Ministerium gibt. Ich mache meine Aufgabe gern und aus voller Überzeugung.

Welche Impulse wollen Sie in der deutschen Integrationsdebatte setzen?
Integration ist nicht nur eine Aufgabe, die Migranten angeht. Auch Deutsche müssen sich immer wieder integrieren. Bei meiner Antrittsrede habe ich mit einem Augenzwinkern gesagt, dass ich auch Badener und Württemberger zusammenführen will. Aber im Ernst: Es geht um rechtliche, wirtschaftliche und gesellschaftliche Verbesserungen für Migranten, damit diese sich als Teil der Gesellschaft sehen und Verantwortung für dieses Land übernehmen.

Viele Integrationspolitiker fühlen sich als Anwälte von Migranten. Sie auch?
Ich schaue hin, wo Migranten Probleme haben oder benachteiligt werden. Aber dabei bleibe ich nicht stehen. Ich habe den Eid auf die Landesverfassung von Baden-Württemberg abgelegt und muss mich um alle Menschen in diesem Land kümmern.

Kann man zugleich Anwältin der Mehrheitsgesellschaft und der Migranten sein?
Das ist natürlich ein Tanz auf Messers Schneide. Trotzdem muss ich versuchen, die verschiedenen Interessen auszugleichen. Ein Beispiel: Ich will die sogenannte Optionspflicht bei der Einbürgerung abschaffen, unter der einige Migranten leiden. Sie sollen sowohl den Pass ihres Herkunftslandes behalten als auch die deutsche Staatsbürgerschaft annehmen können. Wenn ich das fordere, sieht die Mehrheitsgesellschaft in mir eine Anwältin der Migranten. Wenn ich dafür eintrete, dass die alternde erste Einwanderergeneration eine kultursensible Pflege erhält, also etwa in Altersheimen ein Nahrungsangebot, das mit islamischen Essensvorschriften übereinstimmt, dann bekomme ich Beschwerdebriefe aus der Mehrheitsgesellschaft. Die Absender fragen, warum Migranten eine Extrawurst bekommen sollen. Sie sehen: Meistens hat eine Seite etwas auszusetzen.

In der Integrationsdebatte gibt es große Empfindlichkeiten. Muss ein Politiker darauf Rücksicht nehmen?
Auf die Befindlichkeiten muss man achten. Das habe ich gespürt, als ich sagte, Migranten-Kinder würden mehr fernsehen als deutsche. Ich wollte damit aber nicht provozieren. Ich wollte

Bilkay Öney, Ministerin für Integration

Lebenslauf:
- geboren am 23. Juni 1970
- 1989: Abitur am Carl-Friedrich-von-Siemens-Gymnasium in Berlin-Spandau
- Studium der Betriebswirtschaftslehre und Medienberatung an der TU Berlin Abschluss: Diplom-Kauffrau
- 2006 bis 3. Juni 2011: Abgeordnete im Abgeordnetenhaus von Berlin
- seit 12. Mai 2011: Ministerin für Integration des Landes Baden-Württemberg

Anschrift und E-Mail des Ministeriums:

Ministerium für Integration
Königstraße 44
71173 Stuttgart
poststelle@intm.bwl.de

nur begründen, warum wir die Lebenswelt von Migranten noch besser wissenschaftlich erforschen müssen. Meine Aufgabe als Integrationsministerin ist auch, Probleme zu nennen, denn nur dann kann man sie lösen.

Gibt es unter Migranten eine höhere Toleranz gegenüber körperlicher Gewalt?
Es gibt Studien, die belegen, dass eigene Gewalterfahrungen zu einer höheren Toleranz gegenüber Gewalt führen können. Ich habe in Berlin mit gewalttätigen Jugendlichen gearbeitet und Erfahrungen mit Projekten gegen Gewalt gesammelt. Das Gute ist: Das Problem ist erkannt, wir versuchen, dagegen vorzugehen.

Sie werden zitiert mit dem Satz, viele Migranten litten an Selbstüberschätzung. Was wollten Sie damit sagen?
Sie müssen den Zusammenhang sehen. Es ging um die von SPD-Chef Sigmar Gabriel vorgeschlagene Quotenregelung, nachdem in der SPD in Parteigremien auch Migranten vertreten sein sollen. Ich finde das sehr sinnvoll, bezweifle aber, ob das so gehen wird. Es gibt viele Migranten, die zu Parteien kommen und Anspruch auf Führungsämter erheben und dann enttäuscht sind, wenn sie den Posten nicht sofort bekommen. In diesem Zusammenhang fiel der Begriff „Selbstüberschätzung".

Je mehr Türken in Deutschland, desto mehr Unruhe im Land – noch so ein missverständlicher Satz, der Ihnen zugeschrieben wird.
Ich habe bei einem Auftritt in Mannheim gesagt, ich muss dafür sorgen, dass wir ein integrationsfreundliches Klima haben. Deswegen will ich die Mehrheitsgesellschaft mitnehmen, und deswegen kann ich einer unkontrollierten Zuwanderung nicht das Wort reden. Richtig ist: Je mehr Migranten wir haben, die nicht integriert sind, desto mehr Potenzial für Unzufriedenheit entsteht.

(Quelle: www.tagesspiegel.de/politik/integrationsministerin-oeney-im-interview-es-ist-ein-tanz-auf-messers-schneide/4613652.html; Zugriff: 18. 11. 2015)

Aus der Arbeit des Ministeriums: Pilotprojekt „anonymisierte Bewerbung"

In Bewerbungsverfahren werden Bewerberinnen und Bewerber mit ausländisch klingenden Namen auch bei guten Qualifikationen bisher oftmals benachteiligt und gar nicht erst zu Auswahlgesprächen eingeladen.
Das Ministerium für Integration hat im Jahr 2013 in Baden-Württemberg ein Modellprojekt zur Umsetzbarkeit von anonymisierten Bewerbungsverfahren durchgeführt. Es wurde vom Institut zur Zukunft der Arbeit (IZA) wissenschaftlich begleitet. Im Folgenden einige Ergebnisse des Modellprojekts:

- Anonymisierte Bewerbungsverfahren sind ein Beitrag zu mehr Chancengleichheit auf dem Arbeitsmarkt.
- Die Hälfte der Bewerbenden gab an, bereits selbst Diskriminierungen in Bewerbungsverfahren erlebt zu haben.
- Mehr als 60 Prozent der Personalverantwortlichen gaben an, dass bei herkömmlichen Bewerbungen die personenbezogenen Informationen mindestens „etwas Einfluss" auf die Personalauswahl haben können.
- Durch den Einsatz standardisierter Bewerbungsbögen wird der Auswahlprozess beschleunigt, da nur die für die konkrete Stelle relevanten Daten zu Qualifikation, Berufserfahrung und fachspezifischen Fortbildungen eingehen.

(Quelle: http://integrationsministerium-bw.de/pb/,Lde/Startseite/Antidiskriminierung/Anonymisiertes+Bewerbungsverfahren, Kürzungen und sprachliche Modifikationen nicht gekennzeichnet; Zugriff: 18. 11. 2015)

Anonymisiertes Bewerbungsverfahren
Dabei steht die objektive Qualifikation im Mittelpunkt. Dokumente, die Rückschlüsse auf Geschlecht, Alter, Herkunft oder Familienstand ermöglichen, dürften nicht mitgeschickt werden.

1. Beschreibe, wie die Ministerin ihre Aufgabe sieht.
2. Ermittle anhand der Aussagen der Ministerin Probleme bei der Integration.
3. Bildet Gruppen und sammelt Fragen, die ihr an die Integrationsministerin richten möchtet. Stellt eure Fragenkataloge im Klassenverband zur Diskussion und einigt euch auf fünf Fragen, die ihr in einem Brief oder per E-Mail an das Ministerium für Integration schickt und um deren Beantwortung ihr bittet.

Fallbeispiel Rastatt

In Rastatt leben, arbeiten und wohnen 17675 Personen (= 37,4%) mit Migrationshintergrund aus 109 verschiedenen Ländern. Damit liegen wir weit über dem landesweiten Durchschnitt.
Es ist daher wichtig, Integration lokal zu gestalten und auf ein gelebtes harmonisches Miteinander von Menschen verschiedener Nationen und Kulturen hinzuwirken. Menschen aus mehr als 100 verschiedenen Ländern bedeuten auch Unterschiede, was Herkunft, Religion, Bildung und Sprachkenntnisse betreffen. Damit ihnen die wirtschaftliche, soziale und gesellschaftliche Teilhabe und Chancengleichheit ermöglicht wird, werden unterschiedliche Strategien angewandt und Maßnahmen durchgeführt.
Nach dem Motto „Fördern und Fordern" werden Förderangebote zur Eingliederung, besonders zum Spracherwerb und Beratung durchgeführt, die Förderung der Kinder ist besonders wichtig. Im Gegensatz sind die Zuwanderinnen und Zuwanderer aufgefordert, die deutsche Sprache zu erlernen und sich in die geltende Rechts- und Gesellschaftsordnung einzufügen. Dazu gehört auch, die elementaren Regeln des sozialen Miteinanders aller Menschen in Rastatt zu respektieren.
Petra Heinisch-Hildenbrand ist die Integrationsbeauftragte der Stadt Rastatt und als Stabsstelle direkt dem Oberbürgermeister zugeordnet. Sie arbeitet eng mit Vereinen, Verbänden der freien Wohlfahrtspflege und Migrantenorganisationen vor Ort und der Region sowie mit der Landes- und Bundesarbeitsgemeinschaft kommunaler Integrationsbeauftragten zusammen. (...)

(Quelle: www.rastatt.de/index.php?id=301; Zugriff: 18. 11. 2015)

Fallbeispiel Stuttgart

Um Majlinda Syla hat die Stadtverwaltung geworben. Nach dem Realschulabschluss begann die Albanerin mit einer Ausbildung für Bürokommunikation. Mit dem Programm „Deine Stadt – deine Zukunft" richtet sich Stuttgart an Auszubildende mit Einwanderungsgeschichte, 30 Prozent sind es bereits in der Stadtverwaltung. Mehr als in jeder anderen Großstadt. Majlinda Syla ist 19 Jahre alt, hat lange blonde Haare, wäre da nicht ihr Name, jeder hielte sie für eine Schwäbin. Geboren ist sie in Prishtinë, aufgewachsen in einer Kleinstadt nahe Stuttgart; ihr Vater ist Facharbeiter. „Hier ist meine erste Heimat", sagt sie. Sie hatte immer viele deutsche Freunde, trotzdem haben ihre Eltern und Verwandten „ganz schön geschaut", als sie ihnen gesagt hat, dass sie bei der Stadt anfängt. Ihre Ausbildungsleiterin erzählt von einer türkischen Mutter, die ihr gesagt habe: Seit sie wisse, dass die Stadt Einwanderer einstellen wolle, fühle sie sich angekommen in Deutschland.
Längst gilt Stuttgart als Vorreiter kommunaler Integrationspolitik: Das Bündnis für Integration diente dem Europarat als Vorlage für einen Integrationsleitfaden; als der Bund seinen nationalen Integrationsplan entwickelte, war der Rat der Stuttgarter gefragt, die Unesco zeichnete die Stadt aus und Stuttgart bekam den von Bundesinnenministerium und Bertelsmann Stiftung ausgelobten Preis für Integration. Nicht nur wegen der zahlreichen Förderprojekte, sondern auch wegen des „Gemeinschaftsgeistes", der in Stuttgart herrsche.

(Quelle: www.zeit.de/2012/47/Stuttgart-Auslaender-Integration/seite-2; Zugriff: 18. 11. 2015)

1 Ermittle anhand der beiden Beispiele, wie Integration in Gemeinden praktisch umgesetzt wird.

2 Begründe die Notwendigkeit einer kommunalen Integrationspolitik.

3 Informiert euch über Integrationsprojekte in eurer Gemeinde. Geht dabei arbeitsteilig vor und stellt eure Erkundungsergebnisse in der Klasse vor.

130 385 © Bergmoser + Höller Verlag AG

Ich heiße Arzu. Meine Großeltern und Eltern sind als „Gastarbeiter“ aus der Türkei nach Deutschland gekommen.

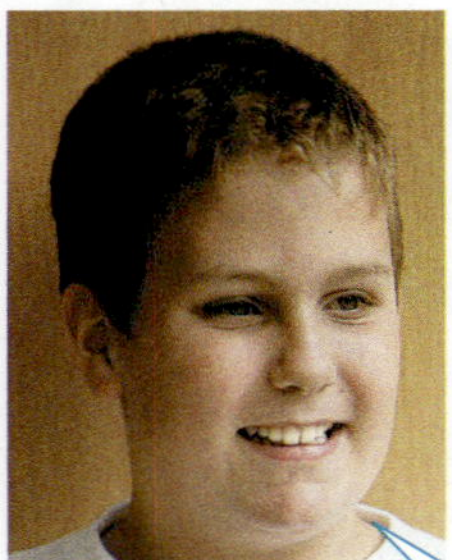

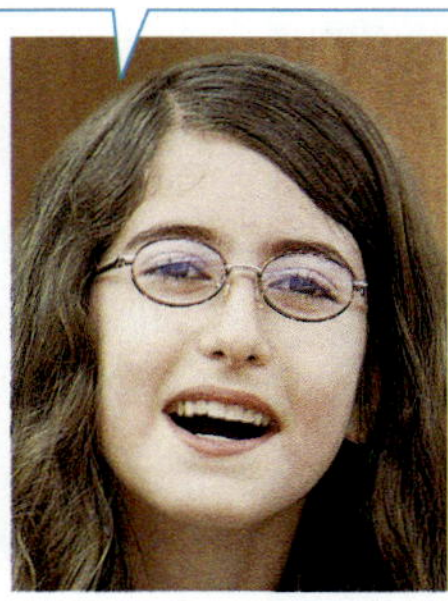

Mein Name ist Alexander. Ich bin in Kasachstan geboren. Unsere Vorfahren waren Deutsche. Als Spätaussiedler sind wir jetzt nach Deutschland zurückgekommen.

Ich heiße Pam. Mein Vater stammt aus Nigeria. Dort wurde er aus politischen Gründen verfolgt. Jetzt hat er Asyl in Deutschland erhalten.

1 Analysiere die drei Beispiele hinsichtlich der Staatsangehörigkeit. Erläutere, welche Staatsangehörigkeit jede bzw. jeder der Jugendlichen hat bzw. welche Möglichkeiten es gibt.

Vorurteile

Vorurteile sind verallgemeinernde Meinungen und Vorstellungen über andere Menschen, Gruppen, Gemeinschaften oder Völker, die nur selten der Wirklichkeit entsprechen. Sie werden oft von anderen übernommen und beruhen nicht auf eigener Erfahrung. Vorurteile können dazu führen, dass Menschen missachtet und ausgegrenzt werden.

Typische Kennzeichen des Vorurteils

- Meinungen von anderen werden ohne eigene Erfahrungen übernommen.
- Vorurteile entstammen der Gefühlswelt des Menschen und lassen sich schwer abbauen.
- Einzelbeobachtungen werden verallgemeinert, Eigenschaften überzeichnet.
- Es fehlt die Bereitschaft zur Überprüfung und Korrektur.
- Behauptungen „wider besseres Wissen“, also auch bei gegenteiligen Erfahrungen und Informationen, werden aufgestellt.
- Vorurteile werden gefährlich, wenn man deshalb anderen schadet.

Plakat

Ihr könnt eine Umfrage machen. Bittet Erwachsene oder Schülerinnen und Schüler die nachfolgenden Satzanfänge so zu ergänzen, wie es ihnen gerade einfällt. Untersucht dann, ob sachliche Feststellungen getroffen oder Vorurteile geäußert wurden.

Schotten sind …
Frauen als Autofahrerinnen …
Es ist doch klar, dass Farbige …
Asylsuchende kommen zu uns, weil …
Alle Türken sind …
Die Russen haben schon immer …
Politiker sind …
Von Friesen kann man sagen, dass sie …
Alle Deutschen sind …
Die meisten Drogenhändler …

Fremde sind Leute,
die später gekommen sind als wir:
in unser Haus, in unseren Betrieb,
in unsere Straße,
unsere Stadt, unser Land.

Die Fremden sind frech:
Die einen wollen so leben wie wir,
die anderen wollen nicht so leben wie wir.
Beides ist natürlich widerlich.

Alle erheben dabei Ansprüche
auf Arbeit,
auf Wohnungen und so weiter,
als wären sie normale Einheimische.

Manche wollen unsere Töchter heiraten,
und manche wollen sie sogar nicht heiraten,
was noch schlimmer ist.

Fremdsein ist ein Verbrechen,
das man nie wieder gutmachen kann.

Gabriel Laub

(aus: Gisela Klemt-Kozinowski (Hg.), Platz zum Leben gesucht, Lesebuch Asyl, Baden-Baden 1987, S. 13)

1. Ergänze jeden Satzanfang oben rechts zweimal: a) als sachliche Aussage, b) als Vorurteil.
2. Führt eine Umfrage wie im Kasten oben rechts beschrieben durch.
3. Erläutere, was das Gedicht von Gabriel Laub ausdrücken soll.
4. Spielt in der Klasse folgende Situation mit verteilten Rollen: Eine Familie (Mutter, Vater, Sohn, Tochter) sitzt beim Abendessen. Man spricht darüber, was man eben erfahren hat: In die Wohnung nebenan wird nächste Woche eine afrikanische Familie einziehen. Spielt das Gespräch zweimal: a) so, dass Vorurteile deutlich werden, b) ohne Vorurteile.

Thema: Integration

Eine Karikatur ist ein zeichnerisch gestalteter Kommentar zu einem politischen oder gesellschaftlichen Thema. Dabei versucht der Zeichner oder die Zeichnerin, durch eine übertreibende Darstellung auf ein Problem hinzuweisen oder Kritik an einem Sachverhalt zu üben.

Ihr sollt zum Thema „Integration" verschiedene Karikaturen untersuchen, indem ihr eine sogenannte Karikaturenrallye durchführt.

Vorbereitung

Die Karikaturen werden vergrößert und an verschiedenen Stellen im Klassenzimmer aufgehängt. Bildet so viele Gruppen, wie ihr Karikaturen ausgewählt habt.

Durchführung

Jede Gruppe geht zu einer Karikatur und untersucht sie:

- Um welches Problem geht es?
- Mit welchen zeichnerischen und textlichen Mitteln stellt der Karikaturist bzw. die Karikaturistin das Problem dar?
- Was bringt die Karikatur zum Ausdruck?

Jede Gruppe notiert ihre Ergebnisse in Stichpunkten und geht zur nächsten Karikatur weiter.

Auswertung

Tragt eure Ergebnisse in der Klasse vor. Vergleicht, wie die verschiedenen Gruppen die jeweilige Karikatur gedeutet haben.

1 Führt die Karikaturenrallye zum Thema „Integration" in der Klasse durch.

Karikatur von Klaus Stuttmann (2007)

Karikatur von Hayati Boyaıoğlu (2010)

Karikatur von Gerhard Mester (2008)

„Schick, nicht?" *Karikatur von Jürgen Tomicek (2006)*

Die Diskussion um die Freizügigkeit von Rumänen und Bulgaren in der EU und der Schweizer Volksentscheid zugunsten einer begrenzten Zuwanderung haben das Thema Zuwanderung wieder in den Fokus der Politik gerückt. Braucht Deutschland mehr oder weniger Immigranten?

PRO

Die Debatte rund um Zuwanderung ist heute so aktuell wie nie zuvor. In Berlin überwintern Flüchtlinge in Zelten und verlieren langsam die Hoffnung. Die Zuwanderungspolitik wird zunehmend härter. Dabei bringt Zuwanderung auch für Deutschland viele Vorteile.
Die problematische demografische Entwicklung in Deutschland macht Zuwanderung sogar notwendig. Die Deutschen werden immer älter – man braucht dennoch junge Arbeitskräfte, um das Sozialsystem und auch die wirtschaftliche Leistungsfähigkeit Deutschlands aufrechtzuerhalten. Viele solcher Kräfte kommen aus dem Ausland. Die von Zuwanderungsgegnern oft geforderte Filterung nach Bildung halte ich in diesem Fall für nicht notwendig. Zahlreiche Jobs, die wegen ihrer Unattraktivität von der deutschen Bevölkerung eher gemieden werden, werden häufig von Migranten übernommen.
Natürlich gibt es auch Fälle von arbeitslosen Einwanderern, die vom Sozialstaat profitieren, doch diese Fälle dürfen nicht vorurteilsfördernd verallgemeinert werden. Insbesondere im Kindesalter zugewanderte Menschen, die in Deutschland ihr Abitur machen, erzielen aufgrund der erhöhten Motivation oft exzellente Ergebnisse und sind dann die so dringend benötigen Fachkräfte.
Außerdem bedeutet Zuwanderung eine Bereicherung durch fremde Kulturen. Allein die Gastronomie hat ihr vieles zu verdanken. (…)
Ich bin überzeugt, dass wir in einem Zeitalter leben, in dem man Toleranz und Weltoffenheit zeigen muss. Zuwanderung bedeutet nicht nur einen interkulturellen Austausch, sie kann womöglich auch Leben retten. Denn die zahlreichen Flüchtlinge kommen nicht mit der Absicht, den deutschen Staat auszubeuten. Sie flüchten vor einem Leben, das sie sich selbst nicht ausgesucht haben – vor Krieg, Unterdrückung und Verfolgung.
Ich denke, dass viele Gründe, die von Zuwanderungsgegnern genannt werden, in Wirklichkeit Folgen einer mangelhaften Integration sind. Folglich sollte der Staat gute Integration fördern, anstatt die Einwanderungsbedingungen zu verschärfen.

KONTRA

Wir brauchen mehr Europa. Aber – und das muss auch klar sein – das bedeutet eben nicht das blinde Fallenlassen von Barrieren und Schranken der Zuwanderung.
Dabei bin ich nicht komplett gegen Zuwanderung. Die deutsche Gesellschaft ist auf sie angewiesen. Vor dem Hintergrund des demografischen Wandels und dem damit einhergehenden Fachkräftemangel sind wir auf junge, gut ausgebildete Zuwanderer angewiesen. Hier zeigt sich die Problematik: Die Politik muss Anreize schaffen, um Fachkräfte aus dem Ausland anzuwerben. Jedoch darf nicht – wie von der EU-Kommission gefordert – der Anreiz geschaffen werden, dass EU-Bürger in Deutschland Sozialhilfe beziehen können. Man kann nicht verlangen, dass ein Staat Sozialeinwanderer duldet und diesen das Leben finanziert, (...).
Beispiel Rumänien: Während der rumänische Wirtschaftsstandort einen Vorteil gegenüber dem deutschen hinsichtlich des Lohnniveaus hat, würden die deutschen Sozialkassen bei Zuwanderung von arbeitslosen Rumänen belastet, ohne dass diese jemals in die Sozialkassen eingezahlt hätten. Der Standort Deutschland würde geschwächt werden gegenüber anderen europäischen Staaten. (…)
Hier wird deutlich, dass man Zuwanderung mit Augenmaß betreiben muss. Wie viel Zuwanderung kann ein Land verkraften? Maßlosigkeit und utopisches Wunschdenken ist hier nicht nur wenig zielführend, sondern führt zu einer Verdrängung der eigentlichen Probleme. Diese zeigen sich nämlich auch in der Gesellschaft selbst. Wie viel Fremdes ist verträglich? Hier muss ich klar sagen, dass eine Gesellschaft nicht zu heterogen werden darf. In meinen Augen ist es ein Märchen, dass eine bunte Multikultigesellschaft mit großen Vorteilen verbunden ist. Wer zuwandert, muss sich integrieren und anpassen. Das Erlernen der deutschen Sprache und die Verfassungstreue sind Grundlagen für ein funktionierendes Zusammenleben. Ansonsten bilden sich Parallelgesellschaften heraus, die zu einer wachsenden Ausländerfeindlichkeit in der Gesellschaft führen. (…)

(Quelle: Artikel vom März 2014 auf: www.schekker.de/content/zu-viel-multikulti; Zugriff: 19. 11. 2015)

Gut, dass wir die Spanier haben

Motivierte Spanier lernen Deutsch für einen Arbeitsplatz – und zeigen Integrationswillen pur. Das ist gut für Deutschland. Denn die Arbeitslosen hier lassen sich nicht für jeden Job qualifizieren. (…)

Vor allem junge Spanier entwickeln eine ungekannte Lust am Erlernen der deutschen Sprache. Sie steht für die Hoffnung auf eine bessere (berufliche) Zukunft im Land von Goethe, Daimler und Bosch. Die Zuwanderungszahlen aus diesen Ländern steigen rasch, wenn auch von einem niedrigen Ausgangsniveau. Deutsche Arbeitgeber haben längst reagiert: Warben sie gestern noch auf Jobmessen in Magdeburg und Aachen um neues Personal, haben sie ihre Stände heute in Madrid und Athen aufgebaut. Ihre Botschaft lautet: Kommt nach Deutschland, wir brauchen euch!

Hierzulande wachsen ob solcher Signale die Sorgen; denn so mancher fühlt sich doch an die Anwerbepolitik des vergangenen Jahrhunderts erinnert, als mit ähnlichen Parolen Millionen Gastarbeiter ins Land gelockt wurden. An den Folgen einer misslungenen, weil zunächst nicht existenten Integrationspolitik leidet das Land bis heute: Ausländer sind doppelt so häufig arbeitslos wie Deutsche; Bürger mit Migrationshintergrund haben schlechtere Bildungsabschlüsse sowie Aufstiegschancen und so weiter. (…)

Überhaupt gibt es in Deutschland noch immer offiziell drei Millionen, alles in allem mehr als vier Millionen Arbeitslose. Haben also nicht jene Politiker recht, die fordern, zunächst müsse das Potenzial in Deutschland ausgeschöpft werden, bevor die Suche jenseits der Grenzen fortgesetzt werde?

Nein, sie haben nicht recht. Denn das eine zu tun, heißt nicht, das andere zu lassen. Ein Vorrang für Deutsche würde den falschen Eindruck erwecken, man könne jeden Erwerbslosen für jede offene Stelle qualifizieren. (…)

Deshalb ist Deutschland vor allem auf mittlere bis lange Sicht auch auf Fachkräfte aus dem Ausland angewiesen, will es seinen Wohlstand halten oder sogar mehren. In kaum einem anderen Land in Europa wird sich der demografische Wandel in den kommenden Jahrzehnten so stark auswirken wie in Deutschland. Schon bis zur Mitte des kommenden Jahrzehnts werden rund drei Millionen Arbeitskräfte weniger zur Verfügung stehen. Macht das Land weiter wie bisher, wird es nach Berechnungen der OECD stark an Wachstum einbüßen.

Um das zu verhindern, kann die Politik an mehreren Stellschrauben drehen. Zu den notwendigen Maßnahmen gehört auch eine – gesteuerte – Zuwanderung aus Nicht-EU-Ländern. Die Lehre aus dem vergangenen Jahrhundert lautet, dass die Qualifikation des Einzelnen und die Bedürfnisse des Arbeitsmarktes entscheidende Zugangskriterien darstellen. Denn ein Arbeitsplatz und ein stetes Einkommen sind die besten Garanten für eine gelungene Integration in die Gesellschaft. Von immenser Bedeutung, beruflich wie privat, sind dabei ausreichende Sprachkenntnisse. (…)

Es ist wahrscheinlich, dass auch viele Südeuropäer irgendwann wieder die Koffer packen werden, wenn zu Hause die Konjunktur anzieht. Das dürfte allerdings frühestens in ein paar Jahren der Fall sein. Noch sind viele Kandidaten gar nicht in Deutschland angekommen, sondern drücken eifrig die Schulbank und büffeln Deutsch. Mehr Bereitschaft zur Eingliederung kann man eigentlich nicht zeigen.

(Quelle: Sven Astheimer in der Frankfurter Allgemeine Zeitung vom 18. 11. 2012)

Zuwanderung aus Spanien

2012	37683
2013	44119
2014	41091

Zuwanderung aus Griechenland

2012	35811
2013	34728
2014	31687

Zuwanderung aus Italien

2012	45094
2013	60651
2014	73361

Spanische Auszubildende bei der Firma b.i.g. in Karlsruhe

1 Stelle aus den Materialien stichwortartig Argumente für und gegen eine Zuwanderung zusammen.

2 Diskutiert in den Gruppen darüber, ob in Deutschland eine aktive Zuwanderungspolitik betrieben werden soll.

3 Vergleicht die Ergebnisse eurer Gruppendiskussion.

EU braucht gut gesteuerte Zuwanderungspolitik

Die Europäische Union braucht eine gut gesteuerte Zuwanderungspolitik. Die weltweit steigende Anzahl an Flüchtlingen und der demografische Wandel in Europa erfordern einen umfassenden Ansatz, der Zuwanderung optimal steuert, Bedürftigen Schutz bietet und Schleuserkriminalität bekämpft.

„Der Europäische Rat hat sich auf Leitlinien für die Zuwanderungs- und Asylpolitik der nächsten Jahre geeinigt. Die Leitlinien sind ein deutlicher Fortschritt. Mit ihnen haben sich die Staats- und Regierungschefs der EU darauf geeinigt, Strategien zu entwickeln, um die legale Zuwanderung zu erhöhen. Das dient der Fachkräftesicherung und kommt der Wirtschaft und den Sozialkassen zugute. Zur Steuerung gehört auch, die Zusammenarbeit zwischen EU und Drittstaaten wie beispielsweise der Türkei und Tunesien zu verbessern.

Die EU unterstützt die Herkunfts- und Transitstaaten bereits beim Zuwanderungs- und Grenzmanagement. Die europäische Grenzschutzagentur FRONTEX leistet dazu einen wichtigen Beitrag und soll gestärkt werden. Ebenso wichtig ist eine modernisierte Visumpolitik der EU-Staaten, um die legale Zuwanderung zu vereinfachen. Von einer solidarischen Flüchtlingspolitik der Europäischen Union kann keine Rede sein, solange einige wenige EU-Staaten die Hauptlast der Flüchtlingsströme zu bewältigen haben. Deshalb sollte der Europäische Rat zeitnah über einen europäischen Verteilungsschlüssel für die Aufnahme von Flüchtlingen beraten. Der Asyl- und Migrationsfonds der EU unterstützt die Aufnahme von Flüchtlingen finanziell und sollte gestärkt werden.

Die Verbesserung der legalen Zuwanderung dient auch dem Zweck, Menschenhandel und Schleuserkriminalität wirksam zu bekämpfen. Wenn Menschen die Chance haben, auf legalem Wege in die Europäische Union zu gelangen, werden sie sich nicht in die Hände von Schleusern und Menschenhändlern begeben.

(…)

(Quelle: www.spdfraktion.de/presse/pressemitteilungen/eu-braucht-gut-gesteuerte-zuwanderungspolitik, Stand: 27. 6. 2014; Zugriff: 19. 11. 2015)

Landesfeuerwehrschule in Bruchsal als Notunterkunft

EU-Kommission hält Quoten für die Lösung

Großbritannien und die Osteuropäer wollen den Vorschlag für eine gerechtere Verteilung von Flüchtlingen in Europa zu Fall bringen. Die EU-Kommission will aber für ihre neue Einwanderungspolitik kämpfen. Die Bundesregierung lobt das Konzept.

Nach den Bootsunglücken mit Tausenden Toten im Mittelmeer hat die EU-Kommission Vorschläge für eine Neuausrichtung der europäischen Flüchtlingspolitik beschlossen. (...) Die EU-Außenbeauftragte Federica Mogherini (...) stellte gemeinsam mit dem EU-Vizekommissionspräsidenten Frans Timmermanns die Pläne vor. Deutschland soll nach einem Quotensystem der EU-Kommission die meisten Mittelmeerflüchtlinge aufnehmen. Die Bundesrepublik müsste demnach die Asylanträge von 18,42 Prozent der Bootsflüchtlinge bearbeiten. Nach Deutschland sollen Frankreich (14,17 Prozent) und Italien (11,84 Prozent) die meisten Menschen aufnehmen. Diese Vorschläge werden nun in den EU-Staaten diskutiert.

(…)

Der deutsche Innenminister Thomas de Maizière lobte den Kommissionsvorschlag. Mit Blick auf die skeptischen Länder sagte er am Mittwoch: „Alle Mitgliedstaaten tragen gemeinsame Verantwortung, Flüchtlinge aufzunehmen." Zugleich warnte er aber auch Asylbewerber, deren Anträge abgelehnt wurden: „Wer aber keinen berechtigen Grund für einen Asylantrag vorweisen kann, wird keine Aufenthaltsperspektive in Deutschland haben." Die Migrationsbeauftragte der Bundesregierung, Aydan Özoguz (SPD), bedauerte den Widerstand einiger EU-Länder. „Die Antwort auf steigende Flüchtlingszahlen kann nicht sein, sich aus Angst vor einer Stärkung der Populisten einer gemeinsamen Asylpolitik zu entziehen. Europa darf sich vor populistischen Strömungen nicht wegducken", fügte Özoguz hinzu.

(…) Von den 626 000 Menschen, die vergangenes Jahr Asyl in der EU beantragten, nahmen Deutschland mit 202 000 und Schweden mit 81 000 fast die Hälfte auf. Zu den großen Aufnahmeländern zählen auch Frankreich, Ungarn und Italien. Zusammen bearbeiteten die fünf Länder drei Viertel aller Asylanträge, während Portugal lediglich 445 Antragsteller verzeichnete, Estland gerade einmal 145.

Auf die Größe gerechnet hat Schweden mit mehr als acht Asylbewerbern pro 1000 Einwohner am meisten Flüchtlingen Unterschlupf gewährt, gefolgt von Ungarn mit mehr als vier. In Deutschland waren es statistisch gesehen 2,5 Asylantragsteller, in Großbritannien nur 0,5 und somit fünf Mal weniger. Seit Monaten werben Bund und Länder daher für eine Quote, um die zumindest mehrheitlich verbreitete Akzeptanz der Flüchtlingsaufnahme nicht zu gefährden. (...)
Der Präsident des Europäischen Parlaments, Martin Schulz (SPD), hat sich ebenfalls für eine gerechte Verteilung von Flüchtlingen auf alle EU-Mitgliedsstaaten ausgesprochen. Europa brauche ein faires Quotensystem, sagte der SPD-Politiker am Mittwoch im Deutschlandfunk. (...) Der Egoismus einzelner Staaten verhindere seit 20 Jahren eine effektive und humane Lösung der Probleme, kritisierte Schulz. Das passe nicht zusammen mit der viel beschworenen Wertegemeinschaft EU.

(Quelle: Christopher Ziedler und Dagmar Dehmer am 13. 5. 2015 auf: www.tagesspiegel.de/politik/einwanderungspolitik-in-der-europaeischen-union-eu-kommission-haelt-quoten-fuer-die-loesung/11773346.html; Zugriff: 19. 11. 2015)

EU-Flüchtlingspolitik: Feste Quote lässt auf sich warten

(...) Beschluss [der Innenminister der EU-Mitgliedstaaten im September 2015]: 120 000 Flüchtlinge, die in Griechenland und Italien gestrandet sind, sollen auf die beteiligten EU-Staaten verteilt werden. Davon entfallen 31 000 auf Deutschland. Nicht per fixer Quote, sondern per freiwilliger Selbstverpflichtung. (Der Beschluss hat viele Verlierer. Da ist zunächst Kommissionspräsident Jean-Claude Juncker, er hatte sich für eine festen Verteilerschlüssel eingesetzt. Der aber wurde gekippt. Die Quote ist tot. (...) Die EU ist weiter auf die Angebote der Staaten angewiesen. Wie das läuft, lässt sich an einem ersten Testlauf erkennen. In der Vorwoche hatten die EU-Staaten die Verteilung von 40 000 Flüchtlingen aus Italien und Griechenland vereinbart. Bislang erklärten sich die Mitgliedsländer aber nur bereit, 32 000 Menschen aufzunehmen. Fazit: Die EU setzt in der Flüchtlingspolitik auf Zwang, aber Solidarität lässt sich nicht erzwingen.
Abweichler: Ungarn, Tschechien, Rumänien und die Slowakei haben es nun schriftlich. Sie stehen in der Asyl- und Flüchtlingspolitik abseits. Schon drohte Tschechien, das Thema am Mittwochabend im Kreis der Staats- und Regierungschefs zu verhandeln. Laut EU-Recht müssen sie den Beschluss dennoch umsetzen – sonst droht wie üblich ein Vertragsverletzungsverfahren.

(Quelle: www.vorwaerts.de/artikel/eu-fluechtlingspolitik-beschluss-viele-verlierer; Zugriff: 19. 11. 2015)

1 Analysiere den Text „EU braucht gut gesteuerte Zuwanderungspolitik" und stelle stichwortartig die Anforderungen an eine EU-Zuwanderungspolitik zusammen.
2 Erläutere den Vorschlag der EU-Kommission zur Verteilung der Flüchtlinge und vergleiche ihn mit dem im September gefassten Beschluss der Innenminister der EU-Mitgliedstaaten.
3 Recherchiere den derzeitigen Stand der Debatte zur Flüchtlingsaufnahme in der EU.

1 Überprüfe dein Vorwissen.

Zu Beginn dieser Unterrichtseinheit hast du gemeinsam mit deinen Klassenkameradinnen und -kameraden Schätzfragen zur Zuwanderung beantwortet.

a) Überprüfe, wo du richtig lagst und wo nicht.

b) Erstellt in Kleingruppen auf Basis des Unterrichtsmaterials weitere Schätzfragen nach diesem Muster.

c) Verfasse einen Eintrag für ein Lexikon zum Stichwort „Zuwanderung“, in dem du alle wichtigen Begriffe und Zahlen zusammenfasst.

Aussage/Frage	Mögliche Antworten
2. Von den im Jahr 2013 in Deutschland lebenden 80,6 Millionen Personen waren	a) 4,6 Mio. Ausländer (5,7 %) b) 6,8 Mio. Ausländer (8,4 %) c) 10,2 Mio. Ausländer (12,7 %)

2 Erstellt Plakate.

Gestaltet in Gruppenarbeit Plakate gegen Fremdenfeindlichkeit und hängt sie aus.

3 Führt eine Umfrage durch.

Ihr sollt herausfinden, wie die Menschen in eurer Gemeindeoder in eurem Stadtteil das Thema „Zuwanderung“ sehen. Geht dabei so vor:

- Überlegt euch zuerst in Gruppenarbeit Fragen, die ihr stellen wollt. Sie sollten auch darauf abzielen, herauszufinden, was die Befragten bei Schlagwörtern wie „Flüchtlinge“ oder „Asylsuchende“ denken.
- Zur Organisation einer Umfrage gibt es auf Seite 39 hilfreiche Hinweise. Entscheidet, ob ihr herausfinden wollt, ob Erwachsene anders auf eure Fragen antworten als Gleichaltrige. Wenn ja, dann organisiert eure Befragung entsprechend.
- Wertet die Ergebnisse eurer Befragung so aus, dass jedes Befragungsteam den anderen vorstellt, was sich aus den Antworten ihrer Befragten ergibt. Diskutiert dann über die Befragungsergebnisse insgesamt.
- Die Ergebnisse eurer Umfrage sind auch für andere interessant. Ihr solltet überlegen, wie ihr eure Ergebnisse einer breiteren Öffentlichkeit darstellen könnt. Möglichkeiten wären ein Bericht in eurer Schülerzeitung oder ein Artikel über eure Umfrageaktion in der Lokalzeitung.

4 Verfasse einen Leserbrief.

Der rechts abgedruckte Textauszug stammt aus einen Leserbrief in einer Tageszeitung. Nimm Stellung zu der in dem Leserbrief geäußerten Meinung, indem du in einem eigenen Leserbrief antwortest.

Ich finde, dass die Demonstrationen in Dresden gegen Islamisierung und zu viele Flüchtlinge in Deutschland richtig sind – auch wenn es in den Medien immer heißt, das wären Neonazis und Rechtsextreme. So weit ist es in Deutschland schon gekommen, dass man gleich in die rechte Ecke gerückt wird, nur weil man unangenehme Wahrheiten ausspricht! Ich habe nichts gegen Ausländer und ich sehe auch ein, dass wir Flüchtlinge aufnehmen müssen. Aber nicht zu viele! Darum geht es doch! Warum soll nur Deutschland Hunderttausende von Flüchtlingen aufnehmen? Das kostet doch viel Geld! Flüchtlinge ja – aber nicht bei uns hier! Eine Sammelunterkunft mit Containern passt doch gar nicht zu unserem Ort. Und wer garantiert, dass dann die Kriminalität bei uns nicht zunimmt?

5 Gestaltet eine Wandzeitung.

Die Worte „Flüchtling“ und „Asyl“ lösen oft abweisende Reaktionen aus. Dem sollt ihr durch sachliche Informationen entgegentreten. Erstellt dazu eine Wandzeitung, die ihr in eurer Schule oder im Rathaus oder an anderer Stelle in eurer Gemeinde aufstellt. Zur Gestaltung dieser Wandzeitung könnt ihr den Flyer der Organisation PRO ASYL verwenden und statistische Angaben aus der Grafik „Schutzsuchende in Deutschland“ entnehmen.

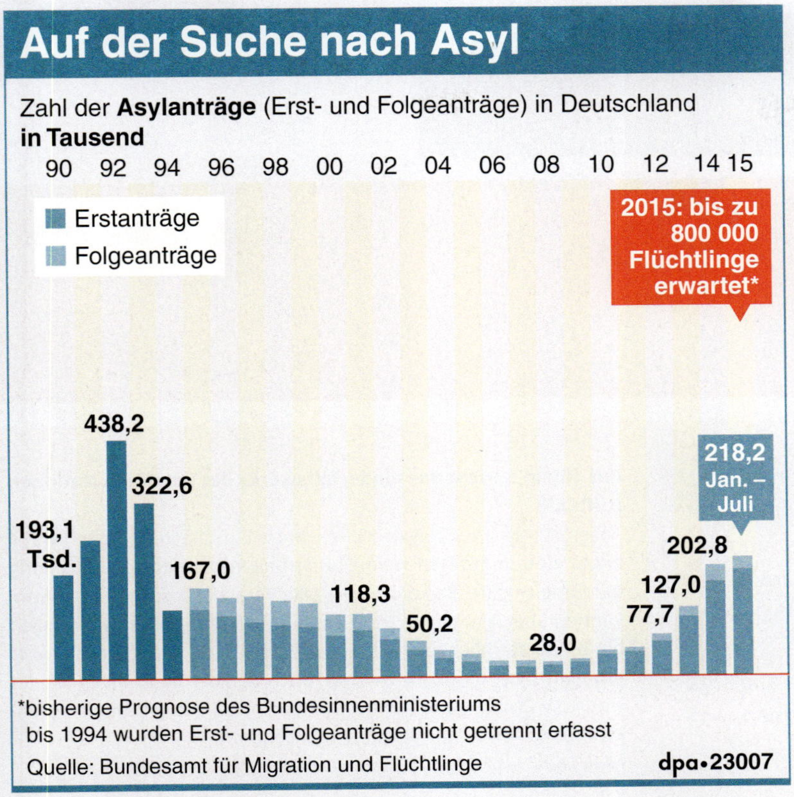

(Quelle: www.proasyl.de/fileadmin/proasyl/fm_redakteure/Archiv/Flyer/2002/keine_wahl1.pdf; Zugriff: 19. 11. 2015)

6 Analysiere die Karikaturen.

(Zeichnung: Thomas Plaßmann)

(Zeichnung: Gerhard Mester)

Kinderrechte

Als Kind und Jugendlicher verdienst du besonderen Schutz, der durch eigenständige Rechte gewährleistet werden soll. Weil du noch nicht volljährig bist und damit noch nicht selbst für dich eintreten kannst, sind deine Eltern, alle Erwachsenen und der Staat verpflichtet, deine Rechte zu vertreten.
Im folgenden Kapitel wirst du die Rechte, die alle Kinder und Jugendlichen haben, genauer kennenlernen.

- Notiere in wenigen Sätzen, was du schon über Kinderrechte weißt.
- In welchen Ländern ist die Situation der Kinderrechte besonders schlecht? Überlege Gründe, warum dies so sein könnte.
- Finde Beispiele für mögliche Kinderrechtsverletzungen in Deutschland.

Aus einem Bericht des Kinderhilfswerks der Vereinten Nationen (UNICEF)
Ausgrenzung und Gewalt zählen nach Einschätzung von UNICEF heute zu den größten Herausforderungen bei der Verwirklichung der Kinderrechte. So konnten seit der Verabschiedung der UN-Konvention über die Rechte des Kindes am 20. 11. 1989 zwar weltweit die Kindersterblichkeit halbiert und der Anteil arbeitender Kinder um ein Drittel reduziert werden. Doch gerade die ärmsten Kinder sind von sozialen und medizinischen Fortschritten oftmals ausgeschlossen – in reichen wie in armen Ländern.
(www.unicef.de/presse/2014/unicef-report-2014/51858; Zugriff: 19. 10. 2015)

Nelson Mandela (erster schwarzer Präsident von Südafrika, Träger des Friedensnobelpreises)
Die Gründung von UNICEF war die Antwort auf das Scheitern der Menschlichkeit während des Zweiten Weltkrieges. Die Zeit war damals reif für die Idee, dass Frieden und Entwicklung ihre Grundlage im Leben der Kinder haben. Vieles wurde seither für die Kinder der Erde erreicht. Doch immer noch wachsen so viele Kinder in Armut und Gewalt auf, leiden unter Krankheiten und Diskriminierung.
Es ist gewiss, dass wir in unserer modernen Welt besser für unsere Kinder sorgen können, als wir es jetzt tun. Es gibt keine Entschuldigung dafür, den Kindern eine gute Kindheit vorzuenthalten, in der sie ihre Fähigkeiten voll entfalten können.
(Konvention über die Rechte des Kindes, hg. vom Deutschen Komitee für UNICEF e. V., Köln 2014, S. 5)

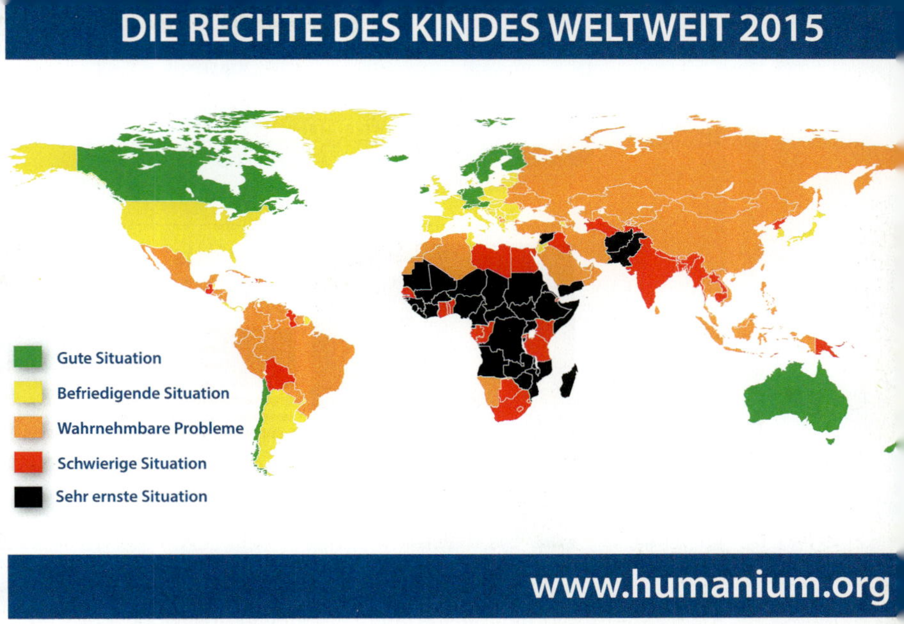

Kapitel 05

Fallbeispiele „Kinderrechte“

Fall	Beschreibung
Beispiel A	Da meine Familie so weit entfernt von der Krankenstation lebte, wurde ich als kleines Kind nicht geimpft. Jetzt bin ich acht Jahre alt und habe Kinderlähmung.
Beispiel B	Meine Brüder gehen zur Schule hier am Ort, aber ich bin die einzige Tochter, und meine Familie braucht mich für die Mithilfe im Haushalt. So kann ich nicht zur Schule gehen. Ich bin sieben Jahre alt.
Beispiel C	Ich bin 16 Jahre alt, und ich gehe jeden Tag zur Schule. Wenn ich nach Hause komme, helfe ich im Laden meiner Eltern bis zum Abend aus. Dann esse ich zu Abend, wasche ab und sehe nach meinem jüngeren Bruder und meiner kleinen Schwester, während meine Eltern ihre Arbeit im Laden beenden. Wenn dann meine kleinen Geschwister im Bett liegen, versuche ich, meine Hausaufgaben zu machen. Aber normalerweise bin ich zu müde und schlafe einfach ein.
Beispiel D	Ich bin neun Jahre alt und meine Familie hat nicht viel Geld. Wir leben in zwei kleinen Zimmern. Unser Wasser müssen wir von einem Brunnen holen, der einen Kilometer weit weg ist. Die Häuser in unserem Dorf haben keine Toiletten, deshalb benutzen wir eine Grube am Ende unserer Straße.
Beispiel E	Als ich neun Jahre alt war, fing ich an, zwölf Stunden täglich in einer Teppichfabrik zu arbeiten. Jetzt bin ich zwölf Jahre alt, und der Eigentümer der Fabrik will, dass ich sogar noch mehr Stunden am Tag arbeite.

(Aus: Susan Fountain: Wir haben Rechte … und nehmen sie auch wahr! Kinderrechte kennenlernen und verwirklichen, hg. v. Deutsches Komitee für UNICEF u. a., Mülheim an der Ruhr: Verlag an der Ruhr 1996, S. 45 f.)

Was weißt du?

Die Fallbeispiele helfen dir, dich in die Kinder hineinzuversetzen und eine Vorstellung von ihren Schwierigkeiten zu erhalten.

1 Entwickle für jedes Beispiel Vorschläge, was geändert werden müsste, um die Rechte der Kinder oder Jugendlichen zu gewährleisten.

2 Versetze dich in die Lage eines der Kinder oder Jugendlichen und stelle Dir vor, du könntest auf einer Tagung von UNICEF in der Schweiz teilnehmen. Erkläre den Teilnehmern in einer Rede, was sich ändern müsste, damit sich deine Situation verbessern würde.

Vier Kinder – vier unterschiedliche Lebenssituationen

Mike aus den USA

Mike: „Ich bin elf Jahre alt und wohne in Kalifornien. Meine Eltern arbeiten in Hollywood, einem Stadtteil der Millionenstadt Los Angeles. Mein Vater ist Geschäftsmann und verkauft Luxusautos. Meine Mutter arbeitet in einem der großen Filmstudios im Büro. Wenn meine Eltern beim Arbeiten sind, kümmert sich das Hausmädchen Debbie um mich und meine beiden Geschwister. Mit Debbie kommen wir prima aus, die erlaubt uns so einiges. Wir wohnen in einem großen Haus mit Garten und Swimmingpool. Das Klima ist bei uns das ganze Jahr über sehr mild. Ich kann deshalb fast jeden Tag schwimmen gehen. Wenn es uns zu heiß wird, dann schalten wir einfach die Klimaanlage ein. Häufig gibt es mein Lieblingsessen: Pizza. Der Boden wird tiefgefroren gekauft, belegt und in der Mikrowelle gebacken. Dazu gibt es Salat und Obst, zum Trinken Cola. Gern gehe ich zum Hamburgeressen auch in einen Schnellimbiss. Zur Schule fahre ich mit dem Schulbus, der gleich vor unserem Haus hält. Ich mag eigentlich alle Unterrichtsfächer ganz gern, am liebsten aber Sport. Wenn ich groß bin, möchte ich Baseballspieler werden. Baseball ist meine große Leidenschaft."

Maria aus Peru

Maria: „Ich bin zehn Jahre alt und lebe in Peru, einem Land in Südamerika. Mein Heimatdorf liegt im Hochland der Anden am Titicacasee. Unsere Familie stammt von den Indianern ab. Meine vier Geschwister und ich müssen zu Hause kräftig mithelfen. Wir unterstützen unsere Eltern bei der Feldarbeit, zum Beispiel beim Kartoffelhacken, helfen im Haushalt und versorgen die Kühe, Schafe, Schweine, Hühner sowie die Kaninchen. Unsere Tiere sind ein großer Wert für uns. Zum Essen gibt es meistens Nudelsuppe mit Kartoffeln oder Maisfladen. Wenn wir ein Tier schlachten, kommt auch mal Fleisch auf den Tisch. Zum Essen trinke ich Kuhmilch, manchmal auch einfach nur Wasser. Wir leben in einem kleinen Haus mit drei Zimmern. Meine vier Geschwister und ich teilen uns ein Zimmer. In die Dorfschule fahre ich immer mit dem Fahrrad. Dort lerne ich Spanisch, die Indianersprache Aymara, Landeskunde und Rechnen. In die Schule gehe ich gern. Wenn ich groß bin, möchte ich gern Krankenschwester werden. Da kann ich kranken Menschen helfen. In meiner Freizeit versorge ich am liebsten die Kaninchen und spiele mit ihnen."

Mike, Maria, Taslima und Liu beschreiben ihr Leben. Wie wirken die Beschreibungen auf Dich? Vergleiche mit deiner Lebenssituation.

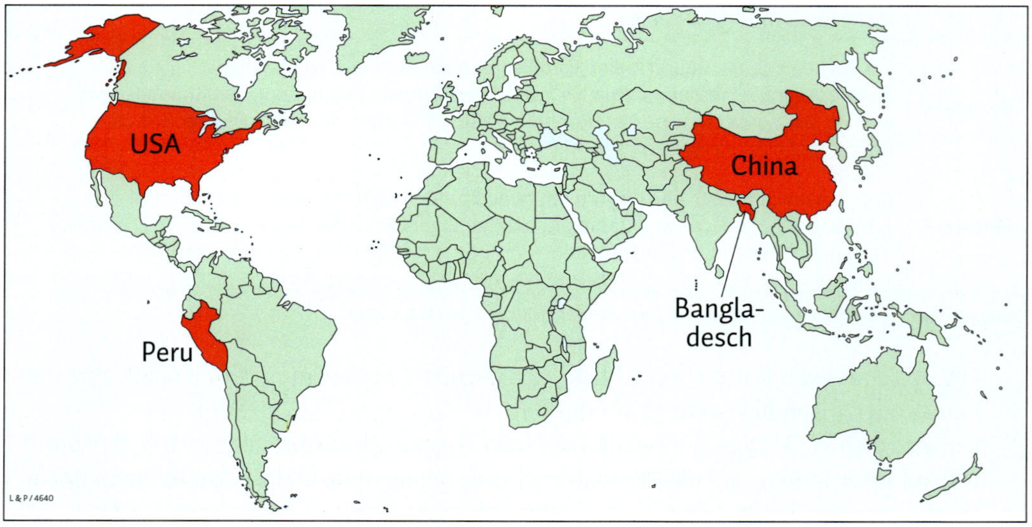

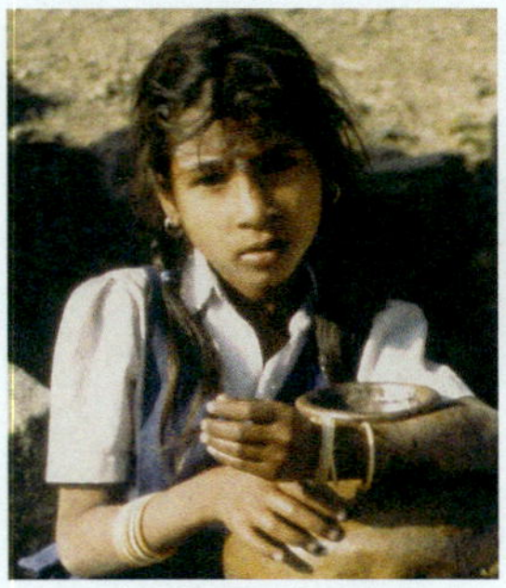

Taslima aus Bangladesch

Taslima: „Ich bin zwölf Jahre alt und lebe in der Millionenstadt Dakka in Bangladesch. Meine Eltern sind hierher gezogen, weil sie als Tagelöhner auf dem Land nicht genug verdienen konnten. Das Häuschen, in dem wir zu neunt wohnen, besteht aus einem einzigen Wohn- und Schlafraum. Im Eingangsbereich haben wir eine Kochstelle. Wir essen fast immer Reis mit Gemüse. Fleisch gibt es nur ganz selten. Während der Monsunzeit steht unsere Siedlung oft unter Wasser. Strom haben wir nicht. Trinkwasser gibt es in unserem Viertel nur an zwei Zapfstellen. Eine Buslinie fährt von der Siedlung in die Innenstadt. Dort arbeitet mein Vater als Rikschafahrer. Oft kommt er völlig erschöpft nach Hause. Das Geld, das er verdient, reicht aber trotzdem meist nicht aus. Meine Mutter putzt deshalb bei einer reichen Landbesitzerfamilie. Dort gibt es fließend kaltes und warmes Wasser und einen Herd, der auf Knopfdruck kocht! Diese Dinge sind für uns unerschwinglich, obwohl meine ältere Schwester und ich durch Jutehandarbeiten ebenfalls hinzuverdienen. Ich möchte später höchstens mal vier Kinder haben und erst mit 18 Jahren heiraten."

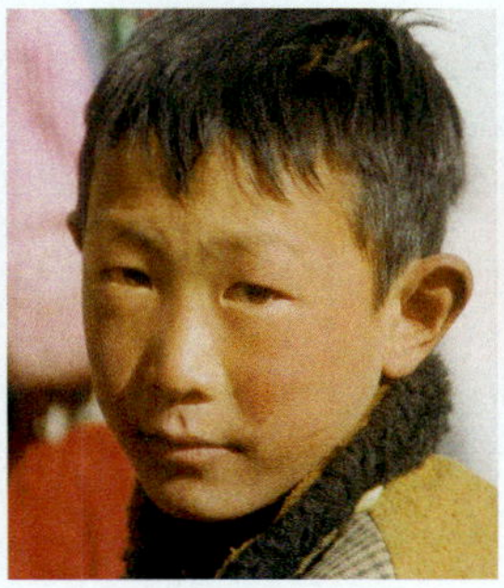

Liu aus China

Liu: „Ich bin zwölf Jahre alt und lebe in Shanghai, der größten Stadt Chinas. Ich wohne mit meinen Eltern und meiner Großmutter in einem Hochhaus in einem Vorort. Unsere Wohnung hat drei Zimmer. Geschwister habe ich nicht. Die Regierung sagt, eine Familie soll nur ein Kind haben, damit das Essen und die Arbeitsplätze auch in Zukunft reichen. Mein Vater arbeitet in der Stadtverwaltung, meine Mutter ist im Büro einer japanischen Elektronikfirma beschäftigt. Weil die Eltern abends erst spät von der Arbeit kommen, versorgt mich meine Großmutter. Meistens gibt es zum Essen Reis, Gemüse, Dampfnudeln oder Hühnerfleisch. Zur Schule fahre ich mit dem Fahrrad. Schulbeginn ist um 7.30 Uhr. Vorher machen alle Schüler gemeinsam mit dem Lehrer Morgengymnastik. In meiner Klasse sind 45 Schüler. Wer neben wem sitzt, bestimmt der Lehrer nach Körpergröße und Charakter. An sechs Tagen in der Woche haben wir Unterricht, Schulschluss ist immer um 17.00 Uhr. Nach dem Abendessen erledige ich meine Hausaufgaben, oft bis spät in den Abend. Lernen ist wichtig. Wenn ich groß bin, möchte ich gern Computeringenieur werden."

Webcode
SDL-11157-501
Arbeitsblatt: Weltweite Chancengleichheit?

Monsun
Regenzeit in Süd- und Ostasien während des Sommers

Jute
Pflanzenfaser; Bastfaser der besonders im indischen Raum angebauten Jutepflanzen

	Mike	Maria	Taslima	Liu
Land/Wohnort				
Alter				
Eltern/Geschwister				
Wohnung				
Ernährung				
Schule/Freizeit				
Berufswunsch				
…				

1 Vergleiche die Lebenssituationen von Mike, Maria, Taslima und Liu. Lege dazu eine Tabelle nach dem vorgegebenen Muster an oder benutze das Arbeitsblatt.

2 Erschließe aus dem Vergleich Gemeinsamkeiten und Unterschiede.

3 Beschreibe in einem kurzen Text deine Lebenssituation. Gehe dabei auch auf die in der Tabelle aufgelisteten Punkte ein.

1 Hilfe
Trage zuerst alle Informationen zu den Kindern in die Tabelle ein. Markiere dann in einer Farbe, was sie gemeinsam haben, und in einer anderen Farbe, was sie unterscheidet.

Unicef-Bericht: Kinder in Not

Alle fünf Sekunden stirbt laut Unicef weltweit ein Kind, Millionen Kinder werden ausgebeutet oder diskriminiert. Mit seinem neuesten Bericht fordert das UN-Kinderhilfswerk mehr Engagement für Kinder weltweit.
Noch immer sterben jährlich 6,6 Millionen Kinder an vermeidbaren Krankheiten. Als vor 25 Jahren die UN-Kinderrechtskonvention verabschiedet wurde, waren es noch fast doppelt so viele. Dies sei zwar ein großer Erfolg, so Unicef. Gleichzeitig mahnt das UN-Kinderhilfswerk an, dass die Entwicklung viel zu langsam sei.
Die UN-Sonderbeauftragte zu Gewalt gegen Kinder, Marta Santos Pais, forderte, den Schutz von Kindern vor Gewalt als zentralen Bestandteil der internationalen Entwicklungsagenda nach 2015 aufzunehmen. Dem Unicef-Bericht zufolge ereignen sich 90 Prozent der gewaltsamen Todesfälle von Kindern und Jugendlichen allerdings in nicht kriegerischen Situationen.
Als weitere Bereiche, in denen Kindern ihre Rechte vorenthalten werden, nannte Unicef Zwangsheiraten und sexuelle Gewalt. So sei etwa weltweit jedes dritte Mädchen unter 18 Jahren von früher und erzwungener Heirat betroffen. Einige von ihnen seien noch nicht einmal sieben Jahre alt. Mehr als 150 Millionen Mädchen und 73 Millionen Jungen würden jedes Jahr Opfer sexueller Gewalt.

(Quelle: http://dw.com/p/1CPzp; Beitrag vom 25. 6. 2014 von Wulf Wilde; Zugriff: 12. 10. 2015)

Webcode
SDL-11157-502
Arbeitsblatt:
Kinderarbeit
– Beispiel Indien

Kinder sind im Krieg besonders gefährdet

Die meisten Opfer der Kriege sind Zivilisten. Kinder sind an Kriegen völlig unschuldig und dennoch besonders gefährdet.
30 Millionen Kinder leben in Kriegsregionen. Zwei Millionen von ihnen starben in den Kriegen der letzten zehn Jahre. Sechs Millionen erlitten schwerste Verletzungen. Ungezählt sind die Kinder, die ihr Leben lang unter ihren schlimmen Erlebnissen und der Angst leiden, die sie im Krieg erfahren mussten. Kinder sind während des Krieges durch Kampfhandlungen und Bomben bedroht. Viele werden getötet oder verletzt. Viele verlieren ihre Eltern und andere Familienangehörige.
Es gibt auch Länder, in denen Kinder als Soldaten eingesetzt werden. Obwohl die UN-Kinderrechtskonvention Kindern besonderen Schutz im Krieg gewährt, ist erst jetzt eine Ergänzung verabschiedet worden. Sie verbietet, dass Kinder unter 18 Jahren zwangsweise als Soldaten ausgebildet und im Krieg eingesetzt werden. Freiwillige, die älter als 16 Jahre sind, dürfen aber nach wie vor als Soldaten angeworben werden. (...)
Für viele Kinder ist die Gefahr auch nach dem Krieg nicht vorbei. Ihre Gesundheit und ihr Leben sind durch liegen gebliebene Munition und besonders die überall vergrabenen Landminen bedroht. Sie müssen immer Angst haben – bei der Nahrungssuche, beim Wasserholen, beim Spielen und auf dem Schulweg.

(Quelle: http://younicef.de/kinder-und-krieg.html; Zugriff: 15. 11. 2013)

Kinder in Kambodscha wachsen mit der Minengefahr auf.

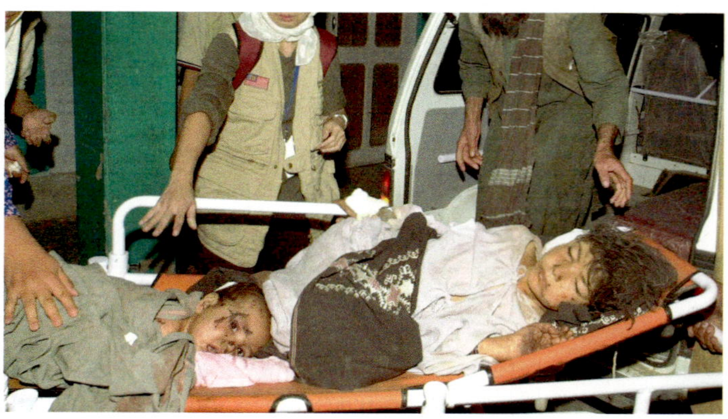

Zwei bei Kämpfen zwischen den Sicherheitstruppen und den Taliban verletzte afghanische Kinder in einem Krankenhaus

Was ist Kinderarmut? Es ist gar nicht so einfach zu sagen, was Armut ist. Jemand, den wir in Deutschland als arm bezeichnen würden, gilt in einem anderen Land nicht unbedingt als arm, weil sein Leben nicht bedroht ist, da er weder verhungern noch erfrieren muss. Deshalb unterscheidet man zwischen der „absoluten" und „relativen" Armut.
Als absolut arm gilt in den Entwicklungsländern jemand, der nur 1,25 Dollar, also etwa einen Euro, am Tag zum Leben hat. Als relativ arm gilt bei uns in der Bundesrepublik Deutschland jemand, der mit etwas mehr als der Hälfte des Durchschnittseinkommens auskommen, sich und seine Familie ernähren muss. Bei einem Erwachsenen sind das etwa 700 Euro, bei einer vierköpfigen Familie etwa 1700 Euro im Monat.
Die Familie muss zwar nicht verhungern, kann sich aber auch nicht viel leisten. Ein Kinobesuch mit den Kindern, ein gemeinsamer Restaurantbesuch, der Besuch eines Freizeitparks, eine Urlaubsreise, der Kauf eines iPhones, teurer modischer Schuhe oder Ähnliches ist von diesem geringen Einkommen kaum möglich.

Mwai aus Kenia in Afrika

Mwai ist neun Jahre alt und wohnt mit seinen Eltern und seinen sechs jüngeren Geschwistern in einer kleinen Hütte mitten auf dem Land.
Sein Tag beginnt damit, dass er fast drei Kilometer laufen muss, um für seine Familie Wasser aus dem Brunnen zu holen. Das ist nämlich der einzige Ort in der Nähe, an dem es sauberes Wasser gibt. Danach beginnt die Arbeit: Er hilft zu Hause beim Putzen und bringt die Kühe der Familie zur Weide. Anschließend kann er zum ersten Mal ein bisschen etwas essen – je nachdem, ob die Ernte seiner Eltern gut war oder nicht.
Wenn die Ernte schlecht ist, wird auch das Essen knapp. Dann muss er manchmal auch mit leerem Magen in die Schule. Die liegt (...) fast eine Stunde entfernt, im einzigen größeren Ort in der Nähe. Dort ist auch der einzige Arzt in der Umgebung. Aber wenn Mwai krank wird, kann sich seine Familie meistens sowieso keinen Arzt leisten. Mwai lernt mit sehr vielen Kindern in einer Klasse und seine Mitschüler sind alle unterschiedlich alt.
Zur Schule zu gehen ist ganz schön teuer und deswegen kann auch nur Mwai als ältester Sohn in der Schule lernen – vorausgesetzt, sein Vater kann sich die Schulgebühr auch in den nächsten Jahren leisten. Mwai wünscht sich also, schnell größer zu werden, damit er nicht mehr einer der Kleinen in der Klasse ist und einen guten Beruf lernen kann. Am liebsten Automechaniker. Wenn die Schule am Nachmittag endet, muss Mwai mit seinen Freunden über die gefährlichen Straßen wieder nach Hause laufen. Für ein Fahrrad oder gar den Bus fehlt ihm das Geld. Zu Hause angekommen hilft er seiner Familie wieder bei der schweren Arbeit. Und dann stehen auch noch Hausaufgaben an. Zeit zum Spielen bleibt da kaum.
Abends gibt es ein bisschen Maisbrei zum Essen. Danach muss Mwai ins Bett. Etwas anderes zu tun, wäre auch schwierig, denn elektrisches Licht gibt es in der Hütte von Mwais Familie nicht – und es wird früh dunkel in Kenia.

Mwai in seiner Schule

(Quelle: www.kindersache.de/bereiche/schon-gewusst/aus-aller-welt/artikel/mwai-aus-kenia-afrika; Zugriff: 12. 10. 2015)

1 Kinder in Not: Notiere wesentliche Angaben stichwortartig.
2 Erkläre den Unterschied zwischen relativer und absoluter Armut.
3 Analysiere das Fallbeispiel Mwai.

Die Kinderrechtskonvention der Vereinten Nationen

Das Bundesministerium für Familie, Senioren, Frauen und Jugend bietet auf seiner Homepage unter www.bmfsfj.de zwei Broschüren über die UN-Kinderrechtskonvention zum Herunterladen an.

Jedes Kind hat Rechte

Die UN-Kinderrechtskonvention
Am 20. November 1989 verabschiedete die Generalversammlung der Vereinten Nationen die UN-Konvention über die Rechte des Kindes. Alle Kinder auf der Welt erhielten damit verbriefte Rechte – auf Überleben, Entwicklung, Schutz und Beteiligung. Die Kinderrechtskonvention formuliert weltweit gültige Grundwerte im Umgang mit Kindern, über alle sozialen, kulturellen, ethnischen oder religiösen Unterschiede hinweg. Und sie fordert eine neue Sicht auf Kinder als eigenständige Persönlichkeiten. Alle Staaten mit Ausnahme der USA und Somalias haben die Konvention ratifiziert.

Die 54 Artikel der UN-Konvention verknüpfen erstmals politische Bürgerrechte, kulturelle, wirtschaftliche und soziale Rechte der Kinder in einem völkerrechtlich bindenden Vertrag. Schutz und Hilfe für Kinder sind damit nicht mehr allein von Mitgefühl oder Moral abhängig, sondern die Staaten verpflichten sich, alles zu tun, um Kindern menschenwürdige Lebensbedingungen zu bieten. Die Kinderrechtskonvention beruht auf vier Prinzipien:

1. Das Recht auf Gleichbehandlung: Kein Kind darf benachteiligt werden – sei es wegen seines Geschlechts, seiner Herkunft, seiner Staatsbürgerschaft, seiner Sprache, Religion oder Hautfarbe, einer Behinderung oder wegen seiner politischen Ansichten.

2. Wohl des Kindes hat Vorrang: Wann immer Entscheidungen getroffen werden, die sich auf Kinder auswirken können, muss das Wohl des Kindes vorrangig berücksichtigt werden – dies gilt in der Familie genauso wie für staatliches Handeln.

3. Das Recht auf Leben und Entwicklung: Jedes Land verpflichtet sich, in größtmöglichem Umfang die Entwicklung der Kinder zu sichern – zum Beispiel durch Zugang zu medizinischer Hilfe, Bildung und Schutz vor Ausbeutung und Missbrauch.

4. Achtung vor der Meinung des Kindes: Alle Kinder sollen als Personen ernst genommen und respektiert und ihrem Alter und Reife gemäß in Entscheidungen einbezogen werden.

Aus diesen Prinzipien leiten sich zum Beispiel das Recht auf medizinische Hilfe, auf Ernährung, auf den Schutz vor Ausbeutung und Gewalt sowie auf freie Meinungsäußerung und Beteiligung ab.

(Quelle: UNICEF (Hg.), Kinderrechte in Deutschland. Unterrichtsmaterialien für die Klassen 4–7, Köln 2011, S. 6)

Webcode
SDL-11157-503
Arbeitsblatt:
Kinder haben Rechte

1 Beschreibe die Prinzipien der Kinderrechtskonvention.

2 Erkläre die Bedeutung einer Festlegung von Kinderrechten in einem internationalen Vertrag.

3 „Es ist gut, dass die Vereinten Nationen Kinderrechte in den Entwicklungsländern durchsetzen wollen. Aber bei uns ist das doch unnötig!“ Diskutiert die Aussage in der Gruppe.

Thema: Kinderrechte

Die Methode Stationenlernen ist eine gute Möglichkeit für euch, ein Thema selbstständig zu bearbeiten. Die Methode ermöglicht euch dabei eine eigenständige Auseinandersetzung mit dem Thema. Jede Station umfasst ein Gebiet des Themas. Innerhalb eines festgelegten Zeitrahmens könnt ihr euer Arbeitstempo selbst bestimmen. Ihr könnt meistens selbst entscheiden, in welcher Reihenfolge ihr die Stationen bearbeitet.

Vorbereitung

Die Lehrerin oder der Lehrer informiert euch über die Lernstationen, gibt den Zeitrahmen vor und legt fest, ob ihr in Einzel-, Partner- oder Gruppenarbeit vorgeht. Ihr erfahrt auch, wie ihr eure Ergebnisse vorstellen sollt. Bei einem Rundgang orientiert ihr euch zunächst über die Aufgabenstellungen und das Material an den einzelnen Lernstationen. Danach entscheidet ihr euch für die Station, die ihr zuerst bearbeiten möchtet.

Durchführung

Ihr nehmt das an der ausgewählten Station vorgelegte Material, sucht euch einen ungestörten Arbeitsplatz und bearbeitet die Arbeitsaufträge. Für inhaltliche Nachfragen oder bei technischen Problemen wendet ihr euch an eure Lehrerin bzw. euren Lehrer.

Auswertung

Die Arbeitsergebnisse zu den verschiedenen Lernstationen werden der Klasse präsentiert. Nach der Präsentation kann in der Klasse besprochen werden, welche Erfahrungen ihr mit der Methode des Stationenlernens gemacht habt.

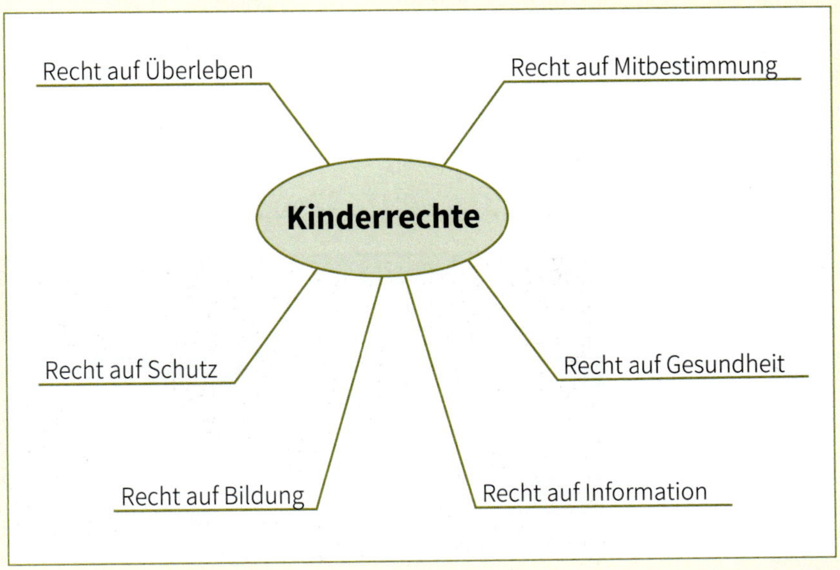

1 Bearbeitet in Gruppenarbeit die Stationen zum Thema Kinderrechte (Seite 140 bis 145). Notiert die Ergebnisse zu jeder Station in einer Mindmap.

Station 1: Recht auf Überleben

Zum Recht auf Überleben gehört, dass alle Kinder ausreichend Nahrung, sauberes Trinkwasser, eine Wohnung und die notwendige medizinische Versorgung erhalten.

UNICEF, das Kinderhilfswerk der Vereinten Nationen, schätzt, dass es auf der Welt etwa 80 Millionen Straßenkinder gibt. Die meisten davon leben in den Großstädten Lateinamerikas. Die jüngsten von ihnen sind oft erst fünf Jahre alt. Aber nicht nur in Lateinamerika, Afrika und Asien gibt es immer mehr obdachlose Kinder und Jugendliche, sondern auch in Deutschland, zum Beispiel in Großstädten wie Berlin oder Frankfurt.

Ricardo ist ein Straßenkind. Er lebt in Rio de Janeiro, der zweitgrößten Stadt Brasiliens. Vor zwei Jahren ist er von zu Hause weggelaufen. Der Vater hatte die Familie verlassen und der Mutter gelang es nie, Ricardo und seine fünf Geschwister satt zu bekommen.
Jetzt muss Ricardo selbst für sich sorgen. Er ist von morgens bis abends auf den Beinen, um das Geld für eine Mahlzeit zusammenzubekommen. Oft bettelt er vor Touristenhotels um ein paar Münzen oder in Restaurants um eine Schale Reis. Einen Gelegenheitsjob bekommt er nur selten. Manchmal ist Stehlen die einzige Möglichkeit für Ricardo, um zu überleben. Er fühlt sich zwar schuldig, wenn er einer Touristin die Geldbörse stiehlt, hat dann aber meist für einige Tage ausgesorgt.
Ricardo hat oft Bauchschmerzen und schlimmen Durchfall, weil er verdorbene Nahrungsmittel isst oder verschmutztes Wasser trinkt. Für Arzneimittel reicht sein Geld nicht. In solchen Momenten befällt ihn oft Angst, wie es weitergehen soll. Manchmal träumt er dann auch von der Geborgenheit einer richtigen Familie. Aber solche Gedanken werden vom täglichen Kampf ums Überleben rasch beiseite gewischt.
Jeden Abend muss sich Ricardo einen Schlafplatz suchen. Manchmal ist das ein Hauseingang, manchmal eine Bushaltestelle, manchmal auch nur einfach der Bürgersteig. Als Decke dient ihm eine Plastikplane, die er tagsüber versteckt.

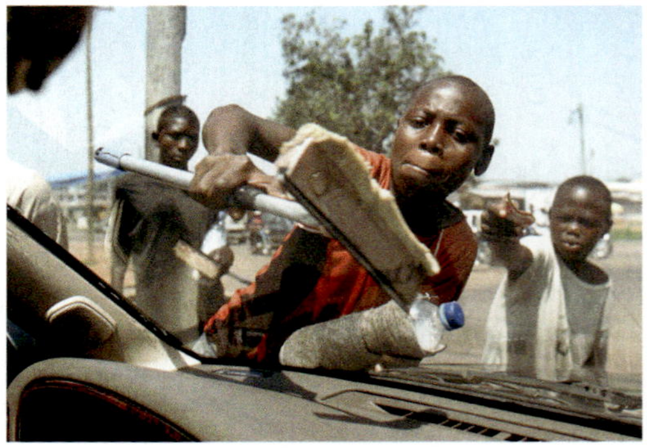

Wovon leben Straßenkinder?

- Sie putzen die Schuhe von Passanten.
- Sie bewachen Autos auf Parkplätzen.
- Sie waschen Autoscheiben, wenn die Autos vor einer roten Ampel warten.
- Sie tragen die Einkaufstaschen der Kundinnen und Kunden vom Supermarkt zum Parkplatz.
- Sie sammeln leere Getränkedosen und verkaufen sie an Altwarenhändler.
- Sie verkaufen im Auftrag von Geschäftsleuten Eis oder Zigaretten und erhalten dafür eine geringe Bezahlung.
- Sie helfen auf Märkten.
- Sie stehlen, um zu überleben.

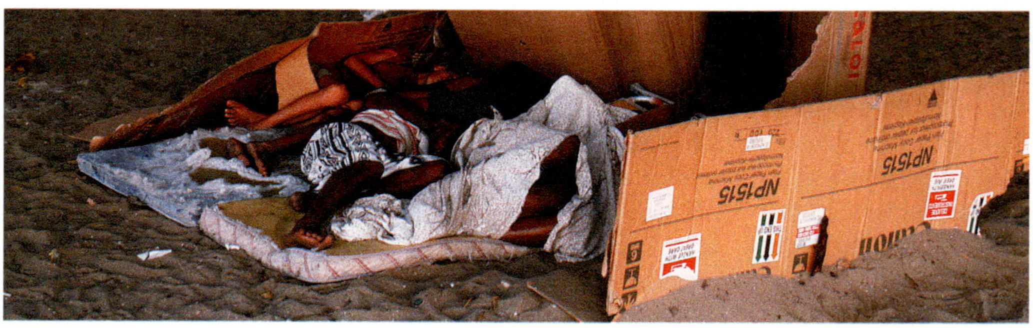

Ein „Schlafzimmer" für Straßenkinder: Die Wände bestehen aus auseinander geklappten Pappkartons

1 Ricardo ist ein Straßenkind. Berichte, worauf Straßenkinder verzichten müssen.

2 Zähle auf, was Straßenkinder alles tun, um zu überleben.

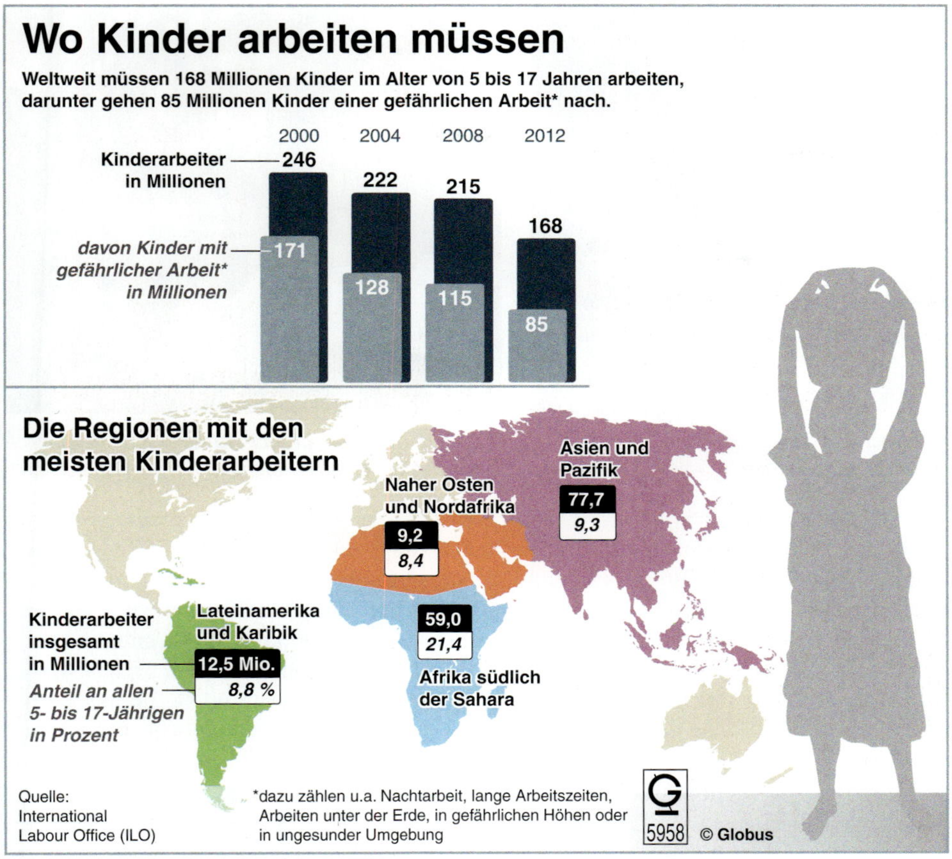

Das Recht auf Schutz bedeutet, dass Kinder vor jeder Form von Missbrauch, Vernachlässigung und Ausbeutung bewahrt werden müssen.

Das Recht der Kinder auf Schutz ist umfassend. Kinder sind vor Gewalt, Krieg und wirtschaftlicher Ausbeutung, das heißt vor allem Kinderarbeit, zu schützen. Trotz des Rechts auf Schutz müssen Kinder arbeiten, um überleben zu können. Sie werden als Soldaten eingesetzt und in Kriegen getötet. Leider gibt es auch viel Gewalt gegen Kinder. Weltweit werden jedes Jahr etwa 150 Millionen Mädchen und 73 Millionen Jungen sexuell missbraucht. Jedes Jahr werden mehr als 50 000 Kinder ermordet. Wenn Kinder von zu Hause weggelaufen sind, betteln oder klauen, werden sie oft verhaftet und kommen ins Gefängnis. In vielen Ländern sind die Bedingungen in den Gefängnissen katastrophal. Es gibt nicht genug zu essen und die hygienischen Bedingungen sind schlecht. Und es kommt oft zu Gewalt gegen Kinder in den Gefängnissen.

Gewalt gegen Kinder ist sogar in vielen Ländern erlaubt. So ist es nur in der Hälfte aller Länder verboten, Kinder in der Schule körperlich zu bestrafen – sie dürfen geschlagen werden. Auch in ihren Familien erleben viele Kinder Gewalt, werden misshandelt oder vernachlässigt. Schüler und Schülerinnen tun sich auch untereinander Gewalt an, z. B. durch Mobbing oder Erpressung.

Kinder beim Knüpfen von Teppichen

Kinderarbeit in einem Bergwerk in Bolivien

UNICEF-Aktion gegen Kinderhandel (Plakat)

1 Werte die Grafik aus: Notiere drei, vier wichtige Beobachtungen.

2 Begründe, warum das Recht auf Schutz ein so umfassendes Kinderrecht ist.

Station 3: Recht auf Bildung

Jedes Kind hat das Recht auf Bildung. Der Staat muss dafür sorgen, dass alle Kinder zur Schule gehen und lernen können.

Unterricht in einer Dorfschule in Äthiopien, einem Land am Horn von Afrika

Das Kinderhilfswerk UNICEF richtet in von Krieg betroffenen Regionen und in Flüchtlingslagern Schulen ein.

Fast alle Staaten der Welt haben den Artikel 28 der Kinderrechtskonvention unterschrieben. Sie müssen also dafür sorgen, dass alle Kinder zur Schule gehen und etwas lernen können. Leider kümmern sich nicht alle Staaten ausreichend um die Bildung der Kinder. (…) 80 Millionen Kinder gehen nicht in die Schule. Allein 46 Millionen von ihnen leben in Afrika. Dort ist es besonders schlecht bestellt um den allgemeinen Schulbesuch. Der Grund ist meistens, dass die Menschen zu wenig Geld haben. In der Hälfte aller Länder, die es auf der Welt gibt, werden nämlich Schulgebühren erhoben. Sie sind häufig viel höher als das, was die Eltern im Monat verdienen. Dazu kommen Kosten für Schuluniformen, Bücher, Prüfungen … das können sich viele Eltern nicht leisten!

Wenn die Schule kostenlos wird, schnellt die Zahl der Anmeldungen sofort in die Höhe: In Kenia zum Beispiel wurden die Schulgebühren 2003 abgeschafft. Seitdem sind 1,3 Millionen Kinder zusätzlich in den Schulen angemeldet worden!

Gemeinsam haben alle Länder entschieden, dass für alle Kinder auf der Welt der Schulbesuch kostenlos sein soll. Das Ziel war, dass bis 2015 alle Kinder auf der Welt in die Schule gehen können. Doch davon sind wir weit entfernt. Die meisten armen Länder geben viel zu wenig Geld für Bildung aus. Die reichen Länder haben zwar versprochen, zu helfen, halten ihre Versprechen aber nicht ein.

Dabei ist der Schulbesuch enorm wichtig! Nur wer etwas lernt, kann der Armut entkommen. In der Schule erfahren die Kinder beispielsweise, wie wichtig Hygiene und Gesundheitsvorsorge sind, und lernen, wie sie sich gegen Aids oder andere Krankheiten schützen können. Und sie lernen, wie wichtig es ist, einen guten Beruf zu haben, um dann als Erwachsener auch für sich und seine Familie sorgen zu können.

Schule ist da besonders wichtig, wo Kinder Schreckliches erlebt haben, zum Beispiel im Krieg oder während einer Flucht. Deshalb versuchen Hilfsorganisationen in Flüchtlingslagern oder in Städten, in denen die Kämpfe aufgehört haben, so schnell wie möglich wieder Unterricht anzubieten. So haben die Kinder wieder ein Stück normalen Alltag und verlieren vom Wissen her nicht den Anschluss an Gleichaltrige.

Allen Kindern muss es möglich sein, zur Schule zu gehen! Oft dürfen Mädchen aus religiösen Gründen nicht in die Schule (so war es lange in Afghanistan). Oder die Kinder müssen arbeiten und Geld verdienen, weil die Familie arm ist, und können deshalb nicht zur Schule gehen. Für sie sollten Schulen geschaffen werden, in denen sie nachmittags oder abends lernen können.

(Quelle: www.hanisauland.de/spezial/kinderrechte/kinderrechte-kapitel-6.html; Zugriff: 13. 10. 2015)

1 Erkläre, warum Schulbildung kostenlos sein muss.

2 Begründe, warum der Schulbesuch so wichtig für alle Kinder ist.

Jugendgemeinderäte in Baden-Württemberg

Jugendgemeinderäte sind die Interessenvertretung der Jugendlichen gegenüber der kommunalen Politik. Sie sind darüber hinaus ein Partizipationsmodell und bieten jungen Menschen einen Einstieg in die Politik – ohne Parteibindung.
Im Idealfall besitzen sie Rede- und Antragsrecht im Gemeinderat und einen eigenen Etat für Öffentlichkeitsarbeit, Veranstaltungen und sonstige Projekte.
Ein großes Anliegen der rund 1500 Jugendgemeinderatsmitglieder im Ländle ist es, ihre Stadt für Jugendliche attraktiver zu gestalten. Hierzu gehören beispielsweise die Gestaltung und Einrichtung von Spiel- und Sportplätzen, Rad- und Verkehrswegeplanung, die Umgestaltung von Schulhöfen, Skateanlagen, der öffentliche Personennahverkehr, insbesondere Nachtbusse und Tarife, die Gestaltung und Erhaltung von Jugendhäusern, politische und unpolitische Veranstaltungen, Umweltaktionen, Bandcontests und vieles mehr. Der Vorsitzende ist ein Mitglied des JGRs oder der (Ober-)Bürgermeister der Stadt.
Neben den öffentlichen Sitzungen gibt es nicht öffentliche Sitzungen und Arbeitskreistreffen. Außerdem nehmen die Jugendgemeinderäte an den Sitzungen des Gemeinderats oder seiner Ausschüsse teil – im Idealfall als vollwertiges Mitglied.
Die Anzahl der Mitglieder ist von der Größe der Stadt abhängig. In fast allen Städten haben Jugendliche von 14 bis 18 das aktive und passive Wahlrecht, unabhängig davon, ob sie einen deutschen Pass haben oder nicht.

Dachverband der Jugendgemeinderäte Baden-Württemberg e.V.

(Quelle: http://jugendgemeinderat.de/?page_id=20; Zugriff: 13. 10. 2015)

Kinder haben das Recht auf freie Meinungsäußerung und das Recht auf Mitbestimmung in allen Dingen, die ihr Leben betreffen.

Jugendparlament Schopfheim

Die Jugendlichen der Stadt Schopfheim sollen im Rahmen der kommunalen Selbstverwaltung die Möglichkeit haben, sich selbst stärker ins Geschehen in ihrer Stadt einzubringen und es mit zu gestalten. Zu diesem Zweck wurde ein Jugenparlament eingerichtet. Seine Mitglieder vertreten die Interessen der Jugend und arbeiten zugleich als Vermittler zwischen den Jugendlichen in Schopfheim und den Institutionen.
Das Jugendparlament besteht aus zwölf Jugendlichen aus Schopfheim, die bei der Wahl das 14. aber noch nicht das 20. Lebensjahr vollendet haben. Sie werden für zwei Jahre von den Jugendlichen gewählt.
Das Jugendparlament wurde in der Woche vom 7. bis 11. April 2014 neu gewählt. Zur Wahl standen 19 Jugendliche im Alter von 15 bis 20 Jahren, die sich für die Belange der Schopfheimer Jugendlichen einsetzen wollen. Ins Jugendparlament wurden zwölf Jugendliche gewählt, davon sind sieben bisher im Jugendparlament aktiv gewesen,

Das Jugendparlament Schopfheim

In der konstituierenden Sitzung wurden Josua Kalt zum Vorsitzenden und Jasmin Walteich zur stellvertretenden Vorsitzenden gewählt.
Bürgermeister Nitz und die gesamte Verwaltung gratulieren den Jugendlichen zu Ihrer Wahl und wünschen sich eine gute Zusammenarbeit.

(Quelle: www.schopfheim.de/de/Rathaus+Politik/Jugendparlament; Zugriff: 13. 10. 2015)

Mittlerweile gibt es ein neues Jugendparlament in Schopfheim: Es wurde in der Woche vom 25. bis 29. April 2016 gewählt.

1 Erläutere den Zusammenhang zwischen dem Kinderrecht auf Mitbestimmung und den Jugendgemeinderäten in Baden-Württemberg.

2 Informiere dich im Internet über Jugendgemeinderäte in Baden-Württemberg.

2 Hilfe
Geh dazu im Internetauftritt des Dachverbands der Jugendgemeinderäte Baden-Württemberg auf die Schaltfläche „Standorte“.

Kinder haben das Recht auf Gesundheit. Das heißt, sie werden vor Krankheiten geschützt und gegen Krankheiten behandelt, bekommen eine gesunde Ernährung und sauberes Trinkwasser.

In den fünfzig am wenigsten entwickelten Ländern der Welt

- bleibt ein von zwei Kindern unter fünf Jahren aufgrund von Mangelernährung in seiner körperlichen Entwicklung zurück;
- ist ein von drei Kindern unter fünf Jahren untergewichtig;
- ist ein von vier Kindern nicht gegen Masern geimpft:
- stirbt ein von sechs Kindern vor seinem fünften Geburtstag;
- stirbt ein von zehn Kindern schon im ersten Lebensjahr.

Wenn kleine Kinder in armen Ländern sterben, sind daran meistens verschmutzte Luft oder verseuchtes Wasser schuld. Das hat die Weltgesundheitsorganisation festgestellt. Luftverschmutzung entsteht in den eigenen vier Wänden, weil in den Räumen auf einem offenen Feuer gekocht wird. Das verursacht Husten, der nicht mehr weggeht, oder sogar Lungenentzündungen, die oft nur schwer heilbar sind. Fast eine Million Kinder sterben daran jedes Jahr. Noch mehr Kinder sterben an Durchfall, den sie durch verschmutztes Wasser bekommen haben: Es sind etwa 1,5 Millionen Kinder. Wenn man nämlich sowieso schon geschwächt ist, weil man nicht ausreichend gut ernährt ist, kann Durchfall zum Austrocknen und sogar zum Tod führen. Obwohl solche Zusammenhänge bekannt sind, haben immer noch 425 Millionen Kinder in armen Ländern kein sauberes Wasser zum Trinken und ihre Eltern können nur mit schmutzigem Wasser kochen. Wo es kein sauberes Wasser gibt, fehlt es meistens auch an Toiletten, an Abwasserkanälen, an allem, was für die Hygiene wichtig ist.

(...) Wasserstellen sind oft verunreinigt: Die Menschen benutzen sie auch zum Waschen und Abwaschen und tränken ihre Tiere dort. Am Rand liegen dann die Kuhfladen oder Ziegenköttel, die über kurz oder lang ins Wasser gelangen.

(Quelle: www.hanisauland.de/spezial/kinderrechte/kinderrechte-kapitel-5.html; Zugriff: 13. 10. 2015)

Gesundheit in Afrika

Gesundheit ist ohne sauberes Trinkwasser und grundlegende sanitäre Einrichtungen mit geregelter Abwasserentsorgung unmöglich. Dennoch wurde dieses Thema in den vergangenen Jahrzehnten sträflich vernachlässigt. Die Hälfte aller Afrikanerinnen und Afrikaner leiden unter Krankheiten, die durch Wasser übertragen werden, wie Cholera oder Säuglingsdurchfall.

Hauptopfer der Misere sind Kleinkinder: 90 Prozent aller durch mangelnde Hygiene bedingten Todesfälle sind Kinder unter fünf Jahren. Tausende Kinder sterben täglich an Durchfallerkrankungen.

Millionen Kinder sind körperlich beeinträchtigt, weil sie unter Krankheiten leiden, die durch menschliche Exkremente bedingt sind oder weil ihr Darm von Parasiten befallen ist.

Dabei wäre Hygiene oft schon mit einfachen Mitteln herzustellen. Kindersterblichkeit und Durchfallerkrankungen ließen sich durch Bildung und Aufklärung drastisch reduzieren. Doch Millionen Kinder, vor allem Mädchen, erhalten nicht einmal eine Grundbildung. In einigen Ländern Afrikas besucht nicht einmal die Hälfte der Kinder eine Grundschule. Stattdessen müssen insbesondere Mädchen zum Familienunterhalt beitragen oder bei der Hausarbeit helfen. Dazu gehören nicht selten kilometerweite Fußmärsche, um Wasser zu beschaffen.

Dass Wasser ein wertvolles Gut ist, merken wir hierzulande allenfalls an steigenden Wasserpreisen. In weiten Teilen Afrikas ist es jedoch Mangelware und seine Beschaffung mühevolle und zeitraubende Arbeit. Für viele Menschen besteht saisonal oder ganzjährig ein erheblicher Mangel an sauberem Wasser. In manchen Gebieten haben die Menschen täglich nur einen Eimer Wasser zum Trinken, Kochen und Waschen zur Verfügung.

(Quelle: Gesundheit in Afrika, hg. von GEMEINSAM FÜR AFRIKA e. V., Tönisvorst 2008, S. 7.)

1 Beschreibe die Ursachen, die dazu führen, dass Kinder nicht gesund leben können.

2 Erkläre den Zusammenhang von Wassermangel und Krankheiten.

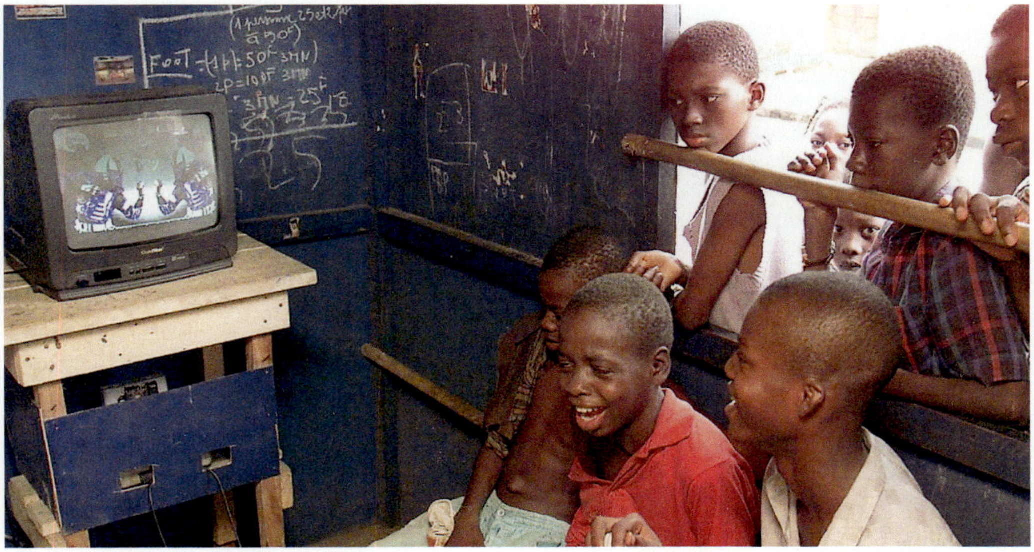

Kinder aus Adjame (Elfenbeinküste) vor einem Fernsehgerät

Jedes Kind hat das Recht, sich eine eigene Meinung zu bilden. Das bedeutet, dass jedes Kind auch die Möglichkeit haben muss, sich zu informieren, damit es selbstständig überlegen kann, was für es richtig oder falsch ist.

Wer sich (…) eine Meinung bilden will, selbstständig überlegen will, was richtig oder falsch ist, muss sich auch informieren können.
Nicht für alle Kinder auf der Welt ist es einfach, an Informationen zu kommen. Während in den reichen Ländern Kinder oft sogar einen eigenen Fernseher besitzen und Internetzugang haben, gibt es Millionen von Kindern, die in Hütten oder Häusern leben, in denen es nicht einmal regelmäßig Strom gibt. Ihre Familien sind so arm, dass sie sich keinen Fernseher und schon gar keinen Computer anschaffen können.
Schon seit Langem wird versucht, solchen Kindern und ihren Familien zu helfen. Denn nur wer erfährt, was in seinem Land und in der Welt los ist, wer sich also informieren kann, kann seine Situation verbessern. Das fängt bei Öffnungszeiten von Gesundheitsstationen an und hört beim Weltklima noch lange nicht auf.

Eine wichtige Rolle spielen Radiosender, die über Ereignisse aus der näheren Umgebung informieren. In Gegenden ohne Strom werden deshalb Radios verteilt, die man mit einer Kurbel „aufziehen" kann, um so die Batterie neu zu laden. Oder die Radios funktionieren mit Sonnenenergie.

(Quelle: www.hanisauland.de/spezial/kinderrechte/kinderrechte-kapitel-3.html; Zugriff: 13. 10. 2015)

Ein Laptop für jedes Kind

„One Laptop Per Child" ist eine Organisation, die sich zum Ziel gesetzt hat, Kinder in Entwicklungsländern mit Laptops auszustatten damit die Kinder besser lernen können. Die ersten Geräte des Typs XO wurden im Jahr 2007 ausgeliefert. Sie werden zu einem sehr günstigen Preis hergestellt und an die Regierungen armer Länder verkauft. Diese statten dann Schulen nach dem Motto „Ein Laptop für jedes Kind" damit aus. Bis zum Jahr 2011 konnten über zwei Millionen Laptops des Modells XO ausgeliefert werden. Das neueste Gerät ist ein Tablet, das wenig Energie verbraucht und z. B. über WLAN verfügt.

Eine Klasse in Ruanda mit Laptops vom Typ XO

1 Erkläre, wie versucht wird, zu erreichen, dass auch in ärmeren Verhältnissen lebende Kinder in Entwicklungsländern an Informationen gelangen können.

Verletzung von Kinderrechten: Fallbeispiel Kindersoldaten

Wenn Kinder Krieg führen müssen

Ring Placido ist sechs Jahre alt, als eine Gruppe südsudanesischer Rebellen die Baracke angreift, in der er mit seinen Eltern lebt. Sie verschleppen ihn in ein Dorf, weit weg von zu Hause, und machen ihn zu einem der ihren: Auf einmal ist Placido Mitglied des Kinderbataillons „Nyony" und kämpft im Bürgerkrieg gegen die Zentralregierung des Sudan für (den)Süden des Landes.

Sein Schicksal ist kein Einzelfall. (...) Laut den Vereinten Nationen gab es letztes Jahr 23 „Konfliktsituationen", in denen Kinder Opfer von Gewalt wurden. Wie viele Kindersoldaten weltweit genau im Einsatz sind, ist schwer zu sagen. Das Kinderhilfswerk der Vereinten Nationen, Unicef, vermutet: mindestens 200 000.

Doch nicht alle, die in diese Kategorie fallen, sind bewaffnet – viele sind „Kundschafter" oder assistieren den erwachsenen Kämpfern, indem sie deren Ausrüstung tragen oder sie bekochen. Mädchen werden meist zu „Bräuten" gemacht und sexuell ausgebeutet, aber auch Jungen werden als Sexsklaven missbraucht. (...)

Besonders betroffen sind neben dem Südsudan die Zentralafrikanische Republik, der Kongo und Syrien. Vor allem im Irak und in Afghanistan nimmt die Anzahl getöteter Kinder zu. All diese Länder stehen auf der „Liste der Schande". Insgesamt sind 2013 darauf acht staatliche Armeen und 51 militarisierte Gruppen aus 15 Staaten zu finden. (...) Mit dieser Liste wollen die Vereinten Nationen Regierungen und Milizen unter Druck setzen. (...)

Ebenfalls erschreckend: IS (Islamischer Staat) setzt Minderjährige für Selbstmordattentate ein. „Kinder sind leicht zu beeinflussen. Man kann sie besser unter Druck setzen oder mit Drogen vollpumpen, damit sie Dinge tun, die andere nicht tun würden", sagt (Unicef-Sprecher) Tarneden. (...)

Die Wiedereingliederung in die Gesellschaft sei schwierig (...) Ring Placido schaffte erst nach elf Jahren den Ausstieg (...). Unicef und das Nationalkomitee für Entwaffnung, Demobilisierung und Reintegration verhandelten 2009 seine Freilassung aus der Sudanesischen Volksbefreiungsarmee, von der er gewaltsam als Funker rekrutiert worden war. Durch die beiden Hilfsorganisationen fand er den Weg zurück in die Normalität. Heute ist er ein erfolgreicher Reggae-Musiker.

(Quelle: Artikel vom 12. Februar 2015 von Dorothee Pfaffel in: www.augsburger-allgemeine.de/politik/Im-Heer-der-Hoffnungslosen-ein-Leben-als-Kindersoldat-id30952122.html; Zugriff: 14. 10. 2015)

Ishmael Beah hat seine Erlebnisse als Kindersoldat in einem Buch verarbeitet.

Ishmael Beah berichtet über sein Leben als Kindersoldat in Sierra Leone

Ishmael Beah1 aus Sierra Leone war zwölf Jahre alt, als Rebellen seine Eltern und Geschwister ermordeten. Wenig später wurde er von der Regierungsarmee zwangsrekrutiert und musste selber töten, um zu überleben. Sein Schicksal teilen Kinder und Jugendliche in vielen Kriegen (...). Sie werden von skrupellosen Milizenchefs und Militärs als Soldaten missbraucht. Sie werden als Wachtposten, Träger oder Sexsklaven eingesetzt und unter Drogen gezwungen, zu foltern und zu töten. (...)

Erleichtert wird der Einsatz der Kindersoldaten durch die massenhafte Verfügbarkeit kleiner und leichter Waffen wie der russischen AK-47 oder der deutschen G3-Gewehre.

Je länger die Kriege dauern, desto grausamer werden sie, so Ishmael Beah: „Am Anfang wird den Kindern viel versprochen. Sie kämpfen für eine gerechte Sache. Doch das ist schnell vorbei. Am Ende geht es den Warlords nur darum, zu morden und zu plündern. Es wird ein Krieg der Wahnsinnigen." Wie Ishmael Beah leiden die meisten Kindersoldaten auch noch lange, nachdem sie aus der Armee entlassen wurden, unter Alpträumen, Angstzuständen und Schlaflosigkeit. (...)

Weil sie als Mörder gelten, sind die Kinder von Angehörigen und Nachbarn zu Hause oft nicht mehr akzeptiert und werden verstoßen. Viele lassen sich aus Hoffnungslosigkeit, Verzweiflung und Angst erneut rekrutieren oder landen auf der Straße.

(Quelle: www.unicef.be/kids/IMG/pdf/fsheet_kindersoldaten_070831_de.pdf; Zugriff: 14. 10. 2015)

Warlords
privater Kriegsherr, Söldnerführer

Miliz
paramilitärische, das heißt nicht reguläre Streitkräfte und Kämpfer

2 Hilfe
Werte zunächst die Texte aus und notiere stichwortartig.

1 Erkläre, aus welchen Gründen Kinder als Soldaten eingesetzt werden.

2 „Der Einsatz als Soldat ist für Kinder schlimm!" Begründe diese Aussage.

Thema: Kindersoldaten

Im Internet könnt ihr euch über die Situation von Kindersoldaten informieren. Benutzt dazu eine Suchmaschine. Es gibt verschiedene Suchmaschinen, zum Beispiel Bing, Google oder DuckDuckGo, speziell für Kinder bis 13 Jahren Blinde Kuh.

So geht ihr vor:

- Gebt die Adresse der Suchmaschine ein. Eine Suchmaschine listet alle zu einem Thema gefundenen Websites auf.
- Gebt auf der Startseite der Suchmaschine den Begriff „Kindersoldaten“ ein. Klickt dann „Suche“ an.
- Die Suchmaschine zeigt euch eine Vielzahl von Links zu anderen Websites an. Einigt euch in der Klasse auf einige dieser Links.
- Arbeitet in Gruppen weiter. Verabredet, welche Gruppe sich welche der ausgewählten Internetadressen anschaut. Die Gruppen berichten dann in der Klasse über den Inhalt der ausgewählten Website.

Suchmaschinen

www.bing.com/
duckduckgo.com/
www.google.de/
www.blindekuh.de/

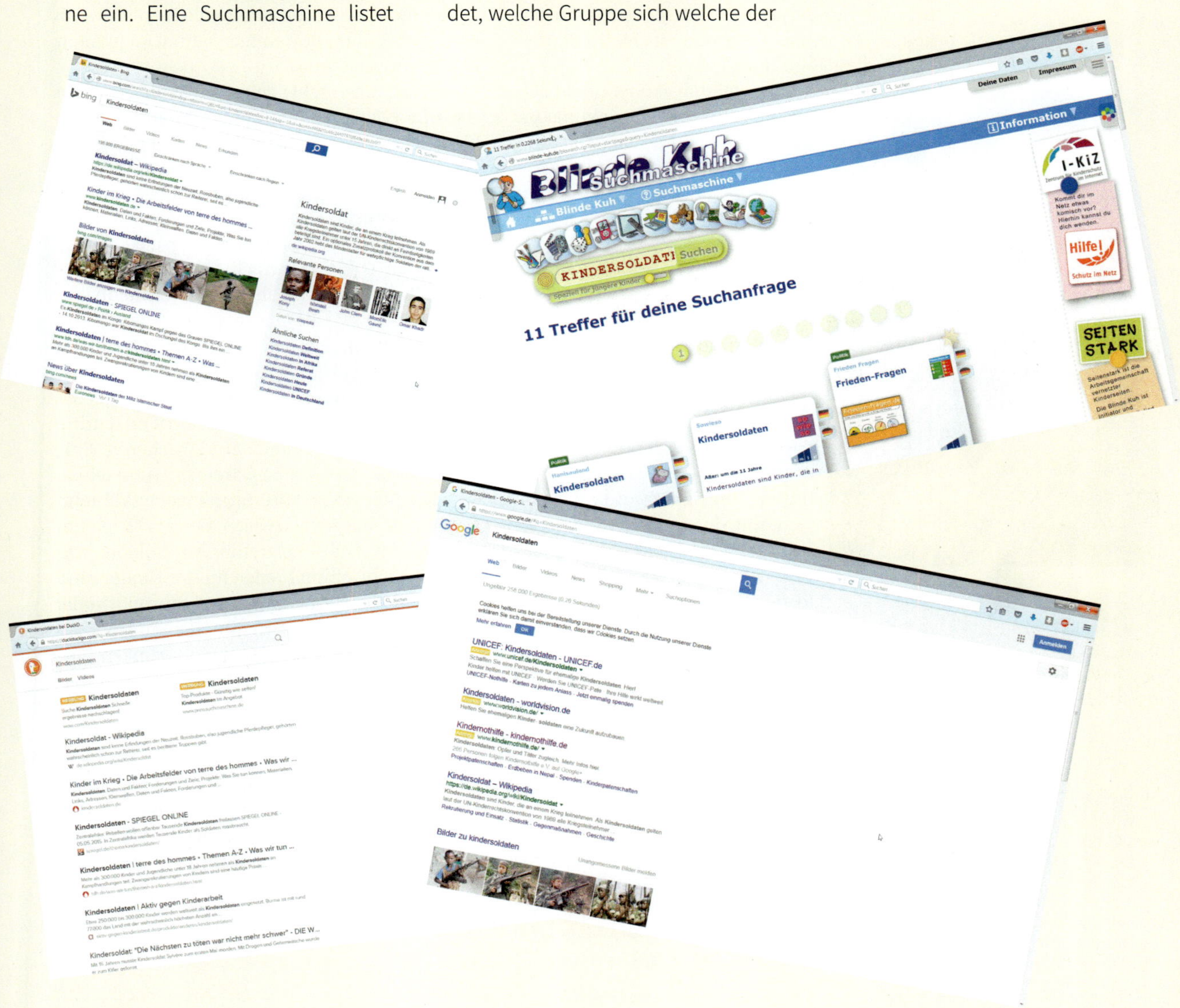

1 Führt die Internetrecherche zum Thema „Kindersoldaten“ wie beschrieben durch.

Kinderrechte: 25 Jahre UN-Konvention

Ist die Welt heute ein besserer Ort für Kinder als vor 25 Jahren? (...) 2014 ist ein besonderes Jahr für Kinderrechte. Annähernd ein Vierteljahrhundert nach der Verabschiedung der Kinderrechtskonvention der Vereinten Nationen im November 1989 werden erstmals zwei Kinderrechtsaktivisten mit dem Friedensnobelpreis ausgezeichnet: die 17-jährige Malala Yousafzai aus Pakistan, die sich für das Recht von Mädchen auf Bildung einsetzt, und der 60-jährige Kailash Satyarthi aus Indien, der sein Leben dem Kampf gegen Kinderarbeit gewidmet hat. Malala ist dabei nicht nur die jüngste Nobelpreisträgerin aller Zeiten. Sie ist das erste und einzige Kind, dem jemals diese Ehre zuteil wurde. (...)

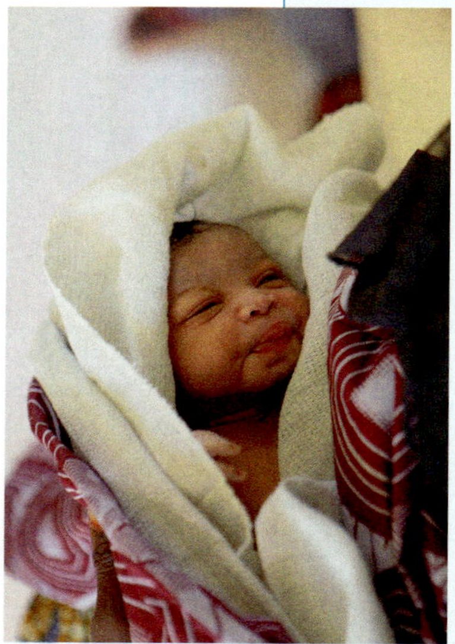

Die Vorstellung, dass Kinder keine Objekte elterlicher Erziehung und gutmeinender Wohltätigkeit sind, sondern klar definierte eigene Rechte haben, ist bis heute keine Selbstverständlichkeit. Dieses Unverständnis belege nachdrücklich, wie überfällig die Kinderrechtskonvention gewesen sei, findet Nigel Cantwell. „Diejenigen, die die bestehenden Menschenrechtskonventionen ausgearbeitet und ratifiziert hatten, wären nie auf die Idee gekommen, dass sie auf Kinder anzuwenden seien. Es gibt zwar de facto keine untere Altersgrenze für die Anwendung der anderen Konventionen, aber an die Kinder hat einfach niemand gedacht. Das ist ein genaues Abbild der damaligen Wahrnehmung von Kindern. Was ihre Rechte anging, waren sie so gut wie nicht existent."

In 54 Artikeln verpflichtet die Konvention die Vertragsstaaten dazu, Kinder vor Diskriminierung, Ausbeutung, Missbrauch und Gewalt zu schützen.

Die Konvention sagt ausdrücklich, dass alle Kinder der Welt neben dem Recht auf einen gesunden Start ins Leben auch das Recht haben, zur Schule zu gehen und ihr geistiges und körperliches Entwicklungspotenzial ausschöpfen zu können. Bei allen Maßnahmen, die Kinder betreffen, haben sie das Recht auf eine eigene Meinung und müssen angehört werden. In jedem Fall ist das Kindeswohl vorrangig zu berücksichtigen.

25 Jahre nach der Verabschiedung der Konvention stellt das Kinderhilfswerk UNICEF die Frage nach den erzielten Fortschritten. Ist die Welt heute ein besserer Ort für Kinder, als sie es 1989 war? Die Antwort der Experten ist ein deutliches „Ja!" mit einem nachgeschobenen „aber ...".

„Es gibt Bereiche, in denen wir bedeutsame Fortschritte gemacht haben", erklärt Nicolette Moodie vom Genfer UNICEF-Büro. „In den Bereichen Gesundheit und Erziehung zum Beispiel waren die Fortschritte beträchtlich, auch wenn es bei der Bildung seit einigen Jahren nicht mehr richtig vorwärts geht."

Ein Baby, das 2014 geboren wird, hat laut UNICEF eine sehr viel größere Chance, seinen fünften Geburtstag zu erleben, als es noch vor 25 Jahren der Fall war. Dank Impfstoffen und verbesserter medizinischer Versorgung ist die Kindersterblichkeit seit 1990 fast um die Hälfte zurückgegangen. Das bedeutet aber gleichzeitig, dass jeden Tag immer noch 17 000 Kinder sterben, die meisten von ihnen an vermeidbaren Krankheiten. Was Kinder tatsächlich tötet, sind Armut und Mangelernährung, heißt es beim UN-Kinderhilfswerk. UNICEF erklärt deshalb die Armutsbekämpfung zu einer der dringlichsten Aufgaben. Und auch hier sind Fortschritte zu vermelden: der Anteil der Menschen in Entwicklungsländern, die in extremer Armut leben, ist um die Hälfte zurückgegangen. Während 1990 noch fast jeder zweite Mensch in einem Entwicklungsland in extremer Armut lebte, war es 2010 nicht einmal jeder fünfte. Kinder sind unter den Ärmsten allerdings überproportional vertreten, räumt Nicolette Moodie ein. „Wir sehen hier deutliche Unterschiede – je nach Einkommen, ethnischer Zugehörigkeit, Nichtbehinderung oder Behinderung."

Auch wenn es um den Schutz von Kindern geht, waren die Fortschritte der letzten 25 Jahre nicht so ausgeprägt, wie es dem Geist der Kinderrechtskonvention entsprechen würde. „In den Bereichen Gewalt gegen Kinder, Kinderarbeit und Kinderehen sieht man nur langsame Fortschritte. Gegen Kinderarbeit kannst du nicht einfach einen Impfstoff verabreichen. Hier sind Maßnahmen sehr viel komplizierter umzusetzen."

(Quelle: Beitrag von Claudia Witte am 20. 11. 2014; http://dw.com/p/1DmOM ; Zugriff: 14. 10. 2015)

Malala Yousafzai aus Pakistan

Malala Yousafzai kommt 1997 in Pakistan zur Welt. Sie wächst in der Stadt Mingora im Swat-Tal auf, wo ihr Vater eine Schule gründet. 2007 übernehmen die Taliban die Macht, sie unterdrücken besonders Frauen und Mädchen, sprengen Schulen in die Luft und foltern Menschen. Mit elf Jahren beschreibt Malala in einem Onlinetagebuch, wie sie den Terror erlebt. Sie hält Reden und gibt Interviews, in denen sie das Recht von Mädchen auf Bildung fordert. Am 9. Oktober 2012 wird Malala im Schulbus überfallen, ein Talibankämpfer schießt ihr in den Kopf. Sie wird nach Großbritannien geflogen, dort operiert und erholt sich. Sie erhält Auszeichnungen und spricht ein Jahr später vor den Vereinten Nationen in New York. Am 10. Dezember 2014 bekommt Malala den Fridensnobelpreis

Malala im Interview

DIE ZEIT: Malala, die Welt kennt dich als das Mädchen, dem die Taliban in den Kopf geschossen haben. Wie würdest du dich selbst vorstellen?

Malala: Ich bin Malala, ich bin eine Schülerin und ich kämpfe dafür, dass jedes Kind auf der Welt zur Schule gehen kann und darf.

ZEIT: Glaubst du denn, dass Kinder die Macht haben, die Welt zu verändern?

Malala: Ganz sicher, ich bin doch das beste Beispiel. 2007 kamen die Taliban in mein Tal und bedrohten uns mit Waffen. Sie haben Hunderte Schulen zerstört, weil sie nicht wollten, dass Kinder etwas lernen. Wir Mädchen sollten zu Hause bleiben, kochen, putzen und die Männer bedienen. Ich war zehn Jahre alt und mir war klar, dass ich etwas tun musste. Sonst wäre ich mit 14 oder 15 verheiratet worden, hätte Kinder bekommen und das wäre mein Leben gewesen.

ZEIT: Du hast eine Stiftung gegründet, mit der du für Bildung kämpfst. Was sind deine Ziele?

Malala: Nicht nur Terroristen verhindern, dass Kinder lernen können. In einigen Ländern sind Mädchen nicht so viel wert wie Jungen, und ihre Ausbildung ist nicht wichtig. In anderen Ländern herrscht große Armut und die Kinder müssen Geld verdienen. Wir müssen älteren Menschen erklären, dass Kinder nicht betteln und arbeiten gehen sollen, sondern in eine Schule gehören. Wir brauchen Menschen, die verstehen, wie wichtig Bildung ist. Menschen, die nicht alles Geld für Waffen und Krieg ausgeben. Ein Staat mit vielen Waffen ist nicht mächtig, er zeigt nur, wie viel Angst er hat.

ZEIT: Hast du solche politischen Fragen schon verstanden, als du jünger warst?

Malala: Ich habe nicht sehr viel verstanden, aber sicher mehr als Kinder meines Alters in Europa oder Amerika. Denn ich habe jeden Tag so viel Ungerechtigkeit gesehen. Es ist etwas anderes, ob man davon hört und in der Zeitung liest oder ob man es selbst erlebt. Ich war damals sehr enttäuscht von unserer Regierung. Jeden Tag geschahen schreckliche Dinge und niemand hat etwas dagegen getan. Warte nicht darauf, dass dir jemand anders hilft, es könnte zu lange dauern. Tu selbst etwas. Das habe ich damals gelernt.

(Quelle: Interview von Katrin Hörnlein; www.zeit.de/2014/39/malala-yousafzai-widerstand-gewalt-taliban; Zugriff:14. 10. 2015)

1 Beschreibe, welche Fortschritte bei den Kinderrechten erreicht wurden.
2 Erläutere, wie Malala zur Verwirklichung von Kinderrechten beiträgt.
3 Bewerte die Verleihung des Friedensnobelpreises an Malala.

Ecuador: Schule statt Müllkippe

Sie vergleichen ihre Beute, so wie Kinder es tun – nur sind ihre Fundstücke keine bunten Sammelbildchen, sondern für die Jungen überlebenswichtig. Die beiden spielen nicht, sie arbeiten: Als Müllsammler suchen sie inmitten von Gestank und giftigem Qualm nach Papier, Plastik oder Holz, um es zu verkaufen.
Mehr als eine halbe Million Kinder in Ecuador schuften, damit ihre Familien über die Runden kommen oder um alleine auf der Straße zu überleben. Als Schuhputzer oder auf Müllhalden und Baustellen arbeiten sie hart und lernen schnell – nur Lesen oder Schreiben lernen sie häufig nicht.
UNICEF will diesen Kindern die Chance geben, der Armut zu entkommen. Sie sollen zur Schule gehen und später eine bessere Arbeit finden können. Mit Spenden aus Deutschland konnten wir bereits über 2000 Kinder von den Müllkippen in die Schule bringen. (…)
40 Prozent der Kinder in Ecuador, die arbeiten müssen, gehen nicht zur Schule. Genau das ist aber die Voraussetzung für eine Chance auf ein besseres Leben als Erwachsene. Weil mehr als ein Drittel aller Familien in Ecuador in großer Armut leben, müssen schon sehr junge Jungen und Mädchen mitverdienen. Kinder, die arbeiten, werden häufig ausgebeutet. Oft gefährdet ihre Arbeit ihre Gesundheit oder gar ihr Leben.
Viele Kinder leben ganz allein auf der Straße. Sie sind von zu Hause weggelaufen, zum Beispiel weil ihre Eltern trinken und sie verprügeln. Besonders schlimm ist es in den größten Städten des Landes, Guayaquil, Quito und Esmeraldas.
UNICEF hat für Kinder, die in der Stadt Portoviejos als Müllsammler arbeiten, ein Pilotprojekt gestartet. (UNICEF will) diesen (…) Weg jetzt für Kinder in Guayaquil, Quito und Esmeraldas fortsetzen. (…)

- Aufholkurse für die Kinder: 800 Kinderarbeiter sollen in Kursen versäumten Schulstoff schnell nachholen können. Danach können sie auf staatliche Schulen wechseln. Die Kinder haben nachmittags Unterricht. So können sie morgens weiter arbeiten und ihre Familien unterstützen. Damit die Kinder nach Möglichkeit bald gar nicht mehr arbeiten müssen, helfen wir ihren Eltern, ihr Einkommen zu verbessern (…)
- Ausbildung von Lehrern: Auch Straßenkinder müssen Rechnen, Schreiben und Lesen lernen – denn nur so haben sie eine Chance, dem Teufelskreis der Armut zu entkommen. Aber sie müssen mit Aufgaben und Geschichten üben können, die auf ihre Erfahrungen und das Leben auf der Straße zugeschnitten sind. Und viele müssen erst lernen, wie man friedlich zusammenlebt. Für diese anspruchsvollen Aufgaben bildet UNICEF Lehrer aus.
- Unterstützung für arme Familien: Gleichzeitig sorgt UNICEF dafür, dass es Familien insgesamt besser geht und Kinder gar nicht erst auf der Straße leben müssen. Mit Ihrer Hilfe wollen wir 60 Familienberater und Sozialarbeiter schulen. Sie beraten die Familien, wie sie ihr Einkommen ohne Mitarbeit der Kinder bestreiten können – und sie helfen dabei, Konflikte in den Familien gewaltfrei zu lösen.

(Quelle: www.unicef.de/informieren/projekte/-/ecuador-kinderarbeit-muellkippen/8662; Zugriff: 14. 10. 2015)

Kinder beim Müllsammeln auf einer Müllkippe in Ecuador

Philippinen: Tambayan – ein Zufluchtsort für Straßenmädchen

Betteln, Stehlen, Schlafen im Freien, Angst vor Vergewaltigung, das ist der Alltag der mehr als 3000 Straßenmädchen in Davao. Kaum ein Mädchen hat die Chance auf einen Schulabschluss und einen Job. Aus Frust nehmen viele Drogen. Doch etliche Mädchen in der 1,5-Millionen-Stadt auf der Insel Mindanao wagen inzwischen einen kleinen, aber wichtigen Schritt nach vorn.

„Erst war ich unsicher, ob ich das Haus betreten soll", sagt Lovely. Sie ist 16 und neu im Schutzzentrum von Tambayan, der Partnerorganisation von terre des hommes. „Aber ich fühlte mich elend, hatte Hunger und Angst. Ich hatte nichts mehr zu verlieren." Mit ihrer 15-jährigen Freundin Fee und anderen bereitet sie eine kleine Mahlzeit zu: Fisch und Reis. Die Mädchen dürfen selber einkaufen gehen, im Zentrum erhalten sie ein kleines Taschengeld. „Das tut gut, das habe ich lange nicht mehr gemacht", sagt Fee.

Was schätzen die Teenager an Tambayan? „Ich kann heiß duschen, fernsehen, malen, kochen, bekomme Informationen über meine Rechte. Die Mitarbeiterinnen reden mit meinen Eltern, den Lehrern", sagt ein anderes Mädchen.

Jährlich kommen etwa 250 Mädchen zu den zehn Mitarbeiterinnen ins Zentrum, das vor 27 Jahren mit seiner Arbeit begann. Auch Juristen und Psychologen stehen zur Verfügung. „Manchmal suchen Kinder auch Zuflucht nach Schlägen und Verletzungen und werden von uns zum Arzt begleitet", erläutert Pilgrim Bliss Gayo, terre des hommes-Projektkoordinatorin für die Philippinen. Nur in Notfällen können die Kinder und Teenager, die meist zwischen zehn und 17 sind, im Tambayan-Haus übernachten. Ziel ist die Reintegration in die Familie, ein Schulabschluss oder eine Ausbildung. Wenn es mit den Eltern gar nicht klappt, hilft manchmal auch eine Tante. Viele Mädchen schaffen es, andere leben weiter auf der Straße, halten aber Kontakt zu Tambayan. Und manche Teenager tauchen nach zwei, drei Besuchen nie wieder auf im Zentrum, bleiben bei ihren Straßengangs als Ersatzfamilie.

Ester Tangpos will es schaffen. Für ihr Alter ist die 15-Jährige zierlich, aber trotzdem ist sie ein „Carabao", ein Wasserbüffel. So werden die genannt, die in die Schule zurückfinden und in ihrer Klasse dann die ältesten und größten sind. Ester trägt eine weiße Bluse und einen karierten Rock. Schuluniform ist Pflicht. (...)

Ester spricht erst langsam und schüchtern, dann schneller und selbstbewusster. „Ich bin unter den besten 20 von 60 in meiner Klasse. Ich will studieren und Managerin werden." 15 Personen gehören zu ihrer Großfamilie. Ihr Vater ist tot. Ihre Mutter schlug sie häufig. Ester kam immer später nach Hause, ging nicht mehr zur Schule. Dann gab ihr eine Straßensozialarbeiterin den Tipp, zu Tambayan zu gehen. (...)

Auch Alona Alod hat große Fortschritte gemacht. Die die 18-Jährige hat einen Halbtagesjob in einer winzigen Grillhütte und verdient knapp zwei Euro. „Ich bin weg von der Straße und den Drogen", sagt Alona (...) „Gemeinsam sind wir alle stärker", sagt Alonas Mutter. Nicht nur Eltern und Lehrer arbeiten mit dem Partner von terre des hommes meist gut zusammen, auch die Kommune bemüht sich. (...)

Die Hauptprobleme aber bleiben: Armut, wenige Jobs, mangelnde Ausbildung, kaputte Ehen, Alkohol und Gewalt in der Familie. Viele Gründe für Kinder, um abzuhauen und mit einer Straßengang zu leben. Für sie sind Hilfseinrichtungen wie Tambayan vielleicht die einzige Chance.

Lovely und Fee im Tambayan-Zentrum

(Quelle: Bernd Kubisch auf: www.tdh.de/was-wir-tun/projekte/suedostasien/philippinen/hilfe-fuer-maedchen-in-davao/ein-wasserbueffel-geht-wieder-in-die-schule.html; Zugriff: 15. 10. 2015)

1 Erkläre den Beitrag der beiden Fallbeispiele zur Verwirklichung von Kinderrechten.

2 „Die Arbeit von Hilfsorganisationen ist lobenswert, aber dadurch wird die weltweite Lage bei den Kinderrechten nicht wirklich verbessert!" Nimm zu dieser Aussage Stellung.

unicef

Das Kinderhilfswerk der Vereinten Nationen (United Nations Childrens Emergency Fund) wurde 1946 auf Beschluss der UN-Vollversammlung gegründet, um den Kindern in den vom Zweiten Weltkrieg betroffenen europäischen Ländern Hilfe zu bringen. Später verlegte UNICEF den Schwerpunkt seiner Tätigkeit in die Entwicklungsländer. Heute ist UNICEF in rund 150 Ländern tätig. Die Hilfsprogramme dienen zum Beispiel der Förderung der frühkindlichen Entwicklung durch ausreichende Ernährung, medizinische Grundversorgung, Impfungen usw. Andere Maßnahmen zielen auf die Verbesserung der Schulbildung, vor allem für Mädchen, oder den Schutz vor Ausbeutung, Missbrauch oder Gewalt. Die Arbeit von UNICEF wird aus freiwilligen Beiträgen finanziert. Von den Einnahmen stammen zwei Drittel aus Regierungsgeldern und ein Drittel aus privaten Spenden. 2014 erhielt UNICEF in Deutschland mehr als 1,74 Mio. Einzelspenden. Das Deutsche Komitee für UNICEF unterstützt seit 1953 Kinder in aller Welt. 8 000 freiwillige Mitarbeiterinnen und Mitarbeiter und viele Prominente setzen sich für UNICEF ein. 900 000 Spender und 500 000 Käufer der beliebten UNICEF-Grußkarten tragen jedes Jahr dazu bei, dass UNICEF in rund 150 Ländern Kindern in Not helfen kann.

UNICEF versorgt Schülerinnen in Afghanistan mit Büchern, Heften und Stiften.

UNICEF unterstützt in Bangladesch Lernzentren für insgesamt 200 000 Kinder zwischen acht und 14 Jahren.

terre des hommes
Hilfe für Kinder in Not

Unser Ziel ist eine „terre des hommes“, eine „Erde der Menschlichkeit“. Wir schützen Kinder vor Sklaverei und Ausbeutung, helfen Flüchtlingskindern, kümmern uns um die Opfer von Krieg, Gewalt und Missbrauch und sorgen für die Erziehung und Ausbildung von Kindern. Wir unterstützen Mädchen und Jungen, deren Familien an Aids gestorben sind und setzen uns ein für das Recht von Kindern auf eine gesunde Umwelt und für den Schutz diskriminierter Bevölkerungsgruppen.
terre des hommes schickt keine Helferinnen und Helfer aus Deutschland, sondern unterstützt einheimische Initiativen mit Spenden und durch Beratung. Unsere Projektpartner vor Ort organisieren Selbsthilfeprojekte und betreuen Kinder in sicheren Kinderschutzzentren. Als Kinderhilfswerk richtet terre des hommes seine Arbeit konsequent an den Kinderrechten aus.
(…) Wir sind unabhängig von Regierungen, Wirtschaft, Religionsgemeinschaften und Parteien und fördern weltweit (…) über 350 Projekte.

(Quelle: www.tdh.de/wir-ueber-uns/wer-wir-sind.html; Zugriff: 13. 10. 2015)

Deutsches Kinderhilfswerk

Das Deutsche Kinderhilfswerk ist eine deutsche Kinderrechtsorganisation, die bundesweit arbeitet und sich vorwiegend aus Spenden finanziert. Wir setzen uns für die Umsetzung der Kinderrechte und die Beteiligung von Kindern und Jugendlichen an unserer Gesellschaft ein. Einen besonderen Schwerpunkt bildet dabei die Förderung von benachteiligten Kindern, um ihnen ein chancengleiches Aufwachsen zu ermöglichen. Die Spenden, die das Deutsche Kinderhilfswerk sammelt, werden für die Förderung von Kinder- und Jugendprojekten in den Bereichen Kinderpolitik, Spielraum, Medien und in verschiedenen Bereichen des Kindernothilfefonds zur Bekämpfung der Kinderarmut eingesetzt. Besonderes Augenmerk liegt auf der Beteiligung der Kinder und Jugendlichen in der Planung und Umsetzung der Projekte.

(Quelle: Jahresbericht 2011 des Deutschen Kinderhilfswerkes, Berlin 2012, S. 4)

kinder not hilfe

Seit über 55 Jahren unterstützen wir als christliches Kinderhilfswerk weltweit Kinder in Not und setzen uns für ihre Rechte ein. Unser Ziel ist erreicht, wenn sie und ihre Familien ein Leben in Würde und mit guten Zukunftsperspektiven führen können – ohne Armut, Elend und Gewalt. Mehr als 1,8 Millionen Mädchen und Jungen stärkt, schützt und beteiligt die Kindernothilfe derzeit in 31 Ländern Afrikas, Asiens und Lateinamerikas. Wie wir das tun, erfahren Sie hier.
1959 wurde der Verein Kindernothilfe gegründet, um armen Kindern in Indien ein besseres Leben zu ermöglichen. Mittlerweile gehören wir zu den größten Nichtregierungsorganisationen für Entwicklungszusammenarbeit in Deutschland. Unsere Arbeit wird unterstützt durch über 245 000 Spender, 1000 ehrenamtliche Mitarbeiter, die Kindernothilfe-Stiftung sowie Schwesterorganisationen in Österreich, der Schweiz und Luxemburg. Für den seriösen Umgang mit Spendengeldern erhalten wir seit 1992 jährlich das DZI-Spendensiegel. Im Rahmen des Transparenzpreises wurde die Kindernothilfe mehrmals für eine qualitativ hochwertige und transparente Berichterstattung ausgezeichnet.

Schulkinder in München verkaufen Brezeln, um Geld für die Kindernothilfe zu sammeln

(Quelle: www.kindernothilfe.de/Über+uns/Wer+wir+sind.html; Zugriff: 13. 10. 2015)

1 Befragt Personen in eurem Umfeld, ob sie Organisationen kennen, die sich für Kinderrechte einsetzen.

2 Arbeitet in vier Gruppen. Jede Gruppe informiert sich im Internet genauer über eine der Organisationen und stellt diese dann den anderen vor.

3 Viele Schulklassen unterstützen Organisationen, die Kindern helfen. Diskutiert in der Klasse über eure Möglichkeiten.

2 Hilfe
Informationen im Internet findet ihr unter:
www.unicef.de
www.tdh.de
www.dkhw.de
www.kindernothilfe.de

Was Unternehmen tun können

Seit Januar 2014 haben die H&M-Kunden in Deutschland dauerhaft die Möglichkeit, in allen knapp 400 Geschäften für UNICEF-Bildungsprojekte zu spenden. Kunden können an allen Kassen ihre Geldbeträge aufrunden und die Restbeträge ihrer Geschenkkarten spenden – und damit noch mehr Mädchen und Jungen den Schulbesuch zu ermöglichen. Machen auch Sie mit! Herzlichen Dank!
Seit Beginn der Aktion haben die H&M-Kunden bislang die großartige Summe von 489 597,16 Euro an UNICEF gespendet – dafür ein ganz herzliches DANKESCHÖN an alle H&M-Kunden und Mitarbeiter! (Stand Mai 2015)

Mit dem Geld aus der Aufrundenaktion 2015 wird H&M UNICEF-Bildungsprojekte in Bangladesch weiterhin unterstützen. 60 Millionen Kinder leben dort unterhalb der internationalen Armutsgrenze, viele von ihnen haben keine Möglichkeit, eine Schule zu besuchen.
Konkret sorgt UNICEF dafür, dass Kinder, die keine reguläre Schule besuchen wie etwa arbeitende Kinder, eine Chance auf Bildung erhalten. Dafür richtet UNICEF einfache kleine Lernzentren für jeweils 25 Schüler in den großen Städten des Landes ein. Hier können die Kinder neben ihrer Arbeit zwei, drei Stunden am Tag lernen. UNICEF entwickelt kleine Unterrichtseinheiten für die Grundschuljahre. Diese können die Kinder in ihrem eigenen Tempo erarbeiten. Auf dem Stundenplan stehen Lesen und Schreiben, Rechnen und Landeskunde, aber auch Themen des täglichen Lebens wie Gesundheit und Hygiene. So entwickeln die Kinder auch Fähigkeiten, mit denen sie Alltagsprobleme besser bewältigen können. Zudem gewinnen sie Selbstvertrauen und erfahren oft zum ersten Mal, dass sie etwas wert sind und aus ihrem Leben etwas machen können. Die Kinder erhalten Hefte, Stifte und weiteres Schulmaterial und UNICEF hilft, Lehrer auszubilden.

(Quelle: www.unicef.de/spenden/unternehmen-helfen/aktuelle-kooperationspartner/hm-fuer-unicef/11926; Zugriff: 15. 10. 2015)

Erstmals verkaufte IKEA Deutschland in allen Einrichtungshäusern die UNICEF-Grußkarten von Oktober bis Ende Dezember 2011. 2012 startete IKEA als erster Kooperationspartner den Ganzjahresverkauf mit vier Frühjahrs-/Blumenmotivkarten sowie mit Weihnachtsmotiven ab Oktober und 2013 erfolgte eine weitere Ausweitung der Sortimente. Wie alle UNICEF-Verkaufspartner verzichtet IKEA Deutschland auf die Handelsmarge. IKEA setzte die erfolgreiche Zusammenarbeit auch 2014 in mittlerweile 48 Einrichtungshäusern mit ganzjährig sieben UNICEF-Frühjahrs- bzw. Geburtstagsmotiven und ab Mitte September zusätzlichen sieben Weihnachtssortimenten fort. Bisher konnten somit Umsatzerlöse von mehr als 750 000 Euro erzielt werden.

(www.unicef.de/spenden/unternehmen-helfen/kooperationspartner/ikea/26428?ref=11958; Zugriff: 15. 10. 2015)

Was Verbraucher tun können

Diese globale, nicht kommerzielle Initiative hat sich zum Ziel gesetzt, ausbeuterische Kinderarbeit in der Teppichindustrie in Südasien abzuschaffen. Auch sollen die Arbeitsbedingungen für erwachsene Teppichknüpfer verbessert und soziale und Umweltstandards eingehalten werden. In Indien, Nepal und Afghanistan haben inzwischen mehrere Hundert Teppichhersteller und Exporteure eine Lizenz von GoodWeave. Diese einzelnen Hersteller verpflichten sich, keine Kinder unter 14 Jahren zu beschäftigen, gesetzliche Mindestlöhne zu zahlen, Gesundheitschecks bei den Knüpfern durchzuführen und alle Aufträge offenzulegen. Einen garantierten Mindestlohn für die Produzenten sieht GoodWeave nicht vor, auch keine bestimmten Umwelt- oder Gesundheitsstandards. Unter dem Produktzeichen ist es durchaus erlaubt, dass Kinder über 14 Jahren zu Hause, also in den kleinen Werkstätten der Familien, ein bis zwei Stunden am Tag mithelfen – solange sichergestellt ist, dass sie die Schule besuchen können. GoodWeave wird nach der ISO der ISEAL Alliance zertifiziert, der Dachorganisation aller Gütesiegel weltweit.

Finanziert werden die Grundschulen und Gesundheitsstationen für ehemalige Knüpferkinder und ihre Familien sowie die unangekündigten Kontrollen durch eine Lizenzgebühr in Höhe von 1,75 Prozent des Einfuhrwertes auf den Verkaufspreis. Diese müssen alle zugelassenen Importeure zahlen, um das GoodWeave-Siegel für ihre Produkte verwenden zu dürfen.

Ein Junge in Indien knüpft einen Teppich.

(Quelle: Konsum ohne Kinderarbeit, Tipps für einen fairen Einkauf, hg. von terre des hommes, Osnabrück 2014, S. 27)

Es ist doch egal, was ich einkaufe. Das hat doch keinen Einfluss auf die Lage von Kindern weltweit.

Geldspenden von Unternehmen? Das ist doch nur eine Aktion für die Werbung! Den Kinderrechten weltweit ist damit wenig geholfen.

Ich finde es gut, dass Unternehmen Geld an gemeinnützige Organisationen geben, die sich für den Schutz von Kinderrechten einsetzen.

1. Beschreibe, was IKEA und H&M zum Schutz von Kinderrechten tun.
2. „Konsum ohne Kinderarbeit“: Informiere dich darüber bei terre des hommes im Internet unter www.tdh.de, dann „Was wir tun“, dann „Arbeitsfelder“, dann „Kinderarbeit“, dann „Was Sie tun können“.
3. Erkläre die Bedeutung des GoodWeave-Siegels.
4. Setze dich mit den Aussagen in den Sprechblasen auseinander.

1 Überprüfe dein Vorwissen.

Zu Beginn dieser Unterrichtseinheit hast du dir Fallbeispiele angesehen, um herauszufinden, welche Kinderrechte verletzt werden und was das für die Kinder bedeutet.
In diesem Kapitel haben wir uns mit deinen Rechten als Kind und Jugendliche/-r beschäftigt. Dabei hast du die UN-Kinderrechtskonvention kennengelernt.

a) Ordne jedem Fallbeispiel auf S. 133 einen oder mehrere Artikel der UN-Kinderrechtskonvention zu und erkläre, inwiefern die von dir genannten Artikel in diesem Beispiel verletzt werden.

b) Überarbeite deine Rede vom Beginn der Unterrichtseinheit. Ergänze zum Beispiel Artikel aus der Kinderrechtskonvention oder weitere Fallbeispiele.

„Mit leerem Magen lernt sich's schlecht."

2 Analysiere die Karikatur.

Um welches Problem geht es in der Karikatur?
Was will der Zeichner damit zum Ausdruck bringen?
Nimm Stellung zur Aussageabsicht der Karikatur.

3 Führt eine Aktion zum Thema „Kinderrechte" durch.

Das Foto zeigt Schülerinnen und Schüler, die durch Plakate auf die Kinderrechte aufmerksam machen.
Entwickelt in Gruppenarbeit Ideen für eine Aktion zum Thema „Kinderrechte" in eurem Umfeld.
Wählt aus den Vorschlägen eine Idee aus und führt die Aktion gemeinsam durch.

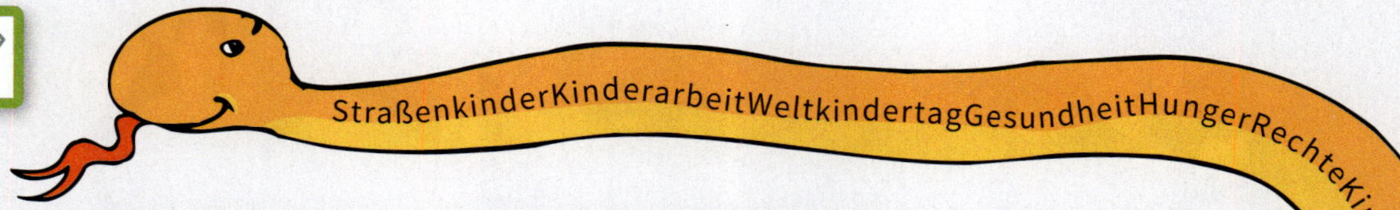

4 Finde die 22 Wörter! Sie sind in der Wortschlange versteckt. Die Buchstaben in den grün unterlegten Kästchen ergeben von oben nach unten gelesen das Lösungswort. Erläutere, was hinter diesem Begriff steckt.

1 Auf der Welt gibt es etwa 80 Millionen ____________. Viele von ihnen leben in den Großstädten Südamerikas.
2 Jedes Kind hat ein Recht darauf, die Schule besuchen zu können, also ein Recht auf _______.
3 In zahlreichen Entwicklungsländern, besonders in Afrika, leiden Kinder unter ______. Die Unterernährung ist eines der größten Probleme dieser Länder.
4 In vielen ärmeren Ländern ist ____________ verbreitet. Kinder müssen dort mit ihrer Arbeit zum Lebensunterhalt der Familie beitragen.
5 Die Entwicklungsländer bezeichnet man auch als ______ _____.
6 ____ ist ein Entwicklungsland in Südamerika, das auf eine hoch entwickelte frühere Indianerkultur zurückblicken kann.
7 Damit es sich eine eigene Meinung bilden und selbst entscheiden kann, was es für richtig und falsch hält, hat jedes Kind ein Recht auf ___________.
8 In manchen Ländern werden Kinder als billige Arbeitskräfte verkauft. Es gibt vielfältige Bemühungen, diesen ____________ zu unterbinden, bisher allerdings ohne durchschlagenden Erfolg.
9 Die grundlegenden ______ der Kinder sind in der Kinderrechtskonvention der Vereinten Nationen festgeschrieben.
10 Auch in Deutschland gibt es __________ Kinder, also Kinder, die keine feste Bleibe haben und auf der Straße leben.
11 Kinder haben ein Recht auf __________. Das bedeutet, dass sie bei Krankheit behandelt werden, dass sie sauberes Trinkwasser und ausreichend Nahrung erhalten.
12 Nach der Kinderrechtskonvention haben Kinder ein Recht auf ______. Sie müssen weltweit vor jeder Form von Missbrauch, Vernachlässigung und Ausbeutung geschützt werden.
13 Die _-_____ sind die Kinderrechteteams des Deutschen Kinderhilfswerkes.
14 In zahlreichen Ländern Afrikas und Asiens werden Kinder von skrupellosen Kriegsherren als ______________ missbraucht.
15 Am 20. September findet jedes Jahr in Deutschland der ______________ statt.
16 1989 wurde von den Vereinten Nationen die __________ über die Rechte des Kindes verabschiedet, die mittlerweile 196 Staaten unterzeichnet haben. Damit haben sie versprochen, die Rechte der Kinder zu verwirklichen.
17 In Lateinamerika müssen Kinder sogar unter Tage für einen Hungerlohn in __________ schuften.
18 Die Kinderhilfsorganisation der Vereinten Nationen heißt ______.
19 Kinder haben ein Recht auf _____________ und freie Meinungsäußerung in allen Dingen, die ihr Leben betreffen.
20 Das Knüpfen von _________ ist eine weitverbreitete Kinderarbeit in Länder wie Indien, Pakistan oder Ägypten.
21 Unicef ist die _______________________ der Vereinten Nationen.
22 Jedes Kind auf der Welt hat ein Recht auf _________. Dazu gehört, dass es ausreichend Nahrung und die notwendige medizinische Versorgung erhält.

Rechtliche Stellung des Jugendlichen und Rechtsordnung

FSK 16, FSK 18, FSK 12 – Vielleicht haben einige von euch diese Bezeichnung schon einmal auf einer DVD oder einem PC-Spiel gesehen. Sie schützen Kinder und Jugendliche davor, Filme, Spiele oder Ähnliches zu sehen, die für ihr Alter noch nicht angemessen sind. Aber warum benötigen Jugendliche eigentlich besonderen Schutz? Und welche Folgen und Konsequenzen kann das Beachten oder Nichtbeachten dieser Schutzregeln haben – für die Jugendlichen, aber auch für deren Eltern?

In diesem Kapitel geht es darum, welche Regeln, Gesetze und Maßnahmen für Kinder und Jugendliche gelten, welche Konsequenzen Verstöße gegen diese Regeln haben können und wieso Gesetze für uns überhaupt so wichtig sind.

Definition von „Rechtsstaat"
Das ist die Bezeichnung für einen Staat, in dem alles, was der Staat tut, nach den Regeln der Verfassung und den geltenden Gesetzen erfolgen muss. In Deutschland gibt das Grundgesetz diese Regeln vor. Der Gegensatz zum Rechtsstaat ist zum Beispiel ein Polizeistaat oder eine Diktatur. Dort hält sich der Staat an keinerlei Verfassung oder Grundgesetz. In einem Rechtsstaat sollen sich die Bürgerinnen und Bürger darauf verlassen können, dass ihre Rechte vom Staat geschützt werden. In Deutschland überprüfen Gerichte, ob der Staat die Gesetze einhält und die Rechte seiner Bürgerinnen und Bürger schützt.

(Quelle: Gerd Schneider / Christiane Toyka-Seid aus: https://www.hanisauland.de/lexikon/r/rechtsstaat.html; Zugriff: 29. 10. 2015)

- Sammelt in der Klasse Beispiele, wann und wie ihr mit Jugendschutz in Berührung kommt.
- Diskutiert, ob ihr den besonderen Schutz von Kindern und Jugendlichen sinnvoll findet.
- Erkläre den Begriff „Rechtsstaat" mit eigenen Worten.

Kapitel 06

Fallbeispiele Jugendkriminalität

Beispiel	Das ist passiert:
Fall 1	Wegen einer Prügelattacke unter Teenagern hat das Amtsgericht Tübingen gegen fünf Mädchen am Mittwoch Urteile gefällt. Weil sie eine 13-Jährige drangsaliert und in einem Fall auch gefilmt hatten, verhängte der Richter laut Mitteilung gegen zwei Mädchen Haftstrafen von sechs Monaten zur Bewährung sowie 80 Sozialstunden. Die 14-Jährigen wurden unter anderem wegen gemeinschaftlicher, gefährlicher Körperverletzung verurteilt. Drei weitere Mädchen müssen gemeinnützige Arbeit leisten. Das Opfer wird laut dem Richter durch die Verbreitung der Aufnahmen dauerhaft mit der Tat konfrontiert. Dies sei bei der Strafe berücksichtigt worden. *(Quelle: Meldung vom 04. 3. 2015 auf :www.rnz.de/politik/suedwest_artikel,-Tuebingen-Maedchen-wegen-Pruegelattacke-zu-Bewaehrungsstrafen-verurteilt-_arid,80674.html; Zugriff: 30. 10. 2015)*
Fall 2	Am vergangenen Sonntag waren gegen 4 Uhr vier junge Männer, drei von ihnen mit asiatischen Wurzeln, wegen erheblicher Alkoholisierung aus dem im Fuße des Fernsehturms befindlichen Club „Mio" gewiesen worden. Sie begaben sich in Richtung Rathausstraße, um für einen aus der Gruppe, der so betrunken war, dass er getragen werden musste, ein Taxi zu rufen. Während sich daher ein Begleiter entfernte, versuchten die Übrigen, den Volltrunkenen auf einen vor den Rathauspassagen stehenden Stuhl zu setzen. Da näherten sich fünf Personen, von denen eine den Stuhl wegtrat. Der 20-jährige Jonny K. sprach die Angreifer an, daraufhin wurde er von zwei Tätern aus der Gruppe mit Faustschlägen angegriffen und ging zu Boden. Anschließend attackierten die Männer Jonny K. mit Faustschlägen und traten in der Folge – nahezu im Kreis um das Opfer stehend – auf den Körper und den Kopf des wehrlos am Boden Liegenden ein. *(Quelle: Jörn Hasselmann am 20. 10. 2012 in: www.tagesspiegel.de/berlin/fahndung-unter-hochdruck-gewalt-tat-am-alex-polizei-kennt-namen-eines-verdaechtigen/7277366.html; Zugriff: 29. 10. 2015)*

Was weißt du?

Die Fallbeispiele helfen dir, einen Zugang zu den Straftaten von Jugendlichen zu bekommen. Am Ende des Unterrichtsthemas kannst du dein Urteil überprüfen und es gegebenenfalls ändern.

1 Überlegt gemeinsam, um welche Straftaten es sich in den Fallbeispielen handeln könnte.
2 Stellt euch vor, ihr seid die Richter: Verhängt Urteile über die jugendlichen Täter.
3 Begründet und vergleicht eure Urteile.

Rechtsstellung von Kindern und Jugendlichen

Webcodes
SDL-11157-601
Arbeitsblatt:
Rechte und Pflichten: richtig oder falsch?

SDL-11157-602
Video:
Stufen der Mündigkeit

Die Rechtsfähigkeit des Menschen beginnt mit seiner Geburt. Rechtsfähig sein heißt, in eigener Person Rechte und die damit zusammenhängenden Pflichten zu haben. So kann zum Beispiel ein Minderjähriger erben oder auch verpflichtet sein, Steuern zu zahlen – natürlich nur, wenn er Vermögen besitzt. Die für Kinder wohl bedeutsamste Pflicht ist die Schulpflicht. Mit zunehmendem Alter wachsen auch die Rechte und Pflichten.

Bis ich 14 Jahre alt werde, bin ich ein …

Heute ist mein 18. Geburtstag. Ab heute bin ich rechtlich gesehen eine …

Zwischen dem 14. und dem 18. Geburtstag ist man rechtlich ein …

Ich bin zwar schon über 18, habe aber das 21. Lebensjahr noch nicht vollendet. Im Recht gelte ich als Heranwachsende.

Alle, die noch nicht das 18. Lebensjahr vollendet haben, werden im Recht als … bezeichnet.

Erklärungen

1 Man muss einen Personalausweis besitzen.
2 Schon ein Säugling kann zum Beispiel erben oder klagen, also Rechtsgeschäfte tätigen. Für ihn handeln die Eltern oder der Vormund.
3 Vor Gericht kann man als Zeuge vernommen und vereidigt werden.
4 Jeder kann seine Religionszugehörigkeit selbst bestimmen, also zum Beispiel auch aus dem Religionsunterricht oder der Kirche austreten.
5 Unter bestimmten Voraussetzungen (zum Beispiel Zustimmung des Vormundschaftsgerichtes) darf man heiraten, wenn der Ehepartner volljährig ist.
6 Kinder können über ihr Taschengeld selbst verfügen.
7 Man darf wählen und kann sich zur Wahl aufstellen lassen.
8 Man wird bestraft, wenn man bei der Begehung der Tat von seiner Entwicklung her reif genug war zu wissen, dass man ein Unrecht begeht.
9 Unter bestimmten Voraussetzungen muss ein Kind für den Schaden haften, den es verursacht hat.
10 Ohne Genehmigung der Eltern darf nun geheiratet werden.
11 Man darf unbeschränkt Verträge abschließen und ist für alle eingegangenen Verpflichtungen haftbar.

Vormund
eine vom Gericht beauftragte Person, die die Fürsorge für einen Minderjährigen wahrnimmt

Die Rechte der Kinder und Jugendlichen (bis 18 Jahre)

Lebensalter

0 jedes Kind ist von Geburt an rechtsfähig

5 Namensänderung nur mit Einwilligung des Kindes

6 Beginn der allgemeinen Schulpflicht nach den Landesschulgesetzen; Kinobesuch bis 20 Uhr; Filme, PC-Spiele usw. „ab 6 Jahren", mit Eltern auch Filme „ab 12 Jahren"

7 beschränkt geschäftsfähig; selbstständige Käufe mit dem eigenen Taschengeld; zivilrechtlich beschränkt deliktsfähig

12 Zustimmung bei einem Religionswechsel; Filme, PC-Spiele usw. „ab 12 Jahren"

13 leichte und geeignete Arbeiten sind stundenweise erlaubt

14 religionsmündig; Anhörungs- bzw. Mitentscheidungsrecht in familien- und sorgerechtlichen Fragen; bedingt strafmündig; Kinobesuch bis 22 Uhr

15 nach 9 Schuljahren endet die allgemeine Schulpflicht; Ende des Beschäftigungsverbots

Lebensalter

16
- ausweispflichtig
- meldepflichtig
- beschränkt testierfähig
- eidesfähig
- Eheschließung mit Zustimmung des Familiengerichts
- Besuch von Gaststätten, Discos und Kinos bis 24 Uhr
- Filme, PC-Spiele usw. mit Freigabe „ab 16"
- Bierkonsum in der Öffentlichkeit erlaubt
- Wahl zur betrieblichen Jugend- und Auszubildendenvertretung
- aktives Wahlrecht bei Kommunalwahlen*
- Führerschein A1, L, M, T

18
- volljährig
- voll geschäftsfähig
- prozessfähig
- deliktsfähig
- schuldfähig
- ehemündig
- aktives und passives Wahlrecht bei allgemeinen Wahlen
- Wahlrecht zum Betriebs- oder Personalrat
- Ende der Berufsschulpflicht**
- Führerschein Klasse A, B, BE, C, C1, CE, C1E

* in einigen Ländern
** alternativ; mit dem 21. Lebensjahr, mit Abschluss der Berufsausbildung

Quelle: Bergmoser + Höller Verlag AG L&P / 6147

zivilrechtlich
Das Zivilrecht befasst sich mit Rechtsstreitigkeiten zwischen Privatpersonen.

deliktsfähig
Damit ist die Einsicht gemeint, zu wissen, dass man etwas Strafbares tut oder eine unerlaubte Handlung begeht.

testierfähig
Mit Testierfähigkeit ist die Berechtigung gemeint, ein Testament abzufassen.

eidesfähig
Damit ist die Fähigkeit gemeint, eine Aussage vor Gericht durch einen Eid bekräftigen zu können.

Kommunalwahlen
Wahl zum Beispiel des Gemeinderats

prozessfähig
Damit ist die Fähigkeit gemeint, eine Gerichtsverhandlung selbst oder durch einen bestellten Vertreter führen zu dürfen.

aktives Wahlrecht
das Recht, wählen zu dürfen

passives Wahlrecht
das Recht, gewählt werden zu können

1 Vervollständige die Sätze in den Sprechblasen mit den folgenden Bezeichnungen für die Altersstufen: Volljährige, Kind, Jugendlicher, Minderjährige.
2 Ordne den gelb unterlegten Fachausdrücken in der Übersicht die Erklärungen 1 bis 11 zu.
3 Für euch gelten bereits eine Reihe dieser Bestimmungen. Nenne die, die dir bekannt sind.
4 Erkläre, was die Begriffe „deliktsfähig" und „strafmündig" bedeuten.

Fallbeispiel Kopfhörer

Allegra ist 14 Jahre alt und Schülerin einer Realschule. Mit ihren Eltern versteht sich Allegra im Wesentlichen ganz gut. Allerdings ärgert es sie, dass ihre Eltern sie immer wieder zur Sparsamkeit ermahnen, wenn sie die monatlichen 25 Euro Taschengeld bekommt. Sie solle nur „nützliche Dinge“ kaufen und möglichst viel „auf die hohe Kante legen“, heißt es dann. „Na ja“, denkt Allegra, „das liegt sicher daran, dass meine Eltern immer noch das Reihenhaus abbezahlen müssen. Am liebsten wäre es ihnen wohl, wenn ich schon jetzt einen Bausparvertrag abschließen würde.“ Aber Allegra sind andere Dinge viel wichtiger.
Allegra gibt ihr Geld nämlich lieber für Kosmetika, CDs und Dinge aus, die in ihrer Clique „in“ sind. Schon lange wünscht sie sich wirklich gute Kopfhörer. Dafür reichte aber bisher das Taschengeld nicht. Letzte Woche gab ihr allerdings die Großmutter 50 Euro. Sie könne sich davon kaufen, was sie wolle. Jetzt reichte das Geld endlich und im „Media-Haus“ gab es an diesem Wochenende ein tolles Angebot: Ein On-ear-Hifi-Kopfhörer mit extra großen Lautsprechern und Rauschunterdrückung, selbstregulierendem inneren Bügel und drehbaren Ohrmuscheln – und das für nur 69 Euro! Da griff Allegra natürlich zu und kaufte das Gerät.
Als sie den neuen Kopfhörer ihren Eltern zeigt, sind diese jedoch überhaupt nicht einverstanden. Ihr Vater hat doch noch den alten Kopfhörer, den könne sie benutzen. Außerdem höre Allegra viel zu oft Musik, so die Mutter ärgerlich. Den Kopfhörer solle sie zurückbringen und das Geld von der Oma für etwas „Vernünftiges“ sparen. Am nächsten Tag bringt ihr Vater den Kopfhörer zurück. Der Händler weigert sich jedoch, das Gerät zurückzunehmen – gekauft sei gekauft.

Allegra hört mit ihrem neuen Kopfhörer Musik.

Webcode
SDL-11157-603
Arbeitsblatt:
Rechts- und Geschäftsfähigkeit

Bürgerliches Gesetzbuch (BGB) § 110 („Taschengeldparagraf“)

Ein von dem Minderjährigen ohne Zustimmung des gesetzlichen Vertreters geschlossener Vertrag gilt als von Anfang an wirksam, wenn der Minderjährige die vertragsmäßige Leistung mit Mitteln bewirkt, die ihm zu diesem Zwecke oder zu freier Verfügung von dem Vertreter oder mit dessen Zustimmung von einem Dritten überlassen worden sind.

Erklärung

- z. B. Opa oder Tante
- noch nicht 18 Jahre alt
- nach eigener Entscheidung
- in der Regel die Eltern
- Geldzahlung
- ist gültig

1 Lies den „Taschengeldparagraf“. Ordne die sechs Erklärungen den markierten Stellen im Gesetzestext zu.
2 Formuliere den „Taschengeldparagrafen“ so, wie du ihn einer jüngeren Schülerin oder einem jüngeren Schüler erklären würdest.
3 Bearbeite das Fallbeispiel: Muss der Verkäufer den Kopfhörer zurücknehmen? Begründe.

Annika und ihr neuer Freund

Seit einigen Wochen hat die 16-jährige Annika einen Freund, der 23 Jahre alt ist. Der fährt ein neues Cabrio und überhäuft Annika mit Geschenken. Die Eltern haben Annika nach dem Beruf ihres Freundes gefragt, aber Annika hat nur zur Antwort gegeben: „Darüber reden wir nicht." In letzter Zeit kommt sie oft später nach Hause, als die Eltern es ihr erlaubt hatten und einige Male hatte sie einen angetrunkenen Eindruck gemacht.

Die Eltern versuchen, mit Annika über ihr Verhalten und den Freund zu reden, aber Annika will nichts sagen und schweigt. Als die Eltern den Freund sprechen wollen, blockt Annika ab und meint, er würde so ein Vorstellungsgespräch bei den Eltern sicher altmodisch finden. Da verbieten die Eltern Annika den Umgang mit dem Mann. Annika reagiert wütend: „Ihr könnt nicht entscheiden, mit wem ich mich treffe!"

Aus dem Bürgerlichen Gesetzbuch

§ 1626
Elterliche Sorge, Grundsätze

(1) Die Eltern haben die Pflicht und das Recht, für das minderjährige Kind zu sorgen (elterliche Sorge). Die elterliche Sorge umfasst die Sorge für die Person des Kindes (Personensorge) und das Vermögen des Kindes (Vermögenssorge).

(2) Bei der Pflege und Erziehung berücksichtigen die Eltern die wachsende Fähigkeit und das wachsende Bedürfnis des Kindes zu selbstständigem verantwortungsbewusstem Handeln. Sie besprechen mit dem Kind, soweit es nach dessen Entwicklungsstand angezeigt ist, Fragen der elterlichen Sorge und streben Einvernehmen an.
(…)

§ 1631
Inhalt und Grenzen der Personensorge

(1) Die Personensorge umfasst insbesondere die Pflicht und das Recht, das Kind zu pflegen, zu erziehen, zu beaufsichtigen und seinen Aufenthalt zu bestimmen.

(2) Kinder haben ein Recht auf gewaltfreie Erziehung. Körperliche Bestrafungen, seelische Verletzungen und andere entwürdigende Maßnahmen sind unzulässig. (...)

(Quelle: http://dejure.org/gesetze/BGB/; Zugriff: 20. 10. 2015)

Bürgerliches Gesetzbuch (BGB)
Gesetzbuch mit den wichtigsten gesetzlichen Bestimmungen für die Regelung der Beziehungen zwischen Privatpersonen

minderjährig
ist man, solange man das 18. Lebensjahr noch nicht vollendet hat.

Einvernehmen
Verständigung; Übereinstimmung

1 Dürfen die Eltern Annika den Umgang mit dem Freund verbieten? Begründe.
2 Erkläre, wie sich Eltern nach dem Willen des Gesetzgebers in Konfliktfällen mit ihren Kindern verhalten sollten.

personensorgeberechtigt
Personensorgeberechtigte sind die Eltern oder – in Ausnahmefällen – ein vom Familiengericht bestellter Vormund.

erziehungsbeauftragt
Erziehungsbeauftragte können Personen über 18 Jahre sein, die Erziehungsaufgaben wahrnehmen, z. B. Lehrkräfte oder Ausbilder.

Jugendhilfe
Sammelbegriff für die staatlichen Maßnahmen zur Förderung von Kindern und Jugendlichen. Diese werden vom Land, vom Kreis oder von der Gemeinde durchgeführt.

Vier Fälle zum Jugendschutz

Neele ist 14 Jahre alt geworden. Zu ihrem Geburtstag hat sie sich gewünscht, an einem Samstagabend mal ganz lange tanzen zu gehen. Ihr Vater hat ihr versprochen, mit ihr in der Kreisstadt in eine Diskothek zu gehen.

Fall 1

Johanna und **Kati** beide 13 Jahre alt, freuen sich auf die Discoparty, die der Stadtjugendring in ihrem Stadtteil veranstaltet. Da am nächsten Tag keine Schule ist, wollen die beiden möglichst lange bleiben und erst um 22 Uhr nach Hause gehen.

Fall 2

Sebastian, 14 Jahre alt, will mit seinen Freunden in einem Billardcafé feiern und bis 23 Uhr bleiben. Er hat versprochen, eine Runde mit einem branntweinhaltigen Colamixgetränk zu spendieren.

Fall 3

Celine, 15 Jahre alt, möchte in die Diskothek „Aramis" zum Tanzen gehen. Damit ihre Eltern nicht dagegen sind, verspricht sie, spätestens um 22 Uhr wieder zu Hause zu sein.

Fall 4

Jugendschutzgesetz

§ 4 Gaststätten

(1) Der Aufenthalt in Gaststätten darf Kindern und Jugendlichen unter 16 Jahren nur gestattet werden, wenn eine personensorgeberechtigte oder erziehungsbeauftragte Person sie begleitet oder wenn sie in der Zeit zwischen 5 Uhr und 23 Uhr eine Mahlzeit oder ein Getränk einnehmen. Jugendlichen ab 16 Jahren darf der Aufenthalt in Gaststätten ohne Begleitung einer personensorgeberechtigten oder erziehungsbeauftragten Person in der Zeit von 24 Uhr bis 5 Uhr morgens nicht gestattet werden.

(2) Absatz 1 gilt nicht, wenn Kinder oder Jugendliche an einer Veranstaltung eines anerkannten Trägers der Jugendhilfe teilnehmen oder sich auf Reisen befinden.

§ 5 Tanzveranstaltungen

(1) Die Anwesenheit bei öffentlichen Tanzveranstaltungen ohne Begleitung einer personensorgeberechtigten oder erziehungsbeauftragten Person darf Kindern und Jugendlichen unter 16 Jahren nicht und Jugendlichen ab 16 Jahren längstens bis 24 Uhr gestattet werden.

(2) Abweichend von Absatz 1 darf die Anwesenheit Kindern bis 22 Uhr und Jugendlichen unter 16 Jahren bis 24 Uhr gestattet werden, wenn die Tanzveranstaltung von einem anerkannten Träger der Jugendhilfe durchgeführt wird oder der künstlerischen Betätigung oder der Brauchtumspflege dient.

§ 9 Alkoholische Getränke

(1) In Gaststätten, Verkaufsstellen oder sonst in der Öffentlichkeit dürfen
1. Branntwein, branntweinhaltige Getränke oder Lebensmittel, die Branntwein in nicht nur geringfügiger Menge enthalten, an Kinder und Jugendliche,
2. andere alkoholische Getränke an Kinder und Jugendliche unter 16 Jahren

weder abgegeben noch darf ihnen der Verzehr gestattet werden.

§ 10 Rauchen in der Öffentlichkeit, Tabakwaren

(1) In Gaststätten, Verkaufsstellen oder sonst in der Öffentlichkeit dürfen Tabakwaren an Kinder und Jugendliche weder abgegeben noch darf ihnen das Rauchen gestattet werden.

Das Jugendschutzgesetz ist 2002 grundlegend erneuert worden. Seitdem ist es bereits mehrfach angepasst worden. So gibt es seit 2008 Bestimmungen mit dem Ziel, Kindern und Jugendlichen den Zugang zu gewaltverherrlichenden Computerspielen und Videofilmen zu erschweren. Dazu wurde z. B. Folgendes geregelt:
Wie schon bisher für Filme und Videos wird auch für Computerspiele eine Altersfreigabe eingeführt: freigegeben ab 6, 12, 16 oder 18 Jahren. Die Computerspiele dürfen nur an Kinder und Jugendliche abgegeben werden, die das erlaubte Alter haben. Verstößt ein Händler gegen diese Bestimmung, wird er mit einem Bußgeld bestraft. Die Alterskennzeichnung der Spiele muss auf der Hülle und direkt auf dem Datenträger ersichtlich sein.

Schon bisher konnte die Bundesprüfstelle jugendgefährdende Medien nach Prüfung auf eine Liste, den „Index“, setzen. Was auf dieser Indexliste steht, also „indiziert“ wurde, darf an Kinder und Jugendliche nicht verkauft oder verliehen werden. Allerdings durfte die Bundesprüfstelle früher nur tätig werden, wenn ein Antrag gestellt wurde, z. B. von einem Jugendamt. Nach der neuen Regelung kann die Bundesprüfstelle nun auch ohne Antrag prüfen, also von sich aus nach jugendgefährdenden Medien suchen.
Bücher, Videos, CDs, CD-ROMs und DVDs, die den Krieg verherrlichen oder Gewaltdarstellungen zeigen, sind für Kinder und Jugendliche grundsätzlich verboten, also auch ohne Indizierung durch die Bundesprüfstelle.

Bundesprüfstelle
Die Bundesprüfstelle ist zuständig für das Verbot jugendgefährdender Medien.

Aussagen zum Jugendschutzgesetz		richtig	falsch
1	Das Jugendschutzgesetz soll Kinder und Jugendliche vor den Gefährdungen schützen, denen sie in der Öffentlichkeit ausgesetzt sind.		
2	Wenn ihre Eltern es ihnen erlauben, dürfen sich Kinder und Jugendliche zu jeder Zeit in Gaststätten aufhalten.		
3	Der Besuch einer öffentlichen Tanzveranstaltung ist Kindern und Jugendlichen unter 16 Jahren generell untersagt.		
4	Getränke, die Branntwein enthalten, dürfen nicht an Kinder und Jugendliche verkauft oder ausgeschenkt werden.		
5	Wenn ein Elternteil dabei ist, dürfen Kinder und Jugendliche alkoholische Getränke wie Bier und Wein in einem Lokal verzehren.		
6	Das Rauchen ist in der Öffentlichkeit erst ab einem Alter von 16 Jahren erlaubt. Das gilt auch für öffentliche Räume wie Straßen, Plätze und Parks.		
7	Computerspiele dürfen an Kinder und Jugendliche nur dann abgegeben werden, wenn sie das Alter haben, ab dem das Spiel freigegeben ist.		
8	DVDs, die Gewaltdarstellungen zeigen und den Krieg verherrlichen, sind für Jugendliche nur dann verboten, wenn sie auf der Indexliste stehen.		
9	Das Jugendschutzgesetz schützt Schüler und Schülerinnen auch gegen eine ungerechte Notengebung in der Schule.		
10	Verkauft ein Händler einer/einem Jugendlichen eine für diese/-n noch verbotene CD, wird der Händler und nicht die/der Jugendliche bestraft.		

Webcodes
SDL-11157-604
Arbeitsblatt:
Drei Fälle zum Jugendschutzgesetz

SDL-11157-605
Arbeitsblatt:
Dürfen Schüler und Schülerinnen schon arbeiten?

SDL-11157-606
Arbeitsblatt:
Bestimmungen des Jugendschutzgesetzes

1 Untersuche die vier Fälle auf Seite 164: Was bestimmt jeweils das Jugendschutzgesetz?
2 Entscheide bei jeder der zehn Aussagen zum Jugendschutzgesetz, ob sie richtig oder falsch ist. Stelle anschließend die falschen Aussagen richtig.
3 Erkläre, wie durch das neue Jugendschutzgesetz versucht wird, Jugendliche vor Gewaltdarstellungen zu schützen.
4 Erkläre, warum bei Verstößen gegen das Jugendschutzgesetz nicht die Jugendlichen, sondern die Erwachsenen, z. B. Wirte oder Veranstalter, bestraft werden.

Jugend und Rauchen

Rauchen – besonders schädlich für Jugendliche

Der Körper von Jugendlichen ist anfälliger für die Schäden des Rauchens als der von Erwachsenen, weil Jugendliche sich noch im Wachstum befinden. Das Rauchen hat negative Auswirkungen auf die Entwicklung der Lungen, der Knochen und des Kreislaufs.

Der Körper und das Gehirn von Jugendlichen entwickeln sich noch. Deshalb ist der Körper von Jugendlichen anfälliger für die Schäden, die das Rauchen anrichten kann, als der von Erwachsenen.

Jugendliche Raucher/-innen leiden häufiger als erwachsene Raucher/-innen unter erhöhtem Puls, geringem Durchhaltvermögen beim Sport und an niedriger Lungenkapazität, was Kurzatmigkeit zur Folge hat. Außerdem wirkt das Nikotin stärker auf das Gehirn von Jugendlichen als auf das von Erwachsenen. Jugendliche können deshalb sehr schnell süchtig nach Zigaretten werden und es kann für sie sehr schwer sein, vom Rauchen loszukommen.

Zigaretten haben zudem einen Einfluss auf die Knochendichte: Bereits bei 18- bis 20-jährigen Raucher/-innen konnte eine Schwächung der Knochen durch Nikotin festgestellt werden. Vermehrte Knochenbrüche können die Folge sein. (…)

Ist Rauchen wirklich so ungesund, wie es immer heißt? Warum gibt es Menschen, die an Lungenkrebs sterben, obwohl sie nie geraucht haben? (…)

Es stimmt: Nicht alle Raucher/-innen erkranken an Krebs oder an einer anderen rauchbedingten Krankheit – aber es sind viele! Insgesamt etwa jeder Zweite, der/die regelmäßig Zigaretten raucht, stirbt an den Folgen des Tabakkonsums.

Durchschnittlich sterben Raucher/-innen 13 bis 14 Jahre früher als Nichtraucher/-innen. Wer schon mit 14 oder 15 Jahren mit Rauchen beginnt, hat eine noch schlechtere Lebenserwartung: Studien zeigen, dass junge Raucher/-innen ihre Lebenserwartung sogar um mehr als 20 Jahre verkürzen. Das bedeutet: Jede Zigarette verkürzt die Lebenserwartung um 5 Minuten.

Knochendichte
Eine zu geringe Knochendichte kann ein Hinweis auf eine Erkrankung des Skeletts sein, bei der die Knochen an Festigkeit verlieren und schneller brechen. Rauchen begünstigt das Entstehen dieser Osteoporose genannten Krankheit.

(Quelle: www.feelok.de/de_DE/jugendliche/themen/tabak/interessante_themen/gesundheit_folgeschaeden/ubersicht.cfm; Zugriff: 27. 10. 2015)

1. Erkläre, weshalb das Rauchen in Schulen generell verboten ist?
2. Ermittle aus dem Text die negativen Seiten des Rauchens und notiere diese stichwortartig.
3. Nimm Stellung zu den Aussagen der drei Schüler.

Thema: **Gegen das Rauchen**

Ein Plakat ist eine Gestaltung aus Bild und Text, die öffentlich ausgehängt wird. Ein Plakat soll Blicke anziehen und die Betrachter/-innen zum Nachdenken und Handeln anregen.

Materialien für die Gestaltung eines Plakats

Vorbereitung

Ihr müsst zunächst festlegen, wen ihr ansprechen wollt und welche Aussage das Plakat enthalten soll. Dann müsst ihr überlegen, mit welchen Mitteln ihr euer Ziel erreichen könnt. Dabei geht es zum Beispiel um diese Fragen: Welches Wort oder welche Worte sollen besonders auffallen? Welche Zeichnung oder welches Foto passt dazu? Wie soll Farbe eingesetzt werden? Denkt bei all euren Überlegungen an den Leitsatz: „Ein gutes Plakat hat eine Idee (nicht zwei!), einen pfiffigen Slogan, ist spannend gestaltet und muss vom Autofahrer an der Ampel begriffen werden!" Überlegt auch, wo ihr die Plakate aufhängen wollt und wen ihr dafür möglicherweise um Erlaubnis fragen müsst.

Durchführung

Besorgt euch das notwendige Material, z. B. alte Tapeten- oder Papierrollen oder andere Plakate, deren Rückseite ihr verwenden könnt. Denkt an Farben, Stifte, Lineal, Zirkel usw. Buchstaben und Farbflächen könnt ihr aus farbigem Tonpapier ausschneiden. Fertigt zuerst Entwürfe und prüft sie kritisch: Versteht man auf Anhieb die Aussage des Plakats? Werden sich die Adressaten angesprochen fühlen? Ist die Gestaltung auffallend? Ihr könnt eure Entwürfe auch anderen zur Beurteilung vorlegen. Fertigt dann euer Plakat an.

1 Gestaltet in Gruppenarbeit Plakate, die eure Mitschüler/-innen davon abhalten sollen, mit dem Rauchen anzufangen.

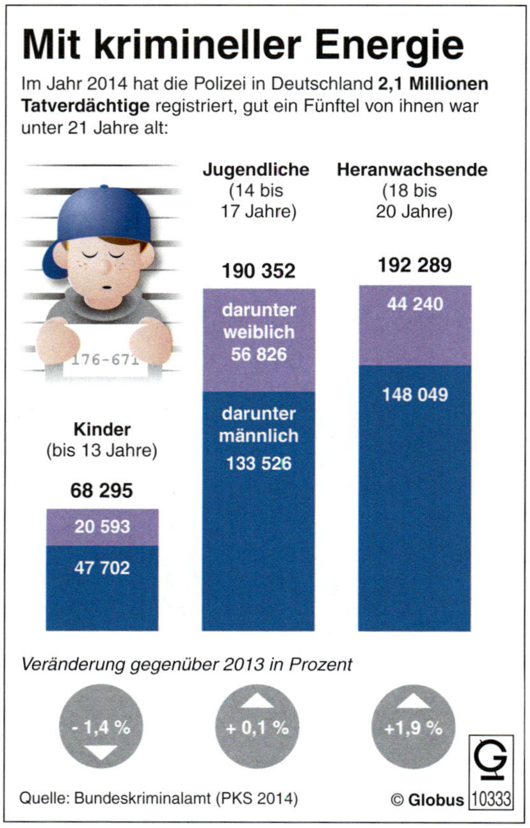

Aus der Polizeilichen Kriminalstatistik 2014

Im Jahr 2014 betrug der Anteil der Kinder (unter 14 Jahre) an den Tatverdächtigen insgesamt 3,2 Prozent. (...) Knapp die Hälfte der tatverdächtigen Kinder (41,0 Prozent) wurde wegen Diebstahlsdelikten registriert, vor allem wegen „Ladendiebstahl“ (30,3 Prozent). Ferner zeigten sich Tatverdächtige dieser Altersgruppe bei „Körperverletzung“ (22,3 Prozent), „Sachbeschädigung“ (16,2 Prozent), „Straßenkriminalität“ (16,1 Prozent) und „Gewaltkriminalität“ (10,2 Prozent) besonders auffällig.

Die Zahl tatverdächtiger Jugendlicher (14 bis unter 18 Jahre) ist um 0,1 Prozent auf 190 352 geringfügig gestiegen (...). Damit betrug ihr Anteil an allen Tatverdächtigen 8,9 Prozent. Jugendliche wurden hauptsächlich wegen „Körperverletzung“ (20,5 Prozent), „Ladendiebstahl“ (19,6 Prozent), „Straßenkriminalität“ (17,6 Prozent) oder „Sachbeschädigung“ (11,8 Prozent) registriert.

(Quelle: Polizeiliche Kriminalstatistik 2014, hrsg. vom BMI, Stand: April 2015, S. 12)

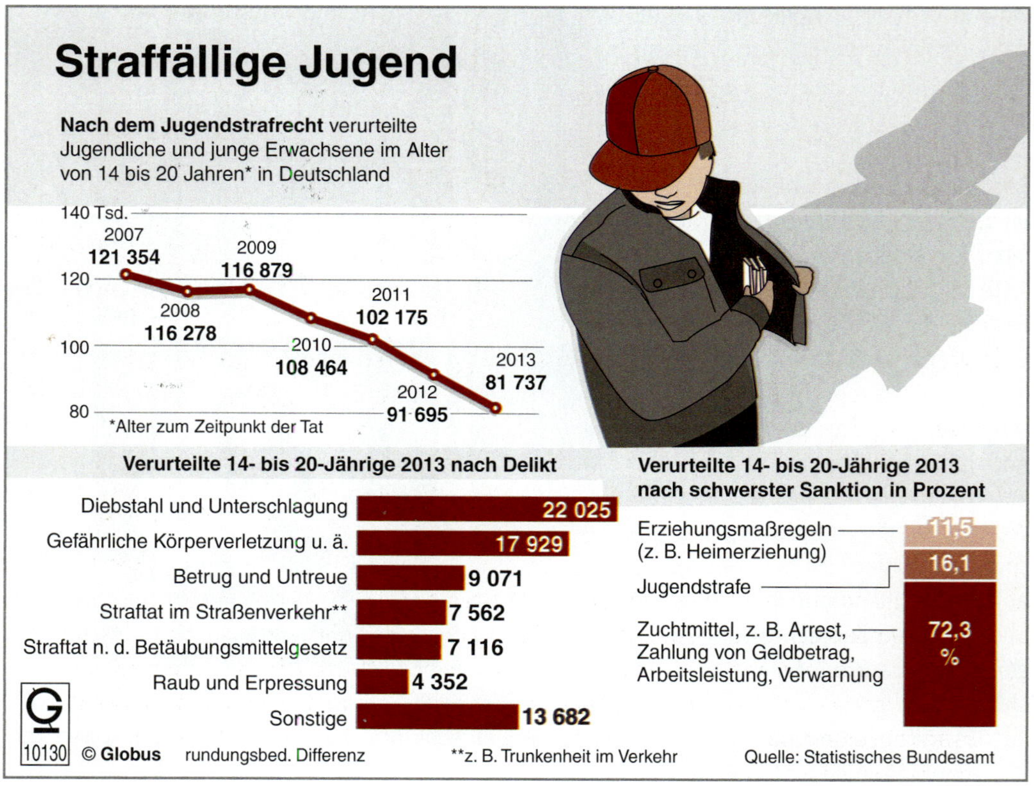

Was Experten und Expertinnen zum Thema Jugendkriminalität sagen

1

Viele Jugendliche sind auf „Haben" programmiert. Hinzu kommt der Gruppenzwang. Um in der Clique mithalten zu können, sind dann auch illegale Mittel wie Klauen geeignet.

2

Mängel bei der Integration junger Ausländer sind häufig die Ursache für Kriminalität. Sie sprechen kaum Deutsch, haben Schulschwierigkeiten und sind stark von Arbeitslosigkeit betroffen. Hinzu kommen oftmals Konflikte mit den Eltern und Großeltern. Fehlende Kontakte zur einheimischen Bevölkerung, mangelndes Vertrauen in den Staat, Abschottung, Gruppenbildung, Aggression und Gewalt sind oft die weiteren Stationen auf dem Weg in die Kriminalität.

3

Insbesondere die fehlende Zukunftsperspektive macht Jugendliche aggressiv, z. B. wenn sie feststellen müssen, dass ihr Schulabschluss nicht ausreicht, um eine Lehrstelle zu bekommen.

4

Kriminalität im Jugendalter ist allgemein verbreitet, aber vorübergehend. Zum Glück bleibt sie für die meisten Jugendlichen ohne Folgen.

5

Viele Menschen, die sich wirtschaftlich am Rand fühlen, streben danach, mithalten zu können – notfalls auch mit kriminellen Mitteln. Dadurch gleiten Jugendliche in Delikte wie Ladendiebstahl, Diebstahl und Raub hinein.

6

Manche Jugendliche wollen durch Gewalt und Mobbing das eigene Gefühl der Unterlegenheit ausgleichen. Das äußert sich dann in Gewalt gegen andere Jugendliche, denn die sind es ja, an denen man sich selbst misst.

Förster: „Er sagt, schuldig sei die Vernachlässigung der Jugend, der Mangel an jugendgerechtem Städtebau und die Nachahmungswirkung des Fernsehens."

Integration
Eingliederung von Personen oder Personengruppen in die Bevölkerungsmehrheit

Aggression
Angriffsverhalten mit dem Ziel, andere zu schädigen oder zu verletzen

1. Erläutere anhand der oberen Grafik auf S. 168 den Anteil junger Leute an der Kriminalität.
2. Nenne anhand der Kriminalstatistik und der Grafik unten Formen der Jugendkriminalität.
3. Vergleiche die Zahlenangaben in den beiden Grafiken und erläutere die Unterschiede.
4. In den Aussagen oben werden Ursachen der Jugendkriminalität genannt. Notiere jede Ursache in einem Satz.
5. Analysiere die Karikatur.

Thema: Ladendiebstahl

Grundschüler mit einem Plakat gegen Ladendiebstahl

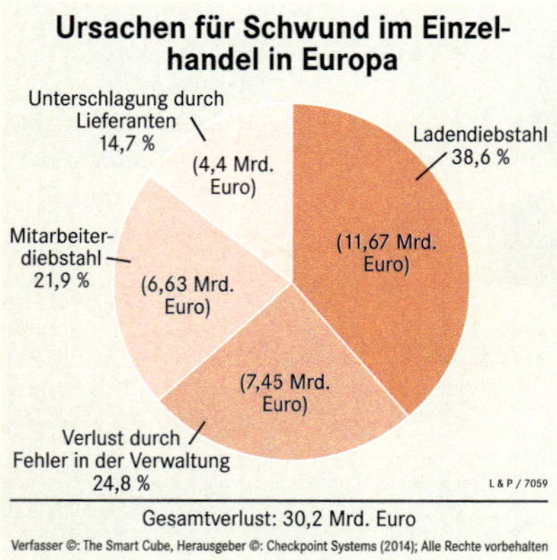

Ladendiebstahl: Der Kick des Unerlaubten

Jeder achte Viertklässler hat schon einmal einen Ladendiebstahl begangen. Eine neue Studie, bei der Jugendliche selbst als Forscher tätig waren, bestätigt, dass Geldmangel nicht das Hauptmotiv zum Stehlen ist.

Es ist wie bei der roten Ampel: Klar, man weiß, dass es verboten ist, bei Rot über die Straße zu gehen oder zu fahren, aber wenn kein Gesetzeshüter hinschaut, tut man es doch. So ähnlich geht es Jugendlichen mit Ladendiebstahl: Das Unrechtsbewusstsein ist hoch, doch wenn die Situation passt, lässt man das eine oder andere Ding schon einmal in der Tasche verschwinden.

Etwa ein halbes Prozent des Umsatzes entgeht den österreichischen Handelsunternehmen durch Ladendiebstahl, das sind rund 253 Millionen Euro im Jahr. Sieben Prozent der Ladendiebe sind jünger als 14 Jahre, 17 Prozent zwischen 14 und 18 Jahren alt. Die Gründe reichen von Langeweile über den Wunsch, seine Freunde zu beeindrucken, bis hin zum Kick des Unerlaubten. Um Genaueres zu erfahren, hat die Uni Linz mit den Fachhochschulen in Linz und Steyr nun eine Untersuchung in der relevanten Altersgruppe durchgeführt: Über 2900 Dritt- und Viertklässler aus Gymnasien, Hauptschulen und Sonderschulen wurden in einem anonymen Verfahren befragt, ob sie schon einmal selbst zugegriffen haben, ob sie es von jemandem wissen, wie ihre eigene Einstellung dazu ist, welche Ängste man dabei hat, welche Maßnahmen abschreckend wirken, und ob man weiß, dass Ladendiebstahl strafbar ist.

Neun von zehn 13- bis 14-Jährigen wissen das sehr wohl, 94 Prozent gaben auch an, beim Stehlen ein schlechtes Gewissen zu haben. Immerhin jeder achte Schüler gab zu, bereits einmal in seinem Leben etwas unrechtmäßig eingesteckt zu haben, fünf Prozent der Befragten haben sogar innerhalb des letzten Jahres etwas gestohlen.

(Quelle: Veronika Schmidt am 7. 12. 2012 in: http://diepresse.com/home/science/1321684/Ladendiebstahl_Der-Kick-des-Unerlaubten; Zugriff: 27. 10. 2015)

Info-Ausstellung

Eine Info-Ausstellung richtet sich an eine größere Öffentlichkeit. Eine Klasse, die eine Info-Ausstellung gestaltet, will über einen Sachverhalt oder ein Problem informieren, mit dem sie sich ausführlich beschäftigt hat. Sie fertigt dazu Plakate mit Texten, Zeichnungen, Fotos usw. an, die auf einer freien Wandfläche oder auf Stellwänden ausgehängt werden.

Die Ausstellung kann im Eingangsbereich oder einem Flur der Schule präsentiert werden. Sie kann aber auch außerhalb der Schule gezeigt werden, z.B. im Rathaus, in der Stadtbücherei, in einer Einkaufspassage oder in einer Bank oder Sparkasse.

Vorbereitung

Die Klasse legt Thema, Adressaten und Zielsetzung ihrer Info-Ausstellung fest, z.B. dass Mitschüler und Mitschülerinnen vor Ladendiebstahl gewarnt oder Erwachsene zu einer Spendenaktion aufgerufen werden sollen. Es wird geklärt, wo die Ausstellung stattfinden kann und wie lange sie dauern soll.

Zum ausgewählten Thema werden in Gruppenarbeit Informationen zusammengetragen. Eine Gruppe führt z.B. eine Erkundung durch, eine andere macht eine Umfrage und eine dritte wertet Zeitschriftenartikel und Zeitungsmeldungen aus. Das erarbeitete Material wird gemeinsam von der Klasse gesichtet und der genaue Inhalt der Info-Ausstellung festgelegt. Außerdem müssen die für die Herstellung der Ausstellung notwendigen Dinge beschafft werden (Packpapier oder Plakatkarton, Farbstifte, Klebstoff, Stellwände usw.).

Durchführung

Eine Info-Ausstellung muss übersichtlich dargeboten werden, damit die Betrachter die verschiedenen Informationen rasch erfassen können. Die Texte sollten noch aus einem gewissen Abstand lesbar sein, die Schrift also nicht zu klein gewählt werden. Es ist außerdem darauf zu achten, dass die Textteile nicht dominieren und ausreichend viele Fotos, Zeichnungen und Schaubilder die Darstellung auflockern. Bei der Gestaltung immer daran denken, dass die Betrachter angeregt werden sollen, sich mit der Ausstellung auseinanderzusetzen. Ein Hinweis darauf, wer die Info-Ausstellung gemacht hat und warum, sollte außerdem nicht fehlen.

Empfehlenswert ist, die Teile der Info-Ausstellung zunächst nur vorläufig anzubringen. Durch Hin- und Herschieben der einzelnen Plakate und Materialien kann dann die ansprechendste Gestaltung herausgefunden werden, bevor sie endgültig befestigt werden.

Es kann sinnvoll sein, dass einige Schüler aus der Klasse anwesend sind, um Besuchern die Ausstellung zu erläutern.

Auswertung

Wie reagieren die Besucher auf die Info-Ausstellung, wie „kommt sie bei den Betrachtern an"? Um dies festzustellen, können die Betrachter nach ihrem Eindruck und ihrer Meinung befragt werden. Eine gute Möglichkeit ist auch, an geeigneter Stelle Platz für schriftliche Stellungnahmen zu lassen.

Jugendlicher Ladendieb

Hinweisschild in einem Kaufhaus

Schülerinnen und Schüler bei der Erarbeitung einer Info-Ausstellung

1 Gestaltet eine Info-Ausstellung zum Thema „Problem Ladendiebstahl".

Eine kriminelle Karriere

Eine fiktive, aber realitätsnahe Geschichte:

Anna N. hat keinen Schulabschluss. Anfangs jobbte sie eine Weile in einem Schnellrestaurant. Seitdem ist sie arbeitslos. Sie wohnt bis heute bei ihrer Mutter, die als alleinerziehende Berufstätige oft gestresst ist. Dafür greift sie ihrer Tochter finanziell sehr unter die Arme und macht ihr kleine Geschenke. Anna beschafft sich von dem Geld Drogen, denn sie ist abhängig. Geschwister hat sie nicht. Daher trifft sie sich oft mit Freundinnen.

Schon mehrfach ist Anna N. in den letzten Jahren gerichtlich verurteilt worden: Betäubungsmittelmissbrauch, Diebstahl, schwerer Raub, Körperverletzung …

Das erste Mal strafrechtlich auffällig wurde sie kurz nach dem Verlassen der Schule. Sie ist mit zwei anderen Mädchen in der Stadt unterwegs. Kurz entschlossen überfallen sie zusammen eine junge Frau, die an ihnen vorbeigeht. Zuerst versuchen sie, der Frau die Handtasche wegzureißen. Als dies nicht gelingt und die Angegriffene fliehen kann, folgen sie ihr. Brutal schlagen sie die Frau nieder und treten auf sie ein, auch noch, als sie bereits verletzt am Boden liegt. Die drei Mädchen können flüchten.

Kurz darauf verüben die Freundinnen den nächsten Überfall, erneut an einer zufällig vorbeikommenden Passantin. Dieses Mal jedoch schlagen sie mit Holzbrettern zu, die sie vorher aus einem Bauzaun gerissen haben. Und wieder können sie zunächst entkommen.

Durch Zeugenaussagen können die Mädchen aber später ausfindig gemacht und vor das Jugendschöffengericht gestellt werden. Anna erhält drei Jahre Haft.

Auch danach wird sie immer wieder kriminell. Inzwischen ist sie allerdings seit einiger Zeit nicht mehr straffällig geworden.

Straffälligkeit von Kindern

Ergebnisse einer Studie:
Die meisten der bei der Staatsanwaltschaft Marburg aktenkundig gewordenen Kinder waren in ihrem späteren Leben keine Straftäter mehr. Allerdings steige das Risiko, eine Verbrechenskarriere zu starten, automatisch stark an, wenn es bei Kindern und Jugendlichen mehrfach zu Straftaten komme, macht der Marburger Forscher Remschmidt im Gespräch mit der Oberhessischen Presse [OP] deutlich. Als Risikofaktoren nannte Remschmidt unter anderem Lernschwierigkeiten in der Schule sowie ungünstige Familienverhältnisse, die sich häufig in aggressivem Verhalten bereits im Kindergarten äußerten. Anhand dieser und einiger anderer Kriterien sei es möglich, bei mehr als 80 Prozent der späteren chronischen Straftäter ihre kriminelle Karriere vorherzusagen. Dies folgert Remschmidt aus einem Vergleich der untersuchten jungen Straftäter mit einer Kontrollgruppe.

Als weitere Schlussfolgerung fordert er: „Man müsste sich frühzeitig mit den Kindern eingehender beschäftigen, die schon früh negativ aufgefallen sind und eine Gefahr für sich und die Umwelt darstellen.“ Dabei machte Remschmidt im Gespräch mit der OP deutlich, dass es in Deutschland nicht darum gehe, für solche jungen Menschen wie in den USA „Strafcamps“ mit drastischen Regeln einzuführen. Jedoch müsse es gelingen, diese Kinder zu resozialisieren, bevor sie zu „Intensivtätern“ werden könnten.

(Quelle: Oberhessische Presse vom 3. 3. 2010)

Ursachen von Kriminalität

Kriminalität lässt sich nicht mit einer einzigen Theorie erklären. Dafür ist das Kriminalitätsbild zu vielschichtig. Unter Kriminalität fallen sowohl das Fahren ohne Fahrerlaubnis, die Trunkenheit im Straßenverkehr, die Verkehrsunfallflucht, die Sachbeschädigung, der Diebstahl in unterschiedlichsten Formen und die Steuerhinterziehung als auch der Raub, die Vergewaltigung oder der Mord bis hin zum millionenfachen Massenmord im „Dritten Reich". Straftaten werden sowohl von 14-Jährigen als auch von 80-Jährigen begangen – es bedarf also verschiedener Zugänge zum Thema. (…) Häufig sind mehrere Ursachen/Begründungen für die einzelne Straftat heranzuziehen. Im Folgenden werden verschiedene Theorien zu den Ursachen von Kriminalität auf vereinfachte Weise dargestellt.

Entwicklungstheorie
Regelverletzungen sind insbesondere bei Jugendlichen weit verbreitet. Es ist häufig so, dass im kindlichen und jugendlichen Alter Straftaten leichter bis mittlerer Art begangen werden, da Normen/Regeln, wie vieles andere auch, erst erlernt werden müssen. Diese Häufung jugendlicher Straftaten kann nicht primär mit Besonderheiten erklärt werden, sie ist vielmehr gerade durch die Entwicklungsphase des Menschen bedingt. (…)

Sozialisationstheorien
Sich wiederholende Kriminalität ist häufig eine Folge misslungener Sozialisation von den ersten Kindheitsjahren an. In dieser Zeit wird die Entwicklung des Menschen maßgeblich bestimmt. Fehlentwicklungen, die auch in Kriminalität einmünden können, sind häufig hier bereits angelegt. Kriminalität ist nach der Sozialisationstheorie eine Folge von Sozialisationsdefiziten, die insbesondere dann auftreten, wenn in der Kindheit eine dauerhafte Bezugsperson fehlte und kein Urvertrauen hergestellt worden ist. (…)

Lerntheorien
Dass Kriminalität auch gelernt wird, erscheint plausibel, da wir nicht nur unser Wissen, sondern auch unsere Handlungskompetenzen wie beispielsweise Fahrradfahren, Fußballspielen oder Ballett erlernen müssen. Gelernt wird Kriminalität zunächst am schlechten Vorbild: Wenn Vater oder Mutter stehlen, „färbt" dies sicherlich ab, ebenso wenn der Vater die Mutter regelmäßig körperlich misshandelt. (…)

Frustrations-Aggressions-Theorie
(…) Gewaltkriminalität ist hiernach eine Folge von Ohnmacht und Frustrationen. (…) Ärger wird nicht selten an Schwächeren, zum Beispiel an Kindern und Frauen, ausgelassen; es werden Sündenböcke gesucht. Zugewanderte, insbesondere mit niedrigem sozialen Status, haben ebenfalls solche Aggressionen anderer auszuhalten, wie sie auch selbst vermehrt Frustrationen in ihrer Arbeits- und Lebenswelt erfahren. Die statistisch hohe Gewaltkriminalität jugendlicher und heranwachsender Migranten findet hier eine Ursache. (…)

Anomie-Theorie
Auch Mittellosigkeit kann ein Grund für Eigentumskriminalität sein, das heißt nicht die Armut als solche, sondern der Gegensatz von Arm und Reich. Nach der sogenannten Anomie-Theorie klafft gerade bei Arbeitslosen, aber auch bei Auszubildenden und finanziell Schlechtgestellten zwischen den gesellschaftlichen Leitbildern und den zur Verfügung stehenden eigenen finanziellen Mitteln eine Lücke, die von einigen mit ungesetzlichen Mitteln, mit Schwarzarbeit oder mit Diebstählen ausgefüllt wird. (…)

(Quelle: Heribert Ostendorf auf: www.bpb.de/izpb/7735/ursachen-von-kriminalitaet; Zugriff: 28. 10. 2015)

Anomie
(= Normlosigkeit) Bezeichnet einen Zustand, bei dem Menschen soziale Normen, Regeln bzw. Ordnung fehlen.

Sozialisation
Bezeichnug für die Anpassung des heranwachsenden Menschen an die Gesellschaft, in der er lebt

1 Fasse zusammen, was aus deiner Sicht zur „kriminellen Karriere" von Anna N. geführt hat.
2 Vergleiche die „kriminelle Karriere" von Anna N. mit den Ergebnissen der Studie über die Straffälligkeit von Kindern.
3 Der Text auf diese Seite geht auf fünf Theorien zur Kriminalitätsentstehung ein. Beschreibe jede der Theorien in Kurzform.

Der Fall Christopher M.

Er hatte geprügelt, geraubt und mit einer Pistole geschossen. 160-mal kam Christopher M. in seinem jungen Leben mit dem Gesetz in Konflikt. Bestraft wurde er nie. Denn er war zur Zeit der Taten noch nicht 14 Jahre alt, rechtlich also noch ein Kind. Nach deutschem Recht gilt ein Kind als strafunmündig, es kann also für von ihm begangene Taten strafrechtlich nicht zur Verantwortung gezogen werden. Bei Straftaten von Kindern darf der Staat nur eingreifen, wenn die Eltern in der Erziehung versagt haben. Nach dem Kinder- und Jugendhilfegesetz von 1991 sollen die Jugendämter in solchen Fällen durch Erziehungsberatung, soziale Gruppenarbeit, Erziehungsbeistandschaft, Heimerziehung u. Ä. betroffene Kinder in ihrer sozialen Entwicklung fördern und unterstützen.

Beispiele aus Christophers Sündenregister:

- Einbruch in ein Blumengeschäft, Beute: 275 Euro
- Einbruch in zwei Wohnungen
- Christopher demoliert sechs Autos, einen Bagger, eine Telefonzelle
- Christopher schießt mit einer Pistole auf einen Güterzug
- Einbruch in einen Kindergarten
- Christopher verprügelt einen Elfjährigen, erbeutet 6,50 Euro und eine Fahrkarte

Strafmündigkeit schon mit 12 Jahren?

PRO

Ich bin für Strafmündigkeit ab 12 Jahren. Es ist doch heute so, dass ...

- Die Vorstellung, dass jungen Menschen erst nach dem 14. Geburtstag zwischen Recht und Unrecht unterscheiden können, ist überholt. Ein 13-jähriger Handtaschenräuber weiß sehr wohl, dass er etwas Unrechtes tut.
- Entscheidend ist doch, dass einem jungen Menschen bei einer Rechtsverletzung von der Gesellschaft ein deutliches Signal gesetzt wird, dass er auf dem falschen Weg ist. Je früher, desto besser!
- Es geht nicht darum, 12-Jährige ins Gefängnis zu stecken. Auch bei über 14-Jährigen muss der Jugendrichter sorgfältig prüfen, was für die weitere Entwicklung des Täters am besten ist.

KONTRA

Ich sehe das anders. Ein Zwölfjähriger weiß noch gar nicht, was ...

- Bei wachsender Armut in unserer Gesellschaft und vielen in der Erziehung überforderten Familien lenkt der Ruf nach einer Herabsetzung des Alters für die Strafmündigkeit von den Ursachen der zunehmenden Kinderkriminalität ab.
- Die Strafmündigkeit erst bei 14 Jahren beginnen zu lassen, ist wohlüberlegt, denn die moralische Urteilsfähigkeit, also das Norm- und Unrechtsbewusstsein, ist bei Kindern noch nicht ausgeprägt.
- Es bringt doch nicht, angesichts der Verlockungen in unserer Konsumgesellschaft einen 12-jährigen Ladendieb bestrafen zu wollen.

1 Hilfe

Beziehe in deine Antwort auch den Fall Christopher ein.

1. Arbeite heraus, was beim Streitfall Strafmündigkeit der entscheidende Punkt ist.
2. Pro und kontra: Untersuche, wie jede Seite argumentiert.
3. Welche Position vertrittst du persönlich? Begründe mit mindestens vier Argumenten deine Position vor der Klasse.

Journalistin: Herr Professor Wacker, herzlich willkommen zu unserer neuen Ausgabe von „Rechtsfragen". Heute wollen wir über die Strafe reden.
Prof. Wacker: Ja, gern.

Journalistin: Nun, zunächst einmal zu den Zahlen. Irgendwo habe ich gelesen, dass der Polizei in Deutschland im Jahr etwa acht Millionen Fälle von kriminellem Verhalten bekannt werden.
Prof. Wacker: Ja, das stimmt. Da sind aber auch alle Verkehrsdelikte dabei.

Journalistin: Aber wir haben doch keine acht Millionen Strafverfahren im Jahr?
Prof. Wacker: Um Himmels willen – nein. Etwa die Hälfte dieser Gesetzesverstöße bleibt ungesühnt, weil keine Tatverdächtigen ermittelt werden können.

Journalistin: Dann sind es aber immer noch etwa vier Millionen Gesetzesverstöße.
Prof. Wacker: Ja. Aber bei einem Großteil dieser übrigen Fälle kommt es zu einer Einstellung des Verfahrens, z. B. weil die mutmaßlichen Straftäter noch strafunmündig sind, weil die Beweislage für eine Anklage nicht ausreicht oder weil der Fall gegen Auflagen oder Weisungen ohne Verhandlung beigelegt wurde.

Journalistin: Und wie viele stehen dann letztlich vor Gericht?
Prof. Wacker: In Deutschland müssen sich jährlich etwa eine Million Personen strafrechtlich verantworten. Rund 200 000 Angeklagte verlassen den Gerichtssaal nach Einstellung des Verfahrens oder mit einem Freispruch.

Journalistin: Das heißt: Im Durchschnitt werden in Deutschland jedes Jahr etwa 800 000 Angeklagte rechtskräftig verurteilt. Müssen die alle in das Gefängnis?
Prof. Wacker: Nein. Die meisten davon erhalten eine Geldstrafe oder Auflagen nach dem Jugendstrafrecht. Gegen etwa jeden sechsten erwachsenen Straftäter wird jedoch eine Freiheitsstrafe verhängt – jährlich etwa 120 000 bis 130 000 Personen.

Journalistin: Und welchen Zweck verfolgt die Bestrafung?
Prof. Wacker: Viele denken, der Zweck einer Strafe sei die Vergeltung. Vereinfacht gesagt: Weil der Täter anderen Leid zugefügt hat, soll ihm nun auch Leid zugefügt werden. Aber dieser Vergeltungsgedanke spielt heute nur noch eine untergeordnete Rolle.

Journalistin: Und welcher Strafzweck steht heute im Vordergrund?
Prof. Wacker: Strafe soll vor allem eine Wiederholung der Tat verhindern. Strafe soll vorbeugend, also präventiv, wirken. Prävention ist der zentrale Zweck der Strafe, wobei man zwischen Spezialprävention und Generalprävention unterscheidet.

Journalistin: Oh – das klingt kompliziert.
Prof. Wacker: Nun ja, eigentlich ist es nicht schwierig. Mit Spezialprävention mein man, dass durch die Strafe auf den Täter eingewirkt werden soll. Er soll von weiteren Straftaten abgeschreckt und die Allgemeinheit vor ihm durch seine Inhaftierung geschützt werden. Vor allem aber soll der Vollzug der Strafe der Resozialisierung des Täters dienen, also seiner Wiedereingliederung in die Gesellschaft.

Journalistin: Und was ist mit Generalprävention gemeint?
Prof. Wacker: Da geht es um die Allgemeinheit. Durch die Bestrafung soll demonstriert werden, dass sich Straftaten nicht lohnen und mögliche Nachahmer abgeschreckt werden. Gleichzeitig soll das Vertrauen der Allgemeinheit in das Funktionieren der Rechtsordnung gestärkt werden.

1 Fasse zusammen, was die Zahlen über Straftaten verdeutlichen.
2 Beschreibe Zwecke von Strafe.
3 Erkläre den Zusammenhang, aber auch den Unterschied zwischen Vergeltung und Prävention.
4 Begründe die Unterscheidung von „Spezialprävention" und „Generalprävention".

Das Symbol des Handschlags ist seit Jahrhunderten ein Ausdruck von Einigkeit und gegenseitiger Achtung. Seit einigen Jahren geht man neue Wege in der Bekämpfung der Jugendkriminalität. Um den Jugendlichen eine gerichtliche Verurteilung zu ersparen, wird versucht, eine Schlichtung und eine eventuelle Wiedergutmachung zu erreichen. Bei diesem Verfahren, dem Täter-Opfer-Ausgleich, wird die Einigung durch einen symbolischen Handschlag bekräftigt.

Täter-Opfer-Ausgleich

Der Täter-Opfer-Ausgleich (TOA) ist die Anwendung von Mediation im Bereich des Strafrechts. Er ermöglicht nach einer Straftat eine faire Lösung außerhalb des Gerichtssaals und berücksichtigt sowohl die Interessen, Anliegen und Erwartungen des Opfers (materielle und/oder ideelle Schadenswiedergutmachung) als auch des Beschuldigten (Vermeidung eines Verfahrens bzw. einer Verurteilung und Vorstrafe). Unter professioneller Anleitung durch einen unparteiischen Dritten („Konfliktregler“) werden Konfliktlösungen zwischen Täter/Beschuldigtem und Opfer/Geschädigtem entwickelt. (...) Der Täter-Opfer-Ausgleich ist in jeder Phase des Ermittlungs- oder Strafverfahrens möglich. Der Auftrag für einen Täter-Opfer-Ausgleich muss von der Staatsanwaltschaft oder vom Gericht erteilt werden.

- Der Täter-Opfer-Ausgleich hat das Ziel, einen Ausgleich zwischen Beschuldigtem und Opfer herzustellen.
- Gemeinsam mit einem neutralen Konfliktregler soll eine faire und für alle Beteiligten tragfähige Konfliktlösung außerhalb des Gerichts gefunden werden.
- Um das Ausgleichsgespräch vorzubereiten, führt der Konfliktregler Gespräche mit allen Beteiligten (Opfern und Beschuldigten).
- Die Einigung und die Ausgleichsvereinbarungen zwischen dem Opfer und dem Beschuldigten werden schriftlich festgehalten.
- Konfliktregler berichten dem Staatsanwalt oder dem Richter über die Ausgleichsvereinbarungen und deren Erfüllung.
- In jedem Verfahrensstadium kann das Verfahren eingestellt werden beziehungsweise kann das Gericht die Strafe mildern oder von Strafe absehen.
- Bleibt der Täter-Opfer-Ausgleich erfolglos, entscheidet die Staatsanwaltschaft oder das Gericht über die Fortführung des Strafverfahrens.
- Die Teilnahme am Täter-Opfer-Ausgleich ist für alle Beteiligten freiwillig.

(... Es) wurden im Jahr 2014 etwa 1 800 Fälle von erwachsenen Beschuldigten, für die das allgemeine Strafrecht zur Anwendung kommt, einem Täter-Opfer-Ausgleich zugewiesen: Das ist, obgleich sich seit 2007 ein deutlicher Auftragsanstieg in Baden-Württemberg verzeichnen lässt (2007: ca. 470 Aufträge; 2014: ca. 1 800 Aufträge), im internationalen Vergleich eher bescheiden. Umso mehr ist NEUSTART daran interessiert, die Anzahl der für den Täter-Opfer-Ausgleich geeigneten Verfahren kontinuierlich zu steigern.

(Quelle: www.neustart.org/de/de/unsere_angebote/taeter-opfer-ausgleich.php; Zugriff: 28. 10. 2015)

Mediation
Ein freiwilliges Verfahren zur Beilegung eines Konfliktes, bei dem ein unabhängiger Mediator die Konfliktparteien betreut. Dieser trifft keine Entscheidungen; er ist ist lediglich für das Verfahren verantwortlich.

NEUSTART
Das Land Baden-Württemberg hat die NEUSTART gemeinnützige GmbH mit der Durchführung der Bewährungshilfe, Gerichtshilfe und des Täter-Opfer-Ausgleichs betraut.

Das ist ja das Letzte! Da wird mir der Geldbeutel gestohlen – und dann soll hinterher durch einen Händedruck alles erledigt sein? Wer mir etwas antut, der soll hart bestraft werden – mit dem will ich keine freundlichen Worte wechseln!

Oft beginnen kriminelle Karrieren mit einer kleinen Tat. Dann ist man vorbestraft, findet sich später nicht mehr zurecht, begeht die nächste Tat. Durch den Täter-Opfer-Ausgleich kann ein solcher Kreislauf verhindert werden.

Seinem Opfer in die Augen schauen, mit ihm sprechen, sich zu entschuldigen – das ist doch gerade für Jugendliche eine härtere Strafe als nur ein, zwei Tage bequem im Jugendarrest zu verbringen. Und wenn man dann der alten Oma, der man die Handtasche geklaut hat, im Haushalt oder bei der Gartenarbeit hilft und sie persönlich kennenlernt, dann schämt man sich wirklich für seine Untat.

Ich habe Zweifel, ob Rechtsbrecher durch ein Gespräch mit dem Opfer wirklich gebessert werden können. Beim Ausgleichsgespräch gibt sich der Täter nach außen zerknirscht, innerlich grinst er aber über die lasche Gesellschaft. Und fünf Tage später ist der nächste Diebstahl fällig.

1 Beschreibe den Grundgedanken des Täter-Opfer-Ausgleichs.
2 Erkläre wie ein Täter-Opfer-Ausgleich abläuft.
3 Erläutere, worin die Vorzüge eines Täter-Opfer-Ausgleichs liegen können.
4 Führt auf der Grundlage der vier Meinungsäußerungen eine Pro-und-Kontra-Diskussion durch.

Wird eine Straftat aufgedeckt, erfolgt eine Anzeige. Die Staatsanwaltschaft ermittelt dann den Sachverhalt. Ist der Tatverdächtige jünger als 21 Jahre, dann wird der Fall von einem besonders geschulten Staatsanwalt – dem Jugendstaatsanwalt – bearbeitet. Im Auftrag der Staatsanwaltschaft untersucht die Polizei die Umstände der Tat, befragt Zeugen oder vernimmt den Beschuldigten. Bei Jugendlichen wird die Jugendgerichtshilfe, z. B. ein Sozialarbeiter des Jugendamtes, eingeschaltet. Er berichtet über die Persönlichkeit des Jugendlichen, seine Entwicklung und seine Lebensumstände.

Sind die Ermittlungen abgeschlossen, dann entscheidet der Jugendstaatsanwalt, ob eine Einstellung des Verfahrens, z. B. wegen Geringfügigkeit, möglich ist oder ob er Anklage erheben muss. In leichteren Fällen kann der Jugendstaatsanwalt dem Jugendgericht vorschlagen, auf eine Verhandlung zu verzichten und dafür bestimmte Erziehungsmaßnahmen anzuordnen. Kommt es zur Anklage, wird eine Jugendgerichtsverhandlung durchgeführt. Es hängt von der Schwere der Straftat ab, ob beim Amtsgericht der Jugendrichter als Einzelrichter oder das Jugendschöffengericht (ein Berufsrichter und zwei Schöffen) zuständig ist. Für besonders schwere Strafen ist beim Landgericht die Jugendkammer (drei Berufsrichter, zwei Schöffen) zuständig. Schöffen sind ehrenamtliche Richter, wobei Jugendschöffen in der Erziehung besonders erfahren sein sollten.

Während einer Gerichtsverhandlung

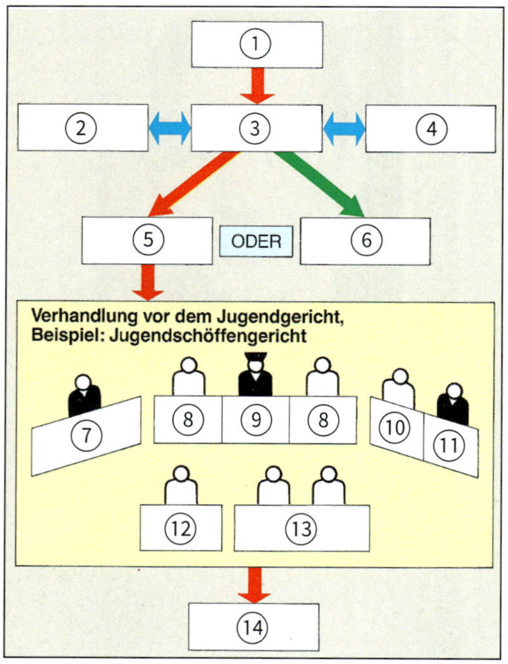

Die Anklage wird vom Jugendstaatsanwalt erhoben. Ein jugendlicher Angeklagter kann sich von einem Rechtsanwalt verteidigen lassen. Bei der Verhandlung ist ein Vertreter der Jugendgerichtshilfe anwesend, der über die persönliche Entwicklung des Angeklagten berichtet oder zu Maßnahmen des Gerichts Stellung nimmt. Die Erziehungsberechtigten des Angeklagten dürfen und sollen an der Verhandlung teilnehmen. Sonst jedoch ist eine Verhandlung gegen Jugendliche nicht öffentlich.

Die Verhandlung endet mit dem Urteil. Entweder wird der jugendliche Angeklagte freigesprochen oder es wird eine Maßnahme des Jugendstrafrechts auf ihn angewendet.

1 Ordne die im Text gelb unterlegten Wörter so in die Grafik ein, dass der Ablauf eines Strafverfahrens gegen Jugendliche deutlich wird. Benutze dazu entweder das Arbeitsblatt oder notiere zu den Kreisziffern (1) bis (14) jeweils den passenden Begriff.

2 Beschreibe, worin sich ein Strafverfahren gegen Jugendliche von einem Prozess gegen Erwachsene unterscheidet. Warum gibt es wohl Unterschiede?

Interview mit einer Jugendrichterin

Wenn Sie ein Urteil fällen müssen, woran denken Sie dann?

Als Richterin überlegt man sich natürlich ein Urteil sehr gründlich, gerade wenn es um einen jugendlichen Straftäter geht. Man muss das Vorleben des Täters berücksichtigen und die Umstände, unter denen die Tat zustande kam. Und man muss bei der Festlegung des Urteils überlegen, wie sich die Strafe auf diesen Täter auswirken wird.

Was soll ein Urteil eigentlich bewirken?

Durch das Urteil soll einerseits eine Sühne des begangenen Unrechts erfolgen, damit die Gesellschaft insgesamt das Gefühl haben kann, dass eine Straftat nicht ohne Folgen für den Täter bleibt. Andererseits soll eine Abschreckung möglicher künftiger Täter erreicht werden. Schließlich, und dies ist besonders wichtig, soll der Täter die Möglichkeit haben, sich in die Gesellschaft irgendwann wieder einzuordnen, sodass von ihm künftig keine Straftaten mehr verübt werden.

Sühne, Abschreckung, Resozialisierung – was davon steht bei der Bestrafung von Jugendlichen im Vordergrund?

Dazu muss ich sagen, dass der Gesichtspunkt der Abschreckung anderer nach dem klaren Willen des Gesetzgebers im Jugendstrafrecht keine Berücksichtigung finden darf. Hier steht der Täter im Vordergrund. Dies ergibt sich aus der Erkenntnis, dass ein nicht unerheblicher Teil der Straftaten von Jugendlichen und Heranwachsenden mit der Persönlichkeitsentwicklung dieser jungen Menschen zu tun hat. Deshalb muss hier sorgfältig überlegt werden, durch welche Maßnahmen man eine positive Entwicklung des jungen Straftäters fördern kann. Bei der Jugendstrafe steht daher der Erziehungszweck im Vordergrund.

Webcode
SDL-11157-607
Arbeitsblatt:
Sanktionen nach dem Jugendstrafrecht

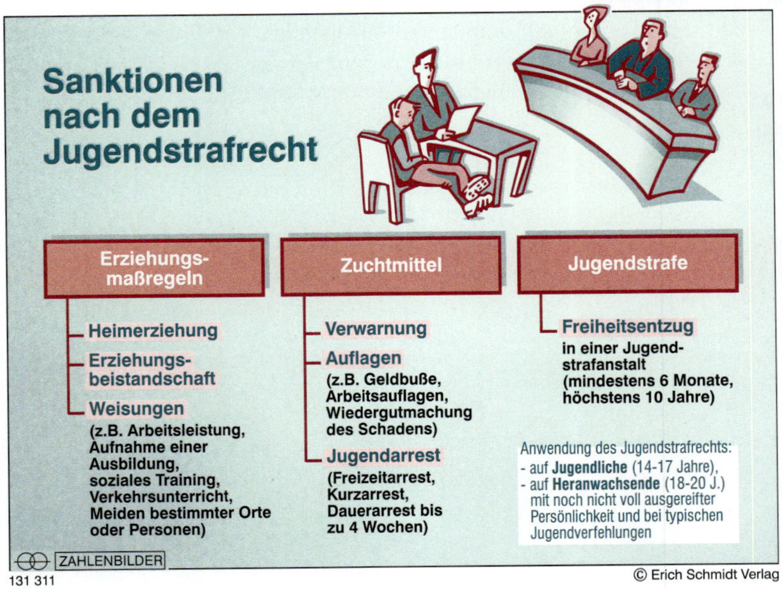

Erziehungsbeistandschaft Maßnahme der Jugendhilfe zur Unterstützung von Eltern, die mit der Erziehung ihrer Kinder nicht mehr allein zurechtkommen

Freizeitarrest Form des Jugendarrestes, die sich auf die Freizeit des Jugendlichen erstreckt, in der Regel das Wochenende

1 Bei der Bestrafung Jugendlicher steht der Erziehungszweck im Vordergrund. Erläutere.

2 Erkläre, warum ein Jugendrichter oder eine Jugendrichterin vielfältige Möglichkeiten hat, auf die Verfehlung eines Jugendlichen zu reagieren.

3 Das Jugendstrafrecht kann auch auf Heranwachsende angewendet werden. Was spricht für diese Möglichkeit, was spricht dagegen?

Bundesverfassungsgericht
oberstes Gericht in Deutschland mit Sitz in Karlsruhe

Petition
schriftlich formulierte Bitte oder Beschwerde an eine staatliche Stelle

Aus einem Interview mit einem Richter am Bundesverfassungsgericht (BVG):

Sie urteilen aber auch manchmal gegen den offensichtlichen Willen der Mehrheit?

Nur weil über unseren Urteilen „Im Namen des Volkes" steht, müssen wir nicht der aktuellen Mehrheitsmeinung des Volkes entsprechen. Wir müssen vielmehr nach bestem Wissen und Gewissen der Verfassung des Volkes, dem Grundgesetz, entsprechen. Das ist der einzige Maßstab, den wir haben. Schutz von Grundrechten ist im Wesentlichen Schutz von Minderheiten. Die Mehrheit setzt sich – zugespitzt gesagt – zumeist auch ohne Grundrechtsschutz durch.

(Quelle: PZ EXTRA / Dez. 1998, S. 20. Hg.: BpB, Bonn. Auszug aus einem PZ-Gespräch mit Bertold Sommer, Richter am Bundesverfassungsgericht. Das Gespräch führte Sandra Daßler.)

Unabhängige Richter

Mit einem Gesetz, das den Richter vom Staatsbeamten abgrenzt, wird die Selbstständigkeit der dritten Gewalt garantiert.

Der Richter ist sachlich frei. Nur er leitet ein Gerichtsverfahren, nur er entscheidet. Keine Weisung kann ihn beeinflussen, kein Vorgesetzter beirren. **(1)** Renate Knauer, Richterin am Amtsgericht Duderstadt, nennt ein Beispiel aus der Praxis: Ein Fahrverbot in einer Bußgeldsache hatte allein sie zu entscheiden. Da half auch eine Petition an den Landtag nichts. **(2)**

Der Richter ist persönlich unabhängig. Er kann nicht ohne Zustimmung versetzt werden. **(3)** Kein Minister hat eine Chance gegen einen missliebigen Richter.

Doch die Unabhängigkeit, so erklärt der Göttinger Landgerichtspräsident Peter Götz von Olenhusen, ist kein Privileg. Sie schützt vielmehr den Rechtsuchenden vor dem Eingriff des Staates. An welchen Richter jemand gerät, wird nicht willkürlich bestimmt. In den Göttinger Strafverfahren zum Beispiel entscheidet ein Nummernprinzip nach Eingang der Fälle über die Zuständigkeiten. **(4)**

Auch wenn im deutschen Strafverfahren das Prinzip mündlicher Verhandlung herrscht, muss jeder Richter die Akten kennen. Für das Urteil nutzen darf er aber nur, was mündlich eingeführt wurde. Zugleich hat er die Pflicht, alles zu erforschen, was zulasten oder zugunsten des Angeklagten spricht. **(5)**

Richter sind zur Neutralität und Unvoreingenommenheit verpflichtet. Schon die Besorgnis der Befangenheit – nicht der Nachweis – reicht, einen Richter im Prozess abzulehnen. Privat gilt für ihn wie für Beamte das Mäßigungsgebot für politische Äußerungen.

Jürgen Gückel

(Textmarkierungen und Zuordnungsziffern wurden von der Redaktion eingefügt, in der Originalquelle sind diese nicht enthalten.)

Quelle: PZ Nr. 96 / Dez. 1998, S. 11. Hg.: BpB, Bonn)

Verfassungsrichter in Karlsruhe

Weitere Grundsätze unseres Rechtsstaates

A ....
bedeutet, dass sich Regierung und Verwaltung mit ihren Maßnahmen streng an die Grundrechte und das geltende Recht halten müssen.

B ....
bedeutet, dass die Gesetze für alle gelten und ohne Ansehen der Person auf alle gleich angewandt werden.

C ....
bedeutet, dass die gesetzgebende Gewalt (Parlament), die vollziehende Gewalt (Regierung) und die Rechtsprechung voneinander unabhängig sind und sich gegenseitig kontrollieren.

D ....
bedeutet, dass die Rechtsvorschriften vorher bekannt sein müssen, damit sie eingehalten werden können. Deshalb darf niemand für eine Tat bestraft werden, die vorher nicht verboten war.

E ....
bedeutet, dass die Bürger einen Anspruch haben, sich an Gerichte zu wenden, wenn sie sich ungerecht behandelt fühlen.

F ....
bedeutet, dass die Bürger vor übermäßigen Eingriffen des Staates in ihre Grundrechte geschützt werden müssen.

G ....
bedeutet, dass der Gesetzgeber ein Grundrecht durch Gesetz einschränken darf.

Fall 1 Das Grundgesetz soll so geändert werden, dass Gesetze, die vom Bundestag mit Zweidrittelmehrheit beschlossen wurden, nicht mehr vom Bundesverfassungsgericht daraufhin überprüft werden können, ob sie den Grundrechten entsprechen.

Fall 2 Obwohl das Grundrecht auf freie Berufswahl besteht, will das zuständige Ministerium den Zugang zu einigen Berufen für Frauen verbieten.

Fall 3 Ein Schüler ist der Meinung, das Abschlusszeugnis sei ihm zu Unrecht – weil einige Lehrer ihn nicht mochten – verweigert worden. Die Eltern erhalten von der Schulbehörde die Auskunft, sie könnten nichts dagegen unternehmen.

Fall 4 Ein bekannter und beliebter Filmstar hat in seiner Steuererklärung offensichtlich falsche Angaben gemacht. Das Finanzamt behandelt ihn wegen seiner Beliebtheit großzügig.

Fall 5 Nachdem einige aufsehenerregende tödliche Unfälle wegen starker Überschreitung der Geschwindigkeit passiert sind, sollen die Rechtsvorschriften zum Führerscheinentzug verschärft und auf Schuldige in den geschehenen Fällen angewendet werden.

Fall 6 Der Bundestag beschließt ein Gesetz, das die Telefonüberwachung von Terrorverdächtigen erlaubt.

Fall 7 Durch den Polizeieinsatz bei einer Demonstration gegen neue Windkraftanlagen gab es viele Verletzte.

Gesetzesvorbehalt

Rechtsgleichheit

Rechtsschutz

Rechtssicherheit

Gewaltenteilung

Rechtsbindung

Verhältnismäßigkeit

Parlament
Bezeichnung für die Vertretung des Volkes in demokratischen Staaten. Die wichtigsten Aufgaben des Parlaments sind die Gesetzgebung und die Kontrolle der Regierung.

1 In dem Text „Unabhängige Richter“ sind fünf Sätze markiert, die für die Arbeit von Richtern wichtig sind. Warum? Begründe.
2 Arbeite heraus, worin der Kern der Aussage des Verfassungsrichters besteht.
3 Die richterliche Unabhängigkeit ist ein wichtiger Grundsatz des Rechtsstaates. Begründe.
4 Ordne die sieben weiteren Grundsätze unseres Rechtsstaates den Texten A bis G zu.
5 Begründe, gegen welche Grundsätze in den Fallbeispielen 1-7 verstoßen wird.

Norm
Richtschnur, Vorschrift

Menschen leben in Gemeinschaften zusammen. Dazu ist es erforderlich, dass Vorschriften und Verabredungen das Verhalten der Menschen regeln. Verhaltensregeln können sich aus überlieferten Lebensgewohnheiten, Glaubens- und Moralvorstellungen ergeben. Die Einhaltung solcher sozialen Normen wird zwar erwartet, man ist dazu jedoch nicht verpflichtet. Anders ist es beim Recht. Damit sind Verhaltensvorschriften gemeint, deren Einhaltung für alle verbindlich vorgeschrieben ist. Die Rechtsvorschriften setzen den Rahmen für die Ordnung des Zusammenlebens. Alle Menschen eines Landes sind dieser Rechtsordnung unterworfen.

Aufgaben des Rechts

A **Das Recht sichert den Frieden**
In einer Gesellschaft gibt es unterschiedliche Interessen, die unausweichlich zu Konflikten führen. Das Recht sorgt dafür, dass sie auf friedliche Weise in einem geregelten Verfahren ausgetragen werden.

B **Das Recht gewährleistet die Freiheit**
Das Recht gewährleistet die Freiheit des Einzelnen. In einer Gesellschaft, in der viele Menschen auf engem Raum zusammenleben, kann es aber keine uneingeschränkte Freiheit geben. Freiheit endet dort, wo das Recht des anderen beginnt.

C **Das Recht gestaltet die Gesellschaft**
In einem sozialen Rechtsstaat werden alle Bereiche des persönlichen, sozialen und wirtschaftlichen Lebens durch rechtliche Regelungen gestaltet. Gesetzliche Regelungen schützen die Schwächeren und sorgen für den Ausgleich sozialer Gegensätze.

D **Das Recht regelt die privaten Rechtsbeziehungen**
Das Recht schützt nicht nur Frieden und Freiheit, es stellt auch ein System von rechtlichen Regeln für Privatpersonen bereit. Innerhalb dieser für alle verbindlichen Regelungen handelt jeder Einzelne, wie er es für richtig hält.

Beispiele

1 Eine Journalistin darf in der Zeitung die Mächtigen kritisieren. Eine Zensur ist verboten.

2 Wenn ein Arbeitnehmer entlassen wird, hat er Anspruch auf Arbeitslosengeld.

3 Wer von einem anderen beleidigt wird, darf nicht einfach zuschlagen. Er muss Anzeige erstatten.

4 Wer will, kann durch ein Testament bestimmen, wie sein Vermögen auf die Erben aufgeteilt werden soll.

5 Gewaltverherrlichende Filme sind für Kinder und Jugendliche verboten.

6 Wer von einem anderen Geld zu bekommen hat, darf ihm nicht einfach etwas wegnehmen. Er muss sich an ein Gericht wenden.

7 Demonstranten dürfen ihre Meinung vertreten, auch wenn die Mehrheit der Bevölkerung anderer Ansicht ist.

8 Bei einer Ehescheidung wird die Unterhaltspflicht für die gemeinsamen Kinder geregelt.

Blane war ein Cowboy auf der Shiloh-Ranch. 6000 Rinder und so viel Land, dass man einen ganzen Tag brauchte, um von einem zum anderen Ende zu reiten. Zwischen dem Great River und den Torrey-Canyons gab es nichts anderes. Blane blickte in die untergehende Sonne. Ein freies Land, dachte er, mit freien Männern. (...)
Vor drei Tagen musste Blane einen Farmer erschießen. Komischer Vogel. Dachte, er könne sich mit ihm messen. Blane war immer noch schneller als alle anderen in der Gegend. Shiloh hatte den Sheriff hinausgeworfen, als er vorgestern auf die Ranch kam. Die Sache war doch klar, was wollte der denn noch. Blane sollte besoffen gewesen sein und den verdammten Typ provoziert haben. Der hätte sich gar nicht schießen wollen. Obwohl er einen Colt hatte. Wo kommen wir denn hin, wenn ich einem solchen Drecksack keine Kugel zwischen die Rippen feuern könnte? dachte Blane und gab seinem Pferd die Sporen. Ein Mann ist nur so viel wert wie sein Colt. Das ist hier im Westen das Gesetz. (...) V. Th.

(Quelle: Spiel mir das Lied vom Tod..., in: PZ Nr. 49 / Mai 1987, S. 20. Hg.: BpB, Bonn)

Webcode
SDL-11157-608
Arbeitsblatt:
Recht – früher und heute

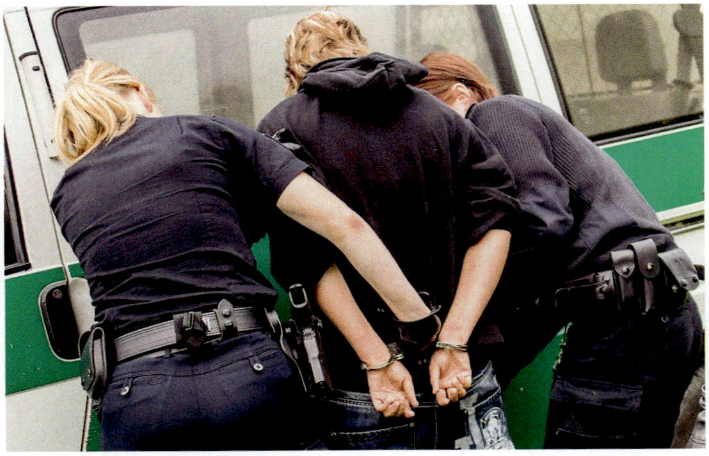

Polizistinnnen untersuchen eine Verdächtige.

Der Staat ist verpflichtet, die Geltung des Rechts notfalls mit Gewalt zu erzwingen. Dafür hat er besondere Einrichtungen, z. B. die Gerichte, Polizei. Nur der Staat ist berechtigt, Gewalt auszuüben. Dieses staatliche Gewaltmonopol verhindert eine Herrschaft der Stärkeren und sichert so die Freiheit und das friedliche Zusammenleben der Bürger.

Monopol
Vorrecht, alleiniger Anspruch

1 Zu jeder Aufgabe des Rechts gehören zwei Beispiele. Ordne zu, indem du zur jeweiligen Überschrift die Nummern der beiden Beispiele notierst.
2 Erläutere das grundsätzliche Problem, das sich im Beispiel „Shiloh-Ranch" zeigt.
3 Begründe, warum der Staat das „Gewaltmonopol" besitzen muss.
4 „Jeder Mensch weiß doch, was richtig und was falsch ist. Wenn sich alle danach verhalten, braucht man keine Rechtsvorschriften!" – Widerlege diese Behauptung.

Öffentliches Recht – Privatrecht

Die gesamte deutsche Rechtsordnung ist in zwei Bereiche aufgeteilt: das öffentliche Recht und das Privatrecht. Das öffentliche Recht regelt die rechtlichen Beziehungen des Einzelnen zum Staat, den Gemeinden und anderen Hoheitsträgern. Gleichzeitig regelt das öffentliche Recht die Beziehungen der öffentlichen Gewalten untereinander, zum Beispiel zwischen Bund und Ländern. Dazu gehört der Aufbau und die Organisation des Staates, z.B. die Gliederung der Bundesrepublik Deutschland in Länder, das Verhältnis der Staatsorgane untereinander, die Gesetzgebung usw. Das öffentliche Recht umfasst ferner das allgemeine Verwaltungsrecht mit Fachgebieten wie dem Polizeirecht, dem Baurecht usw.

Das Prinzip des öffentlichen Rechts ist die Über- und Unterordnung. Das gilt sowohl für die staatlichen Behörden untereinander wie im Verhältnis zwischen dem Staat und seinen Bürgern. Die Höhe des Bußgeldbescheids bei Verletzung der Straßenverkehrsordnung bei einer Trunkenheitsfahrt ist damit keine Verhandlungssache, sondern im Ordnungswidrigkeitenrecht gesetzlich geregelt.

Kern des Privatrechts, auch Zivilrecht genannt, sind die Rechtsverhältnisse zwischen Privatpersonen. Dabei wird von der Privatautonomie ausgegangen, d.h. von der Freiheit der Einzelnen, die eigenverantwortlich die Rechtsbeziehungen untereinander auf gleicher Augenhöhe gestalten und Interessenkonflikte entsprechend bereinigen. Das Wesen des Privatrechts ist die Gleichrangigkeit der Beteiligten. So können beispielsweise bei Verhandlungen mit dem Ziel des Abschlusses eines Kaufvertrags über ein gebrauchtes Auto weder Käufer noch Verkäufer gezwungen werden, einen bestimmten Preis zu akzeptieren. Das Privatrecht geht davon aus, dass mündige Bürger ihre Angelegenheiten weitgehend selbstständig regeln können – innerhalb eines vom Staat gesetzten Rahmens. Die Rechtsverhältnisse zwischen Privatpersonen sind z.B. im Bürgerlichen Gesetzbuch geregelt, diejenigen zwischen Privatunternehmen beispielsweise im Handelsgesetzbuch. Einige Rechtsgebiete lassen eine strenge Trennung zwischen öffentlichem Recht und Privatrecht nicht zu. So sind etwa im Arbeitsrecht und im Wirtschaftsrecht Elemente aus beiden Bereichen enthalten.

Webcode
SDL-11157-609
Arbeitsblatt:
Das Bürgerliche Gesetzbuch

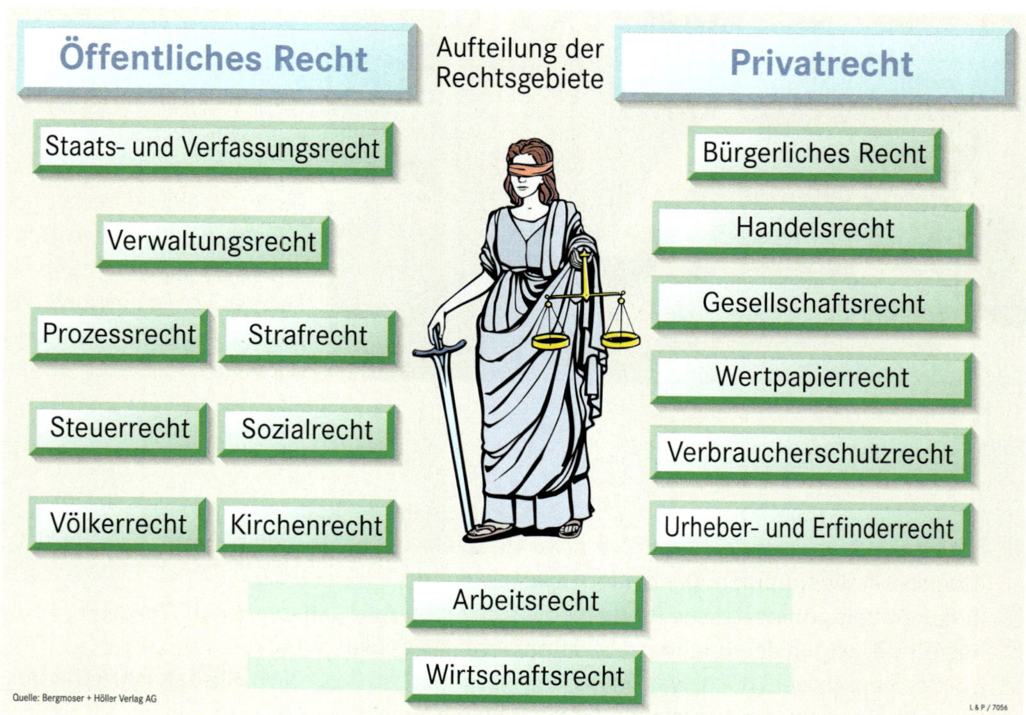

Schuldrecht **Baurecht** **Polizeirecht**

Familienrecht **Erbrecht** **Verkehrsrecht**

Beamtenrecht **Delikts- und Schadensrecht**

1 *Ich habe Ärger mit dem Finanzamt. Meiner Meinung nach haben die mir zu viel abgezogen.*

2 *Es geht doch nicht, dass die Firma Wegener Busreisen zu Sonderpreisen anbietet, bei der Bezahlung dann aber vorher nicht genannte Zuschläge berechnet.*

3 *Ich muss im Auftrag der Gemeinde klären, ob wir in der Hauptstraße Tempo 30 vorschreiben dürfen.*

4 *Nie hätte ich gedacht, dass ich mich nach dem Tod unserer Eltern mit meiner Schwester streiten muss, wer den Garten bekommt.*

5 *Als Verteidiger von Herrn Schuster habe ich Zweifel, ob er wegen des Einbruchs noch einmal glimpflich davonkommt.*

6 *Seit der Scheidung streite ich mich mit meinem Exmann, wie oft er die Kinder sehen darf.*

7 *Der Reno-Verlag hat den Reisebericht, den ich vor Jahren geschrieben habe, jetzt in einem anderen Buch erneut veröffentlicht – ohne mich zu fragen!*

8 *Warum will mir die Gemeinde nicht erlauben, meine zweite Garage direkt an die Grenze zum Nachbargrundstück zu bauen? Das lasse ich mir nicht bieten!*

1 Beschreibe, was das öffentliche Recht vom Privatrecht unterscheidet.

2 In den Kästen sind vier Rechtsgebiete genannt, die zum Verwaltungsrecht (öffentliches Recht) gehören, und vier, die zum bürgerlichen Recht (Privatrecht) gehören. Ordne zu.

3 In den Aussagen werden Rechtsgebiete angesprochen, die entweder zum öffentlichen Recht oder zum Privatrecht gehören. Ordne zu und begründe.

1
Jugendkammer
zuständig wie Schwurgericht bei Jugendlichen und Heranwachsenden; Berufungsinstanz gegen Urteile des Jugendrichters und Jugendschöffengerichts

2
Zivilkammer
1. Instanz bei einem Streitwert über 5000 €; Berufungsinstanz gegen Urteile des Einzelrichters

3
Familienrichter
1. Instanz bei Ehescheidungen und daraus folgenden Streitfällen

4
Strafsenat
Revisionsinstanz für Landgerichte und Urteile des Oberlandesgerichts bei Hoch- und Landesverrat

5
Zivilsenat
Berufungsgericht gegen Urteile der Landgerichte und des Familienrichters am Amtsgericht

6
Schöffengericht
1. Instanz für Vergehen und Verbrechen (Straferwartung bis zu 3 Jahre)

7
Strafsenat
Revisionsinstanz für Amtsgerichte

8
Kleine Strafkammer
Berufungsinstanz gegen Urteile des Einzelrichters am Amtsgericht

Bundesgerichtshof

A	B

Oberlandesgericht

	C	D
Strafsenat 1. Instanz für Hoch- und Landesverrat		

Landgericht

E	Schwurgericht 1. Instanz bei besonders schweren Verbrechen wie Mord, Totschlag, Brandstiftung	F
G	H	Kammer für Handelssachen 1. Instanz z.B. bei Streitigkeiten zwischen Kaufleuten (Streitwert über 5000 €)

Amtsgericht

I	J	Einzelrichter 1. Instanz bei einem Streitwert bis 5000 €
K	Jugendrichter 1. Instanz für leichtere Verfehlungen von Jugendlichen und Heranwachsenden (Straferwartung bis zu einem Jahr)	L

Strafsachen | **Zivilsachen**

Berufsrichter   ehrenamtlicher Richter (Schöffe)

9

Große Strafkammer

1. Instanz für Verbrechen (Straferwartung über 3 Jahre); Berufungsinstanz gegen Urteile des Schöffengerichts

10

Jugendschöffengericht

1. Instanz für schwere Verfehlungen von Jugendlichen und Heranwachsenden

11

Zivilsenat

Revisionsinstanz für Berufungsurteile des Oberlandesgerichts (Streitwert über 30.000 € bzw. grundsätzliche Bedeutung)

12

Einzelrichter

1. Instanz für Ordnungswidrigkeiten und leichtere Vergehen (Straferwartung bis zu einem Jahr)

Fall 1: Frau Schuster wurde wegen Diebstahls verurteilt, hat aber Berufung eingelegt.

Fall 2: Zwei 18-jährige Skinheads werden beschuldigt, einen Obdachlosen zu Tode geprügelt zu haben.

Fall 3: Der Geschäftsführer eines Betriebs verlangt von einem seiner Lieferanten Schadenersatz in Höhe von 15 000 € wegen verspäteter Lieferung.

Fall 4: Carola und Lars Wink sind geschieden und streiten sich über das Sorgerecht für ihren Sohn.

Eine gerichtliche Entscheidung in einem Rechtsstreit oder in einem Strafverfahren ist erst dann endgültig, wenn sie rechtskräftig geworden ist, wenn das Urteil also nicht durch eine Berufung oder Revision angefochten wird. Damit ist die Möglichkeit gemeint, ein Urteil von einem höheren Gericht nachprüfen zu lassen. Grundsätzlich kann diese Nachprüfung von der Staatsanwaltschaft wie auch von der Verteidigung verlangt werden.

Bei einer **Berufung** wird der Fall nochmals vollständig neu verhandelt. Bei der Verhandlung können neue Tatsachen und Beweismittel vorgelegt werden.

Bei einer **Revision** wird der Fall nicht neu verhandelt. Es wird nur noch nachgeprüft, ob die Regeln der Strafprozessordnung eingehalten und ob die Strafgesetze richtig angewendet wurden.

(Zeichnung: Fritz Wolf)

Instanz
Allgemein bezeichnet man mit Instanz eine für eine Entscheidung zuständige Stelle in einer Behörde. Im Gerichtswesen ist damit das jeweils höhere Gericht gemeint.

1 Ordne die zwölf Gerichte in die Übersicht ein. Benutze dazu das Arbeitsblatt oder notiere zum jeweiligen Buchstaben in der Übersicht die entsprechende Ziffer.

2 Erkläre, welches Gericht für welchen der vier beschriebenen Fälle zuständig ist.

3 Erläutere, warum die Möglichkeit der Berufung oder Revision wichtig ist.

4 Interpretiere die Karikatur.

Eine strafbare Handlung wird grundsätzlich vom Staat verfolgt. Die Polizei hat die Pflicht, alle Straftaten der Staatsanwaltschaft zu melden. Jeder, der von einer strafbaren Handlung erfährt, kann eine Strafanzeige erstatten.

Im **Vor- oder Ermittlungsverfahren** prüft die Staatsanwaltschaft, ob es sich wirklich um eine Straftat handelt und wer der mutmaßliche Täter ist. Zu diesen Ermittlungen beauftragt die Staatsanwaltschaft die Polizei. Während des Ermittlungsverfahrens kann die Staatsanwaltschaft beim Ermittlungsrichter beantragen, den Beschuldigten in Untersuchungshaft zu nehmen, z. B. bei Fluchtgefahr. Auch Maßnahmen wie z. B. die Durchsuchung der Wohnung, die Beschlagnahme von Gegenständen oder die Überwachung des Telefons müssen vom Richter genehmigt werden.

Die Staatsanwaltschaft ist verpflichtet, bei ihren Ermittlungen nicht nur belastende, sondern auch entlastende Gesichtspunkte zu berücksichtigen. Wenn der Verdacht begründet erscheint, erhebt die Staatsanwaltschaft beim zuständigen Gericht Anklage. Grundsätzlich kann nur die in der Anklageschrift beschriebene Tat später Gegenstand der Gerichtsverhandlung und des Urteils sein. Bei weniger gewichtigen Straftaten kann die Staatsanwaltschaft, statt Klage zu erheben, unter bestimmten Voraussetzungen einen Strafbefehl beantragen, den das Gericht dann ohne Hauptverhandlung erlässt. Die weitaus größte Zahl der Ermittlungsverfahren endet mit der Einstellung, z. B. wenn der Täter nicht ermittelt werden kann oder wenn sich kein hinreichender Tatverdacht ergeben hat. Das Verfahren kann auch eingestellt werden, wenn die Schuld des Täters gering ist und kein Interesse der Allgemeinheit an der Strafverfolgung besteht. Das zuständige Gericht muss damit jedoch einverstanden sein. Im **Zwischenverfahren** prüft das zuständige Gericht die Anklageschrift der Staatsanwaltschaft und entscheidet, ob ein hinreichender Verdacht auf eine strafbare Handlung vorliegt. Wenn nicht, lehnt das Gericht eine Verhandlung ab.

Ist jedoch mit Wahrscheinlichkeit eine Verurteilung zu erwarten, dann eröffnet das Gericht das sogenannte Hauptverfahren und setzt den Termin für die Hauptverhandlung fest.

Die Verhandlung im **Hauptverfahren** ist grundsätzlich öffentlich, allerdings können die Zuhörer in bestimmten Fällen ausgeschlossen werden. Die Verhandlung beginnt mit der Vernehmung des Angeklagten zur Person, dann verliest der Staatsanwalt die Anklage. Bevor der Richter den Angeklagten zu den Vorwürfen befragt, belehrt er ihn über sein Recht zur Aussageverweigerung. Wenn er will, kann der Angeklagte sich durch einen Rechtsanwalt verteidigen lassen. Wenn es um eine Straftat geht, die mit einer Freiheitsstrafe von mindestens einem Jahr geahndet wird, ist ein Verteidiger vorgeschrieben.

Die Beweisaufnahme ist ein wichtiger Teil der Hauptverhandlung. Oft werden Zeugen vernommen. Sie sind verpflichtet die Wahrheit zu sagen und müssen damit rechnen, dass sie ihre Aussage beschwören müssen. Wer bewusst eine falsche Aussage beschwört, macht sich wegen Meineid strafbar. Auch aus Nachlässigkeit falsch gemachte Zeugenaussagen werden bestraft. Zur

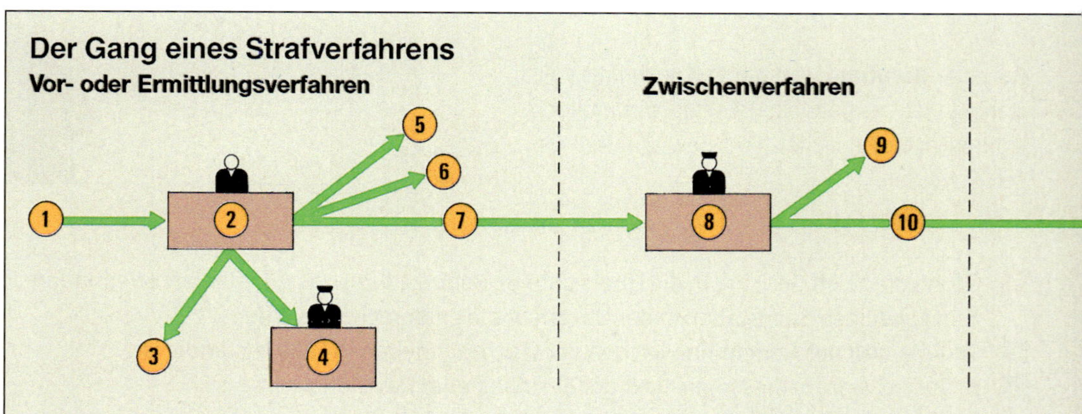

Strafvollzugsanstalt

Häftling in seiner Zelle

Beweisaufnahme können auch die Vernehmung von Sachverständigen oder die Besichtigung des Tatortes gehören.
Nach der Beweisaufnahme kommt zuerst der Staatsanwalt, dann der Verteidiger zu Wort. Beide tragen in ihren Schlussreden dem Gericht ihre Ansicht über den Fall vor und beantragen eine bestimmte Strafe oder Freispruch. Danach erhält der Angeklagte grundsätzlich noch einmal das Wort. Das Gericht zieht sich dann zur nichtöffentlichen Urteilsberatung zurück. Zum Schluss der Hauptverhandlung verkündet der Richter „Im Namen des Volkes" das Urteil und begründet es. Das Urteil kann entweder eine bestimmte Strafe aussprechen, auf Freispruch lauten oder die Einstellung des Verfahrens anordnen. Werden innerhalb einer Woche keine Rechtsmittel eingelegt, wird das Urteil also nicht angefochten, dann ist es rechtskräftig.

Schlussrede
Auch Plädoyer genannt. Am Ende einer Gerichtsverhandlung tragen Staatsanwalt und Verteidiger ihre Ansicht über den Fall vor und welches Urteil sie beantragen.

Rechtsmittel
eine gesetzlich vorgesehene Möglichkeit, ein noch nicht rechtskräftiges Urteil anzufechten

1 Notiere zu jeder Ziffer der Grafik einen der unterlegten Begriffe oder benutze das Arbeitsblatt.
2 Erkläre, warum es im Strafprozess ein Vor- oder Ermittlungsverfahren und ein Zwischenverfahren gibt.
3 Begründe: Warum muss jeder Schritt in einem Strafverfahren genau festgelegt sein?

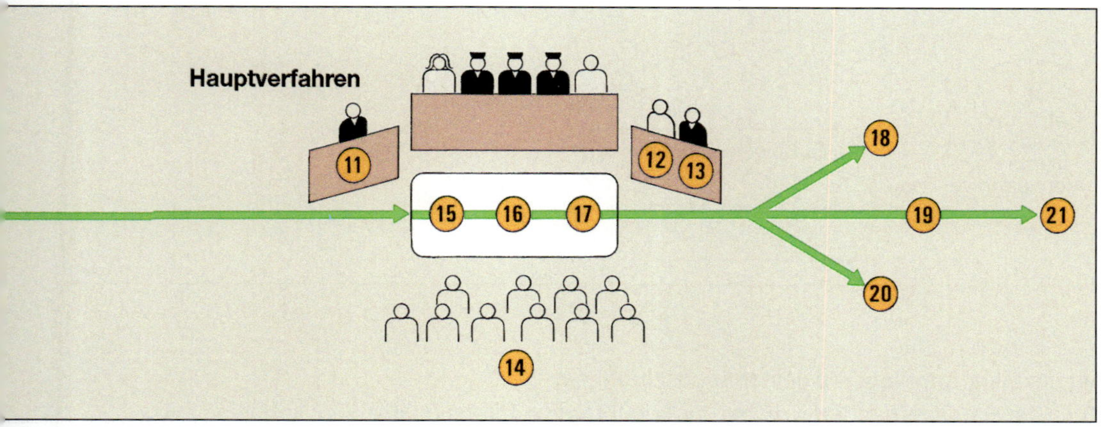

Thema: Gerichtsverhandlung

Verhandlungen gegen Jugendliche sind grundsätzlich nicht öffentlich. Schulklassen können den Ablauf eines Strafprozesses jedoch bei einer Verhandlung gegen einen Erwachsenen kennenlernen. Meist werden dazu in einem Amtsgericht Verhandlungen vor einem Einzelrichter oder vor einem Schöffengericht besucht. Ein Prozess kann mitunter lange dauern, sodass man nur einen Teil der Verhandlung beobachten kann. Dann sollte man später nachfragen, wie der Prozess ausgegangen ist. Eine Möglichkeit dazu besteht darin, den Richter zu einem Gespräch in den Unterricht einzuladen. Die Übersicht zeigt den Ablauf einer Hauptverhandlung. Er ist bei allen Verhandlungen gleich, also beim Einzelrichter ebenso wie beim Schöffengericht.

Fragen zum äußeren Ablauf

1. Vor welchem Gericht wird die Verhandlung durchgeführt?
2. Wie viele Personen sind am Prozess beteiligt?
3. Hat der Angeklagte einen Verteidiger?
4. Treten Zeugen auf? Werden sie vereidigt?
5. Gibt es Sachverständige?
6. Gibt es weitere Zuhörer?
7. Ist die Presse vertreten?
8. Beobachtungen zum äußeren Ablauf, z. B. Kleidung der Richter, Auftreten von Polizeibeamten …

Fragen zum verhandelten Fall

1. Was wird dem Angeklagten vom Staatsanwalt vorgeworfen?
2. Über welche Rechte wird er vom Richter belehrt?
3. Welche Beweismittel werden in der Beweisaufnahme vorgebracht?
4. Welche Meinung vertritt der Staatsanwalt in seinem Plädoyer, also seiner Schlussrede? Welchen Antrag stellt er?
5. Welche Meinung vertritt der Verteidiger in seiner Schlussrede? Welchen Antrag stellt er?
6. Wie lautet das Urteil?

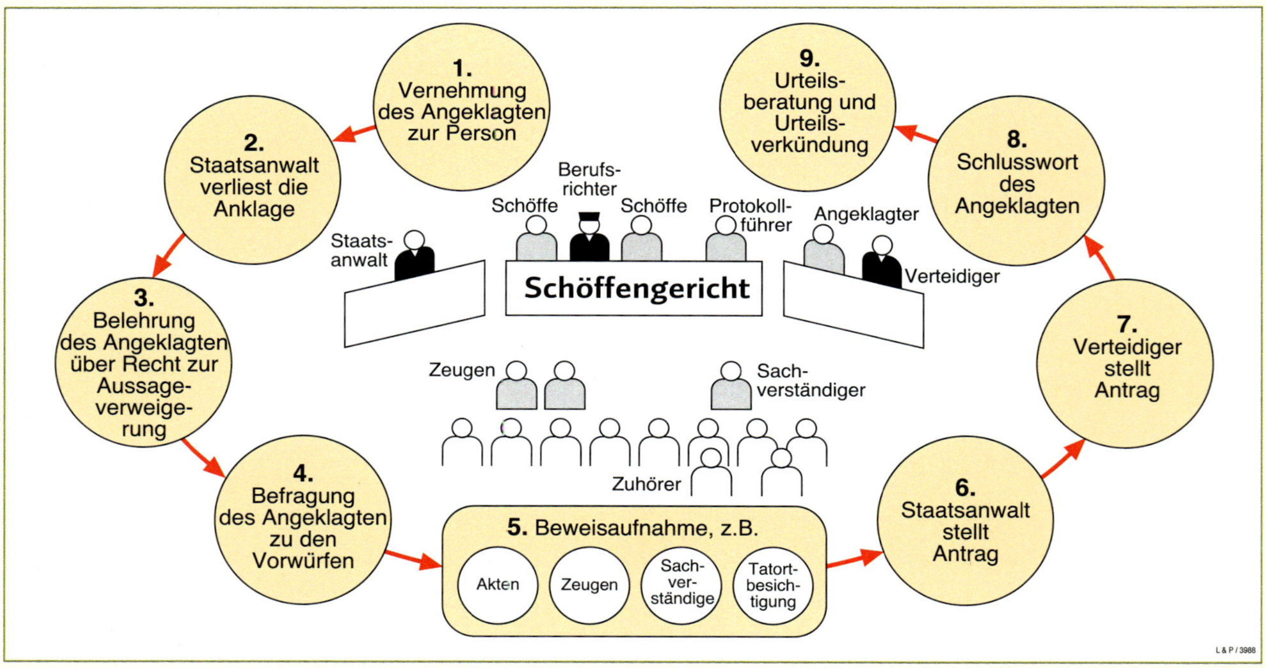

1 Verwende den Fragenkatalog zum Notieren deiner Beobachtungen.

2 Berichte, welche Teile der Hauptverhandlung du bei der Gerichtsverhandlung beobachten konntest.

Fallbeispiel: Diebstahl

A Die Staatsanwältin beauftragt die Polizei, in der Gaststätte „Krone“ Ermittlungen durchzuführen. Dabei erinnert sich Clara Weißgerber wieder an ihre Beobachtung und gibt den Polizeibeamten den Hinweis auf Sven Neumann.

B Clara Weißgerber, die 56-jährige Bedienung in der „Krone“, steht am Schanktisch und trocknet gespülte Gläser ab. Dabei fällt ihr Blick durch die offene Tür in den Gang zur Toilette und zum Nebenzimmer. In dem Gang hängt neben der Garderobe ein Spiegel. Im Spiegel sieht sie Sven Neumann, den sie als Stammgast gut kennt. Sie sieht, wie er eine Kamera vor seine Augen hebt. Komisch, denkt sie, was will der denn fotografieren? In diesem Augenblick ruft ein Gast seine Bestellung.

C Eine Richterin des Amtsgerichts erhält die Anklageschrift der Staatsanwältin zur Prüfung.

D In der Gaststätte „Krone“ findet am Abend im Nebenzimmer eine Geburtstagsfeier statt. Die Gäste haben ihre Mäntel und Jacken an die Garderobenhaken im Gang vor dem Nebenzimmer gehängt. Tanja Volz, eine 32-jährige Reiseverkehrskauffrau, hat ihren Mantel dort ebenfalls aufgehängt. In der linken Manteltasche steckt ihre neue kompakte Digitalkamera, für die sie erst vor Kurzem 349 Euro bezahlt hat.

E Die Staatsanwältin beantragt bei der zuständigen Ermittlungsrichterin eine Durchsuchung der Wohnung von Sven Neumann. Dabei finden die Polizeibeamten die Kamera von Frau Volz. Sven Neumann streitet den Diebstahl zunächst ab, gibt ihn dann aber doch zu.

F Da ein hinreichender Verdacht auf eine strafbare Handlung vorliegt, für die das Gesetz als Strafrahmen eine Freiheitsstrafe bis zu fünf Jahren vorsieht, eröffnet die die Anklageschrift prüfende Richterin das Hauptverfahren und setzt einen Termin für die Gerichtsverhandlung fest.

G Am Stammtisch in der „Krone“ sitzt an diesem Abend auch der 24-jährige Sven Neumann. Er hat schon einige Bier getrunken und muss auf die Toilette. Auf dem Rückweg streift er die im Gang aufgehängte Garderobe der Geburtstagsgäste. Er spürt in einem Mantel einen Gegenstand – die Digitalkamera von Tanja Volz. Neugierig geworden nimmt er sie aus der Manteltasche, betrachtet sie, hebt sie vor seine Augen. Eine solche Kamera will er schon lange haben! Er steckt sie in seine Tasche. Sven Neumann ist sich sicher, dass niemand seinen Diebstahl beobachtet hat.

H Die Anzeige wird an die zuständige Staatsanwaltschaft weitergeleitet und dort bearbeitet.

I Die Staatsanwältin erhebt beim zuständigen Amtsgericht Anklage gegen Sven Neumann wegen Diebstahls.

J In der Nacht auf dem Heimweg bemerkt Tanja Volz das Fehlen ihrer Digitalkamera. Da sie sicher ist, dass sie diese in der Manteltasche hatte, erstattet sie am nächsten Vormittag Anzeige bei der örtlichen Polizeidienststelle.

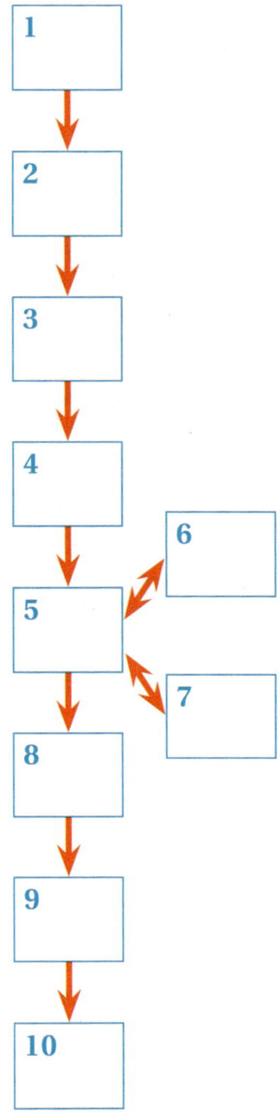

Die Hauptverhandlung zu diesem Fall könnt ihr als Rollenspiel durchführen. Die Informationen dazu findet ihr auf den nächsten Seiten.

1 Die zehn Beschreibungen zum Fall sind ungeordnet. Bringe in die richtige Reihenfolge. Benutze das Arbeitsblatt und notiere in jedes Kästchen den entsprechenden Buchstaben..

2 Schreibe zu jedem Kästchen ein passendes Stichwort.

3 Erläutere an diesem Beispiel: Zweck des Verfahrens, Prozessinitiative, Prozessparteien, Beweiserhebung.

Thema: **Gerichtsverhandlung**

Bei einem Rollenspiel übernimmt man eine Rolle und spielt das Verhalten einer anderen Person in einer vorgegebenen Situation. Eine Rollenspielerin oder ein Rollenspieler versetzt sich also in die Lage einer anderen Person und versucht, deren Interessen und Ansichten im Spiel zu verdeutlichen. Durch Rollenspiele können menschliche Verhaltensweisen dargestellt, beobachtet und besprochen werden.

Mit diesem Rollenspiel soll die Hauptverhandlung des auf Seite 191 beschriebenen Fallbeispieles eines Diebstahls dargestellt werden. Wie die Hauptverhandlung eines Strafprozesses abläuft, zeigt das Schema auf Seite 190.

Besprecht zunächst die Ausgangslage gemeinsam. Dann werden die Rollen auf Gruppen aufgeteilt. Jede Gruppe überlegt sich für ihre Rolle Argumente, Verhaltensweisen usw. Dann wählt die Gruppe eine Spielerin oder einen Spieler aus. Die anderen beobachten das Spiel und machen sich Notizen.

Im Zusammenhang mit diesem Rollenspiel sind die folgenden Bestimmungen aus dem Strafgesetzbuch von Bedeutung:

§ 242 Diebstahl

(1) Wer eine fremde bewegliche Sache einem anderen in der Absicht wegnimmt, die Sache sich oder einem Dritten rechtswidrig zuzueignen, wird mit Freiheitsstrafe bis zu fünf Jahren oder mit Geldstrafe bestraft.
(2) Der Versuch ist strafbar.

§ 56 Strafaussetzung

(1) Bei der Verurteilung zu Freiheitsstrafe von nicht mehr als einem Jahr setzt das Gericht die Vollstreckung der Strafe zur Bewährung aus, wenn zu erwarten ist, dass der Verurteilte sich schon die Verurteilung zur Warnung dienen lassen und künftig auch ohne die Einwirkung des Strafvollzugs keine Straftaten mehr begehen wird. Dabei sind namentlich die Persönlichkeit des Verurteilten, sein Vorleben, die Umstände seiner Tat, sein Verhalten nach der Tat, seine Lebensverhältnisse und die Wirkung zu berücksichtigen, die von der Auseinandersetzung für ihn zu erwarten sind.
(2) …

Rollenkarten

Rollenkarte: Angeklagter

Du bestreitest die Tat nicht, willst aber darauf hinweisen, dass das ein einmaliger „Ausrutscher“ war. Du hast die Tat nicht geplant, sondern bist durch die Umstände der Versuchung erlegen. Vielleicht hattest du an dem Abend der Tat zu viel Alkohol getrunken. Du findest es unverantwortlich, wenn andere ihre Wertgegenstände so einfach in Taschen stecken lassen. Da wird man ja geradezu zum Diebstahl verlockt.

Rollenkarte: Richterin
Rollenkarte: Schöffin/Schöffe

Ihr bildet zu dritt das Gericht, das am Ende der Gerichtsverhandlung nach einer Beratung das Urteil fällen muss. Vorher führt die Richterin als Vorsitzende die Verhandlung. Die Schöffen dürfen selbstverständlich auch Fragen stellen. Bei der Urteilsfindung seid ihr an den Strafrahmen des Gesetzes gebunden. Ihr müsst auch prüfen, ob eine Strafaussetzung zur Bewährung möglich und angebracht ist. Euer Urteil enthält das Strafmaß und eine Begründung, die eure Sichtweise zur Straftat und zum Täter zusammenfasst.

Rollenkarte: Staatsanwältin

Aufgrund der Ermittlungen der Polizei musstest du Anklage gegen Sven Neumann erheben. Als Anklägerin vertrittst du die Interessen der Allgemeinheit, die daran interessiert ist, strafbare Handlungen zu verhüten und die Rechtsordnung zu verteidigen. In der Verhandlung ist es deine Aufgabe, die Schuld des Angeklagten zu beweisen. Am Ende der Verhandlung stellst du einen Antrag, wie die Strafe lauten soll. Dabei musst du den gesetzlichen Strafrahmen berücksichtigen. Du musst auch überlegen, ob die Strafe möglicherweise zur Bewährung ausgesetzt werden kann.

Rollenkarte: Strafverteidiger

Du bist als Rechtsanwalt mit der Verteidigung des Angeklagten beauftragt. Die Staatsanwaltschaft hat dich über die Anklage informiert. Du hast die Möglichkeit, Fragen an Zeugen und den Angeklagten zu stellen. Du vertrittst die Interessen des Angeklagten und bist daher bestrebt, alles zur Sprache zu bringen, was günstig, entlastend für ihn sein könnte. Am Ende der Verhandlung fasst du deine Argumente zusammen und stellst einen Antrag. Der darf nicht unrealistisch sein und muss das Ergebnis der Verhandlung und den Strafrahmen des Gesetzes berücksichtigen.

Rollenkarte: Zeugin

Als Zeugin bist du verpflichtet, das zu berichten, was du wahrgenommen hast. Du darfst nichts hinzufügen und nichts weglassen. Da du mit dem Angeklagten nicht verwandt bist, hast du kein Recht auf Zeugnisverweigerung. Wenn sich herausstellt, dass du absichtlich eine falsche Aussage gemacht hast, wirst du bestraft.

1 Führt die Gerichtsverhandlung als Rollenspiel durch.

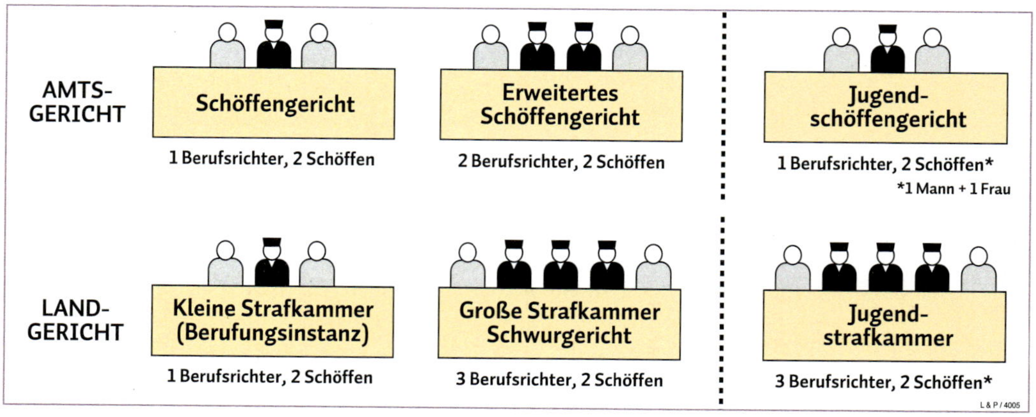

Aus dem „Leitfaden für Schöffen" in Baden-Württemberg

In der Strafgerichtsbarkeit nehmen am Verfahren nicht nur Richter teil, die durch juristische Vorbildung und durch Prüfungen die Befähigung zum Richteramt erworben haben (Berufsrichter), sondern auch Bürgerinnen und Bürger aus allen Schichten der Bevölkerung. Das deutsche Strafverfahrensrecht bezeichnet sie als „Schöffen". Das Gesetz unterscheidet dabei zwischen Hauptschöffen, Hilfsschöffen und Ergänzungsschöffen:

Zunächst sind ausschließlich die Hauptschöffen zur Mitwirkung im Strafverfahren berufen. Der Hilfsschöffe tritt dann an die Stelle des Hauptschöffen, wenn dieser (etwa wegen Krankheit) für eine Teilnahme an Sitzungen nicht zur Verfügung steht. Bei Verhandlungen, die sich über mehrere Wochen oder gar Monate erstrecken, kann die Hinzuziehung von Ergänzungsschöffen angeordnet werden, die dann neben den Hauptschöffen an der Verhandlung teilnehmen, aber nur im Falle von deren Verhinderung (etwa plötzlich auftretende Krankheit) an ihre Stelle treten. (…)

Das Amt des Schöffen ist ein „Ehrenamt". Der Schöffe erhält für seine richterliche Tätigkeit kein Entgelt; doch wird er für Zeitversäumnis, Aufwand und Fahrtkosten nach besonderer gesetzlicher Regelung entschädigt.

„Ehrenamt" heißt nicht, dass der Bürger nach dem Belieben irgendeiner Behörde als Schöffe herangezogen werden oder dieses Amt nach Gutdünken übernehmen oder ablehnen könnte. Vielmehr ist die Auswahl und Beiziehung der Schöffen gesetzlich im Einzelnen geregelt.

Nur Deutsche können Schöffen sein. Ausgeschlossen ist, wer infolge Richterspruchs die Fähigkeit zur Bekleidung öffentlicher Ämter nicht besitzt oder in ein Verfahren verstrickt ist, das den Verlust dieser Fähigkeit zur Folge haben kann, ferner, wer wegen einer vorsätzlichen Tat zu einer Freiheitsstrafe von mehr als sechs Monaten verurteilt ist. Gewisse Berufsgruppen sollen als Schöffen nicht herangezogen werden, insbesondere Berufsrichter, Staatsanwälte, Rechtsanwälte, Polizeibeamte, Pfarrer. (…) Personen, die das Schöffenamt ausüben, müssen bei Beginn der Amtsperiode mindestens 25 Jahre alt sein. Gleichzeitig dürfen sie jedoch zu diesem Zeitpunkt das 70. Lebensjahr noch nicht vollendet haben.

Unter Berücksichtigung dieser Voraussetzungen stellen die Gemeinden aus ihrer Einwohnerschaft – aus allen Gruppen der Bevölkerung – alle fünf Jahre Vorschlagslisten auf, legen diese eine Woche lang öffentlich aus und senden sie dann dem Amtsgericht des Bezirks zu. Dort entscheidet ein Ausschuss über etwa eingelegte Einsprüche und wählt aus den Listen die erforderliche Zahl von Haupt- und Hilfsschöffen aus. Schließlich wird ausgelost, welcher Schöffe an welchen im Voraus bestimmten Sitzungstagen im Jahr heranzuziehen ist. (…)

(Quelle: Leitfaden für Schöffen, hg. vom Justizministerium Baden-Württemberg, 2013, S. 7 f.)

1 Beschreibe das Amt des Schöffen.

2 Erläutere die Bedeutung des Schöffenamtes für die Rechtsprechung.

Der Zivilprozess

Rechtsstreitigkeiten zwischen Privatleuten werden in Zivilprozessen entschieden. Bei Streitigkeiten mit einem Wert bis 5 000 € ist das Amtsgericht zuständig, bei einem höheren Streitwert das Landgericht. Die Familiengerichte bei den Amtsgerichten sind zuständig für Ehescheidungen und damit zusammenhängende Fragen, z. B. elterliche Sorge für die Kinder aus geschiedenen Ehen.

Beim Amtsgericht kann man die Klage entweder selbst schriftlich einreichen oder sie mündlich zu Protokoll geben. Beim Landgericht muss die Klage schriftlich durch einen Anwalt eingereicht werden. Aus der Klage muss hervorgehen, wen der Kläger verklagt, worum der Streit geht, wie der Anspruch begründet wird und welchen Antrag der Kläger stellt. Der Richter prüft, ob die Behauptungen des Klägers den Klageantrag rechtfertigen. Dann setzt er einen Verhandlungstermin fest und stellt dem Beklagten die Klageschrift zu. Kläger und Beklagter – auch „Parteien" genannt – stehen sich bei der mündlichen Verhandlung gleichberechtigt gegenüber. Das Gericht darf sich zur Wahrheitsfindung nur auf das stützen, was die beiden Parteien vorbringen (Zeugenaussagen, Gutachten usw.); es darf also nicht von sich aus Nachforschungen anstellen.

Ein Zivilprozess kann vor einem Urteil auch auf andere Weise beigelegt werden:

- Oft schließen Kläger und Beklagter einen Vergleich und legen den Streit durch gütliche Einigung bei.
- Der Kläger kann mit Zustimmung des Beklagten die Klage zurücknehmen.
- Der Beklagte macht die Klage gegenstandslos, z. B. indem er die vom Kläger geforderte Summe bezahlt.

Kommt es jedoch zu einem Urteil, dann muss das Gericht entscheiden, ob der Klage ganz oder teilweise stattgegeben oder ob sie abgewiesen wird. Im Urteil sind die Gründe aufgeführt, die für die Entscheidung des Gerichts maßgeblich waren. Im Urteil steht auch, welche der Parteien die Kosten des Rechtsstreites zu tragen hat.

Protokoll
Bezeichnung für die Niederschrift einer Verhandlung oder Aussage

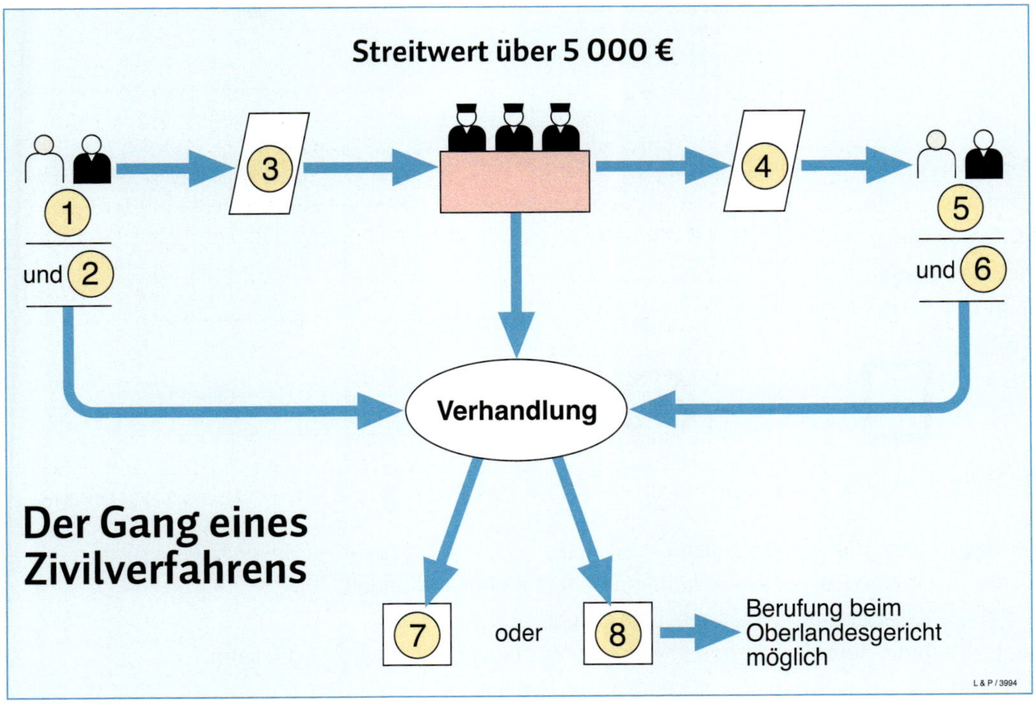

1 Beschreibe, worum es in einem Zivilprozess gehen kann. Notiere drei typische Beispiele.

2 Vervollständige das Schaubild, indem du die fehlenden acht Begriffe einsetzt. Verwende dazu das Arbeitsblatt oder notiere zu jeder Ziffer den zutreffenden Begriff.

3 Vergleiche Zivilprozess und Strafverfahren.

1 Überprüfe dein Vorwissen.

In diesem Kapitel haben wir uns mit dem Jugendschutzgesetz, Jugendkriminalität, dem Rechtsstaat und Strafprozessen beschäftigt.

a) Sieh in deinem Heft nach, welche Strafen du zu Beginn der Unterrichtseinheit über jugendlichen Täter verhängt hast. Überprüfe und überarbeite es. Zu welchen Urteilen kommst du jetzt?

b) Recherchiere die Fälle im Internet und ermittele die tatsächlichen Urteile. Hältst du sie für gerecht?

2 Organisiert den Besuch einer Gerichtsverhandlung.

Findet heraus, wo sich das von eurer Schule nächstgelegene Amtsgericht befindet. Informiert euch dort über die Prozesstermine in der nächsten Zeit. Lasst euch beraten, welche anstehende Verhandlung für die Beobachtung durch eine Schulklasse besonders geeignet ist.

① Richterin, ② Schöffe, ② Schöffin, ③ Anwalt, ④ Angeklagter, ⑤ Staatsanwältin, ⑥ Protokollführer, ⑦ Zeuge

3 Löse das Rätsel.

Die Buchstaben in der violett unterlegten Spalte ergeben von oben nach unten gelesen das Lösungswort. Es nennt etwas, das sowohl im Rechtsleben wie in der Politik eine große Rolle spielt.

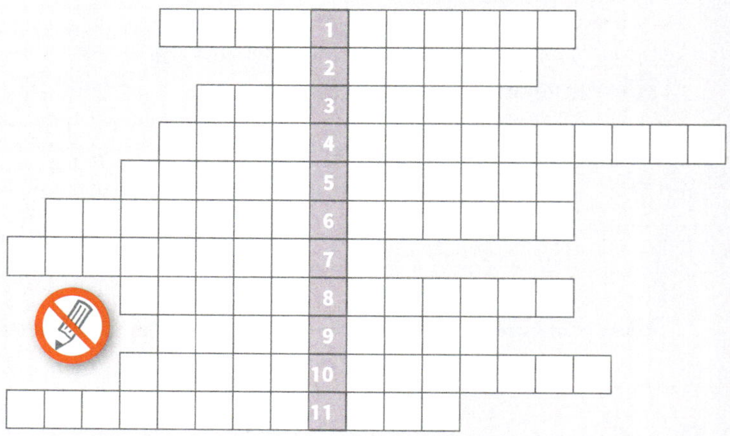

1 Das … ist die unterste Stufe im Aufbau der Gerichtsbarkeit.
2 Eine der Aufgaben des Rechts ist es, den … zu schützen.
3 Bei dem Rechtsmittel der … wird der Fall vor einem höheren Gericht erneut verhandelt.
4 Zwischen dem 18. und dem 21. Geburtstag ist man rechtlich gesehen ein … .
5 Die … ist die schärfste Maßnahme, die eine Jugendrichterin oder ein Jugendrichter verhängen kann.
6 Die … der Richterinnen und Richter ist ein wichtiger Grundsatz im Rechtsstaat.
7 Mit … sind ehrenamtliche Richterinnen gemeint.
8 Bei einem Strafprozess vertritt der … die Anklage.
9 Bei der Bestrafung Jugendlicher steht der Gedanke der … im Vordergrund.
10 Weil nur der Staat die Geltung des Rechts mit Gewalt erzwingen darf, spricht man von einem … des Staates.
11 Ein Rechtsstreit zwischen Privatpersonen wird in einem … ausgetragen.

Ä = Ä
Ö = Ö

4 Gestaltet ein Plakat.

Plakatwettbewerb

Klau dir nicht die Zukunft!

Ladendiebstahl lohnt sich nicht und ist absolut uncool. Davor müssen besonders Schüler und Schülerinnen gewarnt werden!

Eure Ideen zum Thema „Klau dir nicht die Zukunft" sind gefragt. Gestaltet Plakate, die eure Mitschüler vom Ladendiebstahl abhalten sollen.

5 Wähle eine Karikatur aus.

Eine Stiftung will mit Anzeigen in Schülerzeitungen einen Beitrag gegen das Ansteigen der Jugendkriminalität leisten. Im Text soll vor der Verharmlosung von jugendtypischen Straftaten gewarnt werden. Es stehen die abgebildeten drei Karikaturen zur Auswahl. Wähle eine aus und begründe deine Wahl.

(Zeichnung: Roger Schmidt, Brunsbüttel)

(Zeichnung: Clodwig Poth)

(Zeichnung: LUFF)

Grundrechte

„Jeder Mensch ist frei und gleich an Würde und Rechten geboren." So steht es in der Allgemeinen Erklärung der Menschenrechte von 1948. Die vielen Rechte, die sich aus dieser Festlegung ergeben, sind für Deutschland im Grundgesetz, unserer Verfassung, geregelt und heißen „Grundrechte".
In diesem Kapitel wirst du die Grundrechte kennenlernen und dich damit beschäftigen, wie sie geschützt werden und wo sie manchmal besonders gefährdet sind.

Das Grundgesetz
Am 23. Mai 1949 wurde das Grundgesetz für die Bundesrepublik Deutschland verkündet, am Tag darauf trat es in Kraft. Egal, welche Hautfarbe du hast, woher du kommst oder welche Sprache du sprichst - in Deutschland haben alle Menschen die gleichen Rechte. Das schreibt das Grundgesetz vor. Es gilt für alle, die in Deutschland leben und schützt sie vor Benachteiligung. Das Grundgesetz ist das wichtigste Gesetz in Deutschland. Es hat 146 Artikel.

(Quelle: www.kindernetz.de/infonetz/grundgesetz/-/id=173204/nid=173204/did=35324/v92tzh/; Zugriff: 10. 11. 2015)

Bundespräsident Gustav Heinemann am 14. April 1968:
Das Kleid unserer Freiheit sind die Gesetze, die wir uns selber gegeben haben. (...) Unser Grundgesetz ist ein großes Angebot. Zum ersten Mal in unserer Geschichte will es in einem freiheitlich-demokratischen und sozialen Rechtsstaat der Würde des Menschen volle Geltung verschaffen. In ihm ist Platz für eine Vielfalt der Meinungen, die es in offener Diskussion zu klären gilt.

(Quelle: Horst Ferdinand (Hg.): Reden, die die Republik bewegten, Freiburg im Breisgau [u.a.]: Herder 1988, S. 336)

- Betrachte die Wortwolke zum Thema Grundrechte. Notiere, welche aufgelistet sind.
- Ergänze mit einem Partner/einer Partnerin weitere Rechte, die du für grundlegend hältst.
- Finde heraus, wofür die Regenbogenkappen ein Symbol sind. Welche Grundrechte könnten in diesem Zusammenhang wichtig sein? Begründe.

Kapitel 07

Begriffsanalyse „Grundrechte“

Anfangsbuchstaben	Wörter/Begriffe
G	
R	
U	
N	
D	
G	
E	
S	
E	
T	
Z	

(Quelle: Lothar Scholz: Thema im Unterricht EXTRA: Grundgesetz für Einsteiger und Fortgeschrittene, Bonn: Bundeszentrale für politische Bildung 2014, S. 1)

Was weißt du?

Die Begriffsanalyse hilft dir, das, was du bereits weißt, zu aktivieren und zu sortieren. Im Verlauf des Kapitels werden viele von dir genannten Begriffe und Wörter im Unterricht besprochen.

1 Übertrage die Tabelle in dein Heft oder nutze das Arbeitsblatt. Notiere Wörter oder Begriffe, die du spontan mit dem Wort Grundgesetz verbindest.Nimm die Anfangsbuchstaben für jeweils einen anderen Begriff.

2 Vergleiche deine Tabelle mit einem Partner/einer Partnerin. Ergänzt Begriffe.

3 Ordne nun die von dir notierten Begriffe: Suche dafür Oberbegriffe, die dir beim Sortieren helfen.

4 Fertige eine übersichtliche Mindmap an zum Thema „Grundrechte“. Markiere die Oberbegriffe und lasse genügend Platz für Ergänzungen.

Würde des Menschen – Grundlage des Grundgesetzes

Konrad Adenauer (Mitte) verkündet das Grundgesetz.

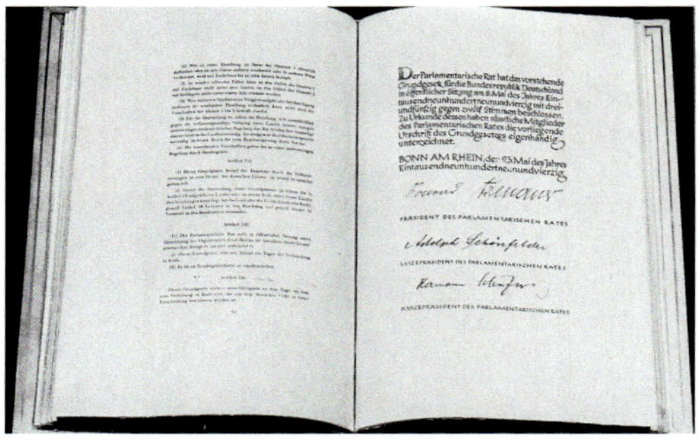

Die Originalurkunde des Grundgesetzes

Am 8. Mai 1945 beendete die bedingungslose Kapitulation Deutschlands den Zweiten Weltkrieg. Die Siegermächte USA, UdSSR, Großbritannien und Frankreich teilten Deutschland in vier Besatzungszonen auf. In den Jahren 1948/49 nahmen die Spannungen zwischen der kommunistischen Sowjetunion und den Westmächten USA, Großbritannien und Frankreich zu, weswegen die Westmächte die Gründung eines westdeutschen Staates auf ihrem Besatzungsgebiet vorbereiteten. Dazu entwarfen im August 1948 auf der Insel Herrenchiemsee in Bayern Fachleute eine Verfassung, die daraufhin vom Parlamentarischen Rat in Bonn gründlich beraten wurde. Das Ergebnis dieser Beratungen war das Grundgesetz, das am 23. Mai 1949 in einer feierlichen Sitzung vom Parlamentarischen Rat verkündet wurde.

Webcodes
SDL-11157-701
Arbeitsblatt:
Geschichte der Menschenrechte

SDL-11157-702
Arbeitsblatt:
Die Menschenrechtserklärung der Vereinten Nationen

Ein Blick auf das Grundgesetz

Man sieht es diesem Grundgesetz nicht mehr an: Es ist vor über sechzig Jahren im Dreck entstanden. In Schutt und Elend. Die Deutschen, für die es gemacht wurde, interessierten sich damals, 1948/49, kaum dafür, sie hatten anderes zu tun. Sie räumten die Trümmer weg, die der Nationalsozialismus in ihnen und um sie herum hinterlassen hatte. Sie hatten Hunger und die Furcht, das Überleben nicht zu schaffen. (…)
Die dreißig Fachleute, die vor 63 Jahren aus den zerbombten Städten der Westzonen zum Verfassungskonvent in die Idylle der Insel Herrenchiemsee kamen, um ein Grundgesetz vorzubereiten, haben sich an den Martin Luther zugesprochenen Satz gehalten: Sie haben befürchtet, dass die Welt untergeht – und trotzdem das Bäumchen gepflanzt. (…)
Die Pflanzaktion von 1949 war die erfolgreichste Pflanzaktion der deutschen Geschichte. Sorgsam wurden die Wurzeln gebettet: Glaubensfreiheit, Gewissensfreiheit Meinungsfreiheit, Pressefreiheit, Versammlungsfreiheit, Parteigründungsfreiheit, Berufsfreiheit – Freiheit war das Zauberwort nach den Jahren der Unfreiheit, die Freiheiten waren Garantie und Verheißung. (…)
Als das Grundgesetz geschrieben wurde, war der Zweite Weltkrieg erst ein paar Jahre vorbei und den meisten Deutschen war bewusst geworden, welchem Verbrecher sie nachgelaufen waren und welche furchtbaren Verbrechen Hitler und die Nazis begangen hatten. Das Grundgesetz macht sich daher, wie ein Tagebuch beinah, Gedanken über die zurückliegenden Jahre der Verachtung und Verfolgung von Millionen von Menschen. Das Grundgesetz zieht seine Folgen daraus. Es gibt jedem Menschen die gleichen Rechte und es hält die Grundfreiheiten ganz hoch: Meinungsfreiheit, Pressefreiheit, Versammlungsfreiheit, die Freiheit, einigermaßen unbehelligt leben zu können. Und das Grundgesetz gibt den Gerichten, vor allem dem Bundesverfassungsgericht in Karlsruhe, die Aufgabe, darüber zu wachen, dass diese Regeln auch eingehalten werden. Es stellt Regeln auf, die verhindern sollen, dass Deutschland noch einmal auf die schiefe Bahn gerät.

(Quelle: Heribert Prantl: Recht so! in: Fluter Nr. 38 (2011) hg. von der Bundeszentrale für politische Bildung, S. 34f.)

Julia, 18 Jahre:
„Für mich heißt Menschenwürde, dass ich so leben darf, wie ich will – auch wenn mich der ein oder andere schief anguckt. Keiner soll mir Vorschriften machen dürfen."

Herr Ude, 60 Jahre:
„Ich bin schon lange arbeitslos und muss mit ein paar hundert Euro im Monat auskommen. Ich finde es menschenunwürdig, wenn man keine Arbeit mehr bekommt."

Alexander, 18 Jahre:
„Ich habe mich schon mehr als vierzigmal beworben. Was ist denn die Menschenwürde wert, wenn man als Jugendlicher nicht einmal einen Ausbildungsplatz bekommt?"

Frau Otte, 52 Jahre:
„Jetzt wurde doch schon wieder ein kleines Mädchen von einem dieser Sexualtäter umgebracht. Solche Verbrecher verdienen die Todesstrafe – Menschenwürde hin, Menschenwürde her!"

Frau Ögur, 27 Jahre:
„Mein Glaube gebietet es mir, ein Kopftuch zu tragen. Aber es gibt Menschen, die abfällige Bemerkungen machen, weil ich ein Kopftuch trage. Das verletzt meine Menschenwürde."

Herr Tews, 42 Jahre:
„Wenn ich an „Big Brother" im Fernsehen oder Gewaltszenen in Computerspielen denke, möchte ich die Macher solcher Produkte gern fragen, was sie eigentlich unter Menschenwürde verstehen."

Herr Edoga, 36 Jahre:
„Menschenwürde? Darüber reden Europäer gern – aber ich muss froh sein, wenn meine Kinder etwas zu essen bekommen. Menschenwürde können wir uns nicht leisten!"

Allgemeine Erklärung der Menschenrechte

Artikel 1

Alle Menschen sind frei und gleich an Würde und Rechten geboren. (...)

Grundgesetz der Bundesrepublik Deutschland

Artikel 1

(1) Die Würde des Menschen ist unantastbar. Sie zu achten und zu schützen ist Verpflichtung aller staatlichen Gewalt.

(2) Das Deutsche Volk bekennt sich darum zu unverletzlichen und unveräußerlichen Menschenrechten als Grundlage jeder menschlichen Gemeinschaft, des Friedens und der Gerechtigkeit in der Welt.

(3) Die nachfolgenden Grundrechte binden Gesetzgebung, vollziehende Gewalt und Rechtsprechung als unmittelbar geltendes Recht.

Allgemeine Erklärung der Menschenrechte von den Vereinten Nationen 1948 in Paris verkündete Erklärung von grundlegenden Rechten, die jedem Menschen auf der Welt zustehen

1 Beschreibe die Lage Deutschlands, als das Grundgesetz entstand.

2 Jede Aussage hat mit der Menschenwürde zu tun. Notiere den jeweiligen Kerngedanken.

3 Begründe, warum 1949 die Würde des Menschen an den Anfang des Grundgesetzes gesetzt wurde.

Die Grundrechte im Überblick

Französische Revolution
Die Französische Revolution dauerte von 1789 bis 1799. Durch sie wurde die absolutistische, also die uneingeschränkte Herrschaft des Königs beseitigt.

Jeder Mensch hat Rechte, die ihm von Natur aus zustehen, die ihm angeboren sind. Diese Menschenrechte wurden erstmals 1789 in der Französischen Revolution feierlich erklärt. Wenn Menschenrechte in Verfassungen als grundlegende Rechte des Einzelnen schriftlich festgelegt sind, spricht man von Grundrechten. In der Verfassung der Bundesrepublik Deutschland, dem Grundgesetz, sind die Menschenrechte an erster Stelle unter „Die Grundrechte" (Artikel 1 bis 19) aufgeführt.

Die Grundrechte, also die Menschenrechte, bilden die Grundlage unseres Zusammenlebens. Von ihrer Zielrichtung her können Grundrechte in drei Gruppen eingeteilt werden:

- Abwehrrechte bieten Schutz vor staatlichen Übergriffen.
- Freiheitsrechte schützen die persönliche Freiheit und garantieren die Teilnahme an der politischen Willensbildung.
- Gleichheitsrechte zielen darauf ab, dass alle Personen gleich behandelt werden.

1

2

3

Grundgesetz: Die Grundrechte

Artikel 1:	Die Menschenwürde steht unter dem Schutz des Staates
Artikel 2:	Recht auf Leben, körperliche Unversehrtheit und freie Entfaltung der Persönlichkeit
Artikel 3:	Recht auf Gleichheit vor dem Gesetz und Gleichberechtigung von Mann und Frau
Artikel 4:	Recht auf Glaubens- und Gewissensfreiheit
Artikel 5:	Recht auf freie Meinungsäußerung und ungehinderte Information
Artikel 6:	Schutz von Ehe und Familie; Elternrecht auf Erziehung
Artikel 7:	Schule und Staat; Eltern bestimmen über Teilnahme am Religionsunterricht
Artikel 8:	Versammlungsfreiheit
Artikel 9:	Recht, Vereine und Gesellschaften zu bilden
Artikel 10:	Unverletzlichkeit des Brief-, Post- und Fernmeldegeheimnisses
Artikel 11:	Recht auf Freizügigkeit im ganzen Bundesgebiet
Artikel 12:	Recht auf freie Wahl des Berufs und des Arbeitsplatzes
Artikel 13:	Unverletzlichkeit der Wohnung
Artikel 14:	Gewährleistung des Eigentums und des Erbrechts
Artikel 15:	Möglichkeit der Vergesellschaftung von Privateigentum gegen Entschädigung
Artikel 16:	Recht auf Staatsangehörigkeit und Schutz vor Auslieferung an das Ausland
Artikel 16 a:	Asylrecht für politisch Verfolgte
Artikel 17:	Recht, Bitten und Beschwerden an das Parlament zu richten
Artikel 18:	Verwirkung von Grundrechten, wenn sie zum Kampf gegen die freiheitliche demokratische Grundordnung missbraucht werden
Artikel 19:	Recht, ein Gericht anzurufen, wenn man sich durch die öffentliche Gewalt in seinen Rechten verletzt fühlt

Grundrechte können nicht schrankenlos, also nicht ohne Grenzen, gelten. Der Artikel 2 des Grundgesetzes nennt in Absatz 1 die Grenzen des jedem zustehenden Rechtsanspruchs auf freie Entfaltung der Persönlichkeit: Man darf nicht gegen die Rechte anderer, die verfassungsmäßige Ordnung und die Sittengesetze verstoßen. Solche Einschränkungen dürfen jedoch nur aufgrund von Gesetzen erfolgen, die keinesfalls ein Grundrecht in seinem Wesensgehalt antasten dürfen.

4

5

1 Frau Schwarz hat beim sonntäglichen Kaffee vergessen, die brennende Kerze zu löschen. Während sie nun durch den Stadtpark spaziert, brennt es in ihrer Wohnung. Ihre Nachbarn, durch den Brandgeruch aufmerksam geworden, brechen die Wohnungstür auf.

2 Der notwendige Erweiterungsbau einer Schule verzögert sich, weil ein Grundstückseigentümer das dafür benötigte Grundstück nicht verkaufen will. Die Stadt will das Grundstück nun gegen eine angemessene Entschädigung enteignen lassen.

3 Frau Schulz besitzt eine Zweizimmerwohnung, die sie an Herrn Sabin vermietet hat. Sie hegt den Verdacht, dass ihr Mieter die Wohnung nicht ausreichend pflegt. Frau Schulz hat einen Schlüssel zur Wohnung und will nachsehen, ob Herr Sabin Brandflecken in den Teppichboden gemacht hat.

4 Die 19-jährige Susanne wohnt während der Ausbildung bei einer Tante in der Stadt. Diese ist bestürzt, als Susanne eines Tages einen Brief von der Justizbehörde erhält.
Ob Susanne in Schwierigkeiten geraten ist, die sie nicht erzählen will? Die besorgte Tante öffnet den Brief, schließlich will sie ihrer Nichte ja helfen.

5 Herr Ulrich ist in den Verdacht geraten, einer internationalen Bande von Geldfälschern anzugehören. Sein Telefon wird deshalb von der Polizei überwacht.

Webcode
SDL-11157-703
Video:
Grundrechte

1 Die fünf Fotos weisen auf bestimmte Grundrechte hin. Ordne jedes Foto dem entsprechenden Artikel des Grundgesetzes zu.

2 Mit welchen Grundrechten haben die fünf Fälle zu tun? Lies in einer Textausgabe des Grundgesetzes die betreffenden Artikel nach und notiere, ob die im Fall beschriebene Einschränkung zulässig ist oder nicht.

3 Analysiere, welche Artikel Abwehrrechte, welche Freiheitsrechte, welche Gleichheitsrechte enthalten. Notiere die Nummern der Artikel, bei denen du dies entscheiden kannst.

Grundgesetz: Artikel 19

(1) Soweit nach diesem Grundgesetz ein Grundrecht durch Gesetz oder aufgrund eines Gesetzes eingeschränkt werden kann, muss das Gesetz allgemein und nicht nur für den Einzelfall gelten. Außerdem muss das Gesetz das Grundrecht unter Angabe des Artikels nennen.

(2) In keinem Falle darf ein Grundrecht in seinem Wesensgehait angetastet werden.

Zahlen – Wörter – Tausch – Spiel

Wenn ihr den richtigen Weg von A nach B findet, erhaltet ihr den Wortlaut eines der wichtigsten Grundgesetz-Artikel. Er nennt die grundlegenden Vorschriften für unsere politische Ordnung, die auf keinen Fall geändert werden dürfen.

So findet ihr den richtigen Weg: Von jedem Punkt aus könnt ihr auf mehreren Wegen zu einem anderen kommen. Nur ein Weg ist jeweils richtig. Den findet ihr so: Für die Zahlen tauscht ihr die nebenstehenden Wörter ein und bringt sie in eine Satzfolge, die sprachlich und inhaltlich einen Sinn ergibt. Dabei streicht ihr die durchschrittenen Ziffern in der Wörterliste durch (Arbeitsblatt benutzen!). Hier könnt ihr die Zahlen in Wörter umtauschen:

1 Eine
2 Grundsätze
3 welche
4 Grundgesetzes,
5 die
6 ist
7 Länder
8 der
9 Bundes
10 durch
11 werden,
12 des
13 Artikeln
14 Änderung
15 Mitwirkung
16 in
17 dieses
18 Gesetzgebung
19 den
20 Gliederung
21 oder
22 niedergelegten
23 der
24 1
25 berührt
26 unzulässig
27 Länder,
28 grundsätzliche
29 die
30 bei
31 und
32 20
33 in
34 die

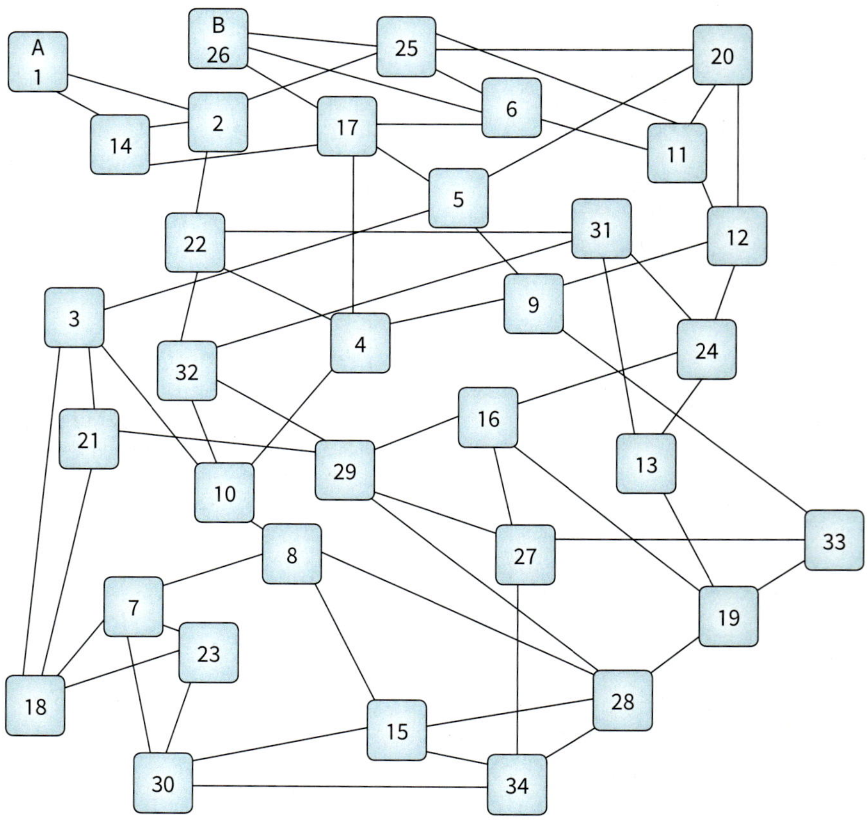

(aus: Thema im Unterricht: Grundgesetz für Einsteiger und Fortgeschrittene, Arbeitsmappe. Autor: Lothar Scholz. Hg.: Bundeszentrale für politische Bildung, Bonn 2002. Titelrückseite: Karikatur, S. 9: Tauschspiel)

1 Führe das „Zahlen-Wörter-Tauschspiel" durch. Notiere den Artikel des Grundgesetzes.
2 Erkläre die Bedeutung dieses Grundgesetzartikels.
3 Beschreibe, was mit „Wesensgehaltsgarantie" gemeint ist.
4 Erarbeitet in der Gruppe Fälle, die mit der Ewigkeitsklausel bzw. der Wesensgehaltsgarantie des Grundgesetzes zu tun haben. Legt diese dann den anderen Gruppen zur Beurteilung vor.

Grundgesetz Artikel 2: Freiheitsrechte

Grundgesetz: Artikel 2

(1) Jeder hat das Recht auf die freie Entfaltung seiner Persönlichkeit, soweit er nicht die Rechte anderer verletzt und nicht gegen die verfassungsmäßige Ordnung oder das Sittengesetz verstößt.

(2) Jeder hat das Recht auf Leben und körperliche Unversehrtheit. Die Freiheit der Person ist unverletzlich. In diese Rechte darf nur aufgrund eines Gesetzes eingegriffen werden.

Fallbeispiel Onlinedurchsuchung

Bei der Onlinedurchsuchung werden die Rechner verdächtiger Personen ohne deren Wissen ausspioniert. Verfassungsschutz und BKA wollen zum Beispiel aus E-Mail-Verkehr, Dokumenten auf der Festplatte oder mitgeschnittenen Internettelefonaten Rückschlüsse auf geplante Straftaten ziehen.
Das Bundesverfassungsgericht hat den Behörden 2008 dafür enge Grenzen auferlegt. Demnach ist die Onlinedurchsuchung privater Computer durch die Behörden nicht vollständig verboten, darf aber nur sehr eingeschränkt eingesetzt werden. (…)
Erlaubt ist die Onlinedurchsuchung seitdem ausschließlich

- bei einer konkreten Gefahr und bei schwersten Straftaten. Aber nur dann, wenn ein „überragend wichtiges Rechtsgut" betroffen ist – also bei Gefahr für Leib, Leben und Freiheit oder bei Bedrohungen, die den Bestand des Staates oder die Grundlagen der menschlichen Existenz berührten. Auch dann muss vorher ein Richter entscheiden.
- über eine Datenleitung, nicht aber durch Betreten einer Wohnung. Das heißt, die Behörden müssen die Überwachungssoftware online einschleusen.
- Das Verfassungsgericht formulierte darüber hinaus ein Grundrecht auf die Vertraulichkeit der digitalen Privatsphäre. Der Bürger müsse sich in der modernen Gesellschaft darauf verlassen können, dass digitale Daten auf dem eigenen Computer sicher sind – auch vor dem Zugriff des Staates.

Mit dem Grundsatzurteil hatte das Gericht erstmals ein „Grundrecht auf Gewährleistung der Vertraulichkeit und Integrität informationstechnischer Systeme" geschaffen. Das neue Grundrecht leitete das Gericht aus dem allgemeinen Persönlichkeitsrecht her.
Doch auch das Urteil beinhaltet Fallstricke für die Behörden. Denn wenn die Onlinedurchsuchung über eine Datenleitung erfolgen muss, gehen die Beamten vor wie Hacker: Damit sie die Rechner ausspähen können, schleusen sie eine Schadsoftware über das Internet ein, den sogenannten Bundestrojaner.

Karikatur: Gerhard Mester

„Keine Störungen, hatte ich gesagt!"

Karikatur: Rolf Henn – LUFF

(Quelle: Claudia Frickel am 10. 10. 2011 auf: www.focus.de/digital/computer/bundestrojaner-was-bei-der-online-durchsuchung-erlaubt-ist_aid_673206.html; Zugriff: 10. 11. 2015)

1 Erkläre den Kern von Artikel 2 des Grundgesetzes.

2 Entwickelt in Gruppenarbeit Fälle aus dem Alltag, die den Artikel 2 betreffen. Diskutiert dann mit den anderen Gruppen darüber.

3 Die beiden Karikaturen erschienen vor dem Urteil des Bundesverfassungsgerichts zur Onlinedurchsuchung. Skizziere die Meinungen der Zeichner.

4 Erläutere den Kerngedanken des Urteils des Bundesverfassungsgerichts und begründe den Zusammenhang zum Artikel 2 des Grundgesetzes.

Verletzung eines Grundrechts: der Fall Daschner

Magnus Gäfgen und sein Anwalt bei der Urteilsverkündung. Weil er den elfjährigen Jakob von Metzler aus Habgier ermordete, wurde Gäfgen zu einer lebenslangen Freiheitsstrafe verurteilt.

Der elfjährige Bankierssohn Jakob von Metzler wird am 27. September 2002 von dem 27 Jahre alten Jurastudenten Magnus Gäfgen unter einem Vorwand in dessen Wohnung gelockt und dort festgehalten. Die Familie des entführten Jungen zahlt das geforderte Lösegeld in Höhe von einer Million Euro in der Hoffnung, dass ihr Sohn bald freikommt.

Magnus Gäfgen wird am 30. September von der Frankfurter Polizei festgenommen. Er weigert sich während der stundenlangen Verhöre hartnäckig, den Aufenthaltsort von Jakob zu nennen. Da die Polizei um das Leben des Kindes fürchtet, greift der Frankfurter Polizeivizepräsident Wolfgang Daschner verzweifelt zum äußersten Mittel: Er droht dem Verdächtigen große Schmerzen an, wenn er den Aufenthaltsort des Kindes nicht preisgibt. Erst nach dieser Gewaltandrohung gesteht Gäfgen, dass Jakob tot sei. Er führt die Polizei an einen 60 km entfernten See, wo er die Leiche des Elfjährigen versteckt hat. Später stellt sich heraus, dass Gäfgen den Jungen bereits am 27. September in seiner Wohnung erwürgt hat.

Polizeivizepräsident Wolfgang Daschner wird angeklagt, weil er dem Verdächtigen Schmerzen angedroht und damit dem Folterverbot zuwidergehandelt hat. Daschner wird Ende 2004 vom Gericht zu einer Geldstrafe von 90 Tagessätzen zu 120 Euro auf Bewährung verurteilt.

(Karikatur: Gerhard Mester)

1. Beschreibe das Problem, das der Fall Daschner aufzeigt.
2. Erläutere, was der Fall Daschner mit dem Artikel 2 des Grundgesetzes zu tun hat.
3. Interpretiere die Karikatur.

Thema: Folter – im Notfall erlaubt?

Im Leben gibt es viele Dinge, zu denen man eine unterschiedliche Meinung haben kann. In einer Pro-und-Kontra-Diskussion versucht jeder, den anderen mithilfe von Argumenten von der Richtigkeit seines Standpunktes zu überzeugen. Argumente sind verständliche und stichhaltige Begründungen für die eigene Meinung. Man sollte auch bereit sein, die Argumente anderer anzunehmen, wenn man von ihrer Richtigkeit überzeugt wird. Geschickt zu argumentieren kann man auch durch eine Pro-und-Kontra-Diskussion üben.

Vorbereitung

Die Klasse teilt sich in zwei Gruppen. Die eine Gruppe vertritt in der Streitfrage das Pro, ist also dafür oder sagt „Ja". Die andere Gruppe ist dagegen, vertritt das Kontra oder „Nein". Die Gruppen bereiten sich auch auf die zu erwartenden Argumente der anderen Seite vor. Dann wird von jeder Seite ein Spieler oder eine Spielerin für das Gespräch ausgewählt. Die Diskussion soll geordnet ablaufen. Bestimmt deshalb einen Gesprächsleiter oder eine Gesprächsleiterin.

Durchführung

Die beiden ausgewählten Spieler führen die Pro-und-Kontra-Diskussion durch. Der Gesprächsleiter oder die Gesprächsleiterin nennt am Anfang nochmals die Frage, um die es geht, und erteilt dann abwechselnd das Wort. Die Gesprächsleitung achtet darauf, dass jeder der beiden Spieler etwa die gleiche Zeit zum Argumentieren bekommt. Die übrigen Schüler und Schülerinnen der Klasse beobachten die Pro-und-Kontra-Diskussion und machen sich Notizen.

„Da es menschliche Würde ohne menschliches Leben nicht geben kann, muss bei der Aufrechnung Würde gegen Würde die des Opfers Vorrang haben. Ein absolutes Verbot der Folter ist weder moralisch noch ethisch vertretbar."

Winfried Brugger, Verfassungsrechtler

Blinde Gefolgschaft bei der Polizei

Ein hoher Polizeifunktionär droht einem Verdächtigen Folter an und findet problemlos einen Untergebenen, der sie durchführen wird. Das ist der eigentliche Skandal. Diese Art von blinder Gefolgschaft außerhalb von Strafprozessordnung oder Polizeirecht darf es bei einer Institution, die täglich mit verabscheuungswürdigen Verbrechen zu tun hat, nicht geben.

Günther Merkens, Frankfurt

Um ein Kind zu retten, ist jedes Mittel recht

Um das Leben eines Kindes zu retten, muss jedes Mittel recht sein, ansonsten käme dies unterlassener Hilfeleistung gleich! Oder sollte in diesem Lande die Unversehrtheit des Täters, dem ja mit einer Drohung noch kein einziges Haar gekrümmt wurde, wertvoller sein als ein Kinderleben? Wo bliebe da die Verhältnismäßigkeit, die Verantwortung des Staates für die Jüngsten in unserer Gesellschaft, für die Kinder?

Edith Reimer, Frankfurt

„Im Normalfall steht weder fest, dass Folter den Richtigen trifft, noch, dass sie die Rettung bringt. (…) Man muss vielmehr damit rechnen, dass bei Zulassung der Folter die Zahl der Gefolterten stets größer sein wird als die Zahl der Schuldigen."

Dieter Grimm, Verfassungsrechtler

(Leserbriefe aus: Frankfurter Neue Presse, 25. 02. 2003, S. 5. Statements der Verfassungsrechtler aus: Folter und Rechtsstaat. Themenblätter im Unterricht, Frühjahr 2005/Nr. 45, Seite B. Autor: Axel Hermann, Hg.: Bundeszentrale für politische Bildung, Bonn)

Auswertung

Nach der Diskussion berichten zunächst die beiden Spieler, wie sie sich gefühlt haben und was sie zum Verlauf sagen möchten. Dann bespricht die Klasse den Verlauf. Dabei geht es zum Beispiel um diese Fragen:

- Wer hat besonders geschickt argumentiert?
- Wer ist auf den anderen eingegangen?
- Wer ist sachlich geblieben?

Wenn die Zeit reicht, kann es interessant sein, die Diskussion mit anderen Spielern zu wiederholen.

1 Notiere zu jeder der vier Meinungsäußerungen die Kernaussage.
2 Führt eine Pro-und-Kontra-Diskussion zum Thema „Folter – im Notfall erlaubt?" durch.

Grundgesetz Artikel 3: Gleichheitsrechte

Grundgesetz: Artikel 3

(1) Alle Menschen sind vor dem Gesetz gleich.

(2) Männer und Frauen sind gleichberechtigt. Der Staat fördert die tatsächliche Durchsetzung der Gleichberechtigung von Frauen und Männern und wirkt auf die Beseitigung bestehender Nachteile hin.

(3) Niemand darf wegen seines Geschlechtes, seiner Abstammung, seiner Rasse, seiner Sprache, seiner Heimat und Herkunft, seines Glaubens, seiner religiösen oder politischen Anschauungen benachteiligt oder bevorzugt werden. Niemand darf wegen seiner Behinderung benachteiligt werden.

Gleichheit vor dem Gesetz

Bei Absatz 1 ist wichtig zu beachten, dass es heißt, die Menschen sind „vor dem Gesetz“ gleich, denn schon der bloße Anblick genügt, um zu erkennen, dass die Menschen eben nicht gleich sind.
Die Gleichheit vor dem Gesetz bedeutet, dass sie nach dem Gesetz gleich behandelt werden müssen, also nicht nach Sympathie, Aussehen, Religion oder anderem.
Der **Gleichheitsgrundsatz** erlaubt nicht nur, er gebietet sogar eine Ungleichbehandlung, wenn dies sachlich geboten ist. Als Grundsatz gilt: Wesentlich Gleiches darf nicht willkürlich ungleich und wesentlich Ungleiches nicht willkürlich gleich behandelt werden; es gilt also ein generelles **Willkürverbot**. Unterschiedslose Gleichstellung kann sogar einen krassen Verstoß gegen diesen Grundsatz bedeuten.

(Karikatur: Schwarwel)

Beispiel: Eine Kopfsteuer, die aus einem fixen Geldbetrag besteht, der von jedem Einwohner des Landes erhoben wird, würde bedeuten, dass dann eine alleinerziehende Mutter mit fünf Kindern das Sechsfache eines Junggesellen zu zahlen hätte; eine offensichtliche große Ungerechtigkeit.

Aber eine Benachteiligung wegen fehlender Deutschkenntnisse, wenn diese wegen der Berufsanforderung erforderlich sind, stellt keinen Verstoß gegen den Gleichbehandlungsgrundsatz dar.
Für die Gleichbehandlung auch des Ungleichen, solange dies nicht wesentlich ist, ist aber eine gewisse Bandbreite zulässig, um das Verwaltungsverfahren zu vereinfachen.
Beispiel: Das Bußgeld für den im Halteverbot parkenden PKW ist gleich hoch, egal ob es sich dabei um einen neuen Mercedes der S-Klasse oder um einen schrottreifen Polo handelt.
Zu beachten ist noch, dass es keinen Anspruch auf Gleichbehandlung im Unrecht gibt.
Beispiel: Wer wegen einer Geschwindigkeitsübertretung von der Polizei gestoppt und mit einem Bußgeld belegt wird, kann sich nicht darauf berufen, dass die Verkehrspolizei just an dieser Stelle die Raser bisher unbehelligt durchfahren ließ.
Der Absatz 2 über die **Gleichberechtigung** von Männern und Frauen ist rein formal logisch unnötig. Da alle Menschen gleichberechtigt sind und unstreitig Frauen auch Menschen sind, ist mit dem Absatz 1 alles Hinlängliche gesagt. Der **Parlamentarische Rat** wollte aber unmissverständlich verdeutlichen, dass Männer und Frauen die gleichen Rechte haben. Jede benachteiligende Diskriminierung der Frau ist unzulässig.

(Quelle: Dr. Peter Schade auf: www.planet-schule.de/index.php?id=12111; Zugriff: 10. 11. 2015)

1 Beschreibe den Kern von Artikel 3 Grundgesetz.
2 Erläutere beispielhaft Probleme bei der Verwirklichung von Artikel 3 Grundgesetz.
3 Interpretiere die Karikatur und gehe dabei auch auf den Artikel 3 des Grundgesetzes ein.

Einhaltung von Grundrechten: der Fall Tanja Kreil

Die deutsche Elektronikerin Tanja Kreil hatte sich beim Kreiswehrersatzamt Hannover für einen Posten zur Instandsetzung von Waffenelektronik bei der Bundeswehr beworben. Sie war mit der Begründung abgelehnt worden, dass nach Artikel 12a des Grundgesetzes Frauen auf keinen Fall Dienst mit der Waffe in der Bundeswehr leisten dürfen. Nach deutscher Rechtslage hatten Frauen zu diesem Zeitpunkt nur Zugang zum Sanitäts- und Musikdienst der Bundeswehr. Folglich wurden Bewerbungen von Frauen um Einstellung als Berufssoldatinnen in anderen Einheiten abgelehnt.

Tanja Kreil gab sich mit der Entscheidung des Kreiswehrersatzamtes nicht zufrieden. Sie erhob Klage beim Verwaltungsgericht Hannover und trug u. a. vor, die Ablehnung ihrer Bewerbung allein aus geschlechtsspezifischen Gründen verstoße gegen den Grundsatz der Gleichberechtigung im Recht der Europäischen Union. Da das Verwaltungsgericht Hannover der Ansicht war, dass für die Entscheidung des Rechtsstreits eine Auslegung der EU-Gleichberechtigungsrichtlinie erforderlich sei, setzte es das Verfahren aus und legte es dem Europäischen Gerichtshof (EuGH) zur Vorabentscheidung vor. Das Verwaltungsgericht wollte vom Europäischen Gerichtshof wissen, ob die EU-Richtlinie der Anwendung nationaler Bestimmungen entgegensteht, die – wie die des deutschen Rechts – Frauen vom Dienst mit der Waffe ausschließen. Der EuGH stellte in seinem Urteil fest, dass dies der Fall sei.

Die Entscheidung des Europäischen Gerichtshofes veranlasste alsbald den deutschen Bundestag zur Änderung des Grundgesetzes. Am 24. 10. 2000 legten die Fraktionen von SPD, CDU/CSU, Bündnis 90/Die Grünen und FDP einen gemeinsamen Gesetzentwurf vor. Artikel 12a Absatz 4 Satz 2 des Grundgesetzes sollte dahingehend geändert werden, dass lediglich die Verpflichtung von Frauen zum Dienst mit der Waffe untersagt wird. In der Begründung heißt es, dass durch diese Änderung der freiwillige Dienst von Frauen mit der Waffe auf eine klare verfassungsrechtliche Grundlage gestellt wird. Die parlamentarischen Beratungen erfolgten sehr zügig. Bereits am 27. 10.2000 fanden die 2. und die 3. Lesung des Gesetzentwurfs statt. Nach Artikel 79 Absatz 2 des Grundgesetzes ist für ein Gesetz zur Änderung des Grundgesetzes die Zustimmung von zwei Dritteln der Stimmen des Bundesrates erforderlich. Die Mehrheiten wurden sowohl im Bundestag als auch im Bundesrat erreicht. Der geänderte Artikel 12a GG trat noch im Jahr 2000 in Kraft.

Richtlinie
in der Europäischen Union eine Weisung an die Einzelstaaten, eine gemeinsame Zielsetzung in nationales Recht umzusetzen

Soldatin bei der Schießausbildung

Grundgesetz Artikel 12a Neufassung Absatz 4

(4) Kann im Verteidigungsfalle der Bedarf an zivilen Dienstleistungen im zivilen Sanitäts- und Heilwesen sowie in der ortsfesten militärischen Lazarettorganisation nicht auf freiwilliger Grundlage gedeckt werden, so können Frauen vom vollendeten achtzehnten bis zum vollendeten fünfundfünfzigsten Lebensjahr durch Gesetz oder aufgrund eines Gesetzes zu derartigen Dienstleistungen herangezogen werden. Sie dürfen auf keinen Fall zum Dienst mit der Waffe verpflichtet werden.

1 Erkläre, warum Tanja Kreil den Europäischen Gerichtshof angerufen hat.

2 Erläutere das Urteil des Europäischen Gerichtshofes und seine Auswirkungen.

Grundgesetz Artikel 4: Glaubens- und Bekenntnisfreiheit

Grundgesetz: Artikel 4

(1) Die Freiheit des Glaubens, des Gewissens und die Freiheit des religiösen und weltanschaulichen Bekenntnisses sind unverletzlich.

(2) Die ungestörte Religionsausübung wird gewährleistet.

(3) Niemand darf gegen sein Gewissen zum Kriegsdienst mit der Waffe gezwungen werden. Das Nähere regelt ein Bundesgesetz.

Glaubens- und Bekenntnisfreiheit

Glaube ist ein Oberbegriff und umfasst sowohl religiöse Vorstellungen mit einem Gottesbezug und einem wie auch immer gearteten Jenseits wie areligiöse und atheistische Erklärungsmodelle vom Wesen dieser Welt und ihrer Entstehung. Gewissen ist ein stark an das Individuum gebundenes Empfinden, ihn verpflichtendes Einstehen für das von ihm so gesehen als das „Gute“ statt des „Bösen“. Eine Gewissensentscheidung ist aber im Alltag und auch in der Politik viel seltener, als ihr häufiger Ge- und Missbrauch vermuten lässt.
Beispiel: Die Frage, wie hoch der Umsatzsteuersatz angehoben werden soll, ist so wenig eine Gewissensentscheidung wie die Elternfrage, auf welche weiterführende Schule ihr Kind geschickt werden soll.
Die **Bekenntnisfreiheit** schließt die negative Glaubensfreiheit ein, also das Recht, auch einfach nichts zu glauben oder seinen Glauben nicht offenbaren zu müssen.
Beispiel: Der Personalbogen eines Bewerbers für den Staatsdienst darf nicht die Frage nach dem religiösen Bekenntnis enthalten. Wohl aber darf das Finanzamt wegen der möglichen Kirchensteuerpflicht danach fragen. Es steht dem Bewerber ja jederzeit frei, aus der Kirche auszutreten, ohne dass ihm irgendwelche weltlichen Nachteile entstehen.
Die Trennlinie zwischen Religion und Weltanschauung ist nicht scharf zu ziehen, ist aber in diesem Zusammenhang auch unerheblich, weil beide ein grundrechtlich gesichertes, vom Staat zu schützendes Gut sind. Der Art. 4 ist – wie viele andere Grundrechtsartikel auch – ein **Jedermannsrecht**, gilt also nicht nur für Deutsche.
Beispiel: Der im Grundsatz weltanschaulich neutrale deutsche Staat muss also Moslems in ihrer Religionsausübung bei der Verrichtung ihres Abendgebetes vor Störungen durch Andersgläubige schützen, auch wenn in islamischen Regionen anderer Länder Christen diesen Schutz nicht genießen.

(Quelle: Dr. Peter Schade auf: www.planet-schule.de/index.php?id=12112; Zugriff: 10. 11. 2015)

Der Österreicher Niko Alm ist bekennender Atheist.

Katholischer Gottesdienst in Ettingenweiher

Was das Kopftuch-Urteil bedeutet – Pro und Kontra

Das Bundesverfassungsgericht hat das Kopftuch-Verbot gekippt. Während Jochim Stoltenberg Verständnis für den Richterspruch hat, hadert Susanne Leinemann mit der Entscheidung. (...)

Pro: Juristisch konsequent
Jochim Stoltenberg
Es kommt nicht gerade alle Tage vor, dass das höchste deutsche Gericht ein eigenes Urteil von vor ein paar Jahren kippt. Aber es ist rein juristisch betrachtet wohl eher schlüssig und damit konsequent – ob es einem passt oder nicht. Ein pauschales Kopftuchverbot für muslimische Lehrerinnen widerspricht im Grundsatz der Religionsfreiheit und der Gleichbehandlung gegenüber Kolleginnen anderer Glaubensrichtungen, urteilte der Erste Senat mit sechs gegen zwei Stimmen. Ein Urteil, das dadurch bestärkt wird, dass im konkreten Fall Nordrhein-Westfalens Schulgesetz ausdrücklich christlich-abendländische Bildungs- und Kulturwerte oder Traditionen privilegiert.
Das Urteil zeigt aber auch Grenzen auf, um ein missbräuchliches Tragen des Kopftuches zu verhindern. Das ist gut so. Denn nicht auch noch Schulen dürfen zur Kampfstätte kultureller Unterschiede werden. Bei allem Verständnis für den Richterspruch bleibt ein Unbehagen zurück. Er hat Recht gesetzt. Aber sorgt die Entscheidung auch für Rechtsfrieden an den Schulen, in der Gesellschaft? Zweifel nagen.

Kontra: Das falsche Signal
Susanne Leinemann
Der Druck auf türkische und arabische Mädchen in dieser Stadt ist enorm. Wohin man schaut, das Kopftuch ist auf dem Vormarsch. Junge islamische Mädchen, die weiterhin auf dem Schulhof ohne Kopftuch herumlaufen, müssen sich einiges anhören. Hure, Flittchen, vieles mehr. Woher man das weiß? Man muss nur den Lehrern aus bestimmten Schulen zuhören. Oder einfach mal den Bus M29 fahren.
Meine freie Entscheidung, argumentieren viele muslimische Mädchen. Und mein Respekt vor Allah. Das ist ihr gutes Recht – Religion ist ein tiefes Gefühl. Doch zunehmend wird das Kopftuch zu einem Instrument, um Mädchen in traditionell definierte Schranken zu weisen. Die Frauenrechte sind in islamischen Ländern auf dem Rückzug.
Nun sollen Lehrerinnen auch hier im Unterricht Kopftuch tragen dürfen? Frauen mit Migrationshintergrund und akademischem Abschluss, die oft eine letzte gelebte Alternative für Kopftuchmädchen sind. Pädagogen können großen Einfluss haben. Lehrerinnen mit Kopftuch setzen ein Zeichen. Aber nicht das Zeichen, das wir im Moment brauchen.

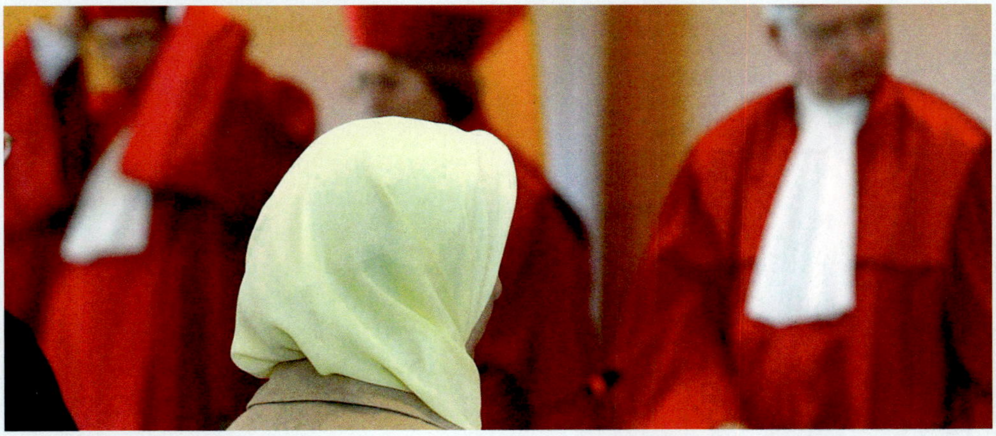

(Quelle: Artikel vom 13.03.2015 auf: www.morgenpost.de/berlin/article138393949/Was-das-Kopftuchurteil-bedeutet-Pro-Contra.html; Zugriff: 16. 11. 2015)

Kopftuch-Verbot
Im Jahr 2003 hatten die Verfassungsrichter des Zweiten Senats des Bundesverfassungsgerichts ein Urteil gefällt, dass den Bundesländer erlaubte, „Bekleidung von Lehrern, die als religiös motiviert verstanden werden kann", zu verbieten. Diese Vorgabe hat der Erste Senat des Gerichts, der vor allem für den Grundrechtsschutz zuständig ist, im Jahr 2015 aufgehoben.

1 Beschreibe den Kern des Artikels 4.
2 Erkläre, was für dich der Artikel 4 bedeutet.
3 Lege mögliche Probleme im Alltag dar, die aus dem Artikel 4 entstehen können.
4 Aufhebung des Kopftuch-Urteil: Wäge die Argumente dafür und dagegen ab und nimm dann Stellung zu dem Richterspruch von 2015.

Grundgesetz Artikel 5: Meinungs- und Pressefreiheit

Grundgesetz: Artikel 5

(1) Jeder hat das Recht, seine Meinung in Wort, Schrift und Bild frei zu äußern und zu verbreiten und sich aus allgemein zugänglichen Quellen ungehindert zu unterrichten. Die Pressefreiheit und die Freiheit der Berichterstattung durch Rundfunk und Film werden gewährleistet. Eine Zensur findet nicht statt.

(2) Diese Rechte finden ihre Schranken in den Vorschriften der allgemeinen Gesetze, den gesetzlichen Bestimmungen zum Schutze der Jugend und in dem Recht der persönlichen Ehre.

(3) Kunst und Wissenschaft, Forschung und Lehre sind frei. Die Freiheil der Lehre entbindet nicht von der Treue zur Verfassung.

Die Meinungs- und Pressefreiheit ist für Demokratien wichtig. Durch das Recht, unbeschränkt über Ereignisse in Politik, Verwaltung und Wirtschaft zu berichten, werden häufig Missstände aufgedeckt, die sonst verborgen bleiben würden. So üben die Medien über die Mächtigen im Land eine Kontrolle aus. Häufig führt ein Anfangsverdacht dazu, dass die Massenmedien selbst weitere Nachforschungen anstellen. Durch die Pressefreiheit werden Fehlentscheidungen, Lügen, Unterschlagungen aufgedeckt.

Die Pressefreiheit ist bei uns durch das Grundgesetz garantiert. Keine staatliche Behörde darf Zeitungen kontrollieren oder Sendungen verbieten. Journalisten und Journalistinnen müssen ihre Berichte von keinem Amt genehmigen lassen und brauchen keine Angst zu haben, für die Kritik an der Regierung oder an großen Wirtschaftsunternehmen verhaftet zu werden. Dieses Fehlen von Druck und Zwang nennt man „äußere Pressefreiheit".

Mit „innerer Pressefreiheit" ist die Unabhängigkeit von Journalisten gemeint. Sie sollen das schreiben können, was sie für richtig halten, ohne auf mögliche Wünsche ihres Arbeitgebers, ihrer Leser und Leserinnen oder von Anzeigenkunden eingehen zu müssen.

Meinungs- und Pressefreiheit enden dort, wo fremde Rechte verletzt werden. Zum Beispiel darf die Presse keine unwahren Behauptungen verbreiten. Und nicht alles, was das Gesetz erlaubt, ist ethisch vertretbar. Wer durch die Darstellung in den Medien seine Menschenwürde oder die anderer verletzt sieht, kann sich beim Presserat über den Bericht beschweren. Der Presserat untersucht die Beschwerde und kann dann z. B. eine Rüge erteilen, die das betroffene Blatt abdrucken muss.

Karikatur: Harm Bengen

1 Erläutere die Meinungsfreiheit, wie sie in Artikel 5 beschrieben ist.
2 Beschreibe den Zusammenhang zwischen Demokratie und Pressefreiheit.
3 Interpretiere die Karikatur.

Thema: **Deutscher Presserat**

Der Presserat ist keine staatliche Institution, sondern ein freiwilliger Zusammenschluss von Journalisten- und Verlegerverbänden. Der Presserat tritt für einen qualitätsvollen Journalismus und für die Pressefreiheit ein. In seinem „Pressekodex" hat er Richtlinien für die Arbeit von Journalisten festgelegt. Jeder kann sich beim Presserat über Berichte in Zeitungen, Zeitschriften und journalistische Beiträge im Internet beschweren, allerdings nicht über das Fernsehen oder den Rundfunk. Der Presserat prüft solche Beschwerden auf der Basis des Pressekodex.

Am Beispiel der Homepage des Presserates könnt ihr trainieren, wie man sich gezielt Informationen im Internet beschaffen kann. Gleichzeitig erfahrt ihr, welche Probleme es mit der Pressefreiheit in Deutschland gibt.

Hier sind die Maßstäbe für die Berichterstattung und das journalistische Verhalten aufgelistet.

Hier hat man die Möglichkeit, seine Beschwerde online einzureichen.

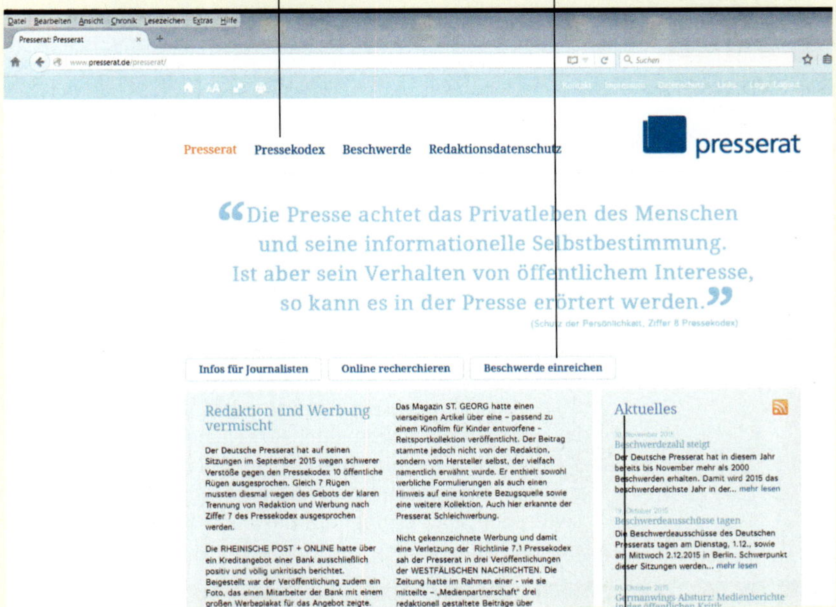

Klickt man auf dieses Stichwort, erhält man aktuelle Informationen.

Erkundung der Internetseite

1. Klicke auf „Pressekodex":
   - Wie viele Abschnitte enthält der Pressekodex?
   - Was sagt der Pressekodex unter seiner Ziffer 8 aus?
   - Was besagt der Absatz 8.3 des Pressekodex?
   - Was erfährt man, wenn man unter „Pressekodex" „Chronik" anklickt?
   - Klicke unter „Pressekodex" den Punkt „Ein Fall für den Presserat" an: Was wird unter „öffentlicher Rüge" aufgeführt? Welcher Fall wird unter „Missbilligung" dargestellt?
   - Klicke beim Stichwort „Übersicht der Rügen" das Jahr 2013 an: Welches Medium wurde in diesem Jahr mehrmals gerügt?
2. Klicke auf „Beschwerde" und dann auf „Statistiken":
   - Wie viele Beschwerden gab es 2013?
   - Wie viele Beschwerden wurden 2013 als begründet angesehen?
   - Wie viele öffentliche Rügen wurden 2013 ausgesprochen?
3. Klicke auf „Redaktionsdatenschutz", dann „Ein Fall für den Datenschutz":
   - Beschreibe, um was es im Fall 3 geht.

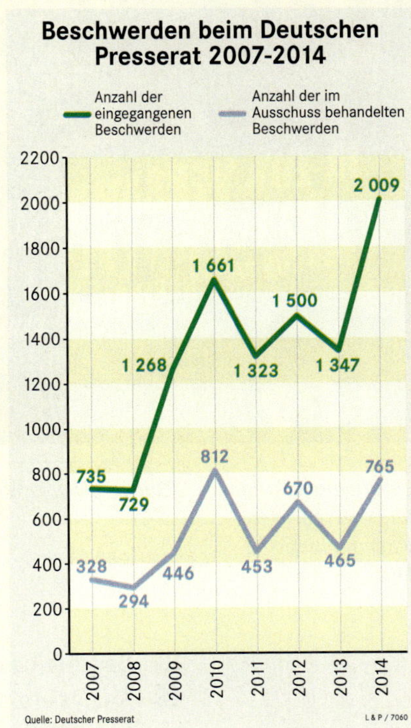

1 Erkunde die Homepage des Presserates (www.presserat.de). Beantworte die Erkundungsfragen im Kasten.

Grundgesetz: Artikel 8

(1) Alle Deutschen haben das Recht, sich ohne Anmeldung oder Erlaubnis friedlich und ohne Waffen zu versammeln.

(2) Für Versammlungen unter freiem Himmel kann dieses Recht durch Gesetz oder aufgrund eines Gesetzes beschränkt werden.

Beispielsfall – Versammlungsfreiheit

Das Verwaltungsgericht Braunschweig hatte über die Rechtfertigung einer zeitlichen und räumlichen Begrenzung einer NPD-Kundgebung zu entscheiden.

Der Entscheidung lag folgender Sachverhalt zugrunde: Ein NPD-Vertreter hat per Fax eine 3-stündige Kundgebung auf dem Wolfenbütteler Stadtmarkt angemeldet. Das Thema der Kundgebung lautete „Wir wollen nicht Zahlmeister Europas sein – raus aus dem Euro“. Vonseiten der Stadt erging daraufhin ein Bescheid mit der Untersagung der Kundgebung, da Auseinandersetzungen mit Gegnern der Partei befürchtet wurden. Zudem wollte die Stadt vermeiden, dass Wähler/-innen beeinflusst werden, die den Stadtmarkt an diesem Tag passieren wollen um das Briefwahlbüro zu erreichen, das sich im Rathaus befindet.

Die NPD berief sich daraufhin in einem Eilantrag bei dem Verwaltungsgericht Braunschweig auf das Recht zur Versammlungsfreiheit. Das Gericht kam zu dem Beschluss, dass es der Partei gestattet ist, die Versammlung für eine Dauer von einer Stunde abzuhalten. Örtlich sei die Kundgebung jedoch auf die Süd-Ost-Seite des Stadtmarkts zu beschränken. Das Recht auf Versammlungsfreiheit nach Art. 8 GG sei hoch zu werten und könne hier nicht gänzlich versagt werden. Die öffentliche Sicherheit sei im konkreten Fall nicht mit der notwendigen hohen Wahrscheinlichkeit gefährdet gewesen, die keine andere Alternative als die komplette Untersagung der Veranstaltung gestatten würde.

Auch der NPD stehe das Recht auf Versammlungsfreiheit zu, so wie jeder anderen politischen Partei auch. Die Stadt Wolfenbüttel konnte keine hinreichenden Angaben machen, auf die konkrete Befürchtungen und Schwierigkeiten gestützt wären. Allein eine Erforderlichkeit der Beschränkung des Grundrechts auf Versammlungsfreiheit wurde durch das Gericht bestätigt, sodass potenzielle Briefwähler durch die Kundgebung nicht bei der Ausübung ihres Wahlrechts gestört werden.

(Quelle: www.juraforum.de/lexikon/versammlungsfreiheit; Zugriff: 10. 11. 2015)

Eine Demonstration für den Erhalt der Versammlungsfreiheit

1 Beschreibe den Kern von Artikel 8.

2 Analysiere das Fallbeispiel: Erläutere, warum die Stadt die NPD-Versammlung untersagt hat. Erkläre, warum das Gericht die Versammlung zugelassen hat.

3 „Demonstrieren ja – aber nicht für extreme Ansichten, das gibt nur Ärger!“ – Setze dich mit dieser Ansicht auseinander.

Sitzblockade – ein Grundrechtekonflikt

Durch eine Sitzblockade verhindern die Beteiligten den regulären Betrieb beispielsweise auf einer Straße oder vor einer Zufahrt. Sie ist eine Form des politischen Protestes. Mehrfach geschieht dies an Orten, die symbolhaft für die bekämpften politischen Ziele stehen, z. B. vor Atomkraftwerken. Entweder beenden die Beteiligten den Sitzprotest selbst nach einer gewissen Zeit oder sie werden von Polizisten weggetragen. Sitzblockaden gelten als Form des zivilen Ungehorsams bzw. des zivilen Widerstandes. In der Bundesrepublik Deutschland ist eine Sitzblockade verfassungsrechtlich eine Versammlung nach Art. 8 GG.
Strafrechtlich wurde eine Sitzblockade früher stets als Nötigung bewertet. 1985 relativierte das Bundesverfassungsgericht (BVerfG) diese damals von der Rechtsprechung vertretene strenge Sichtweise des strafrechtlichen Gewaltbegriffs. Am 10. Januar 1995 entschied das BVerfG, dass die Sitzblockade vor ‚einem' Fahrzeug noch keine Gewalt darstelle, da das Fahrzeug das Hindernis überwinden könnte – der auf den Fahrer einwirkende Zwang, dies nicht zu tun, sei rein psychisch. (…)
Nach Auffassung des Bundesgerichtshofs ändert sich diese Beurteilung jedoch in dem Moment, wenn ein ‚zweites' Fahrzeug erscheine, das nunmehr nicht mehr psychisch, sondern physisch (nämlich durch das erste Fahrzeug) aufgehalten werde. Dies ist weiterhin strafbar.
Eine Sitzblockade verbunden mit Anketten, Einhaken oder aktivem Widerstand gegen das Wegtragen wird auch vom BVerfG im Regelfalle als Nötigung nach § 240 Abs. 1 StGB angesehen (…).

(www.juraforum.de/lexikon/Sitzblockade; Zugriff: 20. 10. 2015)

Ein Sitzblockade am Frankfurter Ostbahnhof (2013)

1 *Da zerren uns die Polizisten von den Gleisen, als wären wir Schwerverbrecher. Dabei wollen wir doch nur zum Nutzen aller gegen eine menschenverachtende Technologie demonstrieren. Umweltengagement ist viel wichtiger als das Einhalten kleinlicher Rechtsvorschriften.*

2 *Wo kommen wir denn hin, wenn einige meinen, ihr Anliegen sei so wichtig, dass sie beim Demonstrieren das Recht nicht mehr beachten müssen? Die Nächsten werfen dann Bomben, um für ihre „heilige Sache" zu kämpfen …*

3 *In einer Demokratie darf jeder die Meinung vertreten, die er für richtig hält. Er muss sich dabei aber an die Spielregeln halten, die für alle gelten. Sitzblockaden gehören nicht dazu.*

4 *Wie sollen wir denn sonst die Menschen auf den Wahnsinn der Atomenergie aufmerksam machen? Ich habe Angst um die Zukunft der Menschheit – und da will man uns dann wegen der Teilnahme an einer Sitzblockade bestrafen?*

5 *Wer Straßen oder Eisenbahngleise blockiert, nimmt anderen die Bewegungsfreiheit. In einem Rechtsstaat darf das unter keinen Umständen geduldet werden, egal, wie die Demonstranten ihr Handeln begründen.*

6 *Ich sitze nur auf den Schienen und rühre keinen Finger. Das soll Gewalt sein? Ich will doch nur verhindern, dass diese gefährlichen Atomtransporte weiter durch unser Land rollen.*

1 Beschreibe das Wesen einer Sitzblockade
2 Erkläre den Grundrechtekonflikt, der sich aus einer Sitzblockade ergeben kann.
3 Setze dich mit den Meinungsäußerungen auseinander.

Zur Geschichte der Sinti und Roma

Seit mehr als 600 Jahren leben Sinti und Roma in Deutschland. Zunächst wurden sie als Handwerker hoch geachtet, doch bald wendete sich das Blatt: Immer wieder wurden sie aus der Gesellschaft ausgeschlosssen, verfolgt, ermordet. (...)
Direkt nach der Machtübernahme durch die Nationalsozialisten wurden die Sinti und Roma erneut verfolgt. Sie verloren die deutsche Staatsbürgerschaft, viele wurden ab Mitte der 1930er-Jahre in Lagern interniert und mussten Zwangsarbeit leisten. Kinder durften keine Schule mehr besuchen, es gab Berufsverbote, spezielle Meldepflichten und zahlreiche Einschränkungen im täglichen Leben. Das Reichsgesundheitsamt begann, die Sinti und Roma mit Rassegutachten zu erfassen. Ab 1940 wurden die ersten Familien in Konzentrationslager deportiert. Etwa eine halbe Million Sinti und Roma wurden dort ermordet. (...) Noch während die deutschen Sinti und Roma gegen ständige Diskriminierung und für Gleichbehandlung kämpften, trat mit Ende des Bürgerkriegs in Exjugoslawien und dem Kosovo-Konflikt in den 1990er-Jahren eine neue Situation ein: Rund 50 000 Roma kamen von dort als Flüchtlinge in die Bundesrepublik, etwa 20 000 von ihnen Kinder. 2015 stieg die Zahl der Flüchtlinge aus den Balkanstaaten erneut an, darunter etwa ein Drittel Sinti und Roma. Nachdem die Balkanstaaten außerhalb der EU zu sicheren Herkunftsländern erklärt worden waren, kommen kaum noch Flüchtlinge. Heute leben nach Schätzungen in Deutschland 100 000 bis 250 000 Sinti und Roma.

Eine Gruppe Sinti im Hof des Internierungslagers Hohenasperg bei Ludwigsburg, 22. Mai 1940

(Quelle: www.planet-wissen.de/kultur/voelker/sinti_und_roma_in_deutschland/index.html; Aufruf 7. 7. 2016)

Jeder dritte Deutsche will keine Roma als Nachbarn

Die Ausgrenzung von Sinti und Roma ist in Deutschland stark ausgeprägt. Das zeigt eine neue Studie des Bundes: Jeder Zweite schiebt die Schuld an dieser Diskriminierung auf die Minderheit.
Ein Großteil der Deutschen nimmt Sinti und Roma nicht als gleichberechtigte Mitbürger wahr. Das ist das Ergebnis einer Studie der Antidiskriminierungsstelle des Bundes. Die Befunde seien „dramatisch“, sagte die Behördenchefin Christine Lüders am Mittwoch: „Gleichgültigkeit, Unwissenheit und Ablehnung bilden zusammen eine fatale Mischung, die Diskriminierungen gegenüber Sinti und Roma den Boden bereiten.“
Die wichtigsten Ergebnisse der Erhebung im Überblick:

- Jeder dritte Deutschen fände Sinti und Roma als Nachbarn „sehr oder eher unangenehm“.
- Keiner Bevölkerungsgruppe wird weniger Sympathie entgegengebracht als Roma und Sinti.
- Die Hälfte der Bevölkerung denkt, dass Sinti und Roma durch ihr eigenes Verhalten Feindseligkeit hervorrufen.
- Jeder Zweite hält Einreisebeschränkungen für ein probates Mittel, um Probleme im Umgang mit Sinti und Roma zu reduzieren.

Der Vorsitzende des Zentralrats Deutscher Sinti und Roma, Romani Rose, zeigte sich besorgt: „Die Studie zeigt, dass es eine hohe Ablehnung von Sinti und Roma gibt und dass tief sitzende Vorurteile immer wieder reaktiviert werden können.“ Das Feindbild „Zigeuner“ sei in Deutschland hoch virulent.
„Die Studie ist ein Warnsignal“, sagt auch Behördenchefin Lüders. Besonders auffällig sei, dass Sinti und Roma in allen sozialen Schichten und über Altersgrenzen hinweg nicht als gleichberechtigt wahrgenommen würden. „Das heißt, wir alle müssen handeln, um die Minderheit besser zu integrieren“, so Lüders.

(Quelle: www.spiegel.de/politik/deutschland/roma-und-sinti-studie-ueber-antiziganismus-in-deutschland-a-989616.html; Zugriff: 11. 11. 2015)

Interview mit Marianne und Petra Rosenberg

Marianne Rosenberg steht seit 40 Jahren auf der Bühne. In den 1970er-Jahren war sie eine der erfolgreichsten deutschsprachigen Sängerinnen („Er gehört zu mir"). Lange Zeit wusste kaum jemand, dass Marianne Rosenberg eine deutsche Sinteza ist. Bei Planet Wissen sprechen die Sängerin und ihre Schwester Petra Rosenberg, Vorsitzende des Landesverbands Deutscher Sinti und Roma Berlin-Brandenburg, über ihre Erfahrungen, über Vorurteile gegenüber Sinti und Roma und wie sie damit umgehen.

Planet Wissen (PW): Sie beiden lehnen den Begriff „Zigeuner" ab. Warum? Was schwingt da mit?

Marianne Rosenberg (M.R.): Ich habe dieses Wort sehr selten in einem positiven Zusammenhang gehört. Ich selbst würde mich auch nicht so nennen. Würde man mich fragen, würde ich sagen: Ich bin deutsche Sinteza. Ich würde nicht sagen: Ich bin deutsche Zigeunerin. Deshalb also die Bezeichnung, die Eigenbezeichnung. Mein Vater hat gesagt, solange er sich zurückerinnern kann: „Wir sind deutsche Sinti und so begreifen wir uns auch."

PW: Es gibt hier aber auch Roma. Wo kommen die her? Gibt es da gemeinsame Wurzeln?

Petra Rosenberg (P.R.): Roma und auch Sinti verließen vor etwa 1000 Jahren ihre Ursprungsheimat, die der Sprachforschung zufolge im heutigen Nordwestindien und Pakistan liegt. In der zweiten Hälfte des 19. Jahrhunderts, nach der Abschaffung der Leibeigenschaft in Moldawien und der Walachei sowie im Zuge des Ersten und Zweiten Weltkriegs, kamen Roma nach Deutschland. Sinti leben seit Anfang des 15. Jahrhunderts im deutschen Sprachraum. Viele der Roma, die in den 1960er-Jahren als sogenannte Gastarbeiter kamen, besitzen die deutsche Staatsbürgerschaft. Darüber hinaus leben in Deutschland nicht eingebürgerte Roma aus Südosteuropa, beispielsweise aus dem Kosovo, die durch das Rückübermahmeabkommen zwischen der Bundesrepublik und dem Kosovo vom Juli 2009 akut von der Abschiebung bedroht sind. (...)

PW: Marianne Rosenberg, als Sie plötzlich einer so großen Öffentlichkeit ausgesetzt waren, haben Sie nie groß öffentlich gemacht, dass Sie Sinteza sind.

M.R.: Mein Vater wollte das nicht. Mein Vater hat zu mir gesagt, wenn die Menschen – oder jetzt speziell die Journalisten – dich fragen, warum dein Vater so dunkel aussieht, woher wir kommen, dann sagst du, wir kommen aus Ungarn. Das andere wollen die Leute nicht hören, sie fühlen sich schuldig. Sie sagen, sie haben schlimme Dinge im Krieg erlebt und mussten auch Hunger leiden. Und was Auschwitz bedeutet und dass die Menschen ermordet wurden, das möchte niemand hören. Es wird deiner Karriere schaden, du wirst keine einzige Platte mehr verkaufen. – So hat er damals noch über die Menschen in diesem Land gedacht. (...)

PW: Wenn Sinti oder Roma heute offen mit ihrer Herkunft umgehen: Haben sie dadurch Nachteile, gibt es Probleme – beispielsweise im Arbeitsleben?

P.R.: Noch immer gibt es in der Gesellschaft Vorbehalte und Vorurteile gegenüber unserer Minderheit. Die meisten in Deutschland ansässigen Sinti und Roma leben mitten in der Mehrheitsgesellschaft, ohne ihre ethnische Identität gegenüber Nachbarn und Kollegen preiszugeben. Ihre Kinder sagen den Mitschülern nicht, dass sie Sinti oder Roma sind, weil dies erfahrungsgemäß – insbesondere bei Jugendlichen mit Migrationshintergrund – oft Aggressionen und in vielen Fällen auch tätliche Angriffe auslöst. Auch bei der Arbeits- und Wohnungssuche treffen Sinti und Roma häufig auf Vorbehalte, wenn sie ihre Identität preisgeben. Diese Vorbehalte stehen im Widerspruch zu der Tatsache, dass viele Sinti und Roma seit Jahrzehnten in Wirtschaft und Industrie als Unternehmer und Angestellte erfolgreich tätig sind.

(Quelle: www.osteuropa.lpb-bw.de/fileadmin/osteuropa/pdf/Interview_Rosenbergs.pdf; Zugriff: 11. 11. 2015)

Marianne und Petra Rosenberg

Sinteza
weibliche Form von „Sinto" (männlicher Singular von „Sinti"); die Herkunft dieser Selbstbezeichnung ist unklar.

1. Notiere, was dir zu „Zigeuner" oder „Sinti und Roma" einfällt oder was du dazu schon gehört hast.
2. Beschreibe stichwortartig die Geschichte der Sinti und Roma in Deutschland.
3. Erschließe aus dem Bericht über die Studie und dem Interview die Situation der Sinti und Roma in Deutschland heute.

Minderheitenschutz: Sinti und Roma in Baden-Württemberg

Aus dem Vertrag des Landes Baden-Württemberg mit dem Verband Deutscher Sinti und Roma, Landesverband Baden-Württemberg e. V.

Präambel

Sinti und Roma gehören seit mehr als 600 Jahren zur Kultur und Gesellschaft des heutigen Landes Baden-Württemberg. Sie sind eine anerkannte nationale Minderheit der Bundesrepublik Deutschland. Ihre Sprache und Kultur sind durch deutsches und europäisches Recht geschützt. Die Ausgrenzung und Benachteiligung von Sinti und Roma reichen zurück bis in das Mittelalter. Die grausame Verfolgung und der Völkermord durch das nationalsozialistische Regime brachten unermessliches Leid über Sinti und Roma in unserem Land und zeitigen Folgen bis heute. Dieses Unrecht ist erst beschämend spät politisch anerkannt und noch nicht ausreichend aufgearbeitet worden. Auch der Antiziganismus ist noch immer existent und nicht überwunden.
Im Bewusstsein dieser besonderen geschichtlichen Verantwortung gegenüber den Sinti und Roma als Bürgerinnen und Bürger unseres Landes und geleitet von dem Wunsch und Willen, das freundschaftliche Zusammenleben zu fördern, schließen das Land Baden-Württemberg, vertreten durch den Ministerpräsidenten und der Verband Deutscher Sinti und Roma, Landesverband Baden-Württemberg e. V., vertreten durch seinen Vorstandsvorsitzenden angesichts des gemeinsamen Zieles, jeglichen Diskriminierungen von Angehörigen der Minderheit entgegenzuwirken und den gesellschaftlichen Antiziganismus wirksam zu bekämpfen; in dem Willen, gemeinsam das gesellschaftliche Miteinander unter Achtung der ethnischen, kulturellen, sprachlichen und religiösen Identität der Sinti und Roma kontinuierlich zu verbessern; in Anerkennung der Verpflichtungen aus dem Rahmenübereinkommen des Europarates zum Schutz nationaler Minderheiten und der Europäischen Charta der Regional- oder Minderheitensprachen folgenden Vertrag.

(Quelle: VDSRVtrG BW auf www.landesrecht-bw.de; Aufruf 11. 11. 2015)

Staatsvertrag mit Sinti und Roma – Baden-Württemberg als Vorreiter

Stuttgart – Als erstes Bundesland stellt Baden-Württemberg die Zusammenarbeit mit den hier lebenden Sinti und Roma per Staatsvertrag auf eine neue Grundlage. Der Vertrag „enthält das klare Bekenntnis zur Anerkennung der baden-württembergischen Sinti und Roma und legt eine verbindliche Förderung der Minderheit fest", sagte Ministerpräsident Winfried Kretschmann (Grüne) am Donnerstag in Stuttgart. So sieht das Papier vor, dass die Minderheit ab 2014 jährlich 500 000 Euro erhält. Das ist mehr als eine Verdopplung der bislang gezahlten 208 000 Euro. Ebenso wird ein „Rat für die Angelegenheiten der deutschen Sinti und Roma" geschaffen. „Der Staatsvertrag ist ein historisches Ereignis", betonte der Landesvorsitzende Deutscher Sinti und Roma, Daniel Strauß. Mit dem Geld sollen die Aufarbeitung der nationalsozialistischen Vergangenheit, kulturelle Arbeit und die Integration von Sinti und Roma ohne Pass finanziert werden. In das neue Beratungsgremium werden Vertreter des Landes und der Sinti und Roma berufen. Darin soll über die Minderheit betreffende Fragen beraten werden.

In Baden-Württemberg leben rund 12 000 Sinti und Roma, die neben den Friesen, den Sorben und den Dänen eine der vier anerkannten nationalen Minderheiten in Deutschland sind. „Sinti und Roma sind ein Teil von Baden-Württemberg. Dieses Land ist unsere gemeinsame Heimat", betonte Kretschmann. Der Ministerpräsident erklärte, das Land unterstreiche mit dem Vertrag die besondere historische Verantwortung gegenüber Sinti und Roma, die in der Zeit des Nationalsozialismus verfolgt und ermordet wurden. Landtagspräsident Guido Wolf (CDU) sagte, das Thema Ausgrenzung sei für Sinti und Roma noch heute aktuell.

(Quelle: Artikel vom 28. 11. 2013 auf: www.stuttgarter-nachrichten.de/inhalt.staatsvertrag-mit-sinti-und-roma-baden-wuerttemberg-als-vorreiter.bca45ec5-fa0b-4f9f-a81b-baaecb216943.htm; Zugriff: 20. 10. 2015)

Mannheim: Kulturwoche der deutschen Sinti und Roma eröffnet

Innenminister Gall nahm an der Eröffnung der ersten Kulturwoche der Sinti und Roma im Kulturhaus teil – Kultur als Mittlerin schaffe Begegnungen, fördere Toleranz und Akzeptanz.

Mit Stücken von und zu Ehren von Franz „Schnuckenack“ Reinhardt hat das Romeo Franz Ensemble die erste Kulturwoche der deutschen Sinti und Roma eröffnet. Noch bis einschließlich Samstag zeigt der in der Quadratestadt beheimatete Landesverband Baden-Württemberg im Kulturhaus „RomnoKehr“ in B 7, 16 ein breit gefächertes Programm. Die abendlichen Konzerte werden täglich ab 14 Uhr von Infoständen, einer Comic-Ausstellung sowie der Dokumentation „Typisch ‚Zigeuner‘? – Mythos und Wirklichkeiten“ begleitet.

„Es ist das erste Mal in der Nachkriegsgeschichte, dass wir unsere Kultur als Teil des Ganzen präsentieren können“, unterstrich Daniel Strauß die Bedeutung. Als Landesvorsitzender deutscher Sinti und Roma hatte er im November 2013 gemeinsam mit Ministerpräsident Winfried Kretschmann, der als Schirmherr der Kulturwoche fungiert, einen Staatsvertrag unterzeichnet, womit Baden-Württemberg als erstes Bundesland die nationale Minderheit anerkannte. Damit verbunden war eine verbindliche finanzielle Förderung. „Aus diesen Mitteln konnte unsere Idee einer Kulturwoche realisiert werden“, so Strauß.

Nur 4000 Menschen und damit rund zehn Prozent der Sinti und Roma überlebten den Holocaust. Mit den Ermordeten wollten die Nazis auch deren Lebensart, Brauchtum und Sitten ausmerzen. Diese schwer geschädigte, aber nicht vernichtete Kultur werde im Kulturhaus „RomnoKher“ nun reflektiert, formuliert Strauß im Begleitwort zum Programm.

Kultur sei mehr als gestaltendes Element der Muse, sondern Kennzeichen dessen, was uns ausmacht, betonte Innenminister Reinhold Gall bei der Eröffnung. Angesichts dessen, was der Landesverband kaum ein Jahr nach Unterzeichnung des Staatsvertrages auf die Beine gestellt habe, „hat es sich allemal gelohnt, heute die Kabinettssitzung zu schwänzen“, sagte Gall. Er sei sich sicher, dass die Kulturwoche dazu beitragen werde, das eigene Denken zu erweitern und abstrakte Vorstellungen zu hinterfragen. „Denn keiner ist frei von Klischees und Vorurteilen“. Kultur als Mittlerin schaffe Begegnungen, fördere Toleranz und Akzeptanz.

Bürgermeisterin Ulrike Freundlieb verhehlte nicht, dass die Sinti und Roma sich auch in Mannheim immer wieder pauschaler Vorurteile ausgesetzt sehen. „Aufgabe der Kommune ist es, Bedingungen zu schaffen, damit eine Minderheit ihrer Kultur Ausdruck verleihen und zeigen kann, dass sie dazugehört“, sagte die Dezernentin.

(Quelle: Artikel von Heike Warlich-Zink auf: www.rnz.de/nachrichten/mannheim_artikel,-Mannheim-Kulturwoche-der-deutschen-Sinti-und-Roma-eroeffnet-_arid,4247.html; Zugriff: 20. 10. 2015)

1 Benenne wesentliche Zielsetzungen des Staatsvertrags.

2 Erläutere, warum der Vertreter der Sinti und Roma von einem „historischen Ereignis“ spricht.

3 Begründe, wie ein Ereignis wie die Kulturwoche in Mannheim zum Minderheitenschutz beitragen kann.

1 Überprüfe dein Vorwissen.

In diesem Kapitel haben wir uns mit verschiedenen Grundrechten, ihrem Schutz und ihren Gefährdungen beschäftigt.

a) Zu Beginn dieser Unterrichtseinheit hast du eine Begriffsanalye durchgeführt, um herauszufinden, was du zum Thema Grundrechte schon alles weißt. Nimm deine Mindmap, die du auf Grundlage der Analyse angefertigt hast und überarbeite sie, indem du Ober- und Unterbegriffe ergänzt und Verbindungen zwischen den einzelnen Begriffen markierst.

b) Gestützt auf das, was du gelernt hats, kannst du eine Antwort auf die folgende Frage geben:

Sollen Karikaturen, in denen Politiker, Religionen oder einzelne sonstige Personen lächerlich gemacht werden, veröffentlicht werden?

Erkläre, welche zwei Grundrechte sich hier gegenüberstehen. Triff eine begründete Entscheidung und halte deine ausführliche Antwort schriftlich fest.

2 Löse das Rätsel.

Die Buchstaben in der gelb unterlegten Spalte ergeben von oben nach unten gelesen das Lösungswort. Ergänze auch die jeweiligen Grundgesetzartikel rechts neben den Lösungswörtern.
Tipp: Umlaute sind zwei Buchstaben (z. B.: ä = ae).

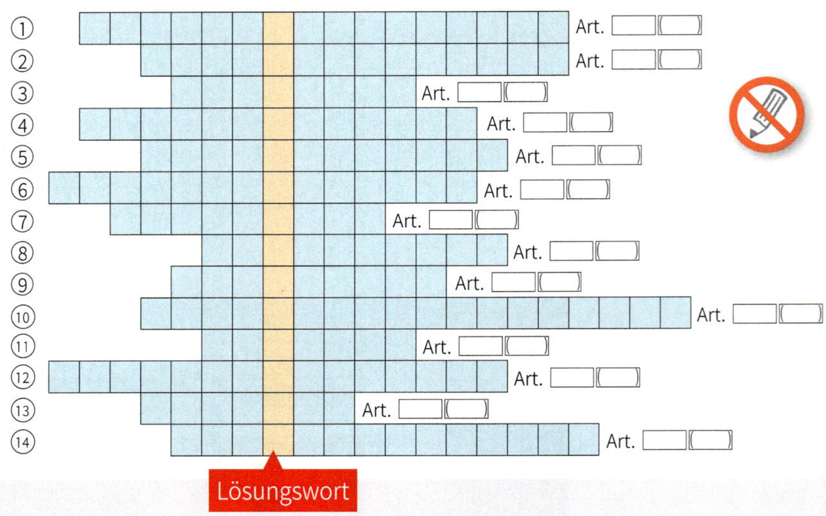

1 Männer und Frauen sind ... .
2 Jeder hat das Recht auf Leben und körperliche ... .
3 Niemand darf gegen sein ... zum Kriegsdienst mit der Waffe gezwungen werden.
4 Die Wohnung ist ... .
5 Eigentum ... .
6 Alle Deutschen genießen ... im ganzen Bundesgebiet.
7 Politisch Verfolgte genießen ... .
8 Das gesamte ... steht unter der Aufsicht des Staates.
9 Alle Deutschen haben das Recht, sich ohne Anmeldung oder Erlaubnis ... und ohne Waffen zu versammeln.
10 Alle Deutschen haben das Recht, Beruf, Arbeitsplatz und ... frei zu wählen.
11 Ehe und ... stehen unter dem besonderen Schutze der staatlichen Ordnung.
12 Das deutsche Volk bekennt sich darum zu unverletzlichen und unveräußerlichen ... als Grundlage jeder menschlichen Gemeinschaft, des Friedens und der Gerechtigkeit in der Welt.
13 Alle Deutschen haben das Recht, ... und Gesellschaften zu bilden.
14 Die ... und die Freiheit der Berichterstattung durch Rundfunk und Film werden gewährleistet.

(Quelle: Lothar Scholz: Thema im Unterricht EXTRA: Grundgesetz für Einsteiger und Fortgeschrittene, Bonn: Bundeszentrale für politische Bildung 2014, S. 3)

3 Interpretiere die Karikaturen.

Karikatur von Amelie Glienke (HOGLI)

Karikatur von Erich Rauschenbach

4 Führt eine Diskussion durch

Setzt euch zunächst in den Gruppen mit dem Zeitungsbericht auseinander, erarbeitet die Problemstellung und führt dann in der Klasse eine Diskussion darüber durch.

Muslima mit Nikab

„Vollverschleierung passt nicht in unser Weltbild"

Eine Düsseldorfer Schule hat das Tragen von Burka und Nikab auf ihrem Gelände verboten: Diese machten Kindern Angst.

Am Freitagmittag steht keine Mutter mit Gesichtsschleier vor dem Schulhof. Man sieht viele Frauen mit Kopftüchern, einige von ihnen tragen ein schwarzes, fußlanges Gewand unter der Jacke. Es gebe hier vier Mütter, die ihre Kinder mit einem Gesichtsschleier abholen, erzählt eine junge Frau. Sie ist überrascht von der neuen Schulordnung der Adolf-Klarenbach-Grundschule.
Demnach müssen Eltern neuerdings vorn am Zauneingang stehen bleiben; zudem haben Elternvertreter und Lehrerschaft gemeinsam ein Verschleierungsverbot festgeschrieben. „Legen Sie bitte eine Bedeckung, die Ihre visuelle Identifikation (Gesichtserkennung) behindert, bei Betreten des Schulgeländes ab", heißt es in Paragraf zwei der Schulordnung.

„Ich kann verstehen, dass man sehen will, wer die Kinder abholt. Die Mütter würden ja im Beisein von Frauen ihren Schleier abnehmen. Leben und leben lassen", meint die Muslimin. Doch ein solches Prozedere reichte der Schule nicht, deren Kinder überwiegend aus Migrantenfamilien stammen. Es gebe keinen aktuellen Anlass, sagt die Schulleiterin den lokalen Medien. Doch aus der Elternschaft ist zu hören, dass Kinder ihre Angst vor den verschleierten Müttern geäußert hätten.
Vor einem Jahr entschied bereits die Bodelschwingh-Grundschule in Essen, solche Kleidung auf dem Schulgelände zu verbieten. „Ich möchte nicht in ein verhülltes Gesicht schauen, wenn ich mich mit einer Mutter unterhalte", sagte Schulleiterin Hannelore Herz-Höhnke (...).

(Quelle: Artikel von Kristian Frigelj auf: www.welt.de/147964671; Zugriff am 16. 11. 2015)

Schülermitverantwortung in Baden-Württemberg

Mitwirkung in der Schule

Auch in der Schule gelten demokratische Grundregeln des Verhaltens. Auch hier hast du also bestimmte Rechte, die deine Mitsprache bei allem garantieren sollen, was in der Schule passiert.
In diesem Kapitel erfährst du unter anderem, wie du dich am Schulleben beteiligen kannst.

Was ist Schülermitverantwortung?
Die Schülermitverantwortung ist Sache aller Schüler. Es darf und soll sich jeder am Schulleben Beteiligte angesprochen fühlen, sich in die Belange der Schule einzumischen.
Es gibt gewählte Vertreter der SMV (...). Das sind die Klassensprecherinnen und Klassensprecher und deren Stellvertreter, sie bilden den Schülerrat, die dann einen oder mehrere Schülersprecher wählen, wenn die SMV-Verordnung nicht etwas anderes vorsieht.
Die vielen Aufgaben (...) und SMV-Projekte könnten aber gar nicht realisiert werden, wenn die gewählten SMV-Vertreter nicht tatkräftige Unterstützung durch engagierte Mitschülerinnen und Mitschüler erhielten.
(Quelle: www.kultusportal-bw.de/SMV-BW,Lde/Startseite/SMV_Organe_Aufgaben; Zugriff: 17. 11. 2015)

Zitat des römischen Philosophen Seneca, um 62 n. Chr.
Nicht für das Leben, sondern für die Schule lernen wir.
(Quelle: Seneca: Epistulae morales ad Lucilium 106, 11–12)

- Überlege, in welchen Bereichen des Schullebens du gern etwas zu sagen hättest. Wo ist für dich Mitbestimmung wichtig?
- Diskutiert in der Klasse: Für wie wichtig haltet ihr die Rolle des gewählten Klassensprechers/der gewählten Klassensprecherin? Wo kann er/sie sich überall einbringen?
- Das Zitat von Seneca wird häufig verdreht zitiert: „Nicht für die Schule, sondern für das Leben lernen wir." – Überlege, welche Aussage zutrifft.

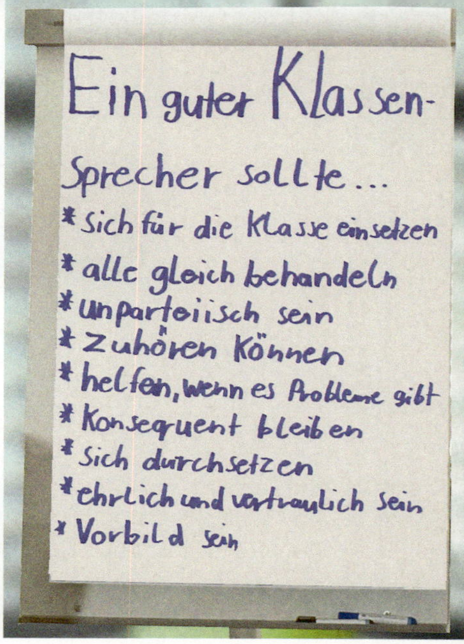

Kapitel 08

Situationsanalyse „Mitwirkung in der Schule“

Nr.	Aussage
1	Wir reden mit, wenn es darum geht, wo und neben wem wir im Klassenzimmer sitzen.
2	Gemeinsam mit unserer Lehrkraft legen wir fest, wohin wir unsere Klassenfahrt machen.
3	Wir dürfen mit darüber entscheiden, wie unser Klassenzimmer gestaltet wird.
4	Wir entscheiden gemeinsam mit der Lehrkraft, wie unser Unterricht gestaltet wird.
5	Wir können darüber mitentscheiden, welche Themen wir im Unterricht bearbeiten.
6	Wir legen gemeinsam Regeln für den Unterricht fest.
7	Wir dürfen mitentscheiden, wann die Klassenarbeiten geschrieben werden.
8	Wir dürfen darüber mitbestimmen, welche und wie viele Hausaufgaben wir machen.
9	Hier dürfen wir außerdem im Unterricht mitbestimmen: ______
10	Hier würden wir im Unterricht gern mitbestimmen: ______

(Nach: Bertelsmann Stiftung (Hrsg.), Einmischen. Anpacken. Verändern. Das Mitmachheft, Gütersloh 2011)

1 Übertrage die Tabelle in dein Heft oder nutze das Arbeitsblatt. Kreuze an, was auf dich und deine Klasse zutrifft.

2 Vergleicht und besprecht die Tabelle in der Klasse. Wo würdet ihr gern mehr mitbestimmen?

Was weißt du?

Die Situationsanalyse zeigt dir, wo du bzw. deine Klasse beim Thema Mitwirkung in der Schule gerade stehst bzw. steht.

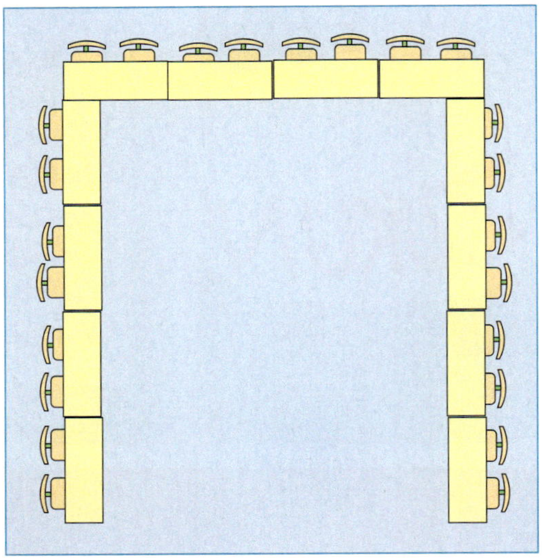

Tische in U-Form

„Eisenbahnordnung"

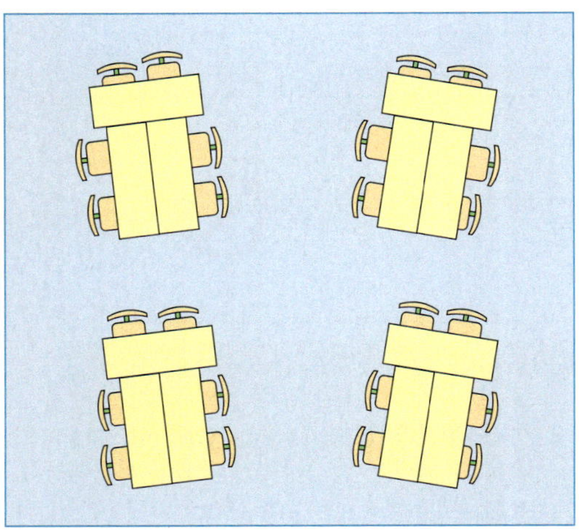

Gruppentische

Frau Becker ist zu Beginn des Schuljahres neu an die Pestalozzi-Schule gekommen. Als Klassenlehrerin leitet sie jetzt die 7b. Frau Becker ist ganz zufrieden mit ihren 24 Schülerinnen und Schülern. Die 14 Jungen und zehn Mädchen sind zwar sehr lebhaft, scheinen aber gern zu lernen. Nur die Sitzordnung stört Frau Becker. Die Schülerinnen und Schüler sitzen an zwölf Zweiertischen in drei Reihen, jeweils vier Tische hintereinander. Frau Becker gefällt diese – wie sie es nennt – „Eisenbahnordnung" nicht, weil sie mit der Klasse mehr Gruppenunterricht machen möchte.

Da Frau Becker die Sitzordnung nicht von sich aus ändern will, fragt sie die Schülerinnen und Schüler, was sie dazu meinen. Gleich rufen einige los und eine heiße Diskussion entbrennt …

Ute: Ich finde Gruppentische klasse, weil …

Boris: (unterbricht sie) Gruppentische? So ein Krampf – da muss ich womöglich mit Mädchen zusammensitzen!

Ute: Ich war doch noch gar nicht fertig mit meinem Satz.

Boris: Du redest sowieso nur Blödsinn!

Laura: Jetzt halt mal die Klappe! Eine andere Sitzordnung wäre doch nicht schlecht.

Maria: Ja, aber wir sollten im Kreis sitzen, nicht zu viert an Gruppentischen.

Ahmet: Was? Im Kreis? Wie soll das denn gehen?

Anna: Ich melde mich schon die ganze Zeit. Nie komme ich dran! Dauernd quatscht einer dazwischen.

Nico: Dann rede halt lauter! Ich bin dafür, dass alles beim Alten bleibt.

Lars: (gleichzeitig mit Paula) … Das ist doch Quatsch! … Kreis ist besser!

Paula: Unsinn! Ob Gruppentische oder im Kreis, das ist doch ganz …

Lars: Blödsinn! … dumme Ziege!

Lena: Seid doch mal ruhig! Ich finde, wir sollten abstimmen!

Udo: Abstimmen? Warum denn das? Ich bin dagegen, dass …

„Halt, so geht das nicht, dass alle durcheinanderreden!“
Frau Becker unterbricht das hitzige Wortgefecht in der Klasse und lässt die Vorschläge für Sitzordnungen an die Tafel schreiben. Dann werden mögliche Vor- und Nachteile im Unterrichtsgespräch gesammelt und in Stichwörten zum jeweiligen Vorschlag an der Tafel notiert.
Frau Becker lässt die Tische zur Seite rücken, damit alle in einem großen Kreis sitzen können. Die Klasse soll trainieren, fair zu diskutieren. Zu diesem Zweck nennt Frau Becker auch einige Regeln, die die Klasse bei der Diskussion beachten soll.

1. Für die Diskussion sollte eine Gesprächsleiterin oder ein Gesprächsleiter bestimmt werden. Das muss nicht die Lehrerin oder der Lehrer sein.
2. Es spricht immer nur eine oder einer.
3. Solange jemand spricht, hören die anderen zu.
4. Wer spricht, darf nicht unterbrochen werden. Jede/-r muss ausreden können.
5. Man sollte laut und deutlich sprechen.
6. Wer etwas sagen will, muss sich melden.
7. Die Schülerinnen und Schüler kommen in der Reihenfolge ihrer Meldungen dran.
8. Beim Reden die Mitschülerinnen und Mitschüler anschauen.

1 *Das ist eine gute Idee.*

2 *Typisch! Von dir konnte ja nichts anderes kommen!*

3 *Kannst du das mal erklären?*

4 *Bis du das kapierst!*

5 *Das ist doch kein Argument!*

6 *Du bist doch ein Blödmann!*

7 *Ich möchte Lisas guten Vorschlag unterstützen.*

8 *Denken ist eben Glücksache!*

1 Notiere mögliche Sitzordnungen und ihre Vor- und Nachteile. Denke dabei auch an die wechselnden Arbeitsformen im Unterricht.

2 Welche der für Diskussionen typischen Redewendungen in den Sprechblasen findest du gut, welche weniger gut? Begründe, warum du sie gut oder weniger gut findest.

3 Notiert die Regeln, die ihr für Diskussionen in eurer Klasse übernehmen wollt.

4 Führt in der Klasse eine Diskussion zu einem Thema, das euch interessiert.

1 Hilfe
Wie sieht es bei der jeweiligen Sitzordnung mit der Aufmerksamkeit, der freien Sicht nach vorn, der Möglichkeit zum Austausch im Gespräch aus?

2 Hilfe
Bedenke dabei, wie die Redewendung auf andere wirken könnte.

Entscheidungsfindung in der Klasse

Die Klasse 7a besteht aus 15 Schülerinnen und 13 Schülern. Als die Klassenlehrerin Frau Peter der Klasse für Juni einen Ausflug ankündigt, sind alle begeistert. Auf Frau Peters Frage, wohin es denn gehen soll, melden sich viele zu Wort.

Denise: Ich bin dafür, dass wir eine Burg besichtigen. Im Fernsehen läuft gerade die Serie „Burgen in unserem Land". Das ist sehr interessant.

Sebastian: Burgen sind langweilig. Ich will lieber Action! Am besten wir machen eine Wanderung zu einem Kletterwald und verbringen dort den Tag.

Nicole: Kletterwald? Und vorher noch wandern? Das ist ja wie Sportunterricht! Warum fahren wir nicht nach Stuttgart? Dort können wir ins Kino gehen.

Dirk: Kino? Das ist doch kein Klassenausflug! Das kann ich auch mit meinen Eltern machen.

Boris: Du vielleicht – ich nicht! Meine Eltern gehen nie ins Kino. Ich finde den Vorschlag prima.

Max: Die Kinovorstellungen sind aber erst am Nachmittag. Und was machen wir bis dahin?

Nicole: Das ist doch kein Problem. Wir können uns die Geschäfte und Läden anschauen und Eis essen gehen.

Yvonne: Läden anschauen und Eis essen gehen? So was Blödes! Da finde ich Sebastians Vorschlag mit dem Kletterwald viel besser. Das macht wenigstens Spaß!

Jan: Ich bin für die Burg.

Mirko (laut)**:** Ich will in den Kletterwald!

Julia (lauter)**:** Nein, nach Stuttgart!

Frau Peter: Halt, halt! Wenn alle schreien, wird das nichts. Jetzt müssen wir zuerst einmal überlegen, wie die Frage nach dem Ausflugsziel entschieden werden soll.

Nicole: Frau Peter soll das entscheiden. Als Klassenlehrerin weiß sie das am besten. Und außerdem muss sie den Ausflug ja auch organisieren.

Timo: Das ist doch ganz einfach: Wir stimmen ab! Jeder hat eine Stimme. Wir machen dann das, wofür es die meisten Stimmen gibt. Die anderen müssen sich damit eben abfinden.

Abstimmung nach Mehrheit? Wir sind 28 – wenn dann elf für den Kletterwald sind, neun für das Kino und acht für die Burg, dann haben elf die Entscheidung getroffen, aber 17 sind überstimmt worden. Wenn wir abstimmen, müsste wirklich die Mehrheit der Klasse für ein Ziel sein, mindestens also 15.

Laura

Solch eine Abstimmung bringt bloß Streit. Nachher giften sich alle gegenseitig an, nur weil ihr Ziel nicht gewonnen hat. Ich finde, das Ausflugsziel sollten die Klassensprecherin und ihr Stellvertreter mit Frau Peter ausmachen. Wozu haben wir sie denn als unsere ständigen Vertreter gewählt?

Julius

Es sollten aber doch möglichst viele mit dem Ausflugsziel einverstanden sein. Bei einer Abstimmung kann es 15 gegen 13 ausgehen. Das ist zwar die Mehrheit, aber wenn 13 mit dem Ziel unzufrieden sind, wäre das nicht gut. Abstimmung ja, aber es sollten mindestens 19 Stimmen für einen Vorschlag sein, damit die Entscheidung auch wirklich überzeugend ausfällt.

Lars

Frau Peter: Nicole und Laura haben zwei Entscheidungswege vorgeschlagen, bei denen nicht abgestimmt wird und Mehrheiten keine Rolle spielen. Timo, Julius und Lars haben Vorschläge für unterschiedliche Abstimmungsverfahren gemacht. Wir müssen uns jetzt auf ein Verfahren verständigen.

1. Beschreibe die fünf Entscheidungswege.
2. Begründe, welcher der fünf Entscheidungswege für dich der der beste ist. Notiere auch, was dir an den anderen Vorschlägen nicht gefällt.
3. „Ist doch klar – jeder hat eine Stimme und die Mehrheit entscheidet!" Problematisiere diese Position.

Wahlgrundsätze in der Demokratie

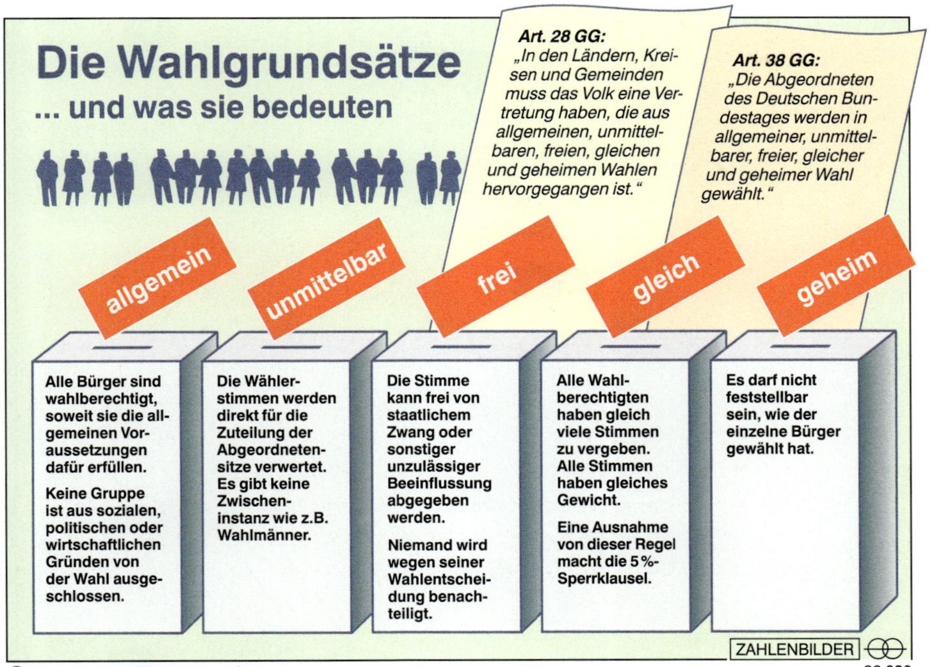

SMV-Verordnung
§ 5 Wahlverfahren

(1) Die Wahl ist geheim. Die Aufstellung und Wahl der Kandidaten bedürfen keiner Bestätigung. Im Übrigen muss die Wahl aller Schülervertreter den Grundsätzen entsprechen, die für demokratische Wahlen gelten, insbesondere also allgemein, frei, gleich und unmittelbar sein.

(Quelle: SMVV BW auf: www.landesrecht-bw.de; Zugriff: 12. 11. 2015)

Wahlgrundsätze: Erklärungen und Gegenbeispiele

A Die Wählerinnen und Wähler wählen die Abgeordneten selbst. Es gibt keine Zwischeninstanz, die dann die Abgeordneten wählt.

B Die Wählerinnen und Wähler können ihre Stimme ohne staatlichen Druck und ohne Angst vor Nachteilen abgeben.

C Jeder Bürger und jede Bürgerin darf wählen. Keine Gruppe ist ausgeschlossen.

D Alle Wählerinnen und Wähler haben gleich viele Stimmen mit gleichem Gewicht.

E Die Wähler und Wählerinnen können ihre Stimme unbeobachtet abgeben.

1 Frauen durften im Deutschen Reich bis 1918 nicht wählen.

2 In Diktaturen ist eine solche Stimmabgabe kaum möglich. Oft fehlen Wahlkabinen.

3 In Diktaturen wird oft eine bestimmte Stimmabgabe erzwungen.

4 In Preußen hatte bis 1918 ein Wähler, der viel Steuern bezahlte, mehr Stimmen als ein Wähler, der wenig Steuern bezahlte.

5 Bei der Präsidentschaftswahl in den USA werden zunächst Wahlmänner gewählt, die dann den Präsidenten wählen.

1 Lege an einem der fünf Wahlgrundsätze den Zusammenhang zur Demokratie dar.

2 Ordne jedem der fünf Wahlgrundsätze die passenden Erklärung und das entsprechende Gegenbeispiel zu. Benutze dazu das Arbeitsblatt oder notiere in einer Tabelle.

3 „Demokratische Wahlgrundsätze z. B. für die Bundestagstagswahlen finde ich richtig. Aber für Klassensprecherwahlen? Ist das nicht übertrieben?" Setze dich mit dieser Aussage auseinander.

Wer wird Klassensprecher oder Klassensprecherin?

1

Was heißt das denn: „Der Klassensprecher vertritt die Interessen der Schüler?" – Soll ich mich etwa für die anderen mit Frau Baumann anlegen und mit ihr herumstreiten? Dann bekomme ich am Ende schlechte Noten – und die anderen lachen sich eins ins Fäustchen.

2

Ich werde mich aufstellen lassen, auch wenn ich nicht weiß, ob ich gewählt werde. Wenn jeder nur „Nein" sagt, gibt es am Ende gar keine Auswahl. Und bei einer Wahl zu verlieren, das ist doch nichts Schlimmes.

3

Wenn die mich als Kandidaten vorschlagen, lasse ich mich streichen. Wäre doch peinlich, wenn ich bei der Wahl nur wenige Stimmen bekommen würde. Petra würde sich dann sicher über mich lustig machen.

4

Ich will nicht Klassensprecherin werden. Warum denn gerade ich? Wenn ich gewählt werde, müsste ich auch zu den Sitzungen der Schülervertretung, vielleicht sogar in der Freizeit. Nein danke – ohne mich.

5

Mir würde es Spaß machen, Klassensprecherin zu sein. Ich kann gut reden. Und ich setze mich auch gern für andere ein.

6

Ich finde es gut, dass es einen Klassensprecher oder eine Klassensprecherin gibt. Die können etwas für uns erreichen. Es ist doch wichtig, dass jemand den Lehrern sagt, was die Klasse will oder was ihr nicht passt.

Möchtest du gern Klassensprecher werden?

Dann überlege dir vor einer möglichen Kandidatur, ob …

- du dich auch wirklich für die Interessen deiner Klassenkameraden einsetzen willst oder ob es dir um deine eigenen geht, nämlich ein begehrtes Amt zu erhaschen und vor den anderen als bewunderter „Häuptling" dazustehen.
- du genügend Selbstbewusstsein und Mut mitbringst, den Anforderungen und schwierigen Aufgaben (bei Streitereien vermitteln, bei Lehrern unangenehme Themen ansprechen, Einspruch zu erheben …) des Amtes gerecht zu werden.
- deine schulischen Leistungen entsprechend sind, dass du guten Gewissens Zeit und Kraft opfern kannst.
- du gegebenenfalls dazu bereit bist, Teile deiner kostbaren Freizeit zu opfern, um deinen Pflichten als Klassensprecher nachkommen zu können.
- du dich bei dem Gedanken an die Lehrersätze „Wer ist in diesem Haufen der Klassensprecher?!" oder „Ich muss mal eben kopieren gehen, der Klassensprecher übernimmt solange die Aufsicht" eine Panikattacke befällt und dir der kalte Angstschweiß ausbricht.

(Quelle: © 2000 Anja Gerstberger auf: www.juppidu.de/juppidu/schule%20beruf/klassensprecher.html; Zugriff: 2. 11. 2015)

Wir erstellen ein Klassensprecherprofil

Jeder hat andere Vorstellungen darüber, welche Eigenschaften ein Klassensprecher haben und wie er seine Aufgaben erledigen sollte. Was dem einen wichtig ist, hält ein anderer vielleicht für nicht so bedeutsam. Damit man aus der Vielfalt der Einzelmeinungen zu einem Gesamtbild kommt, kann eine Klasse ihr Anforderungsprofil an ihren Klassensprecher entwickeln. Sie kann also feststellen, welche Ansichten von der Mehrheit geteilt werden.

Vorbereitung
Zuerst werden alle Vorstellungen über die Anforderungen an einen Klassensprecher der Reihe nach an der Tafel notiert und entsprechend nummeriert.

Durchführung
Dann gibt jeder seine Stellungnahme zu diesen Anforderungen ab. Damit man diese Einschätzungen leicht auswerten kann, wird vorher verabredet, wie man dabei vorgeht. Zum Beispiel kann man Zeichen festlegen:
++ bedeutet: ist mir sehr wichtig
+ bedeutet: ist wünschenswert
o bedeutet: kann sein, ist aber nicht notwendig
– bedeutet: ist unwichtig
Jede Schülerin und jeder Schüler braucht dann nur auf einem Zettel hinter der Nummer der Anforderung sein Symbol vermerken.

Klassensprecher – kein leichter Job! (Karikatur: Christian Schütte)

Auswertung
Wenn alle diese Zettel abgegeben haben, kann an der Tafel leicht die Gesamtmeinung der Klasse durch entsprechende Strichlisten festgestellt werden.

Mögliche Anforderungen an einen Klassensprecher/ eine Klassensprecherin
1. Sollte sich gut ausdrücken können.
2. Darf nie seine Hausaufgaben oder sonst etwas vergessen.
3. Muss, wenn der Lehrer nicht da ist, für Ruhe sorgen.
4. Sollte keine Angst haben.
5. Darf keine schlechten Noten schreiben.
6. Sollte die SMV-Bestimmungen und die Schulordnung gut kennen.
7. Darf nie stören oder unangenehm auffallen.
8. Muss sich für die Klasse einsetzen.
9. Holt die Karten und kümmert sich um das Klassenbuch.
10. Unterstützt den Lehrer beim Einsammeln von Geld.
11. Informiert den Schulleiter über alles, was in der Klasse passiert.
12. Kann machen, was er will.
13. Bespricht Probleme mit dem Klassenlehrer und dem Verbindungslehrer.
14. Ist, wenn es sein muss, verschwiegen.
15. Informiert die Klasse über schulische Angelegenheiten, zum Beispiel Vertretungen.
16. Hält regelmäßig Klassenversammlungen ab.

1 Werte die Aussagen 1 bis 6 aus: Welche entsprechen deiner Meinung, welche nicht?
2 Analysiere die unter „Möchtest du Klassensprecher werden?“ genannten Überlegungen.
3 Führt die Erstellung eines Anforderungsprofils wie beschrieben durch.
4 Interpretiere die Karikatur.

Schülermitverantwortung (SMV)

Schüler und Schülerinnen sollen sich an der Gestaltung des Schullebens beteiligen. Sie sollen ihre Interessen vertreten und Aufgaben übernehmen. Sie sollen für ihre Schule Mitverantwortung übernehmen. Das ist der Grundgedanke der SMV, der Schülermitverantwortung.

Wie Schüler sich mitbeteiligen können, muss für alle Schulen im Land gleich geregelt sein. Im Schulgesetz von Baden-Württemberg sind die entsprechenden Bestimmungen in verschiedenen Abschnitten, also Paragrafen, festgelegt.

Ich fände es gut, wenn unsere SMV erreichen würde, dass es an unserer Schule mehr Sportturniere gibt.

Schade, dass wir keine Faschingsfete an unserer Schule machen. Das wäre doch eine Sache, um die sich die SMV kümmern könnte.

Ich habe von einer Schule gehört, die einen „Museumstag" macht. Da werden an einem Tag gruppenweise alle Museen am Ort erkundet und dann in der Schule vorgestellt. Für so was sollte sich unsere SMV einsetzen!

Aus dem Schulgesetz für Baden-Württemberg

B. Schülermitverantwortung

§ 62 Aufgaben

(1) Die Schülermitverantwortung dient der Pflege der Beteiligung der Schüler an der Gestaltung des Schullebens, des Gemeinschaftslebens an der Schule, der Erziehung der Schüler zu Selbständigkeit und Verantwortungsbewußtsein.

(2) Der Wirkungsbereich der Schülermitverantwortung ergibt sich aus der Aufgabe der Schule. Die Schüler haben in diesem Rahmen die Möglichkeit, ihre Interessen zu vertreten und durch selbstgewählte oder übertragene Aufgaben eigene Verantwortung zu übernehmen. (...)

§ 63 Klassenschülerversammlung, Schülervertreter

(1) Die Schüler wirken in der Schule mit durch
1. die Klassenschülerversammlung;
2. die Schülervertreter.
Schülervertreter sind die Klassensprecher, der Schülerrat und der Schülersprecher.

(2) An allen Schulen wählen die Schüler ab Klasse 5 nach den Grundsätzen, die für demokratische Wahlen gelten, ihre Schülervertreter. (...)

§ 64 Klassenschülerversammlung

(1) Die Klassenschülerversammlung hat die Aufgabe, in allen Fragen der Schülermitverantwortung, die sich bei der Arbeit der Klasse ergeben, zu beraten und zu beschließen. (...)

§ 65 Klassensprecher

(1) Von Klasse 5 an wählen die Schüler jeder Klasse aus ihrer Mitte zu Beginn des Schuljahres einen Klassensprecher und seinen Stellvertreter.

(2) Der Klassensprecher vertritt die Interessen der Schüler der Klasse und unterrichtet die Klassenschülerversammlung über alle Angelegenheiten, die für sie von allgemeiner Bedeutung sind.

§ 66 Schülerrat

(1) Dem Schülerrat gehören an 1. der Schülersprecher und seine Stellvertreter,
2. an Hauptschulen und Werkrealschulen, Realschulen, Gymnasien und Kollegs die Klassensprecher und ihre Stellvertreter, (...).

(2) Der Schülerrat ist für alle Fragen der Schülermitverantwortung zuständig, welche die Schule in ihrer Gesamtheit angehen. Der Schulleiter unterrichtet den Schülerrat über Angelegenheiten, die für die Schülermitverantwortung von allgemeiner Bedeutung sind.

(3) Der Schülerrat erlässt Regelungen, in denen insbesondere das Nähere über die Arbeitsweise der Schülermitverantwortung an der Schule und das Verfahren für die Wahl ihrer Schülervertreter festgelegt werden (SMV-Satzung).

§ 67 Schülersprecher

(1) Die Klassensprecher und ihre Stellvertreter wählen aus den Schülern ihrer Schule den Schülersprecher und aus ihrer Mitte einen oder mehrere Stellvertreter. (...)

(2) Der Schülersprecher ist Vorsitzender des Schülerrats. Er vertritt die Interessen der Schüler der Schule.

(3) Der Schülersprecher, der Schulleiter und der Verbindungslehrer (§ 68) sollen in regelmäßigen Abständen zusammentreffen, um die Angelegenheiten der Schülermitverantwortung zu besprechen und um sich gegenseitig zu informieren.

§ 68 Verbindungslehrer

(1) Der Schülerrat wählt einen oder mehrere, höchstens jedoch drei Verbindungslehrer mit deren Einverständnis.

(2) Die Verbindungslehrer beraten die Schülermitverantwortung, unterstützen sie bei der Erfüllung ihrer Aufgaben und fördern ihre Verbindung zu den Lehrern, dem Schulleiter und den Eltern. (...)

(Quelle: SchG auf:www.landesrecht-bw.de; Zugriff: 3. 11. 2015)

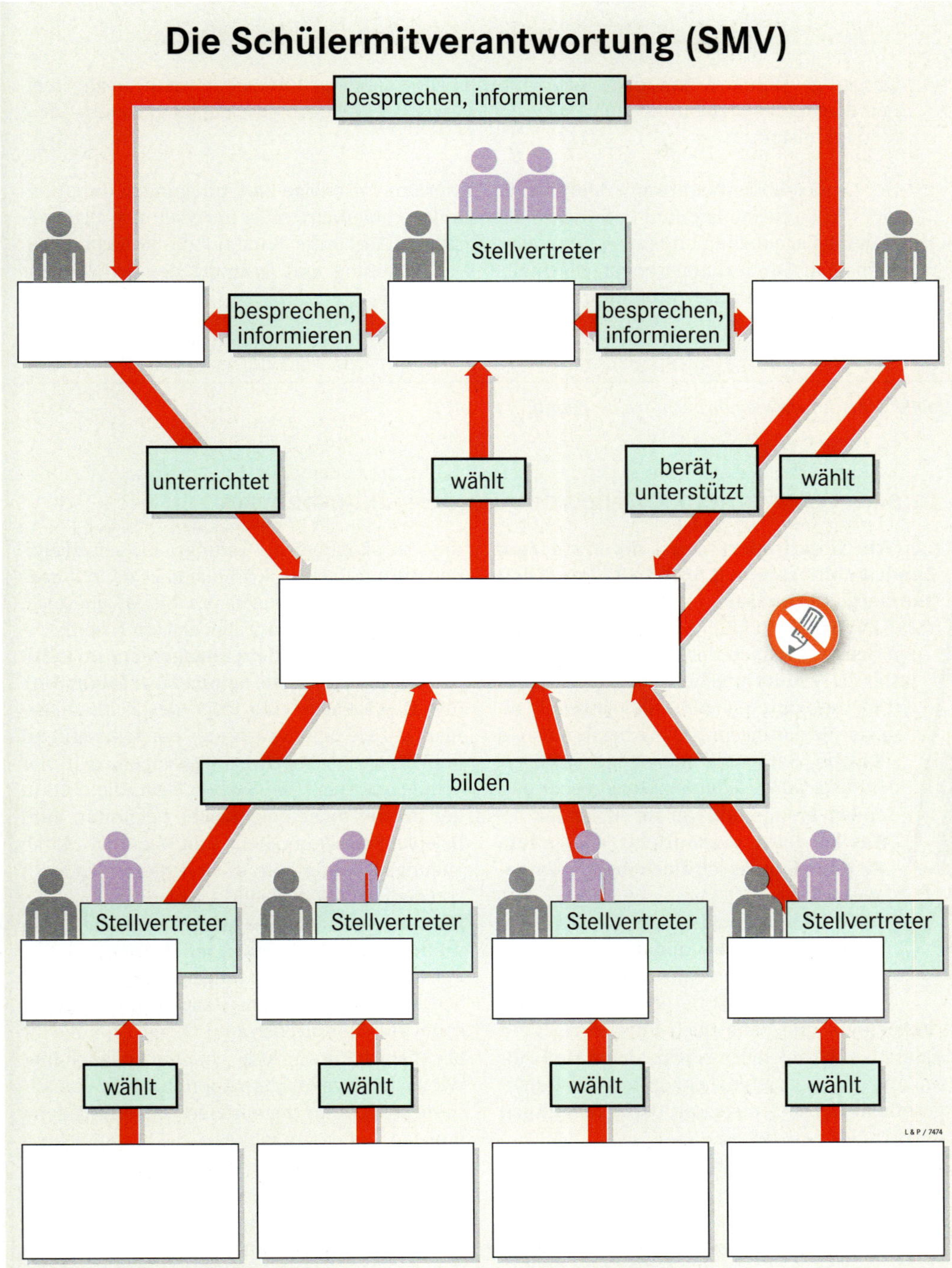

Webcode
SDL-11157-801
Arbeitsblatt:
Welche Rechte und Pflichten hat der einzelne Schüler?

1 Vervollständige die Grafik. Die notwendigen Begriffe findest du in den Auszügen aus dem baden-württembergischen Schulgesetz.
2 Sammelt Vorschläge für SMV-Aktivitäten an eurer Schule. Arbeitet dann einen Vorschlag genauer aus und gebt ihn über euren Klassensprecher/eure Klassensprecherin weiter.
3 Ladet euren Schülersprecher/eure Schülersprecherin in den Unterricht ein. Sammelt vorher für das Gespräch Fragen.

Schulgesetz für Baden-Württemberg § 69 Landesschülerbeirat

(1) Der aus gewählten Vertretern der Schüler bestehende Landesschülerbeirat vertritt in allgemeinen Fragen des Erziehungs- und Unterrichtswesens die Anliegen der Schüler gegenüber dem Kultusministerium.

(2) Der Landesschülerbeirat kann dem Kultusministerium Vorschläge und Anregungen unterbreiten. Das Kultusministerium unterrichtet den Landesschülerbeirat über die wichtigen allgemeinen Angelegenheiten und erteilt ihm die notwendigen Auskünfte. Auch soll das Kultusministerium dem Landesschülerbeirat allgemeine, die Gestaltung und Ordnung des Schulwesens betreffende Regelungen vor ihrem Inkrafttreten zuleiten.

(3) (…)

(Quelle: SchG auf:www.landesrecht-bw.de; Zugriff: 3. 11. 2015)

Interview mit einem Mitglied des Landesschülerbeirates

Flyer des LSBR, rechts Simon Windmiller; er war 2011–2012 Vorsitzender des LSBR.

(…) Wie funktioniert denn die Wahl zum Landesschülerbeirat (LSBR) in Baden-Württemberg überhaupt?
SIMON WINDMILLER (SW): Die Schüler in den Schulen wählen den Schülerrat und der wählt die Schülersprecher. Jedes Mitglied des Schülerrats kann sich aufstellen lassen. In allen vier Regierungspräsidien, bei mir also in Tübingen, werden dann die Landesschülerbeiräte gewählt. Jeder Schülersprecher darf wählen. Meine Wahl war am 20. Januar.
Was ist deine persönliche Motivation, dich im Landesschülerbeirat zu engagieren?
SW: Ich bin schon seit einigen Jahren in der SMV des Humboldt-Gymnasiums aktiv. Seit einem Jahr bin ich Schülersprecher. Ich war bei einem Landeschülerkongress und habe mich informiert. Dann habe ich mich aufstellen lassen. Meine Motivation, mich zu engagieren, liegt darin, aktiv mitzugestalten und die Interessen der Schülerinnen und Schüler zu vertreten.
Wieviel Zeit kostet dich dein Engagement im LSBR? Bleibt noch Zeit für (…) Hobbies?
SW: Das hängt ganz davon ab, wie man sich engagiert. Die Vorstandsmitglieder haben natürlich viel mehr zu tun als ich. Einmal im Monat ist in Stuttgart eine Sitzung mit dem Kultusministerium. Dazu kommen die Sitzungen der verschiedenen Ausschüsse. Im Schnitt sind es dann immer ungefähr zwei Sitzungen pro Monat für mich. Meine Amtszeit beginnt aber erst am 1. April.
Wie schaffst du es, dein Engagement im LSBR mit der Arbeit für die Schule zu vereinbaren?
SW: Das ist alles eine Frage des Zeitmanagements. Viele Schülervertreter erleben während ihrer Amtszeit eine Leistungssteigerung in der Schule, da man viele Sachen lernt, die man in der Schule nicht beigebracht bekommt, zum Beispiel Sozialkompetenz und Rhetorik. Da die Sitzungen häufig mittags sind, werde ich auch von der Schule freigestellt. (…)
Hast du irgendwelche bestimmten Ziele, die du im LSBR durchsetzen möchtest?
SW: Ich möchte einfach mitgestalten. Es gibt sieben Ausschüsse, in denen man sich engagieren kann. Zum Beispiel den zum Thema „Bildung für nachhaltige Entwicklung“, in dem auch ich bin. Wir wollen Jugendliche wappnen für die globalisierte Welt. Dafür organisieren wir verschiedene Projekte. Außerdem gibt es den SMV-Ausschuss (…). Ein Ausschuss beschäftigt sich mit G8, einer mit Schulpädagogik, einer mit der Evaluation der Schulen, es gibt einen für den Landesschülerkongress und einen für Ganztagsschulen. Somit befasst sich der LSBR auch viel mit den (…) bildungspolitischen Themen im Land.

(Quelle: Artikel vom 2. 3. 2010 auf: www.swp.de/384722; Zugriff: 16. 11. 2015)

1. Erkläre, was der Landesschülerbeirat ist und wie er zustande kommt.
2. Beschreibe die Funktion des Landesschülerbeirats und erläutere seine Bedeutung an einem Beispiel.

Schulgesetz für Baden-Württemberg § 114 Evaluation

(1) Die Schulen führen zur Bewertung ihrer Schul- und Unterrichtsqualität regelmäßig Selbstevaluationen durch; sie können sich dabei ergänzend der Unterstützung sachkundiger Dritter bedienen. Das Landesinstitut für Schulentwicklung führt in angemessenen zeitlichen Abständen Fremdevaluationen durch, zu deren Vorbereitung die Schulen auf Anforderung die Ergebnisse und Folgerungen der Selbstevaluation übersenden. (…) Bei der Evaluation werden alle am Schulleben Beteiligten, insbesondere Schüler und Eltern, mit einbezogen. Die Lehrer sind zur Mitwirkung verpflichtet.

(2) (…)

(Quelle: SchG auf:www.landesrecht-bw.de; Zugriff: 3. 11. 2015)

Eine Schulsprecherin im Interview

Journalist: Karina – vielen Dank, dass du als Schulsprecherin mir für meinen Bericht einige Fragen zum Thema „Evaluation" beantworten wirst.

Karina: Gern. Da gibt es ja die Selbstevaluation und dann noch die Fremdevaluation.

J: Erkläre mir das bitte genauer.

K: Nun – Selbstevaluation bedeutet, dass alle an der Schule Beteiligten sich fragen, ob sie die gesteckten Ziele erreicht haben und wie sie sich noch verbessern können.

J: Und wie macht man das praktisch?

K: Das kann jede Schule selbst entscheiden. Man kann Fragebögen nutzen und auswerten oder sich etwa ganz Individuelles einfallen lassen.

J: Und was ist dann die Fremdevaluation?

K: Da kommen alle paar Jahre Experten von außerhalb in die Schule und sprechen mit den Beteiligten über die bisherigen Bemühungen zur Qualitätssicherung.

J: Und was hat die SMV mit dieser Evaluation zu tun?

K: In der Schule geht es ja nicht allein um den Unterricht. Die SMV ist Teil des Schullebens. Deswegen sieht das Schulgesetz ausdrücklich vor, dass auch die Schüler, also auch die SMV, in die Evaluation mit einbezogen werden.

J: Und was heißt das ganz praktisch?

K: Für mich als Schulsprecherin heißt das, dass ich in Erfahrung bringen muss, wie die Arbeit der SMV bei den anderen ankommt, ob man Verbesserungsmöglichkeiten sieht usw.

J: Und wie gehst du da vor?

K: Habib – das ist der stellvertretende Schulsprecher – und ich haben zusammen einen Fragebogen für die Mitglieder des Schülerrates entwickelt. Da konnten sie die Sitzungen bewerten, Kritik üben und Vorschläge machen, was die SMV an unserer Schule noch machen sollte.

Es reicht doch, dass Jugendliche überhaupt bereit sind, SMV-Ämter zu übernehmen. Wenn sie dann ständig die Qualität ihrer Arbeit bewerten sollen, haben sie bald keine Lust mehr, sich überhaupt noch zu engagieren!

1 Erläutere den Kerngedanken einer Evaluation an den Schulen in Baden-Württemberg.
2 Begründe die Einbeziehung der SMV in die Evaluation.
3 Setze die mit der Aussage in der Sprechblase auseinander.

Projekttage

„Bei uns war die Schule drei Tage lang ganz anders als sonst. Es gab keinen Unterricht nach Fächern, sondern Projekte: zum Beispiel etwas basteln, ein Buch drucken, Karate lernen, Burgen erkunden. Wir konnten zum Schuljahresbeginn Projektthemen vorschlagen und dann aus den Angeboten frei auswählen."

Schülerzeitung

„Wir haben eine Schülerzeitung, die heißt ‚Streber'. Da mache ich mit. Für die letzte Ausgabe habe ich Comics gezeichnet. Andere haben Interviews mit den neuen Lehrern gemacht und einen Bericht über den Ärger mit dem Schulbus geschrieben. Und über die Bundesjugendspiele gab es eine Fotoreportage. Drei- bis viermal im Jahr bringen wir eine Ausgabe heraus."

Schulfest

„Am letzten Samstag fand unser Schulfest statt. Es stand unter dem Motto ‚Jahrmarkt der Fantasie'. Das hatte sich die SV ausgedacht. Jede Klasse hat etwas beigetragen. Wir hatten einen Stand mit Geschicklichkeitsspielen aufgebaut: Ringe über Flaschen werfen, mit Magneten angeln und so. Es gab auch eine Bühne mit Programm, zum Beispiel Zauberer und Jongleure. Und an einigen Ständen boten Eltern Speisen an."

Schulhausgestaltung

„Ich mache bei der Arbeitsgemeinschaft Schulhausgestaltung mit. Unsere Kunstlehrerin leitet sie. Am Anfang des Schuljahres haben wir einige Betonwände im Schulgebäude bunt bemalt. Die waren vorher grau und trist. Jetzt sehen sie ganz toll aus! Als Nächstes werden wir die Schmierereien am Haupteingang übermalen. Jeder soll einen Entwurf machen. Ein Malerbetrieb hat uns versprochen, dass er uns mit Farbe und Tipps helfen wird."

3 Hilfe
Denke dabei an unterrichtliche und außerunterrichtliche Vorhaben.

1 Die Schülerinnen und Schüler können das Schulleben mitgestalten. Wie zeigt sich das in den oben vorgestellten vier Beispielen?

2 Informiert euch, welche Aktionen zur Mitgestaltung es an eurer Schule bereits gegeben hat. Welche sind geplant?

3 Notiere deine Ideen zur Mitgestaltung des Schullebens.

Thema: Wie können wir unseren Schulalltag mitgestalten?

D – A – B ist eine gute Methode, Sicherheit beim Diskutieren zu erlernen. Sie ermöglicht es, dass jede Schülerin und jeder Schüler der Klasse seine eigene Meinung einbringen kann.
Weil jeder erst für sich allein nachdenkt, dann mit zwei oder mehreren anderen Schülern seine Gedanken austauscht, wird es euch immer besser gelingen, eine gute Diskussion zu führen. Ihr lernt zuzuhören und zu argumentieren. Innerhalb kurzer Zeit gelingt es euch auch bald, ruhig, überlegt und sachlich eure Meinungen darzulegen und die unterschiedlichen Meinungen und Antworten zusammenzufassen.

Denken

Zu Beginn denkt jede Schülerin und jeder Schüler allein über die Frage nach. Lass dir genügend Zeit beim Nachdenken. Nimm dir ein Blatt und schreibe auf, was dir zu der Frage einfällt. Denke nicht gleich darüber nach, ob sich deine Idee verwirklichen lässt oder nicht. Wichtiger ist, dass du begründest, warum du es möchtest.

Austauschen

Jetzt tauschst du deine Gedanken mit mindestens zwei weiteren Mitschülern nacheinander aus. Achtet darauf, dass jeder seine eigene Meinung vortragen kann und jeder dem anderen ohne Unterbrechung zuhört. Anschließend könnt ihr auch Fragen stellen, wenn ihr etwas nicht verstanden habt.
Macht euch wieder Notizen, damit ihr nichts vergesst.

Besprechen

Nachdem du deine Argumente schon mit zwei anderen Schülern ausgetauscht hast, beginnt nun die Diskussion in der Gruppe. Achtet auch hier darauf, dass jeder seine Meinung einbringen kann. Vergleicht eure Ergebnisse. Diskutiert, wie sich eure Vorschläge durchsetzen lassen – was ihr dazu braucht und wer euch dabei helfen kann.

1 Wie können wir unseren Schulalltag mitgestalten? – Bearbeitet diese Aufgabe mit der Methode D – A – B. Die Zeichnungen können euch dabei eine Hilfe sein.

Einheitliche Kleidung in der Realschule Poing ist ein Erfolg

Poing · Seit drei Monaten sind die Pullis und Jacken, die von Lehrern und Schülern der Realschule Poing im Klassenzimmer und auf dem Pausenhof getragen werden, keine reine Privatsache.

Mit Schuljahresbeginn wurde in der Schule an der Seerosenstraße als erste im Landkreis einheitliche Schulkleidung eingeführt – heute will man die praktischen Teile dort gar nicht mehr missen. Von einer „Uniform“, wie von manchen Skeptikern anfangs befürchtet, kann dabei allerdings ganz und gar nicht die Rede sein. Wäre da nicht das Schullogo mit der ausgestreckten Hand rechts auf der Brust eingestickt, der Besucher könnte die Pullover, Hoodies, Sweat- und T-Shirts kaum von dem unterscheiden, womit Teenager auf anderen Schulhöfen herumlaufen. Es fällt höchstens auf, dass schrille Designer-Schriftzüge fehlen. Und genau das ist die Absicht. „Wir wollten auch den Markendruck von den Schülern nehmen. Keiner sollte wegen seiner Aufmachung ausgegrenzt werden“, hatte Schulleiter Matthias Wabner zum Schuljahresbeginn seine ungewöhnliche Aktion begründet. Das war natürlich nicht sein einziges Argument. In dem einstimmigen Beschluss des Schulforums, das sich aus Vertretern von Lehrern, Schülern und Eltern zusammensetzt, heißt es: „Wir möchten durch die Einführung und das Tragen von Schulkleidung dazu beitragen, dass sich unsere Schülerinnen und Schüler mit der Realschule Poing identifizieren und eine noch stärkere Zugehörigkeit zu ihrer Klasse und zur gesamten Schulgemeinschaft verspüren.“

(Quelle: Claudia Schmohl am 6. 12. 2011 auf: www.wochenanzeiger.de/article/116658.html; Zugriff: 13. 11. 2015)

Schulforum
Gremium an Schulen in Bayern, in dem gewählte Vertreter der Lehrerschaft, der Eltern sowie der Schülerinnen und Schüler gemeinsam über die Belange ihrer Schule entscheiden

1 *Eine Schuluniform trägt dazu bei, dass sich die Schüler als Gemeinschaft fühlen.*

2 *Eine Schuluniform kann verhindern, dass Schülerinnen und Schüler wegen ihrer Kleidung gehänselt oder ausgeschlossen werden.*

3 *Schuluniformen sind langweilig und altmodisch. Sie passen nicht in unsere Zeit.*

4 *Die gleiche Kleidung stärkt bei den Schülerinnen und Schülern das Bekenntnis zur eigenen Schule und die Identifikation mit ihr.*

5 *Wenn alle eine einheitliche Schulkleidung tragen, fühlt man sich vielleicht als etwas Besseres und grenzt sich womöglich bewusst von den Schülern anderer Schulen ab.*

6 *Durch das Tragen von Schuluniformen lernen Schülerinnen und Schüler, weniger Wert auf Kleidung zu legen. Es kommt zu einem größeren Zusammenhalt in der Klasse und die Schülerinnen und Schüler sind im Unterricht weniger abgelenkt.*

7 *Schüler aus einkommensschwachen Familien können sich die Schuluniformen vielleicht nicht leisten.*

8 *Jeder sollte seinen eigenen „Style“ entwickeln und durch seine Kleidung ausdrücken und zeigen dürfen, wie er sich fühlt, welche Lebenseinstellung er hat, wer er ist – auch in der Schule.*

9 *Eine einheitliche Schulkleidung befreit Schülerinnen und Schüler von Gruppenzwang und Markenterror.*

10 *Eine Schuluniform kann nicht einfach von der Schulleitung verordnet werden. Eltern, Schüler und Lehrer müssen vorher mehrheitlich beschließen, dass eine Schuluniform eingeführt wird.*

1 Lege dar, was das Schulforum der Realschule in Poing in Oberbayern erreichen will.
2 Setze dich mit den Argumenten in den Sprechblasen auseinander.
3 Diskutiert in den Gruppen über die Frage: Schuluniform – ja oder nein?.

Thema: **Schuluniform**

1. Diskussion in der Gruppe

Die Fishbowl-Methode eignet sich besonders zur Diskussion von Gruppenarbeitsergebnissen. Die Klasse wird in Gruppen (jeweils vier oder fünf Schüler) eingeteilt. Ein von der Lehrerin/dem Lehrer vorgegebenes Thema wird in der Gruppe gründlich besprochen. Danach legt die Gruppe eine Sprecherin oder einen Sprecher fest. Die Gruppe überlegt gemeinsam, welche Argumente oder Sachverhalte in der anschließenden Diskussion vorgestellt werden sollen.

2. Vortragen des Ergebnisses

Alle Schüler und Schülerinnen sitzen im Kreis um eine kleinere Schülergruppe und können diese wie Fische in einem Aquarium beobachten – deshalb „Fishbowl“. Nur die Schülerinnen und Schüler des Innenkreises dürfen reden. Alle im Außenkreis hören nur zu. Eine Schülerin/ein Schüler oder die Lehrerin/der Lehrer leitet die Diskussion. Die Reihenfolge der Diskussionsbeiträge ist nicht festgelegt.

3. Beteiligung an der Diskussion

Schülerinnen und Schüler aus dem Außenkreis können sich an der Diskussion beteiligen, indem sie sich auf den freien Platz setzen und ihre Meinung sagen. Nach dem Redebeitrag geht die Schülerin bzw. der Schüler zurück in den Außenkreis und eine andere Schülerin oder ein anderer Schüler kann in den Innenkreis gehen und sich nun an der Diskussion beteiligen.

Schuluniformen in anderen Ländern

1 Was wäre, wenn unsere Schule beschließt, dass alle Schülerinnen und Schüler eine Schuluniform tragen sollen? – Diskutiert das Thema mithilfe der Methode Fishbowl.

Webcode
SDL-11157-802
Arbeitsblatt:
Mitwirkung in der Schule

Verordnung des Kultusministeriums über Einrichtung und Aufgaben der Schülermitverantwortung (SMV-Verordnung)

§ 10 Besondere Rechte

(1) Die Klassensprecher und der Schülersprecher haben das Recht, gegenüber den Lehrern, dem Schulleiter oder den Elternvertretern Anregungen, Vorschläge und Wünsche einzelner Schüler, Klassen oder der Schülerschaft insgesamt zu vertreten sowie Beschwerden allgemeiner Art und solche, die ihr Amt betreffen, vorzubringen.

(2) Die Klassensprecher, die Kurssprecher und der Schülersprecher können einzelne Schüler auf deren Wunsch bei der Wahrnehmung von Rechten, die diese der Schule gegenüber selbst ausüben können, beraten und ihnen darin beistehen. Dazu zählt auch das Recht des Schülers, gehört zu werden, bevor über ihn betreffende Erziehungs- und Ordnungsmaßnahmen entschieden wird.

§ 11 Unterstützung der SMV

(...)

(2) (...) Zu den Angelegenheiten von allgemeiner Bedeutung, über die der Schulleiter den Schülerrat gemäß § 66 Absatz 2 Satz 2 des Schulgesetzes zu unterrichten hat, gehören sowohl solche der Schule als auch entsprechende Erlasse der Schulaufsichtsbehörde, soweit sie nicht der Amtsverschwiegenheit unterliegen. (...)

(Quelle: SMVV BW auf:www.landesrecht-bw.de; Zugriff: 14. 11. 2015)

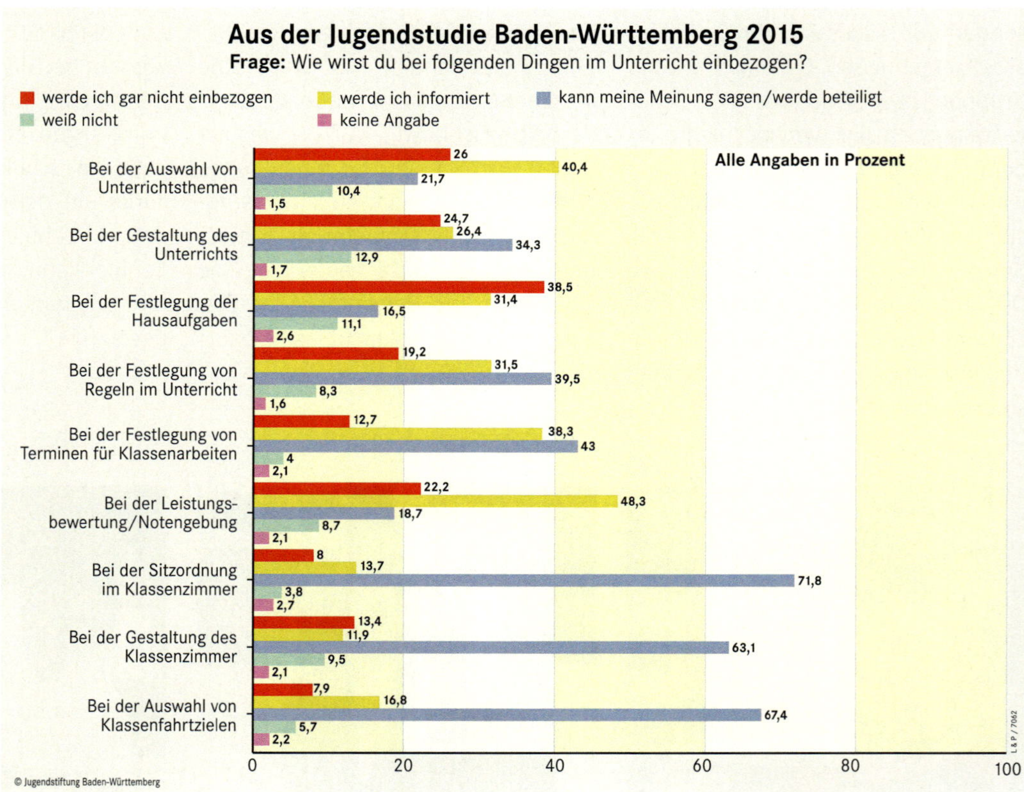

1 Stelle die Mitwirkungsrechte der SMV zusammen.
2 Wähle eines dieser Rechte aus und formuliere dazu ein Fallbeispiel.
3 Werte die Grafik aus und schreibe dazu einen kurzen Text.

Schulgesetz für Baden-Württemberg § 47 Schulkonferenz

(1) Die Schulkonferenz ist das gemeinsame Organ der Schule. Sie hat die Aufgabe, das Zusammenwirken von Schulleitung, Lehrern, Eltern, Schülern und der für die Berufserziehung Mitverantwortlichen zu fördern, bei Meinungsverschiedenheiten zu vermitteln sowie über Angelegenheiten, die für die Schule von wesentlicher Bedeutung sind, zu beraten und nach Maßgabe der Absätze 2 bis 5 zu beschließen.

(2) Die Schulkonferenz kann gegenüber dem Schulleiter und anderen Konferenzen Anregungen und Empfehlungen geben. Eine Empfehlung muss auf der nächsten Sitzung der zuständigen Konferenz beraten werden.

(...)

(Quelle: SchG auf:www.landesrecht-bw.de; Zugriff: 14. 11. 2015)

Schulkonferenz – Eltern und Schüler erhalten mehr Rechte

In den Schulkonferenzen an den baden-württembergischen Schulen soll künftig mehr Gleichberechtigung herrschen: Schüler, Eltern und Lehrer werden in dem Gremium, das es an jeder Schule gibt, zu je einem Drittel vertreten sein. (...) „Die paritätische Verteilung der Sitze in der Schulkonferenz gestaltet das Schulleben demokratischer“, sagte Kultusminister Andreas Stoch (SPD) am Donnerstag in Stuttgart.
In der Schulkonferenz bildeten die Lehrer bisher gemeinsam mit dem Schulleiter die Mehrheit. Vom Schuljahr 2014/15 an kann sich diese Gruppe allein nicht mehr durchsetzen. „Damit wird es künftig notwendig, bei vielen für die Zukunft der Schule bedeutsamen Fragen eine Verständigung zwischen Lehrkräften, Eltern und Schülern zu finden“, sagte Stoch.
Die Schulkonferenz entscheidet mit bei grundlegenden Fragen wie etwa dem Unterrichtsbeginn, der Schul- und Hausordnung oder der Umwandlung von Schulen in Gemeinschaftsschulen und Ganztagsschulen. (...)
Nach der Neuregelung gehören der Schulkonferenz an Schulen mit mindestens 14 Lehrkräften künftig an: der Schulleiter, der Vorsitzende des Elternbeirats und der Schülersprecher sowie jeweils drei Lehrer-, Eltern- und Schülervertreter. Für kleinere Schulen wird ebenfalls eine paritätische Besetzung geregelt.
Die Landesregierung kommt damit der Forderung des Landeseltern- und des Landesschülerbeirats entgegen. (...)
„Für uns ist das ein Zeichen der Wertschätzung“, sagte Carsten Rees, stellvertretender Vorsitzender des Landeselternbeirats. Damit werde eine von Eltern und Schülern schon lange erhobene Forderung erfüllt. Auch Nico Mäder, Vizechef des Landesschülerbeirats, ist erleichtert, dass bei den Schulkonferenzen Schüler, Eltern und Lehrer künftig endlich gleichberechtigt sind. „Ich verstehe gar nicht, warum das so lange gedauert hat“, sagt der Schüler an einem Wirtschaftsgymnasium. „Das ist eine Veränderung, die nicht einmal Geld kostet.“
(...)
Die neue Regelung werde zu mehr Diskussionen führen, glaubt Schülersprecher Mäder. So wünschten sich vielerorts Schüler und Eltern mehr Arbeitsräume. Wenn Schüler für Raucherecken oder Süßigkeitenautomaten plädierten, würden Eltern und Lehrer aber eher gemeinsam dagegen stimmen.

(Quelle: Artikel vom 28. 2. 2014 auf: www.stuttgarter-nachrichten.de/inhalt.schulkonferenz-eltern-und-schueler-erhalten-mehr-rechte.46b88639-a5c5-44f3-b8cf-23487f44b3fc.html; Zugriff: 2. 11. 2015)

1 Beschreibe die Bedeutung der Schulkonferenz.
2 Erläutere die Änderung bei der Zusammensetzung der Schulkonferenz.
3 „Schüler werden auch jetzt in der Schulkonferenz nur wenig erreichen, denn die Erwachsenen sind immer in der Mehrheit!“ Setze dich mit dieser Meinung auseinander.

Thema: **Handynutzung in der Schule**

In Unterrichtsräumen und während des Unterrichts ist die Benutzung des Mobiltelefons nicht gestattet. Darüber hinaus darf das Mobiltelefon nur lautlos betrieben werden.

Handys dürfen außerhalb der Unterrichtszeit nur in der Handyzone auf dem Schulhof genutzt werden.

Mobiltelefone und sonstige elektronische speicherfähige Geräte (z. B.: MP3-Player incl. Kopfhörer oder Lesegeräte) dürfen im Schulgebäude nicht benutzt und offen getragen werden, es sei denn sie wären vom Lehrer zu Unterrichtszwecken ausdrücklich erlaubt.
Bei Verstößen gegen diese Regelung werden eine Bemerkung im Klassenbuch oder im Kurstagebuch und eine Stunde Arrest erteilt. Bei einem neuerlichen Verstoß erfolgt ein Eintrag ins Klassenbuch oder ins Kurstagebuch.

Während der Unterrichtszeit ist der Gebrauch von Handys nicht gestattet. Stört ein Handy den Unterrichtsablauf, kann die Lehrkraft das Gerät für die Dauer der Unterrichtstunde einziehen. Das Aufladen von Handys ist nicht erlaubt.

Elektronische Geräte wie Handy, MP3-Player usw. lenken uns von echten Begegnungen ab und helfen uns nicht, in den Pausen zur Ruhe zu kommen. Sie dürfen somit nur während der Mittagspause betrieben werden.

In einem Entscheidungsspiel wird eine Situation bis zu einem bestimmten Punkt, an dem eine Entscheidung getroffen werden muss, vorgegeben. In einem solchen Entscheidungsspiel wird die Wirklichkeit simuliert, also nachgestellt. Dabei übernehmen Schüler die Rollen der Personen, die in der Realität die Entscheidung treffen müssen. Ziel des Spiels ist es, eine Lösung zu finden, der möglichst viele zustimmen können.

Der Fall

In der Haus- und Pausenordnung steht, dass Handys in der Schule nicht benutzt werden dürfen und ausgeschaltet sein müssen. In einer Sitzung des Schülerrates wurde daran Kritik geübt. Die Regelung sei veraltet, es sei nicht einzusehen, warum man in den Pausen das Handy nicht benützen dürfe. Der Schulsprecher wurde beauftragt, in der nächsten Sitzung der Schulkonferenz eine Änderung der Haus- und Pausenordnung zu erreichen, nach der die Handynutzung in den Pausen erlaubt ist.

Spielanweisung

Zwölf Schülerinnen und Schüler übernehmen die Rollen der Teilnehmer an der Sitzung der Schulkkonferenz. Entsprechend der Rolleninformationen fertigt jeder Spieler ein Namensschild an. Die Rolleninformationen geben auch Hinweise auf die Position jeder Person zum Fall. Die Spieler können diese Hinweise nutzen, sind jedoch frei in ihrer Argumentation und Entscheidung bei der Abstimmung.
Die Sitzung wird von dem Vorsitzenden eröffnet, der dann die Diskussion leitet und am Ende eine Abstimmung durchführt. Die nicht als Spieler eingesetzten Schüler bilden die Beobachtergruppe. Nach Ende des Spiels erfolgt eine gemeinsame Auswertung. Dabei können zunächst die Beobachter ihre Anmerkungen zum Spielverlauf machen und dann die Spieler selbst. Gemeinsam wird dann über die im Spiel getroffene Entscheidung diskutiert.

Vertreter der Lehrer

Frau Schwarz ist als Schulleiterin die Vorsitzende der Schulkonferenz. Sie wird nach der Eröffnung der Sitzung der Schülersprecherin das Wort erteilen, damit der begründen kann, was die SMV erreichen will. Frau Schwarz findet die bisherige Regelung für ausreichend, ist jedoch für Änderungen offen.

Herr Mäule will die bisherige Regelung verschärfen. Er meint, die Schüler sollten überhaupt keine Handys in die Schule mitbringen dürfen.

Frau Benner hätte nichts gegen eine Handynutzung, aber nur auf dem Schulhof.

Herr Braun will auf keinen Fall in seinem Unterricht durch Handys gestört werden. Alles andere ist ihm egal.

Vertreter der Eltern

Frau Tügcay fände es gut, in den Pausen ihre Tochter mit dem Handy erreichen zu können.

Herr Kurz ist der Elternbeiratsvorsitzende. Seiner Meinung nach sollte eine Handynutzung außerhalb des Schulgebäudes möglich sein.

Frau Metzler ärgert sich schon seit Langem darüber, dass die Jugendlichen heutzutage ständig am Handy hängen. Daher hat sie viel Verständnis für ein Handyverbot in der Schule.

Herr Ziller weiß nicht, was er von der ganzen Sache halten soll. Er will sich erst einmal die verschiedenen Argumente anhören.

Vertreter der Schüler

Sina ist Schülersprecherin. Sie wird das Anliegen der SMV vortragen und für eine entsprechende Änderung werben.

Boris ist es nicht so wichtig, ob das Smartphone in den Pausen im Schulgebäude genutzt werden darf. Aber in der großen Pause auf dem Schulhof! Das muss doch möglich sein!

Aysche versteht nicht, warum die Lehrer ihr verbieten, in der Pause ihr Smartphone zu benutzen. Warum denn nicht?

Frederic versteht, dass während des Unterrichts das Smartphone ausgeschaltet sein muss. Aber in der übrigen Zeit? Dass geht doch die Lehrer nichts an, wenn er dann eine SMS verschicken will.

1 Führt das Entscheidungsspiel wie beschrieben durch..

Streitschlichtung durch Schüler und Schülerinnen

Ruben und Ann-Sophie

Ole befragt seine Mitschüler Ann-Sophie und Ruben für die Schülerzeitung über ihre Tätigkeit als Streitschlichter an ihrer Schule.

Ole: Ihr beide seid Streitschlichter. Wie wird man das denn?

Ruben: Wir sind von unserer Beratungslehrerin angesprochen worden. Sie hat erklärt, worum es bei der Streitschlichtung geht. Dann hat sie gefragt, wer dabei mitmachen will. Da haben wir uns gemeldet.

Ann-Sophie: Wir haben dann mit der Sozialarbeiterin eine Schulung gemacht. Da haben wir erfahren, wie man ein Schlichtungsgespräch führt und eine Lösung finden kann.

Ole: Wie läuft eine Streitschlichtung ab?

Ruben: Eine Streitschlichtung läuft ungefähr so ab: Aus irgendeinem Grund bekommen zwei Schüler Streit miteinander. Sie wenden sich dann an uns Streitschlichter und wir machen mit ihnen einen Termin für ein Treffen aus.

Ann-Sophie: Wenn wir uns dann mit den beiden Streithähnen treffen, erklären wir zuerst die Regeln. Und dass es das Ziel der Schlichtung ist, dass beide mit dem Ausgang zufrieden sind. Es gibt also weder Gewinner noch Verlierer.

Ruben: Dann kann jeder der Streitenden erzählen, wie er den Fall sieht. Wichtig ist, dass dabei keiner den anderen unterbrechen darf. Wir Streitschlichter stellen nur Fragen, wenn wir etwas nicht verstanden haben.

Ann-Sophie: Danach fordern wir beide auf, Vorschläge zur Lösung des Konflikts aufzuschreiben. Dabei soll jeder auch notieren, was er selbst zu tun bereit ist.

Ole: Und wie kommt man dann zu einer Lösung?

Ann-Sophie: Das ist das Schwierigste. Wir vergleichen die Lösungsvorschläge und versuchen dabei, das Gespräch so zu führen, dass beide Seiten sich am Ende auf eine gemeinsame Lösung einigen.

Ole: Gibt es auch eine Kontrolle, ob die Schlichtung erfolgreich war?

Ruben: Ja. Wir machen einen Termin aus – vielleicht eine oder zwei Wochen später – und dann fragen wir, ob sich beide an die Vereinbarung gehalten haben.

Ole: Welche Arten von Streitereien können denn von euch geschlichtet werden?

Ann-Sophie: Wir können uns nur mit kleineren Streitereien des Schulalltags befassen. Größere Streitereien, Gewalt, kriminelle Sachen oder Ähnliches gehören nicht in die Schülerschlichtung.

Ann-Sophie und Ruben führen ein Schlichtungsgespräch mit zwei Mitschülern.

Ablauf einer Streitschlichtung (Mediation)

1. Phase: ***Einleitung***
- Vertraulichkeit wird zugesichert
- Regeln werden erklärt (Gesprächs- und Verhaltensregeln)
- Ziel der Mediation wird verdeutlicht (die Streitschlichter helfen den Streitenden, ihren Streit beizulegen)
- Rolle der Mediatoren klären (Verschwiegenheitspflicht, Neutralität/Unparteilichkeit)
- Nachfragen, ob alle damit einverstanden sind

2. Phase: ***Sichtweise der einzelnen Konfliktparteien***
- die beiden Streitenden tragen nacheinander ihre Sichtweise vor
- die Mediatoren spiegeln, fassen zusammen und fragen nach Vollständigkeit der Aussagen
- die Reihenfolge der einzelnen Streitpunkte wird besprochen
- nochmalige Zusammenfassung

3. Phase: ***Konflikterhellung***
- Nachfragen, Klären von offenen Fragen
- Motive und Gefühle herausfinden
- die Streitenden sollen sich in den jeweils anderen hineinversetzen können
- abschließend zwei zentrale Fragen:
  „Wie geht es euch jetzt?“
  „Was wünscht ihr euch?“

4. Phase: ***Problemlösung***
- Brainstorming mit gezielten Fragen wird eingeleitet:
  „Was wünsche ich mir vom anderen?“
  „Was bin ich selbst bereit zu tun?“
- Lösungen auf Wortkarten notieren
- Vergleichen der Wünsche und Bedingungen auf Übereinstimmungen und Realisierbarkeit
- gemeinsamen Konsens suchen

5. Phase: ***Vereinbarung (Vertrag)***
- genau formulieren
- Kontrollmöglichkeiten und Umgang mit künftigen Problemen besprechen
- Folgetreffen vereinbaren
- alle unterschreiben den Vertrag
- wenn möglich, das Gespräch im Guten abrunden

Fall 1 Marcel regt sich auf, weil Adina in sein Deutschheft gezeichnet hat.

Fall 2 Nicole ist wütend auf Herrn Gutenberg, weil sie ihre schlechte Note im Englischtest für ungerecht hält.

Fall 3 Marc versteckt in den Pausen immer wieder Dinge von Annett, diesmal ihr Stiftetui. Darüber regt sich Annett auf.

Fall 4 Mike verlangt von Alexander fünf Euro – sonst gäbe es kräftig Prügel.

Fall 5 Kathi streitet mit Sonja. Diese habe den Brief, den sie von Benjamin erhalten hat, laut vor allen in der Klasse vorgelesen.

Fall 6 Zwischen deutschen und ausländischen Schülern kam es auf dem Schulhof zu einer heftigen Schlägerei.

1 Arbeite heraus, welche Ziele eine Streitschlichtung verfolgt.
2 Erkläre die Phasen einer Streitschlichtung.
3 Begründe, welche der genannten sechs Fälle für eine Streitschlichtung durch Schülerinnen und Schüler geeignet sind und welche nicht.

Konflikte in der Schule: Fallbeispiele

Fall 1:

Es ist während einer großen Pause auf dem Schulhof (...). Zahlreiche Schülerinnen und Schüler nutzen das Angebot, an den drei Tischtennisplatten zu spielen, die nebeneinander in einer Ecke des Schulhofs stehen. Für die Benutzung der Platten ist ein Spielplan erstellt worden, der in allen Klassen aushängt und die Zeiten regelt.
In dieser Pause ist die Klasse 7b an der Reihe. Ungefähr zehn Schülerinnen und Schüler spielen Rundlauf an der Platte, die ihnen in dieser Pause zusteht. Sie sind mit großem Eifer bei der Sache. Besonders Sebastian hat großen Spaß. Daniel aus der 5b schaut seit einigen Minuten interessiert zu. Er möchte gern mitspielen und stellt sich in die Reihe zu den anderen. Die Aufregung ist groß: „Geh weg, wir haben heute die Platte!" und „Du störst uns, hau ab!", sind erste Reaktionen.
Daniel lässt sich nicht wegdrängen. Zu gern möchte er mitspielen und der Streit geht weiter. Besonders Sebastian tritt als Wortführer auf und schubst Daniel zur Seite. Dieser schiebt zurück, es kommt zu einem Gerangel, Tritte werden ausgeteilt und plötzlich schlägt Sebastian Daniel mit der Faust ins Gesicht. Die anderen sehen zu, wie Daniel aufschreit, weint und sich vor Schmerzen krümmt. In diesem Moment schellt es, alle rennen ins Gebäude, und Daniel wird von Mitschülern ins Lehrerzimmer gebracht. Eine Gesichtshälfte ist stark gerötet und geschwollen, auch das Auge schwillt an. Nachdem seine Mutter informiert worden ist, wird er zum Arzt gebracht.

Fall 2:

Der folgende Konflikt ereignet sich nach Schulschluss an der Bushaltestelle des Schulzentrums.
Susanne wartet auf den Bus, als sie von drei Mädchen der benachbarten Schule angerempelt wird. Susanne wehrt sich nicht und hofft, dass die drei von ihr ablassen. Doch eines der Mädchen beginnt – angestachelt durch einige der herumstehenden Schüler – zu schlagen und zu treten. Selbst als Susanne am Boden liegt, lassen sie nicht sofort von ihr ab. Schließlich laufen die drei Mädchen weg.
Susanne erfährt von Mitschülern die Namen der Mädchen und erzählt zu Hause ihren Eltern sofort von dem Vorfall. Ihr Vater verspricht, sich am nächsten Tag darum zu kümmern und mit den Lehrern zu sprechen.
Doch Susanne kann am nächsten Tag gar nicht zur Schule gehen. Sie hat Bauchschmerzen, Kopfschmerzen, ihr ist schlecht, und sie will nicht aus dem Bett aufstehen. Sie weint und ist nicht in der Lage, darüber zu sprechen. Ihr Vater setzt sich telefonisch mit der Schule in Verbindung, erzählt von dem Vorfall und entschuldigt Susannes Fehlen. Er kann noch nicht sagen, wann sie wieder zur Schule kommen kann. Er vermutet große Ängste als Ursache ihrer Krankheit.
Auch bei der Schule der drei Mädchen ruft er an. Der zuständige Klassenlehrer beschreibt besonders eines der Mädchen als sehr schlimm und fordert den Vater auf, die Mädchen bei der Polizei anzuzeigen. Dieser befolgt den Ratschlag, obwohl er kein gutes Gefühl dabei hat.

(Quelle für beide Fälle: www.bug-nrw.de/cms/upload/pdf/streit/23_Streitschlichtung_im_Schulalltag.pdf; Zugriff: 2. 11. 2015)

1. Beschreibe zu beiden Vorfällen den Konflikt genauer.
2. Entwickelt in Gruppenarbeit zu jedem Vorfall einen Vorschlag, wie der Konflikt gelöst werden könnte.
3. Diskutiert über die erarbeiteten Vorschläge.

Der Klassenrat

Was ist der Klassenrat?

Der Klassenrat ist eine regelmäßige Zusammenkunft aller Schülerinnen und Schüler eurer Klasse. In den Sitzungen beratet, diskutiert und entscheidet ihr über selbstgewählte Themen: zum Beispiel über das Lernen und Zusammenleben in der Klasse, über aktuelle Probleme und Konflikte, über gemeinsame Aktivitäten und viele andere Themen.

Wie oft tagt der Klassenrat?

Der Klassenrat findet wöchentlich statt und wird unter dem Vorsitz einer Schülerin oder eines Schülers geleitet.

Welche Regeln gibt es?

Die Verabredungen werden gemeinsam festgelegt. Beispiele:

- Alle sitzen im Kreis und können einander sehen.
- Alle sprechen einander direkt an.
- Nur eine(r) redet, die anderen hören zu.
- Wenn jemand nicht mehr zuhören kann, sagt sie/er es.
- Jede/-r hat das gleiche Recht.
- Es gibt keine Fehler.
- Es wird nur zum Thema gesprochen.

Welche Rollen brauchen wir?

Die Präsidentin/der Präsident leitet die Beratung des Klassenrats. Sie bzw. er legt die Tagesordnung fest, erteilt das Wort, greift ein, wenn Störungen sind, fasst die Diskussionen zusammen und lässt bei Beschlüssen darüber abstimmen.

Die Protokollführer (zwei Schülerinnen bzw. Schüler) schreiben auf, wer sich meldet und sagen dem Präsidenten, wer jetzt Rederecht bekommt. Sie schreiben alle Themen und Beschlüsse auf.

Die Regelwächterin/der Regelwächter hängt vor jeder Beratung die Regeln sichtbar auf. Sie sorgen durch ein gemeinsam festgelegtes Achtungszeichen dafür, dass alle die Regeln einhalten.

Was ist noch zu beachten?

Alle Teilnehmenden sind gleichberechtigt. Das gilt auch für Lehrkräfte, die an der Beratung teilnehmen. Die Rollen werden gewechselt. Jede Schülerin/jeder Schüler übernimmt einmal im Schuljahr jede Rolle. Alle haben das Recht, Anträge zu stellen und Vorschläge zu unterbreiten.

Frage: Was gefällt dir am Klassenrat?

- *Jeder kommt zu Wort.*
- *Dass alle drankommen.*
- *Dass wir nicht nur auf die Lehrer hören müssen.*
- *Dass wir Probleme selbst regeln.*
- *Der Präsident bewahrt die Ruhe und die Dinge werden sachlich geklärt.*
- *Dass die Meinung von uns Schülern beachtet wird.*
- *Einfach mal seine Meinung sagen.*
- *Dass immer nur einer redet und so kein Durcheinander entsteht.*
- *Dass es Regeln gibt.*
- *Jeder redet mit, alle müssen sich einigen.*
- *Gerüchte werden aus dem Weg geräumt.*

1 Stellt gemeinsam in der Klasse die Regeln auf, an die ihr euch während der Beratung des Klassenrates halten wollt.

2 Notiere, welche Themen du bei einem Klassenrat besprechen möchtest.

3 „Klassenrat? Da ist doch nur etwas für die Grundschule und die Unterstufe!“ Setze dich mit dieser Meinung auseineinander.

1 Überprüfe dein Vorwissen.

In diesem Kapitel haben wir uns mit euren Mitbestimmungsrechten in der Schule beschäftigt

a) Zu Beginn dieser Unterrichtseinheit hast du eine Situationsanalyse durchgeführt, um herauszufinden, welche Mitsprachemöglichkeiten du in der Schule hast. Überarbeitet eure Situationsanalyse, indem ihr überprüft, bei welchen Themen euch Mitspracherechte zustehen und bei welchen Themen dies nicht der Fall ist. Korrigiert und ergänzt eure Notizen.

b) Stell dir vor, du bist Klassensprecher/-in und musst bei der Schülerversammlung eine Rede halten über die Wichtigkeit und die Möglichkeiten der Mitwirkung in der Schule. Verfasse diese Rede.

Nr.	Aussage
1	Wir reden mit, wenn es darum geht,
2	Gemeinsam mit unserer Lehrkraft
3	Wir dürfen mit darüber entscheiden
4	Wir entscheiden gemeinsam mit
5	Wir können darüber mitentscheide
6	Wir legen gemeinsam Regeln für de
7	Wir dürfen mitentscheiden, wann di

2 Löse das Rätsel.

Benutze dazu das Arbeitsblatt oder notiere die gesuchten Begriffe untereinander in deinem Heft. Die Buchstaben in den violett unterlegten Kästchen ergeben von 1 bis 10 gelesen das Lösungswort. Es ist die Bezeichnung für ein wichtiges Organ der Schülermitverantwortung.

1. __________ meint, dass die Schülerinnen und Schüler an Entscheidungen in der Schule beteiligt werden. Dazu sind verschiedene Rechte gesetzlich festgeschrieben.
2. Die Schülerinnen und Schüler einer Klasse wählen einen __________. Er oder sie vertritt ihre Interessen und setzt sich für die Belange der Klasse ein.
3. __________ sind Lehrkräfte, die den Schülerinnen und Schülern in Fragen der Schülervertretung und in anderen Angelegenheiten beratend zur Seite stehen.
4. Der __________ vertritt die schulischen Interessen aller Schüler und Schülerinnen gegenüber dem Kultusministerium.
5. In jeder Klasse kann es aufgrund unterschiedlicher Meinungen zwischen den Schülerinnen und Schülern zu __________ kommen. Wichtig ist, dass diese auf gewaltlose Weise gelöst werden.
6. An vielen Schulen gibt es __________, die bei Konflikten und Streitereien zwischen Schülern vermitteln. Wichtigstes Mittel dazu ist das Schlichtungsgespräch.
7. Immer wieder wird darüber diskutiert, ob nicht eine __________ den Zusammenhalt der Schüler fördern und die Ausgrenzung von Schülerinnen und Schülern wegen ihrer Kleidung verhindern würde.
8. Jede Schülerin und jeder Schüler hat Pflichten, z.B. Teilnahme am Unterricht, aber auch __________, z.B. gut unterrichtet und gerecht bewertet zu werden.
9. Ob Schule, Gemeinde oder Staat: Jede Gemeinschaft ist auf das __________ ihrer Mitglieder angewiesen. Damit ist gemeint, dass sich möglichst viele für die Gemeinschaft und gemeinsame Ziele einsetzen.
10. Unter __________ versteht man u. a. die Festlegung von Zielen für die Gestaltung der Gesellschaft und das Ringen um Einfluss und Macht zwischen den verschiedenen gesellschaftlichen Gruppen.

Bitte beim Ausfüllen beachten: Ü = Ü

3 Analysiere die Karikaturen.

Erläutere jeweils die Aussageabsicht des Zeichners und nimm Stellung.

(Zeichnung: Markus)

(Zeichnung: Dieter Tonn, Bovenden)

4 Löst in Partnerarbeit das folgende Problem:

In einer Klasse wird gestritten, wie man es mit den Klassendiensten halten soll:
- Welche sind notwendig?
- Wer soll sie übernehmen?

Erarbeite mit deiner Partnerin oder deinem Partner einen Vorschlag, wie dieses Problem in der Klasse gelöst werden kann.

5 Stellt eure Schule vor.

Jedes Jahr kommen neue Schülerinnen und Schüler in eure Schule. Sie kennen sich nicht aus und wissen nichts über die Besonderheiten eurer Schule. Helft ihnen, sich in ihrer neuen Umgebung zu orientieren.
Überlegt gemeinsam, welche Informationen und Hinweise für die Neuen wichtig sind. Erarbeitet die Texte dann in Gruppenarbeit. Überlegt, wie ihr eure Informationen darstellen könnt: Flyer, Wandzeitung, Plakate in einem Schaukasten, …?

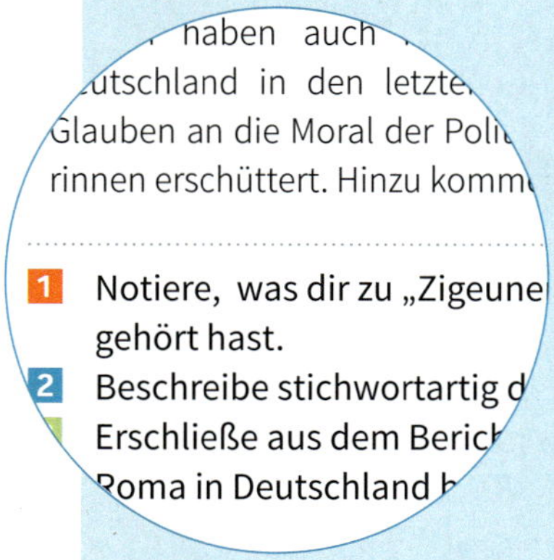

Hinweise zur Bearbeitung der Aufgaben

Die Aufgaben in diesem Buch beginnen in der Regel mit einem Operator. Das ist ein Verb, das genau beschreibt, was bei der jeweiligen Aufgabe zu tun ist. Weil die Aufgaben einen unterschiedlichen Schwierigkeitsgrad aufweisen, sind diese Operatoren in Gruppen zusammengefasst.

Die einfachen Aufgaben finden sich im Anforderungsbereich I. Hier sollt ihr Inhalte und Materialien wiedergeben und beschreiben.

Bei den Aufgaben im Anforderungsbereich II sollt ihr bekannte Sachverhalte selbstständig erklären, bearbeiten und ordnen sowie gelernte Inhalte und Methoden auf andere Sachverhalte angemessen anwenden.

Bei den schwierigen Aufgaben im Anforderungsbereich III sollt ihr euch mit neuen Problemstellungen, den eingesetzten Methoden und gewonnenen Erkenntnissen aueinandersetzen, um zu Begründungen, Urteilen und Handlungsoptionen zu gelangen.

Dies sind die wichtigsten Operatoren (die **fett** gedruckten Operatoren sind lt. Bildungsplan verbindlich):

Anforderungsbereich I:

aufzählen
benennen
beschreiben
bezeichnen
darlegen
nennen
wiedergeben
zusammenfassen

Anforderungsbereich II:

analysieren
auswerten
begründen
charakterisieren
darstellen
ein-, zuordnen
erklären
erläutern
ermitteln
erschließen
erstellen
herausarbeiten
interpretieren
vergleichen

Anforderungsbereich III:

beurteilen
bewerten
diskutieren
entwerfen
entwickeln
erörtern
gestalten
problematisieren
prüfen
sich auseinandersetzen
Stellung nehmen
überprüfen

Beschreibungen der Operatoren

aufzählen: einzelne Sachverhalte aus einem Text entnehmen und sie in einer Reihenfolge nennen
benennen: Sachverhalte aus einem Material entnehmen und anführen
beschreiben: Sachverhalte schlüssig wiedergeben
bezeichnen: Sachverhalte begrifflich präzise aufführen
darlegen: einen Sachverhalt mit eigenen Worten unter Verwendung von Fachbegriffen wiedergeben
nennen: Sachverhalte in knapper Form anführen
wiedergeben: Sachverhalte in knapper Form unkommentiert darstellen
zusammenfassen: Wesentliches aus Aussagen oder Sachverhalten in knapper Form darstellen
analysieren: Materialien oder Sachverhalte systematisch untersuchen und auswerten
auswerten: Daten oder Einzelergebnisse zu einer abschließenden Gesamtaussage zusammenführen
begründen: Aussagen (zum Beispiel eine Behauptung, eine Position) durch Argumente stützen, die durch Beispiele oder andere Belege untermauert werden
charakterisieren: Sachverhalte mit ihren typischen Merkmalen und in ihren Grundzügen bestimmen
darstellen: Sachverhalte strukturiert und zusammenhängend verdeutlichen
ein-, zuordnen: Sachverhalte schlüssig in einen vorgegebenen Zusammenhang stellen
erklären: Sachverhalte schlüssig aus Kenntnissen in einen Zusammenhang stellen (zum Beispiel Theorie, Modell, Gesetz, Regel, Funktions-, Entwicklungs und/ oder Kausalzusammenhang)
erläutern: Sachverhalte mit Beispielen oder Belegen veranschaulichen
ermitteln, erschließen: aus Materialien bestimmte Sachverhalte herausfinden, auch wenn sie nicht direkt genannt werden, und eventuell Zusammenhänge zwischen ihnen herstellen
erstellen: Sachverhalte (insbesondere in grafischer Form) unter Verwendung fachsprachlicher Begriffe strukturiert aufzeigen
herausarbeiten: aus Materialien bestimmte Sachverhalte herausfinden, auch wenn sie nicht direkt genannt werden, und eventuell Zusammenhänge zwischen ihnen herstellen
interpretieren: Sinnzusammenhänge aus Materialien erschließen
vergleichen: Vergleichskriterien festlegen, Gemeinsamkeiten und Unterschiede gewichtend einander gegenüberstellen sowie ein Ergebnis formulieren
beurteilen: Aussagen, Vorschläge oder Maßnahmen untersuchen, die dabei zugrunde gelegten Kriterien benennen und ein begründetes Sachurteil formulieren
bewerten: Aussagen, Vorschläge oder Maßnahmen beurteilen, ein begründetes Werturteil formulieren und die dabei zugrunde gelegten Wertmaßstäbe offenlegen
diskutieren: mit einem oder mehreren Gesprächspartner Meinungen zu einem bestimmten Thema austauschen und diese begründen
entwerfen: einen Vorschlag in seinen wesentlichen Zügen erstellen
entwickeln: zu einer vorgegebenen oder selbst entworfenen Problemstellung einen begründeten Lösungsvorschlag entwerfen
erörtern: zu einer vorgegebenen These oder Problemstellung durch Abwägen von Pro- und Kontra-Argumenten ein begründetes Ergebnis formulieren
gestalten: zu einer vorgegebenen oder selbst entworfenen Problemstellung ein Produkt rollen- beziehungsweise adressatenorientiert herstellen
problematisieren: Widersprüche herausarbeiten, Positionen oder Meinungen begründend hinterfragen
prüfen: Inhalte, Sachverhalte, Vermutungen oder ähnliches auf der Grundlage eigener Kenntnisse oder mithilfe zusätzlicher Materialien auf sachliche Richtigkeit bzw. auf innere Logik hin untersuchen
sich auseinandersetzen: zu einem Sachverhalt, zu einem Konzept, zu einem Problem oder zu einer These Argumente zusammenstellen, um eine begründete Bewertung vornehmen zu können
Stellung nehmen: die Bedeutung von Sachverhalten oder Prozessen in einem Zusammenhang bestimmen, um auf der Grundlage von Kriterien zu einem begründeten Sachurteil zu gelangen
überprüfen: Aussagen, Vorschläge oder Maßnahmen an Sachverhalten auf ihre sachliche Richtigkeit hin untersuchen und ein begründetes Ergebnis formulieren

(Die Beschreibungen der verbindlichen Operatoren stammen aus folgender Quelle: Bildungsplan 2016, Allgemein bildende Schulen, Sekundarstufe I, Gemeinschaftskunde, Stuttgart 2016, S. 44f.)

Allgemein nützliche Internetadressen

Bundeszentrale für politische Bildung	www.bpb.de
Landeszentrale für politische Bildung Baden-Württemberg	www.lpb-bw.de
Informations-Portal zur politischen Bildung	www.politische-bildung.de
Politik für Kinder im Alter von 8 – 14 Jahren (Lexikon u.a.m.)	www.hanisauland.de
Wissensportal für Kinder und Jugendliche	www.helles-koepfchen.de
Aktuelle Links zu Kinderangeboten	www.klick-tipps.net
Arbeitsgemeinschaft vernetzter Kinderseiten	www.seitenstark.de

Zusammenleben in sozialen Gruppen

schekker – das Jugendmagazin	www.schekker.de
fluter – Magazin der Bundeszentrale für politische Bildung	www.fluter.de
Informationsportal Mobbing	www.mobbing-schluss-damit.de
Webportal Schülermobbing	www.schueler-gegen-mobbing.de
Mobbing in der Schule	www.schueler-mobbing.de

Leben in der Medienwelt

Nachrichten von ZDF tivi für Kinder	www.tivi.de/fernsehen/logo/start/
Nachrichten für Kinder	www.sowieso.de
SWR-Kindernetz	www.kindernetz.de/
Mehr Sicherheit im Internet – eine EU-Initiative	www.klicksafe.de
Jugendschutz im Internet	www.jugendschutz.net
Tipps zum Umgang mit Computer, Internet, Videospielen u.a.	www.medienbewusst.de
Mediennutzung von Kindern, Jugendlichen (KIM-Studie, JIM-Studie)	www.mpfs.de
Informationen für Eltern über Gefahren bei der Nutzung von Medien	www.schau-hin.info
Bundesamt für Sicherheit in der Informationstechnik	www.bsi-fuer-buerger.de
Bundesbeauftragter für Datenschutz und Informationsfreiheit	www.bfdi.bund.de
Landesbeauftragter für Datenschutz Baden-Württemberg	www.baden-wuerttemberg.datenschutz.de/
Fernsehen: ARD / ZDF	www.daserste.de / www.zdf.de
Südwestrundfunk	www.swr.de
Bundesverband Deutscher Zeitungsverleger e.V.	www.bdzv.de
Deutscher Presserat	www.presserat.de
Reporter ohne Grenzen	www.reporter-ohne-grenzen.de

Familie und Gesellschaft

Bundesministerium für Familie, Senioren, Frauen und Jugend	www.bmfsfj.de
Bundesministerium für Arbeit und Soziales	www.bmas.de
Ministerium für Arbeit und Sozialordnung, Familie, Frauen und Senioren Baden-Württemberg	sozialministerium.baden-wuerttemberg.de
Netzwerk Service-Learning / Lernen durch Engagement	www.servicelearning.de
Verband alleinerziehender Mütter und Väter, Bundesverband e.V.	www.vamv.de
Landesweites Frauenportal	www.frauen-aktiv.de
Deutscher Familienverband - Landesverband Baden-Württemberg e.V	www.dfv-baden-wuerttemberg.de

Zuwanderung nach Deutschland

Bundesministerium für Familie, Senioren, Frauen und Jugend	www.bmfsfj.de
Bundesamt für Migration und Flüchtlinge	www.bamf.de
Beauftragte für Migration, Flüchtlinge und Integration	www.integrationsbeauftragte.de
Ministerium für Integration Baden-Württemberg	www.integrationsministerium-bw.de
Integrationsportal Bundesamt für Migration und Flüchtlinge	www.integration-in-deutschland.de
Flüchtlingskommissariat der Vereinten Nationen	www.unhcr.org
Informationsverbund Asyl & Migration	www.asyl.net
Migration weltweit	www.migration-info.de
Zentralrat der Muslime	www.zentralrat.de

Islam-Informationsportal des Zenralrats der Muslime	www.islam.de
Deutsche Islam-Konferenz	www.deutsche-islam-konferenz.de
Schule ohne Rassismus	www.schule-ohne-rassismus.org

Kinderrechte

Bundesministerium für Familie, Senioren, Frauen und Jugend	www.bmfsfj.de
UNICEF in Deutschland	www.unicef.de
Jugend-Website von UNICEF	www.younicef.de
terre des hommes (Hilfe für Kinder in Not)	www.tdh.de
Bundesarbeitsgemeinschaft Kinder- und Jugendschutz	www.jugendschutz-in-stichworten.de
Deutsches Kinderhilfswerk e.V.	www.kindersache.de
Kindernothilfe	www.kindernothilfe.de
Deutscher Kinderschutzbund Baden-Württemberg	www.kinderschutzbund-bw.de
Aktion Jugendschutz Landesarbeitsstelle Baden-Württemberg	www.ajs-bw.de

Rechtliche Stellung der Jugendlichen und Rechtsordnung

Jugendschutzgesetz / Jugendarbeitsschutzgesetz (JuSchG / JArbSchG)	www.gesetze-im-internet.de
Jugendschutz	www.jugendschutz-in-stichworten.de
Bundesarbeitsgemeinschaft Kinder- und Jugendschutz	www.bag-jugendschutz.de
Landesstellen Jugendschutz	www.jugendschutzlandesstellen.de
Jugendschutz im Internet	www.jugendschutz.net
Website des Baden-Württembergischen Landesverbandes für Prävention und Rehabilitation	www.feelok.de
Bundeszentrale für gesundheitliche Aufklärung: Thema „Rauchen"	www.rauchfrei.de
Bundesministerium der Justiz	www.bmj.de
Justizministerium Baden-Württemberg	www.jum.baden-wuerttemberg.de
Bundeskriminalamt (Polizeiliche Kriminalstatistik)	www.bka.de
Polizeiliche Kriminalprävention der Länder und des Bundes	www.polizei-beratung.de
Zivilcourage zeigen – Information	www.aktion-tu-was.de
LAG Täter-Opfer-Ausgleich in Baden-Württemberg	wwww.toa-bw.de
Deutsche Vereinigung der Schöffinnen und Schöffen (DVS-BW)	www.schoeffen-bw.de
Bundesverfassungsgericht	www.bundesverfassungsgericht.de

Grundrechte

Grundgesetz: Information und Text	www.bundestag.de/grundgesetz
Bundesrecht (bundesweit gültige Gesetze und Verordnungen)	www.gesetze-im-internet.de
Zentralrat Deutscher Sinti und Roma	zentralrat.sintiundroma.de
Verband Deutscher Sinti und Roma | LV Baden-Württemberg	sinti-roma.com
Deutscher Presserat	www.presserat.de

Mitwirkung in der Schule

Kultusministerium Baden-Württemberg	www.km-bw.de
Deutscher Bildungsserver	www.bildungsserver.de
Landesbildungsserver Baden-Württemberg	www.schule-bw.de
Landesrecht Baden-Württemberg (z. B. Schulgesetz, SMV-Verordnung)	www.landesrecht-bw.de
LandesschülerInnenbeirat Baden - Württemberg - LSBR	www.lsbr.de
Schülermitverantwortung in Baden-Württemberg	www.smv.bw.schule.de/

action press, Hamburg: 206 o.re. (Wallrath)
Adam, A., Landsberg: 24.1 - .4, 66 o.re., 72 li.
adpic Bildagentur, Bonn: 81 (B. Leitner), 171 Mi. (K. Brümmer)
AFP, Paris: 59 re. (2)
akg-images, Berlin: 200 li.
argum, München: 153 u.re. (F. Heller)
argus, Hamburg: 202 Mi. (H. Schwarzbach)
Baaske Cartoons, Müllheim: 29 o. (E. Rauschenbach), 32 li. (K.G. Striepecke), 33 o. (M. Ammann), 37 u. (G. Mester), 50 o. (U. Kieser), 63 Mi.re. (T. Plaßmann), 63 o. (J. Tomaschoff), 63 u.re. (J. Tomaschoff), 84 (E. Rauschenbach), 105 (G. Mester), 115 (T. Plaßmann), 125 Mi. (G. Mester), 131 u.li. (T. Plaßmann), 131 u.re. (G. Mester), 156 o. (T. Plaßmann), 205 Mi. (G. Mester), 221 o.re. (E. Rauschenbach)
Behnsen, F., Frankfurt/M.: 132
Bengen, H., Norden: 212 u.
Bergmoser + Höller Verlag AG, Aachen: 71 u., 73 u., 123 o., 179 li., 227 li.
Berliner Beauftragter für Datenschutz und Informationsfreiheit: 47
Bilderberg, Hamburg: 206 o.li. (Enders)
Bredol, M., Marburg: 90 u.re., 164 u., 185.1, .4 + .7
Bulls Pressedienst, Frankfurt/M.: 97 Mi. (J. Unger)
Bundesarchiv, Koblenz: 216 (R 165 Bild-244-47)
Bundesministerium für Bildung und Forschung, Berlin: 99 li.
Bundesministerium für Familie, Senioren, Frauen, Jugend, Berlin: 138 li. (2)
Butschkow, P., Langenhorn: 37 Mi.
Campus Verlag, Frankfurt/M.: 146
CartoonStock Ltd, Bath: 75 li. (M. Baldwin)
Corbis, Berlin: 100 u.Mi. (Reuters/Y. Behrakis), 110 li. (S. Maze)
Dägling, A., Wardenburg: 15, 28 u., 57 (6), 72 re., 80 (4), 90 o.li., o.re. + u.li., 96 o.Mi., 166, 185.2, .3, .5, .6 +.8, 223 re., 234 Mi. (2), 241 (3), 242 (2)
Deiseroth, D., Niederaula: 10 Mi.li. + u.li., 12 u., 35 u., 41 (8), 66 o.li., Mi.li., Mi.Mi. + u.li., 77 o., 141 u.re., 160 (5), 167 o., 169 (5), 201 (5), 203 o.
Deutsches Kinderhilfswerk, Berlin: 6 o. + 132 li. (H. Lüders), 153 o.
Dominik-Brunner-Realschule, Poing: 236
dreamstime.com, Brentwood: 237 o.li. (Dengyinchai)
Druwe & Polastri, Cremlingen: 76, 130 re., 174 (2)
Eltinger, O., Düsseldorf: 201 li.u.
epd-bild, Frankfurt/M.: 83 (A. Bingel), 98 re. (C.C. Franken), 189 re. (A. Osthues), 202 re. (R. Zöllner)
Fabian, M., Hannover: 20 o., 21 li.o., 68 o. (2), 164 o. + 2. v.u.
Feldhaus, H.-J., Münster: 22 o. (2)
Focus, Hamburg: 100 Mi.Mi. (S. Warter)
Förderverein PRO ASYL e.V. , Frankfurt/M.: 131 o.re.
fotolia.com, New York: 5 o. + 64 li. (Monkey Business Images), 38 li.u. (Picture-Factory), 82 u. (pololia), 96 u.li. (M. Zagorski), 100 Mi.li. (olgavolodina), 100 o.Mi. (Distrikt3), 100 u.re. (R. Becker), 137 (forcdan), 175 (highwaystarz), 176 li. (G. Seybert), 183 u. (jonasginter), 226 Mi. (Light Impression)
Fritz-Wolf-Gesellschaft, Osnabrück : 187 u.
Getty Images, München: Titel li.Mi. (Image Source), 58
Giribas, J., Berlin: Titel u.
Glienke, A. (HOGLI), Berlin: 221 o.li.
Glücklicher Montag, Leipzig: 208 u. (Schwarwel)
GoodWeave Deutschland, Konstanz: 155 li.
Griese, D., Laatzen: 183 o.
Grigo, Pe , Bielefeld: 22 u.
H & M HENNES & MAURITZ, Hamburg: 154 o. (S. Brauer Photos/G. Schober)
Haus der Geschichte, Bonn: 92 re. (Bestand Erna Wagner-Hehmke), 93 (P. Leger)
Horvath, Hannover: 68 Mi. (2) + u.li.
IKEA Deutschland, Hofheim-Wallau: 154 u. (H. Stettin)
imagetrust, Koblenz: 9 re.o. (H. Bode), 9 re.u. (E. Zippel)
Imago, Berlin: 53 (momentphoto/R. Michael), 140 o. (F. Stark), 210 u. re. (G. Alabiso)
INTERFOTO, München: 119 u. (Moore)
iStockphoto.com, Calgary: 8 re. (PeopleImages)
Jugendstiftung Baden-Württemberg, Sersheim: 143 o.
Kindernothilfe e.V., Duisburg: 140 u. (Engel), 141 u.li., 153 li.u.
Köcher, U., Hannover: 4 o. + 8 li.
Koufogiorgos, K., Stuttgart: 63 Mi.li.
Kritzelkomplex.de/R. Engels, Übach-Palenberg: 38 re.
Kubisch, B.: 151
Kurowski, W., Oberhausen: 11
Lantelmé, J. Kassel: 96 u.re.
Leber, G., Berlin: 158 li.
LUFF, R. Henn, Hennweiler: 197 u.re., 205 u.
Marcks, M., Heidelberg: 77 u.
Meier, H., Ditzingen: 123 u. (3)
Mester, G., Wiesbaden: 206 u.
Mosler, R., Nochern: 117
Mühlberger, Emerkingen: 24 .5
Müller, F., Gomaringen: 65 re., 198 li.
Naser, M., Starnberg: 20 u (4)
NEL Cartoons, Erfurt: 103 o.
one laptop per child, Florida: 145 u.
Panther Media, München: Titel re.o. + 1
Peter Wirtz Fotografie, Dormagen: 74
Picture Press, Hamburg: 45 u. (Til Mette), 96 u.Mi., 141 re.o. (Ullal/Stern), 247 o.li. (Markus)
Picture-Alliance, Frankfurt/M.: Titel Mi.re. (dpa/A. Gebert), 6 u. + 159 (ZB/J. Wolf), 7 o. + 199 re.

(abaca/A. Alain), 12 o.li. (Bildagentur-online.com), 12 o.re. (PhotoAlto/O. Dimier), 21 re.o. (dpa), 21 re.u. (ZB/K. Franke), 30 re. (Fotostand/Gorges), 31 li. (AP/Y. Logghe), 31 re. (J. Haas), 32 re. (ZB/H. Link), 44 (dpa/F. Gabbert), 59 li. (3) (AP Images), 60 (EPA/J. Brady), 64 re.u. (Bildagentur-online), 65 li. (AFP/Woodall), 73 li. (dpa/W. Baum), 73 re. (dpa/S. Baumann), 75 re. (ZB/J. Kalaene), 79 (BSIP/MENDIL), 89 o. (ZB/W. Thieme), 95 o. (dpa/F. Kraufmann), 96 o.li. (Image Source), 98 li. (dpa/A. Weigel), 100 Mi.re. (ZB/H. Schmidt), 100 o.li. (Sodapix AG/A. Keller), 100 o.re. (dpa/A. Dedert), 100 u.li. (SZ Photo/P. Roggenthin), 104 (dpa/Ossinger), 106 (dpa/W. Steinberg), 109 (dpa/K. Mittenzwei), 110 re. (EPA/Wu Hong), 112 (Ton Koene), 114 (NurPhoto/C. Minelli), 119 o. (dpa/M. Villagran), 127 (dpa/U. Deck), 128 (dpa/U. Deck), 136 re. (AFP/Banaras Khan), 142 re. (dpa/W. Langenstrassen), 145 o. (AFP/Ksiazek), 149 (EPA), 170 o. (dpa/R. Haid), 172 (Polfoto/F. Frandsen), 178 o. (dpa/R. Vennenbernd), 180 (dpa/U. Deck), 189 li. (dpa/N. Försterling), 198 re. (ZB/Berliner Verlag/Steinach), 200 re. (akg-images), 201 li.Mi. (Godong/P. Deloche), 209 (dpa/I. Wagner), 210 u. li. (picturedesk.com/M.E. Deak), 211 (dpa/U. Deck), 214 u. (dpa/M. Murat), 215 (dpa/N. Armer), 217 (SVEN SIMON), 218 (dpa/J. Schöll), 221 u. (Landov/M Kheirkhah), 223 li. (dpa/U. Zucchi), 36, 43 o., 45 o., 54, 70, 71 o., 82 o., 85, 91, 101, 116, 129, 131 o.li., 141 li.o., 168 (2)

plainpicture, Hamburg: 68 u.re. (Normal), 96 o.re. (Johner), 226 li. (Mira), 226 re. (Scanpix)

Poth, A.: 197 u.li. (Clodwig Poth)

Projekt Schueler-Mobbing, Riederich: 26 (W. Ebner)

Romnokher Kulturwoche 2014: 219

Schmidt, R., Brunsbüttel: 48 + 197 Mi.

Schulten, R., Berlin: 10 u.re.

Schuster, H., Köln: 62 u.

Shopping.de GmbH – Redaktionsdienst, Leipzig: 170 u., 171 o.

Shutterstock.com, New York: 162 (S. Tinti)

SPD/Archiv der sozialen Demokratie, Bonn: 130 li. (DGB-Archiv)

Stadt Schopfheim: 143 u.

Starke, H.-J., Arnstadt: 51

Steiger, I., München: 61

Ströer Media Deutschland GmbH & Co. KG, Köln: 124

Stuttmann, K., Berlin: 63 u.li., 125 o.li.

Svenner, Sven Kirchner, Erfurt: 33 u. (www.svenner.de)

terre des hommes Deutschland e.V., Osnabrück: 133 li. (A. Recknagel), 152 u., 155 re. (N. Schmidt); Tomicek, J., Werl: 97 u., 125 u.

toonpool.com, Castrop-Rauxel: 125 o.re. (Hayati)

ullstein bild, Berlin: 7 u. + 222 re. (Döring), 34 u. (INTRO/D. Ausserhofer), 64 re.o. (phalanx Fotoagentur), 92 li., 122 (Westend61/P. Schickert), 199 li. (Boness/IPON), 202 li. (Unkel), 203 u. (D. Schilke)

UNICEF Deutschland, Köln: 136 li., 138 re. (NYHQ2006-2269/Pirozzi), 148 (P. Terdjman), 150, 152 Mi. (2), 152 o.

vario images, Bonn: 4 u. + 30 li. (U. Baumgarten)

wdv Gesellschaft für Medien und Kommunikation mbH & Co. OHG, Bad Homburg v. d. Höhe: 229 (C. Schütte, Rodgau)

Westfälische Nachrichten, Münster: 5 u. + 99 re. (mit freundl. Genehmigung M. Khorchide)

WHO World Health Organization, Genf 27: 144 (P. Virot)

wikipedia.org: 35 re., 120 (Ailura)

Wolf, H.-U., Steinheim: 10 o.li. + o.re. (2), 14, 24.6, 66 o.Mi., Mi.re., u.Mi. + u.re., 134 o. (2), 135 (2), 142 li., 164 (2), 167 u. (2), 171 u., 197 o. (3), 234 o. + u.

www.boys-day.de / Boys'Day - Jungen-Zukunfstag, Bielefeld: 95 u. (S. Behrmann)

www.humanium.org, Bernau b. Berlin: 133 re.